獻給想法走在我們前方的人士

U0147082

文化創意人

5000萬人如何改變世界

the cultural creatives

How 50 Million People Are Changing the World

保羅·H·睿 ｜ 雪莉·露絲·安德森 博士
Paul H. Ray, Ph.D., & Sherry Ruth Anderson, Ph.D.

僅以此書表達感恩，獻給走在我們前方的人士

Willis Harman
威利·哈曼

Marion Woodman
瑪莉恩·伍德曼

Jeanne Hay
珍妮·海

庇佑即將追隨我們腳步的幾位後輩

Spike | Catherine | Jake Anderson
安德森家的史派克、凱瑟琳、傑克

Andrea Chandler
安綴雅·錢德勒

Larissa Odell
萊瑞莎·歐戴爾

致謝

　　許多思慮周詳且致力奉行的社會行動主義者、老師、藝術家、改革推手，連同商業人士、記者、治療師及其他人，都從各自生活的大量需求中，撥冗造就了這本書。往後書頁中沒有直接引用他們每個人的金玉良言，但他們每一位都有助於我們了解這個新的文化創意家現象。

　　我們訪問的人有凱瑟琳·歐波特（Catherine Allport）、雷·安德森（Ray C. Anderson）、史派克·安德森（Spike Anderson）、道格·伯克（Doug Burck）、瑪佳蕊·安德森·克萊夫（Margery Anderson Clive）、馬克·克萊夫（Mark Clive）、卡蘿·高立裴（Carol Collopy）雷蒙·戴維（Raymond Davi）、迪克森·德·李納（Dixon T. De Leña）、薇琪（Vicki）與羅密歐·迪·貝奈戴托（Romeo Di Benedetto）夫婦、艾比·唐（

Abbe Don）、威廉·德瑞堂（William Drayton）、禮安·艾斯勒（Riane Eisler）、瑪麗·福特（Mary Ford）、崔西·葛雷（Tracy Gary）、瑪瑞琳·金斯堡（Marilyn Ginsberg）、安德魯·郭德（Andrew Gold）、愛麗絲·郭德（Iris Gold）博士、猶太祭司雪法·郭德（Shefa Gold）、維佳莉·漢米爾頓（Vijali Hamilton）、莫莉·漢契（Molly Hanchey）、文森·哈定教授（Vincent G. Harding）、威廉·哈門（William Harman）、珍·海樹（Jane Helsey）、法蘭克·C·海德（Frank C. Hider）、蘿爾·凱茲（Laure Katz）、史提夫·凱茲（Steven Kats）博士、威爾·奇平（Will Keepin）、凱文·W·凱莉（Kevin W. Kelley）、法朗·科坦（Fran Korten）、芭芭拉·克瑞斯（Barbara Kresse）、約瑟夫·克瑞斯（Joseph Kresse）、（

Peter Levine）、伯納德‧賴泰爾（Bernard Lietaer）、安‧喀爾‧琳頓（Anne Kerr Linden）、David Loye, Marc Luyckx, 蜜里安‧麥基莉修女（Miriam Therese MacGillis）、瓊安娜‧梅西（Joanna Macy）、珊卓拉‧瑪迪珍（Sandra Mardigian）、多明妮克‧瑪佐（Dominique Mazeaud）、保羅‧彌尼（Paul E. Milne）、珮特‧米契爾（Patte B. Mitchell）、David Mueller, Wayne Muller, Anne Firth Murray、魯本‧尼爾遜（Ruben F. W. Nelson）、理查‧瑞施本（Richard Rathbun）、莫琳‧瑞鐸（Maureen Redl）、伊麗莎白‧薩托瑞（Elisabet Sahtouris）、（Glen Schneider）、羅伯‧史迪格（Robert Stilger）、堂‧湯普森（Don Thompson）、希莉亞‧湯普森-托品（Celia Thompson-Taupin）、德克‧維坦（Dirk Velten）、瑪莉恩‧韋伯（Marion Weber）、瑪瑞奇塔‧衛斯特博士（Mariquita West）、馬克‧楊布拉（Mark D. Youngblood）。

美國生活調查機構（American LIVES, Inc.）的愛莉森‧史帝文斯（Alison Stevens）與布魯克‧華瑞克（Brooke Warrick）一路上提供道德與財務上的支援，在保羅時常缺席時也提供良好的激勵。文化創意人的認知風格與購買模式，其中有許多見解來自布魯克多年來的優質研究，布魯克在發展原始調查問卷，讓我們開始踏上驗明文化創意人的旅程上，也扮演重要的角色。

基本研究文化創意人的重要資金由密西根卡拉馬祖市（Kalamazoo）的費茲學會（Fetzer Institute）提供，並由心智科學中心贊助。我們想感謝費茲學會的羅伯‧李曼（Rob Lehman）及湯姆‧卡拉南（Tom Callanan），以及心智科學中心的溫克‧富蘭克林（

Wink Franklin）及湯姆・賀黎（Tom Hurley）的支持。

　　沒有人是僅靠自己獨力寫書的，我們很有福報，有非常好的朋友給予建議、資源、源源不絕的支持：Palden Alioto, Rosanne Anonni 與Richard Hunt, Joan Bieder, Jalaja Bonheim, Wilma Cliff, Patricia Hopkins, Jeanine Mamary, 甘・盧斯（Gay Luce）與David Patten, 賀黎夫婦（Sara and Tom Hurley），以及我們的週四沙龍──鄧恩夫婦（Philip and Manuela Dunn）、彭斯列夫婦（Noella and Claude Poncelet）、Leonard Joy、伯納德・賴泰爾、Peter Russell、茲爾伯夫婦（Barbara and Maurice Zilber）。

　　貝蒂・卡爾（Betty Karr）為我們的書稿打字，鼓勵我們，在經常混亂的過程中，也是一位中堅份子。

莎拉・凡蓋德（Sara Van Gelder）與羅伯・史迪格（Robert Stilger）看過早期的部分手稿，伯納德・賴泰爾看完全部的手稿，並給予敏銳而非常有用的評語。我們的經紀人耐德・李維特（Ned Leavitt）是我們亟為需要的魔鬼總教頭，我們對他懷有無限的謝意。書籍實驗室的鄧恩夫婦（Philip and Manuela Dunn）給我們這本書一個好開頭。最後，我們的編輯佩蒂・吉福特（Patty Gift）、發行人琳達・羅溫梭（Linda Loewenthal）製作編輯卡蜜兒・史密斯（Camille Smith）與和諧書屋（Harmony Books）出版公司中支持我們的工作人員，都是任何作者夢寐以求的親切接生婆。

序言

　　我們倆一起寫這本書還能很開心，這讓每個認識我們的人都很驚訝。他們都問：你們還沒離婚嗎？你們還會跟對方講話嗎？其實我們本來也很擔心，不曉得到底該怎麼調和兩種聲音和不同的專業背景，才能描述一個已經在文化場景中長得很大的新生兒。保羅的背景是宏觀的社會學家，關注文化的演進，顯然與心理學家雪莉著重內在經驗質地的觀點不合。但大家生活中全觀的畫面與微觀的細節，在我們想說的故事裡似乎都需要，也需要調和其他對立的觀點：男性與女性，科學與心靈，意識與社會行動。每次想到這些對立，我們就發現自己很荒謬地被圍住了。要寫這本書，就得在舊式的類別外交會，在隔離限制我們思路的高牆外交會。社會運動與意識的聚合，商場與個人成長、自給自足的發展與女性主義及健康等古怪而有創意的混合──這些和其他許多解決老問題的新方法都一樣，要求我們要對全新的可能性保持開放的態度。

　　在這些開放的狀態中，有個值得信賴的基礎：就是保羅和他所屬的公司「美國生活」（American LIVES）研究了十三年的價值觀與生活型態。在這段時間內，民意調查和焦點團體顯示，月復一月，年復一年，一個重要的次文化正逐漸興起。1990年代早期，在「美國生活」行之多年的民意調查後，保羅將這批新的族群命名為「文化創意人」，因為他們名副其實地正在美國創造一種新的文化。我們能從累積了十多萬份的問卷回答及上百個焦點團體中，運用可靠的研究發現，也可以信任美國生活中價值觀的兩大基本研究結果。1995年一

月，保羅在費茲學會及心智科學中心的贊助下，設計分析了一份全國問卷，主題爲美國生活中轉化的價值觀；1999年一月，又在環保署及總統的永續發展委員會（President's Council on Sustainable Development）的贊助下，協助設計及分析一項研究，內容爲美國生活的價值觀以及對於生態永續的關注。

大型調查及焦點團體的資料一旦進入，浮現中的次文化局面便清晰可見。但是這些人是誰？他們從哪裡來？又可能要往哪裡去？雪莉在這個時候進入，帶來個人層面的經驗與女性觀點。她與派翠西亞·霍普金斯（Patricia Hopkins）合著的女人心靈發展著作《神的女性面貌》（The Feminine Face of God），爲我們在本書中關切的文化創意人的故事，提供了根基。我們同意用深入專訪來聽取大家在生活中披露的精深智慧，便一起訪問了約六十人——藝術家、行動主義者、長者、商人、老師——任何我們認爲是我們想描述的這個茁壯族群的一份子。我們也和訪問過的許多人一樣，閱讀了上百本書，幫助我們勘測文化創意人橫越的新領域。

一旦個人親身經驗的故事加入大規模研究及焦點團體的結果後，我們沒有指望文化創意人的故事會有多少開始具體成形。這就是樂趣（也是角力賽）的開始。有這些慷慨與無比耐心的受訪人，我們希望自己已經開始的工作，也能喚醒這些文化創意人對自己本身的興趣。我們想像他們一起聚會聊天，歡笑爭辯著，而且很可能不同意我們描述他們的一些或大部分文字。我們相信他們若能自我覺察到自己是一股文化，便能幫助我們所有人，幫助我們的文明發展出

新穎的解決方案,那也是我們目前迫切的需要。在本書中,我們能夠提供強有
力的個人經驗,證明上百位作家在這五十年來所預料的主要文化變革不假。這
種證據甚至比當初未來主義者想像的更令人驚訝。再者,近幾年來,其他研究
人員也陸續發現與本書報告非常相似的結果。他們的研究各自從不同的地方和
資料出發,卻得到十分類似的結論。這些結論彼此呼應,正是因為我們大家都
在注意價值觀與文化。

有興趣的讀者或許想拿我們對文化創意人個人價值觀的描述,與其他著作
對照:貝克(Don Edward Beck)與柯萬(Christopher C. Cowan)精闢入理的
《螺旋動力:統馭價值觀、領導權與變化》(Spiral Dynamics: Mastering Values,
Leadership and Change, 1996)將價值觀的變化,與文化及人格發展階段連接起
來;布萊恩·霍爾(Brian P. Hall)在《價值轉換:個人與組織轉變指南》(
Values Shift: A Guide to Personal and Organizational Transformation, 1995)中,精
湛純熟地分析價值觀在個人與組織發展中的各個階段。我們對價值觀在環境議
題中的樣貌,與肯普敦(Willet Kempton)、鮑斯特(James S. Boster)、哈特
莉(Jennifer A. Hartley)在《美國文化中的環境價值》(Environmental Values in
American Culture, 1997)中呈現的資料密切吻合。我們感受到的世界觀與價值觀
的重大變化,由殷葛哈特(Ronald Inglehart)在《先進工業社會中的文化變遷》
(Cultureal Shift in Advanced Industrial Society, 1990)與《現代化與後現代化:
43個社會中的文化、經濟、政治變化》(Modernization and Postmodernization:

Cultural, Economic and Political Change in 43 Societies, 1997）二書中展現，他認
為這種變化即將在全球到達某一種程度。艾布倫森（Paul R. Abramson）與殷葛
哈特在兩人合著的《全球觀的價值變化》（Value Change in Global Perspective,
1995）中也提到這一點。新社會運動在「即將崛起的全球時代塑造即將崛起
的價值」上，一向具有無比的重要性，我們對這種重要性的感受，與麥魯奇（
Alberto Melucci）的《挑戰符碼：資訊時代中的集體行動》（Challenging Codes:
Collective Action in the Information Age, 1996）及卡斯泰（Manuel Castells）《資
訊時代：經濟、社會、文化》（Information Age: Economy, Society and Culture,
1997）的第二卷《身分的力量》（The Power of Identity）中所呈現的證據及理
論十分相近[1]。

　　本書共分三部，每一部都有不同的作用。第一部描述文化創意人，將他們
與西方生活中的另外兩大次文化相對照。十三年來調查的焦點團體展現他們的
「全貌」，我們的深入專訪又展現出他們詳細的個人經歷。我們也顯示個體如
何改變自己個人的生活，文化創意人又如何在美國歷史中浮現。這種現象只能
放在幾個世紀的時間比例尺上，以西方文化中部分的重大變化來理解。
　　第二部是追根溯源的故事。文化創意人是社會與意識運動中普遍的忠貞志
士。所有運動的忠實成員已經歷過一次融合世界觀的大型整合。他們是大眾文
化教育的推手及產物，引導著多數西方人採取新的世界觀。不可或缺的是由六

○年代以來，便靜靜成長的各種社會運動及意識趨勢在社會生活中「塑造」的數十種領域。其中許多新近的發展狀況，在全國媒體上還看不到蹤影。我們用更多個人親身經歷重述與重塑那段運動史，因為很少人知道那段歷史的多重面向。而那些運動在改變我們的文化與世界觀上，比改變我們的政治要成功多了。

第三部暗示了我們新興的未來，在個人及社會層面上，我們這個時代述說新的故事，幫助我們按圖索驥，掌握我們自己置身其中的遷大轉型過程。這個新的故事比我們多數人的猜測更有挑戰──也更大有展望。一個全新的文化正在興起，比起我們多數人勇於夢想的境界，具有更加壯闊的前景。

為匆忙的讀者設想，本書主要的論點在一到四章、第七章、第十一章。要把焦點放在確鑿的證據上，有圖表的頁面千萬別略過文字說明。若對個人的親身經驗有興趣，第二、六、九、十章便值得一讀。

我們希望書中呈現的證據和故事能支持文化創意家成長，實踐他們背負的諾言，這不僅是為了他們，也是為了我們所有人以及第七世代。

保羅・睿與雪莉・露絲・安德森
加州聖拉菲爾
www.culturalcreatives.org

目次
CONTENTS

你是文化創意人嗎？

　　在你認同說法的方格內打勾。如果認同的項目超過半數，說不定你就是文化創意人，而且分數愈高，可能性愈大。你是文化創意人嗎？如果你……‧‧‧

☐ 1. 熱愛自然，對大自然的破壞深表關切。

☐ 2. 強烈意識到整個地球的各種問題（暖化、雨林破壞、人口過剩、缺乏永續生態、剝削貧窮國家的人民），也想看到有人對這些問題採取更多行動，例如：限制經濟成長。

☐ 3. 若知道有一筆錢會用來清潔環境或阻止全球暖化，你願意多付稅或多付錢來購買商品。

☐ 4. 對於發展及維繫各種關係，給予高度的重要性。

☐ 5. 對於幫助他人、引發他人獨特的天賦，給予高度的重要性。

☐ 6. 基於一種或多種原因而參加志願服務。

☐ 7. 強烈關切心理與靈性發展。

☐ 8. 認為心靈或宗教在生命中很重要，卻也關心政治中宗教右派的角色。

☐ 9. 要女人在職場上更平等，在商場與政治中有更多女性領導人。

☐ 10. 關心全世界的婦女與兒童的暴力與虐待現象。

☐ 11. 要政治及政府的花費更強調兒童教育與福利，重建鄰里與社區，創造生態永續的未來。

☐ 12. 不滿政治中的左右兩派，想在含糊的中間地帶之外，找到新的路徑。

☐ 13. 對未來有抱持相當樂觀的傾向，不信任媒體所釋放的憤世與悲觀觀點。

☐ 14. 想親身投入，為國家創造更新更好的生活方式。

☐ 15. 關心大企業以創造更多利潤為名義而做的事：裁員、製造環境問題、剝削貧窮國家的人民。

☐ 16. 經濟與花費均在掌控之中，而且不擔心超支問題。

☐ 17. 不喜歡現代文化中強調種種的成功與「辦到」、獲得與花費、財富與奢侈品。

☐ 18. 喜歡有異地風情及國外的人與地，也喜歡體驗學習其他生活方式。

第一部・文化創意人

part one

introducing the cultural creatives

第一部　文化創意人

　　假想一下，如果有個和法國一樣大小的國家突然從美國中間冒出來。這個國家有無比豐饒的文化，有新的生活方式、價值觀和世界觀，還有自己的英雄和對未來的展望，那麼我們所有人將會多麼好奇，多麼有興趣找出這些人是誰，他們是從哪裡來的。華盛頓和星期天早報的新聞都會顯示：政客對這一切代表的意義必然會有非常有意見，專家學者會一如往常的明確表態說明觀點，商業界會對這群人開始做出行銷企劃，政治團體會尋求結盟。而媒體，當然版面會全都充斥著第一人稱的專訪和最新內幕，把剛出爐的白宮醜聞打入冷宮。

　　現在再想點不一樣的東西。有一個新的國家，大小相當，文化也差不多一樣豐富，卻沒有人看得見。這個國家幾乎是無消無息的默默成形，彷彿逃過了暗夜的雷達偵測飄了進來。但這個新的國家並不是從其它地方過來的，而是千真萬確的美國貨，而且它不像第一個假想畫面，它不僅從愛荷華洲的玉米田裡浮現，也在紐約布朗克斯的街頭現身，從西北的西雅圖到東南的聖奧古斯丁（St. Augustine），橫跨全美。它在你最料想不到的地方出現：哥兒們的客廳中，姊妹淘的後院裡，女性的圈子內，保護紅杉木的示威活動中，辦公室和教堂及網路社群裡，咖啡廳與書店裡，健行步道與企業會議室裡。

形塑新文化

　　這本書的主題，就是這個新國家與人民。十三年來，我們針對十萬多名美國人、數百個焦點團體，與大約六十個深入專訪的調查研究，在這份報告的第

15頁的自我評量問卷裡，我們可以清晰的看到這群人的信仰與價值觀的展現。問卷的基本主題表達出他們對生態及地球的嚴肅觀點，強調關係與女性觀點，致力於心靈與心理發展，不滿現代生活中的大型機關團體，包含政治的左右兩派，也拒絕物質主義與炫耀社會地位。

自1960年代以來，美國已有26%的成年人（約五千萬人）的世界觀、價值觀、生活方式，歷經了全盤的轉變——簡單來說，就是他們的文化已經與之前大相逕庭。這些充滿創意又樂觀的五千萬人處於數種文化變革的最前端，不僅深深影響自己的生活，也影響著我們的大社會。我們稱這些人為文化創意人，因為他們憑藉著不斷革新，正塑造出一種二十一世紀的新美國文化。

看待文化有一種很實際的方式，就是將文化視為大型的資料庫，裡面有人民在各個時期認為重要的各種問題的解決方案，以及當時熱愛的事物。所以這些文化創意人總是不斷的創造許多令人讚嘆的新文化解決方案，以因應時代需求。我們在下面幾章會講述他們個人的故事，以及他們正如何改變我們這個世界。

引頸期盼的時刻

當我們說四分之一的美國人已經具有全新的世界觀時，意味著這是文明世界的一項重大發展。望文生義，改變世界觀就是指改變你覺得真實的東西。一些環環相扣的改變造就了世界觀的改變，也從世界觀的改變衍生而來：例如價值觀的改變，人生的基本目的；生活方式的改變、花錢和花時間的方法；有關討生活上的改變，我們先來看看你的錢是怎麼賺來的。

大約是在六〇年代早期，只有不到5%的人埋首進行這些重大的改變，人數少得在民調中根本看不出來。也不過才過了30年，這個比例就已經穩健增加到26%。雖然在瞬息萬變的時代裡，沒有事情聽起來是不可能的，但在整個文明時間的比例尺上，重大的發展都要經過幾世紀的蘊釀，因此這種成長可就快得令人瞠目結舌。這不僅是浮現檯面的速度讓人震驚，其成長程度連最敏感的觀

察家也嘖嘖稱奇。歐盟官員在聽到美國文化創意人的數量時,便於1997年九月對當時歐盟十五個國家展開相關的民意調查。讓他們驚嘆的是,證據顯示,全歐洲至少有和美國報告中數量相當的文化創意人。

二十年來,有遠見的人士與未來主義者一直在預測這種巨大的轉變。我們的研究揭示了文化中令人引頸期盼的時刻可能已經來臨了。證據不僅可以從我們的問卷調查數量中顯示,也在數字背後的大眾日常生活裡展現。光是文化創意人的人口數便足以影響美國人經商與從政的方式。他們要求我們超越環境規範,到達真正的生態永續,並遵照永續法則改變我們整個生活方式的驅動力。他們要求信實——無論是在家中、商店裡、工作時、政治上。在生活的許多方面,他們支持女性議題,堅持在新聞報導和廣告中看到大格局。這種現象已經影響到商業界與大眾的生活。但因為文化創意人尚未意識到自己是個集合體,所以不知道自己的聲音能有多大。但如果我們仍無視於他們的覺醒所帶來的這份充滿衝擊性的禮物,或許就只能後知後覺地摸不清這種種變化是從何而來。

本書的意旨在讓我們的集體意識更為敏銳,以深入檢視哪些人是文化創意人,他們的興起對他們本身和我們全體代表什麼意義。無論你是文化創意人,或者是與文化創意人同一間辦公室、共組家庭、同床共枕,或者你只想和文化創意人提案或做生意,你都會發現他們的出現在你的生活中造就了什麼不同。

第一章
文化創意人是哪些人？

　　想在美國文化的外貌中看出變化，就必須超越各種意見和態度，因爲這些轉變就像夏天的風一般變化莫測。你必須往下潛入塑造人民生活的價值觀與世界觀：即二、三十年來逐漸轉變的深層架構。一旦看到這些深入的變化，再加以追蹤，就能發現許多大家最在意的事，看他們會如何採取行動。價值觀是找到現實行爲的最佳預測器。

　　文化創意人自身已經改變了根本的價值觀，他們也可能重塑在我們身處的整體價值觀。從1980年代以來，我們便將研究焦點放在美國人的價值觀上，因此發現這個驚人的大型次文化，而且到目前爲止都像藏鏡人般的隱形著。我們已得知他們是誰、覺得自己和什麼相關，什麼對他們有意義、什麼沒有意義，他們選擇對什麼事採取行動，又拒絕花時間、精力和金錢去支持什麼事。

　　讓我們轉而概述這些價值觀，看這些文化創意人一旦照顧好生計和找到另一半等等的基本要求後，會將目標放在什麼地方。

信實

　　在美國，文化創意人創造了現今對個人信實的興趣。信實代表言行與信仰合一，這種新的次文化族群偏好學習新資訊，用他們覺得信實的方式投入。除了智性的認知外，這種偏好幾乎毫無例外地牽涉到直接的個人經驗，顯示出他

們如何獲得資訊，如何形成印象，如何決定什麼是真實重要的。他們不相信只靠條列重點就能到達結果的呈現手法，部分原因是這種呈現手法常帶有操縱的成分，因而更難論定和自己有什麼關係。他們喜歡第一人稱的現身說法，不喜歡自稱完全客觀、只著眼於外在表象的新聞報導風格，也對他們視為光鮮、無意義的噱頭廣告特別感冒。

　　美國生活調查機構（American LIVES）的布魯克‧華瑞克（Brooke Warrick）曾主持過比誰都多的文化創意人焦點團體，他稱文化創意人的信實雷達為「掃瞄偽幣」。他指稱，這種旗幟鮮明的認知型態憑藉著兩種顯然互為矛盾的感知。一方面，文化創意人強調個人經驗：「講講你覺得如何」，他們也確實喜愛互相敘述自己的經驗，甚至畢生的故事。但另一方面，他們又採取大格局的摘要式觀點，時常把這種廣泛的觀點擴展至整個地球。他們組合媒體資訊中的許多枝節片段，也常用整個體系與生態的觀點來創造自己的大格局。他們對於個人近距離式的感覺充滿了熱誠，對地球的狀況也一樣狂熱。

　　讓我們舉個例子，當有人請文化創意人的焦點團體來評論一下廣告時，你可能會聽到這樣的內容。這個案例是在西雅圖地區的一個焦點團體，由幾家主要的石油公司提供廣告。一位年輕女性在看過牆上的一排記事板後，她的測偽警鈴大作。「對不起，」她不能苟同，「這些拯救海龜和麋鹿的廣告簡直是可笑。整個世紀以來，這些石油公司都在妨礙環境清潔科技。你也看到那些更省油的汽車或另類燃料的問題了，通常在看完這些新聞故事時，都會有石油公司從中阻撓，在背地裡進行什麼勾當，阻止空氣清淨的科技發展。」

　　坐在她身旁的男子表示同意。「大型石油公司說要支持野生動物庇護所很容易，但如果拿得到他們法律訴訟費的預算，逐項統計後你就會發現：他們反對清淨空氣所花的心力和對抗空氣清淨法規的法律帳單，和野生動物庇護所一比，簡直就像一分錢跟一百萬美金的差別。更別提他們花了多少錢在廣告上，告訴我們有這個野生動物庇護所。」

投入行動與全過程學習

文化創意人喜歡的學習法是深入、切身的知識，充滿生命中豐饒、掏心挖肺、感官知覺的東西。特別吸引他們的行動方式是瑪格麗特‧米德（Margaret Mead）所稱的「全過程」，是可以成為創造些什麼東西的一份子，從開始、過程、結束，完成後再重新開始。他們會同意早期一位文化創意人兼教育學家琴‧休斯頓（Jean Houston）所說的：「現在的世界太複雜，不能單靠線性分析思考。在這個地球村想學聰明，就表示要用你的胃去思考，要有韻律地思考、有機地思考，從自己與自然交織為一的角度思考[2]。」

講到付出金錢和時間，文化創意人會想要投入計畫的整個過程，想親自參與。「聖樹林」（The Sacred Grove）就是此處所指的案例，這是六百名女性在加州亨博特郡聯合購買老紅杉樹林的計畫。我們和計畫創始人之一凱瑟琳‧歐波特（Catherine Allport）談過，當時那片樹林正穩穩當當地要送往土地信託保存。凱瑟琳告訴我們：「我們為第七世代創造一些東西。這東西很小，可是知道我們做這件事有種非常震撼的感覺。這不是想法，也不是理論。我們實際做出來了。而且我們的遠景是能夠完成這一個，再完成另一個，再到另一個地方實踐，讓這種事情成長。因為聖樹林的遠景不只在這一個位置，也包括其他的聖樹林。這個過程給予我們很大的力量。」

我們問她是什麼激發這幾百位女性留在這個過程裡，長達五年，每季捐出十到五百美元不等的款項。她回想了一下，然後說：「每位到過樹林的女性都以很個人的方式接納這片樹林，和樹林建立一種關係。所以發生的這件事很小，但這整件事卻很大。」她繼續說：「開始保存樹林的工作是很小也很個人的──畢竟也只有十四畝──但是從個人和小處做起又似乎很重要。因為如果這件事對個人來說並不真實，就不足以支持你走過這個長期的過程。打從心底認同的工作就是這麼開始的。」

理想主義與行動主義

在文化創意人所開創、又以時間與金錢支持的計畫中，直接的個人經驗也很重要。他們期望用個人行動追隨自己的價值觀。很多人都深信如果沒有親身投入，自己相信的事就「只是空談」。他們比其他美國人表現出更多的理想主義與利他主義，與更少的憤世嫉俗。65%的人說「讓自己的工作對社會有貢獻」非常或極為重要。54%的人說「要親身參與創造更好的社會」非常或極為重要。

而且他們的行動也向這些價值觀看齊：75%的人親身參與志工，其他美國人則佔60%。他們平均一個月花四小時參加志工活動，而全美平均是一個月一小時。對於他們的行為，我們研究的每個項目都表示他們確實身體力行。而對於什麼才是真正重要的事，他們如果改變心意，也會花相當的精力改變言行。據我們所知，這種全盤徹底的改變，最具戲劇性的故事之一發生在一位輕聲細語的南方人雷·安德森（Ray C. Anderson）身上。

當全球最大的商業地毯公司「界面」（Interface, Inc.）的執行長雷·安德森要為公司提出環保的遠景時，他惶恐了三個星期，不曉得該說些什麼。原因很簡單，他沒有遠景，甚至對這個主題也沒有多大興趣。「坦白說，我只知道要順從，順從，順從。」他告訴我們。而那可能表示（也時常表示）「法律的最大容忍限度」。他意外發現珍寶，有人送他一本保羅·霍肯（Paul Hawken）的《商業生態學》[3]。他說：「看那本書就像有人用矛刺穿我的心。我還看不到一半就感覺到一種強烈的迫切感，也清清楚楚知道自己要說什麼。在寫那篇演講稿時，我知道我們的方向已經遠遠超過順從。」

他的第一道商業命令是將公司（連同橫跨四大洲的製造地）轉化為「復原中的企業」，不只回收利用生產廢料，而且取之於地球，更加量奉還於地球。要達到這一點，雷與一百一十個國家的商業伙伴正重新發想、設計每一件工

作,其中包括如何為自己的企業定義。在投入這份心力的前五年,「界面」投資兩千五百萬美元減少廢料,卻省下鉅額的一億兩千兩百萬美金。雷體認到這項挑戰的規模龐大,希望能在二十年內看到公司完全永續自足,不帶走地球的任何東西,也不對生物圈造成任何傷害。

第二道商業命令是幫助其他公司也達到同樣的成果。到了1998年初,雷幾乎經常旅行各地,對世界各地的商業伙伴、公司行號、環保團體進行一年上百場的演講。他對創造「下一輪工業革命」有興趣。雷告訴聽眾,商業是地球上最大、最富裕、最有滲透力的組織,也要對多數的環境損害負責。他說:「我們是問題的一大部分,除非我們變成解決方案的一部分,否則就沒戲唱了,我們的後代子孫也不會有好地方住。」

全球主義與生態

文化創意人喜歡綜觀全局的觀點,他們要看到每個部分攤開來一字排開,再追蹤彼此之間的關係。無論是看一本書,在網路上取得訊息,或是看電視,他們都想看到全觀的大格局。他們能夠強烈了解整個生態的重要性,擅長整合互不相關、零碎片段的資訊。那也是為什麼他們最關心全球生態狀況與地球居民的福祉。文化創意人是一些成長運動中主要的意見領袖,這些運動超越了常人對環境的關懷,達到關注生態,關注製造新的生活方式,俾使能長期永續經營。81%的人說他們非常或極為關心「全球的各種環境問題:全球暖化、雨林破壞、物種滅絕、臭氧層消失」,78%的人說「美國人需要消耗更少比例的世界資源」,73%的人視「與地球和諧共存」非常或極為重要。而68%的人說:「我們需要發展全新的生活方式來達到生態永續。」

據我們所知,文化創意人有很多最精彩的故事,都是兼顧大局且又能為生態問題創造出有效的新解決方案,其中的一個故事就是超級汽車(hypercar)。超級汽車的發明是結合了現今的航太科技來製造未來的車,其策略如下:用氫

燃料細胞作爲電力，或用瓦斯與電的合成引擎；煞車時用飛輪儲存能量，再用那股能量加速；用製造飛機和印地賽車[4]的碳纖維原料，使重量減半，讓表面光滑減至超低的阻力。每加侖（3.8公升）汽油可跑110至190英哩（176～300公里），就能用車內的一箱汽油橫跨美國東西岸。如此可省下大量的石油與汽油，而空氣污染則趨近於零。同樣的科技不僅適用於汽車，也能用在火車、公車，甚至動力腳踏車上。施行這項技術應該可以爲阻止全球暖化貢獻良多。無論誰擁有這種智慧財產權都應該會發財，不是嗎？

其實不然，這項科技的主要發展人員是落磯山研究機構（Rocky Mountain Institute）的文化創意人，他們做出令人意想不到的事：拱手讓人。他們把整個智慧財產權拱手讓給能夠發展出超級汽車的人，因爲他們有興趣的是挽救地球，而不是發一筆橫財。他們以這種方式，在可能製造超級汽車的多家廠商之間，創造出前所未有的市場競爭。他們不願獲取最大利潤，而是繼續留在自己的價值觀中，創造銳不可擋的氣勢，朝向爲生態與社會負責的創新邁進。第一輛超級汽車可望於2001年左右進軍市場[5]。那家得意的生產商甚至可能不是鎔鑄金屬的汽車公司，而是高科技的航太或電器公司——因「新世代產品」的無限動力而大發利市，而這種新世代產品每幾年就出現一次——他們對於做善事發大財，當然是來者不拒。

女性的重要

政治人物常提的「女性議題」是了解文化創意人的一個關鍵點。文化創意人很認同女性理解事物的方式：以同理心與同情心來感覺旁人，站在說話者的觀點思考，將個人經驗與現身說法的故事視爲重要的學習法，同時擁抱關懷的倫理觀。他們對婦女與兒童遭受暴力虐待而憂心，也想要更多完善的兒福設施，加倍關注兒童的需要及教育。他們對幸福美滿的家庭施予強烈的關注，也想在公開或私下的各個生活領域，改善各種自己關心的人際關係。89%的人說

「人我之間互相關心的品質」在他們的生命中非常或極為重要。79%的人非常或極為關心「男女同工不同酬」。64%的人同意「女性應該永遠不必回歸傳統的社會角色」。而58%的人非常或極為關心「企業與政府應該有更多高層的女性領袖」。

文化創意人關心的各種議題中，都是由女性帶頭領導。她們正用以往被視為個人的議題，及應該在家中和朋友圈裡商討的議題，直接拿到公開場合討論。而且她們想看到更多女性位居領導地位。可想而知，60%的文化創意人都是女性。而令人意外的事也在此：民意調查中，在價值觀與意義的項目裡定期出現的大幅性別差異，對文化創意人而言並不存在。原因很簡單，男女文化創意人都共同擁抱平常所指的「女性議題」與「女性價值觀」。這項結果與其他美國次文化裡發現的性別差異，可說是截然不同。

文化創意人針對女性而發展出的許多文化創新中，有一項是魅力與精力兼備崔西·蓋蕊（Tracy Gary）的功勞。她現年五十多歲。我們在舊金山訪問她時，她告訴我們：「我要蓋一系列的窩，給價值觀相近的人一起工作。」她從創造七個小型的非營利組織開始，作為落魄女性的家，1978年，她創造美國第一個在地的女性基金會。

每一次申請資金時，主流的基金會和銀行都會拒絕她。在沒有人願意為女性庇護所「家」（La Casa）提供基金時，崔西便抵押自己的房子來付頭期款。當時機成熟，她們要開始創辦女性經營的基金會，為自己的計畫募款時，她在桌上放了兩萬五千元美金，再找到六個願意和她一樣出資的人。「我們膽大包天，這都是被一股迫切感給逼出來的，」她說：「婦女基金會成立後，我們就致力於一年籌募三十萬美金。簡直是荒謬。當年我二十七歲——年輕得不知道自己在幹嘛——我開始的時候，也不認識五個可以投入一千美金以上的人。但一年後我辦到了。而且是有一種內在的推動力，一種在文化和道德上盼望能夠建造這種社區，是我們都想在裡面居住和工作的社區。」

到了1997年我們和崔西說話時，她已經在全美協助創辦了九十個基金會。我們問她是什麼讓她這些年來一直保持孜孜不倦，她毫不猶豫地說：「我真的想讓民主發揮作用。我喜歡自己的國家所代表的民主精神，但在這個民主的環節中有一個環節不見了，那就是女性的聲音。我在協助創辦『婦女募款運動』時，那是這個活動現在的名稱，就是想要為這個環境灑下種子，讓女性可以互相傾聽，透過直覺知道自己需要什麼和我們的社區需要什麼，培養出更大的信心。」她停頓了一下，反思著：「這不是為了錢，你知道嗎？這一切都是為了價值觀。我們真正想達到的是什麼？要怎麼樣才能用錢把這些價值觀的表達方式傳承下去？」

崔西也和其他許多文化創意人一樣，她告訴我們自己之所以突擊文化領域，並不是源自於什麼乏味的責任感。她說：「這不是像我床頭放了一張海報在告訴我要為國家盡什麼心力，而比較像是我一直和才華洋溢的人建立關係，我想引導她們的才華。每一次我和一群人在一起，她們來到這裡想像一種不一樣的社會，花時間去感覺和祈禱，考慮我們在做的事有什麼長期的目的，我就有一種共鳴，發自內心出現在我眼前的音調。那聲音告訴我，從事這項工作是一種福氣和恩惠。它說：『你沒有走錯地方。捲起袖子更深入挖掘吧。』」

文化創意人的雙翼

文化創意人有兩種，在價值觀和信仰的強度上有所不同，而且時常強烈到必須化價值觀為行動。「核心團體」是次文化的創意領導，大約有兩千四百萬人，正好略少於文化創意人的半數。這個團體中，極大的比例是寫作出版的作家、藝術家、音樂家、心理治療師、環保人士、女性主義者、提供另類健康看護的人士，與其他專業人員。這些是教育程度較高，走在時代尖端的思想家。他們結合自己對內在生命的真心關切，與社會行動主義的強烈傾向，其中還包括了致力創造永續自足的未來。所有的文化創意人都有「綠色」的價值觀，他

們關心生態及整個地球的福祉，不過核心團體對這些議題遠比其他人更為熱切的付諸行動。除此之外。核心團體對個人成長及心靈也有強烈的價值觀，但對其他文化創意人而言，這兩項則不重要得多。不出所料，核心團體的女性為男性的兩倍，大幅說明女性的價值觀在美國生活中已經變得更加重要。

第二種團體為「綠色文化創意人」，他們的價值觀和社會關注比較世俗與外向，傾向於聽從核心團體的意見。他們的價值觀著重於環境、人與人的關係與社會議題，而且也常視自然為神聖的領地。雖然他們只是「綠色」，不像核心團體那麼關切內在生命，但那並不表示他們比較綠。他們對於其他種類的靈性與心理學及以人為中心的價值觀，只顯示出普通的興趣。整體而言，他們傾向於保有傳統的宗教觀。他們的世界觀不如核心團體那麼深思熟慮，價值觀也比較實際，立場也比較不強烈——部分是因為他們受的教育較少，行動主義的人數比核心團體少。綠色文化創意人有兩千六百萬人，正好略多於這股次文化的半數。此翼的男女數量大約相當，比例為47:53，與全國的比例48:52更相近。

利他主義，自我實現，靈性生活

文化創意人有發展健全的社會良心，對未來抱持一種堅決謹慎的樂觀態度。核心團體是比較主動的半數，關心社會正義與內在生命的發展。這些關注的議題有別於傳統的智慧，不會互相排斥，因為文化創意人的神聖感包括個人成長、服務他人、社會行動。很顯然他們對於利他主義、自我實現、靈性生活的價值觀與信仰愈強烈，就愈可能對社會行動與社會轉變有興趣。核心團體是使用另類保健的族群，也常常從事這一行。高達91%的人認為「幫助他人」非常或極為重要。同理，89%的人相信「每個人都拿得出自己獨特的天賦」，82%的人想培養更靈敏的自我覺察，而58%的人說「在自己身上發現新的東西」非常或極為重要。兩千六百萬綠色文化創意人，也就是較不活躍的一群，在這些基準上和一般大眾並無二致。

　　我們會看到核心文化創意人在許多方面都結合了興趣、內在發展與靈性，但是最好聽的故事之一就在田納西州林木蓊鬱的山丘上。來到半島村（Peninsula Village）的孩子染上毒癮、心性紊亂，曾經在治療中心、中途之家、街頭經過一次又一次的碰撞。等他們來到「村裡」時，他們的生命僅繫於一線之間。半島村的創辦人珮特·米契爾告訴我們：「你決定到這裡來的時候，就知道這次如果不成功，可能要再回到街頭、看守所，或死掉。」

　　從社會的角度而言，我們還相當困惑，找不到好方法來解決青少年自我毀滅的問題。六十年之間，青少年的自殺率翻了三倍，凶殺的比例也大幅攀升。早報裡恐怖的統計數字證實我們失敗了。宣告自己會成功的一些自新計畫定期把十之七八個青少年送回毒品或酒精、治療中心、監獄、街頭。半島村將這個比例顛倒過來，當地畢業的孩子，十個有八個會重回校園、找到工作，也不會再吸毒[6]。

　　為什麼？田納西的這個前哨發生了什麼事，讓「迷失」的美國青少年浪子回頭？那與利他主義、自我實現、靈性生活又有什麼關係？答案是差不多是環環相扣。為期一年的課程，帶領年輕人經過美國印地安人追尋視野的傳統階段：離開舊生活，跨越進入未知的門檻，整合他們自己所學，幫助治療自己的族群。他們這段旅程的地圖是個醫療車輪，開展了前方的挑戰。或許最重要的是：有一群同儕和長輩全心全意要看到踏出旅程的人一路過關，重新獲得新的開始。

　　「這不是胡鬧的時間，」珮特·米契爾說：「當你決定明年要用一年的時間來在生命中尋求不同視野時，就已經踏上了艱苦卓絕的旅程。我在設計這個半島村時，看到那些孩子需要一種生活方式，才能讓他們進入這個世界。而我知道那種生活方式一定要在現實和心靈上都對他們有道理。那些小朋友告訴我們，當他們經歷過不同視野後，下一次再惹上麻煩時，他們都知道該怎麼辦。他們把醫療車輪上的石頭排好，也記得要按兵不動一陣子，看著自己的麻煩和恐懼。他們知道要怎麼進入感覺中的黑暗，怎麼和平衡感重新接軌。這告訴他們除了自己之外，還可以信任什麼人，他們要放下什麼東西，又要保住什麼

東西。他們知道如果放下重要的東西，就會感覺空洞。而且他們在準備好的時候，也知道怎麼到祈禱的地方。」

我們問她，我們可以從這個課程的成功之處學到什麼。「我想科技從小朋友身上拿走的是認識事物的自然本質。他們不注意日出、滿月、日落、深夜。他們需要鮮活的意象在體內生根，這樣他們才能在生命中生根，也才能信任彼此間的關係，和存在的大哉循環之間的關係。我們心裡都有這個地方，應該用想像力與豐富的意象來充實他們。但這些孩子身上卻都是真空，他們被剝奪了。現代世界給他們的，沒有一項是他們真正需要的。所以我們在這個村裡做的，就是給他們方法獲得內在的勇氣與社群支援，好踏上生命的旅程。而且他們學會必須為他人付出，也必須有所獲，畢竟他們就像久病成良醫的病患，有偉大的禮物可以送給他人，也能在這一生當中有所貢獻。」

他們拒斥的事物

看到文化創意人想在傳統的美國生活中取代什麼頗具啟發。他們對「擁有更多東西」、拜物、貪婪、唯我獨尊、炫耀地位都不再著迷，對於種族與階級的社會地位不平等、社會疏於適當照顧老弱婦孺、現代社會中把享樂主義和憤世嫉俗當成現實等現象也怒目相視。他們也排斥社會保守主義及宗教右派的偏執狹隘，幾乎不滿於現代社會的每個大型機構，其中還包括企業與政府。

他們拒絕狹隘的分析，對媒體中片面膚淺的評註也感到厭煩，那些評註不描繪他們所見，不解釋他們從親身經驗中得知的內容。一位中年婦女告訴我們：「我關心的訊息和真正聰明的解答都不是主流媒體、甚至另類媒體所提供的，這種事情一再發生。」他們要的描述和解釋包括全觀的大格局以及自己與他人的個人經驗。對文化創意人而言，現實包括情感與理智、私人與公眾、個體與社群。他們也會很熱烈同意約翰‧李歐納在《欺矇拐騙》一書中提出的問題：「我們的文化鏡子怎麼會變得那麼扭曲卑鄙[7]？」

改變世界觀

當文化創意人改變價值觀時，世界觀的改變也為期不遠了。世界觀就是你相信的所有真實內容：上帝、經濟、科技、星球、事情怎麼運作、人該怎麼工作遊玩、和心愛的人之間的關係，亦即你重視的每一件事。對一些人而言，世界觀先轉變，然後對事情的輕重緩急才有所不同。其他人的順序則相反。但最常出現的是兩種策略混合，價值觀與世界觀交相改變，互為影響。

世界觀的改變不常發生——不然不就和迪士尼樂園坐「太空山」飛車衝上竄下的青少年一樣？我們多數人的世界觀如果會變，一生也只會變一次，因為這種轉變幾乎改變了我們意識中的一切。當你做出這種轉變，你就改變了自己的認知：你是誰，你和什麼相關，你願意看到什麼，又如何加以詮釋，你對行動的輕重緩急，和你想要的生活方式。不管你是不是離家、換工作、轉換生涯跑道，你的世界觀一變，就改變了一切。

以下的故事是一些實例，說明文化創意人在將重心轉移到「什麼才是真實重要的事情」時，內心作何感想。

你和朋友走上山丘，自從朋友去年辭掉一家大型健康維護組織（HMO）的心理部門主管一職後，他把遭遇到的境況告訴你。他透露私人診所的生意向來清淡，又帶著心酸的誠意繼續告訴你，這幾個月以來，他的權威與競爭的自信外殼已經慢慢崩潰了。他用一邊的嘴角微笑說，這是好消息，也是壞消息。一方面，他參加派對時，再也不知道該怎麼自我介紹。但另一方面，他覺得離自己的內在核心又更近了。喔，還有一件事，他納悶著說：「我也不知道，但是在意識的邊緣又有些新點子探出頭來，一些我以前從未考慮過的可能性。」然後他停下步伐，轉身看著你，說：「要讓這種事情實現真是難得要命，我覺得好像應該展開猛烈的自我行銷計畫。但我又想不出要對誰行銷，要行銷什麼。我覺得我好像是什麼種在泥土裡的

種子，但我對自己是哪種種子，又一點概念都沒有，還有如果我會冒芽的話，又會冒出什麼芽。」

°　°　°

你參加一場婚宴，坐在右邊的夫婦告訴你他們兩人都有工作，但都正在休假，他們稱之為「從時間裡擠出時間來」。先生是帥氣的愛爾蘭人，在一家聲譽良好基金會當了十八年的教育總監，太太是優雅的德州人，經營一家小出版公司。當太太把工作時數減半時，先生則完全離開職場。他們在花自己的積蓄。他告訴你：「我都在散長長的步，陪兒子玩，看書。我不知道接下來要做什麼。」他笑容滿面，顯然對這個過程輕鬆自在。「最難的部分是老朋友和以前的同事一直問：『好啦，你接下來要做什麼？』好像我如果不知道答案，就會讓他們坐立難安似的。」

六個月後，你聽說他變成一家新的非營利諮詢公司的總裁，與社區團體工作，在行動主義者與商人間發展同盟關係。沒有人試過這種事，花了好幾個月的訪談時間，才讓他和那個社區團體雙方決定彼此適合。「你應該看他最近的樣子。」你們一個共同的朋友透露：「他神采奕奕，輕鬆悠閒，而且真心熱切等待那天來臨。從來沒想過他會變成這個樣子。」

°　°　°

你最喜歡的姪女在答錄機上留言，而且神秘兮兮地宣布：「我們要聊一聊。」你請她吃午餐。在飽足一頓、閒話家常後，她說：「上禮拜我第一次參加靜修，八天。」那次靜修在猶太新年和贖罪日的假期裡由兩名猶太祭司帶領，就位於加州聖克魯茲（Santa Cruz）上面的山裡。她告訴你，毫無疑問，她已經慢下腳步，但還是有什麼引人入勝的東西在發酵。「我覺得幾乎變透明了，好像我從這一輩子一直在用棉絮包裹的厚繭中全新浮現，而且還很稚嫩。在最普通的時刻，我還會有突如其來的喜悅。」她微笑，你注意到她的眼睛有多麼清澈。「只有一件事，」她說，「我覺得自己不能和同事或朋友講這種事。我告訴他們我要八天不說話時，他們

真的都嚇得尖叫。」

　　你想到她的工作是在矽谷內部，在高科技創業世界的最尖端擔任多媒體藝術家。她說：「我是藝術家，知道置身在『空』中是什麼滋味。我知道我要等，讓作品自己表露出來。但是講到要信任自己生命中的『空』時，」她舉雙手投降，「那種事我從來沒學過。我怕三十六歲才開始太晚了。如果沒有一個朋友知道我在講什麼，我也不知道這個過程自己能不能走下去。我不知道自己能不能面對這種寂寞。」

平凡人

　　我們遊遍全美，坐在客廳和辦公室和教堂聽這些故事時，才想到用棉布和絲絨一絲不苟地拼成被單的女人，和一天結束後耐心修補漁網的漁夫。文化創意人就像這樣。當他們從現代文化的主流職位和價值觀退出時，便開始拼湊他們熱切關心的生活。如果你問他們，他們可能會告訴你這是個緩慢笨拙的過程。在價值觀分隔的社會中，他們做的是盡其所能的編織出完整一致的生活。他們不會宣稱自己有全部的答案。每一個人都挑揀並選擇對自己最重要的，試圖創造出價值與意義的新綜合體。

　　教育家帕克‧帕瑪（Parker Palmer）說，人開始拒絕分裂的生活時，社會運動就會啓動。這就是文化創意人的狀況，他們許多人在尋求活出自己逐漸相信的價值觀時，都經過重大的生命過渡期。有些人困住了。而其他人看起來也困在無望的狀況下很長一段時間，但之後卻又閃耀出頭，讓朋友和同事們驚歎連連。文化創意人的共同點不在於他們成功橫越文化的邊界，也不在他們的個性、才智、宗教或種族起源。他們只是一群平凡人，擁有共同的價值觀與世界觀的文化，就某種程度而言，也具有相同的生活風格。

　　然而，在閱讀本書的故事時，許多文化創意人在你眼中可能都很了不起。他們在我們眼中也很了不起。我們深思這個問題，不知道自己把他們多麼理

想化，而他們在描繪自己的畫像時，又多麼往自己臉上貼金。當然，這兩種偏見都有可能，但我們只能希望這些偏見都無關緊要。我們不打算挑出非凡的模範，只是尋找哪些人活出我們上述的價值觀，而不僅止於談論這些人。我們有幾次例外，從知名的典範和教師直接跳過，因爲我們除了想聽文化創意人的理想和創意精神外，也想聽到他們的掙扎和難關。但話雖如此，你在這裡看到的故事大多還是不「平凡」。

我們認爲原因牽涉到發展依循與主流文化截然不同的價值觀需要什麼條件。幾乎每個開始參與文化創意、並持續長短不一的時間的人，都會有一個問題：他們必須找到一種活出價值觀的方法，否則就是自我欺騙。

這個選擇並不容易。許多文化創意人反反覆覆，想說服自己不應該這麼在意，哀求自己只要好好融入社會就好，不要活得這麼難過。幸運的話，他們就會輸掉這場戰役。之後再及時學會尋求諮商，遵循自己相信的最要務，再採取行動。

歷經這個發現自己的真理，也學會相信這種真理的過程的人，會發展出一些特質。不屈不撓、對天花亂墜的言論不耐煩、自我反省的能力，這些特質貫穿許多文化創意人的故事。另一種特質是開放：不是那種見風轉舵式的開放，而是一種開放的心胸，對自己有足夠的信任感，足以聆聽他人的心聲，而不失去自己的方向感。瑪麗・福特（Mary Ford）是四十多歲的行動主義者，她向我們提到開放。她說：「你開始爲改變而工作時，大家開始用各種難聽的字眼罵你。你要心甘情願承擔。你對自我必須有一個比他們更大的定義，建立在我們彼此有多麼密切相連的根基上。」而且你必須保持心胸開放，她說：「因爲我們沒有一個人的內心是終點。這整個世界都是開放的系統，所有的生命都是開放而且變化多端，要讓變化發生，當然不只有一種正確的方式。」

瑪麗從青少年時期開始，就爲改變而工作。她是心理學家，有個八歲的孩子，也是一個世界級的跨信仰福音唱詩班的獨唱。她的先生羅伯・李維斯是熱愛孩子的高中數理老師。也熱愛數學和理化（和籃球）。這種組合讓他心甘情

願教早上八點的進階微積分班,在週末和幾位同事一起研究,設計各種引誘學生愛上科學的方法。總之,瑪麗和羅柏是兩個「平凡」的文化創意人,正在探索、尋找能活出自己價值觀的生活方式。

　　普蕾西亞‧霍爾也在尋找活出價值觀的生活方式。她是1960年代「學生非暴力協調委員會」(Student Nonviolent Coordinating committee)的前會長,1997年,她對艾立夫神學院文森‧哈定的班級講話,讓她回想起早年難以抹滅的經驗。「在這些示威行動中,有太多次,在那些猛烈攻擊的年輕人背後,會有婦女和小孩,他們的臉上因恨意而扭曲。青筋暴出,流滿了血,因仇恨而發狂。每當我看到那種臉孔,就不容易仇恨。不要變成我看到的那個樣子,就是對我自己有益。」[8]

　　平凡和非凡的文化創意人之間有清楚的分野嗎?我們如何劃分?時代會讓一個人卓然出眾,而另一個人普普通通嗎?我們應該將瑪麗‧福特和羅伯‧李維斯與普蕾西亞‧霍爾分開嗎?我們不能這樣區分。我們在這裡說的每個故事對個體的生命都有獨特性,也和其他千百萬名文化創意人一樣擁有重要的成分。我們希望你能從這些平凡、非凡的人身上,取用對你有價值的成分。

這不是統計資料

　　多數的民意調查能以統計資料將人分類就很滿意了:男性女性,黑人白人,白領藍領,收入多寡,教育程度。做起來輕鬆熟悉。但這些傳統類別只能顯示人民生活中的一小片。我們在這裡報告的調查結果沒有反映出「統計資料」。當然沒有,我們的研究是價值觀研究,直接導向一種豐富多元的結果,描述美國人在忙些什麼——又為何而忙。這個新的次文化比統計資料的分類多了不少。這是一大群非常相似的美國人——又和其他美國人大不相同——差別在於他們對世界的觀點,以及生活中基本的優先順序。

　　文化創意人不一定是你意料得到的,不能把他們化約為一小撮整齊的統計

類別。他們和多數美國人一樣，可能是嬰兒潮出生的人。有別於傳統智慧，他們的價值觀不能以年齡或「世代」來解釋。他們住在全國各地，而不只是在加州，也沒有比多數美國人自由或保守，事實上，他們也拒絕以「左派或右派」來描述自己。他們在統計資料上就是展現出不同的來源。

　　文化創意人在很多方面都像主流美國人，有非常廣闊的收入範圍，從中下階級到富裕都有，但只有少數非常窮困及非常富有。他們的平均收入略高於全國平均值，但那不代表什麼——重要的是廣泛的範圍和多元化的收入。同樣的情況也合乎年齡，因為他們的年齡分佈橫跨全國，其中有兩個例外：無論哪一年的統計數字，十八至二十四歲的文化創意人都為數略少，主要是因為年輕的成年人似乎仍在鞏固自己的價值觀。另有為數甚少的文化創意人是七十歲以上的長者，顯然是因為這群人口的價值觀在1960年代來臨時，便早已根深柢固。至於職業與教育，文化創意人是多元化的一群人，不過其中專業人士和受過大學教育的人略勝一籌。我們說統計資料無法定義文化創意人時，是指文化創意人的統計資料和全國整體的數據大不相同。

　　許多文化創意人做的是現代社會每天要做的工作：他們是會計師及社工，女服務生及電腦程式設計師，髮型設計師與律師，脊椎按摩治療師與卡車司機，攝影師及園丁。有些文化創意人探索物理現象，是從事先進研究的科學家，其領域包括量子理論、演化生物學、新式經濟、生命系統理論。有些則探索心靈及社會——從事環保的社會行動主義藝術家，以地球史的角度教物種起源的學校老師。還有其他人是社會行動主義者，他們發言、組織的觀點都來自於「拯救地球」或是「為那些被主流政治邊緣化的團體打氣」。

　　統計資料也常用來指涉宗教。大多數的文化創意人在宗教信仰及支派都非常主流。即使非標準的東方宗教和新靈性信徒也是文化創意人，但在這新的次文化中仍是微小的少數民族。為數相當的文化創意人甚至隸屬保守教派，卻有其他價值觀與生活方式符合這股次文化的其他項目。總而言之，除了基本教義派之外，多數美國人的宗教信仰都不完全符合自己名義上的教派。文化創意人是基督

徒、猶太教徒、回教徒、佛教徒、基督科學教徒、未知論者，只有爲數甚少的人吻合新世紀（new age）的描述。事實上，他們大多都會拒絕新世紀的標籤。

好男人都到哪裡去了？

文化創意人中只有一個統計數字特別突出：60％的文化創意人是女性。核心團體中，這個比例躍升爲67％，大約占三分之二。女性闡述關懷、家庭生活、兒童、教育、人際關係，以及對他人的責任感等議題的方式，也反映在文化創意人的價值觀與信仰上。女性衡量價值的方式終於從私人領域向外延伸到公眾生活。那是好消息。而壞消息是可以交往的男人數量不足。

我們的朋友卡洛琳從波士頓來訪，她又再度抱怨一個老掉牙的問題，就是許多女性文化創意人都會面臨的：「好男人都到哪裡去了？」卡洛琳今年五十多歲，是個外向且極有吸引力的人，看起來當然就像如果想吸引異性注意，應該會不費吹灰之力的樣子。她告訴我們，她也想吸引異性注意，可是選擇稀少，不知道是不是自己這一生做錯了什麼事。

「妳不要再心理分析了好不好？」保羅脫口而出。「這不是妳的問題，也不是妳的錯。」他有點提高嗓門，不過那一點必要也沒有，因爲卡洛琳正全神貫注聽他説話。

「客觀上，只有爲數稀少的男人適合妳的價值觀和生活方式，」他解釋。「像妳這樣的核心文化創意人有三分之二是女人。就像在原始部落一樣，合適的配偶太少。妳若是非要像妳一樣的男人，具有妳的觀點和價值觀，就會覺得好男人好像很稀少。」

「喔，好吧。」她回嘴。「那其他躲起來的人呢？」

「我猜他們在玩科技玩具，被最重要的事和成功纏住了。妳那些個人成長、靈性、生態的價值觀，可能要在他們列表的很下面才會出現。妳的

社會階級裡，男人多半是現代派。太多女人找不到她們要的伴侶，就傾向於責怪自己。可是妳能怎麼辦？事實是：這裡是女人在帶頭。新的文化發展和新的價值觀都是從她們身上來的。」

她絕望地看著他。

「而且男人有點遲緩。」保羅無力地補充。

「對，他們成長的速度比我們慢，不是嗎？」她輕聲一笑。「好吧，很高興聽到那不是我的錯！」

很難不聽到她聲音中的無奈。

維護主流的鬥士

文化創意人是美國的三大次文化之一。但就我們的公眾論述來看，只有兩種次文化：就是我們認得出來的現代派和傳統派。半個世紀以前，還只有這兩種次文化，只能夠選邊站，一套價值觀對另一套價值觀：城市或鄉村，都會或本土，世俗或虔誠，嬉皮或古板；風格與效率對人格與可靠；溫文爾雅的卡萊葛倫[9]對嚴肅正直的詹姆史都華[10]；冷豔風華的洛琳白考兒[11]對朝氣清新的茱恩愛麗森[12]；現代唯物主義對社會保守虔誠；鼓吹激烈改革對保存更單純的生活方式。現代派兼容並蓄，包含商業的保守派與自由派，資方與勞方，及社會主義、法西斯主義、共產主義者。這些團體都致力於物質發展與大都市作風。傳統派則包括北方的統一成員與南方的分離主義勢力、獨尊聖經區的基本教義派，與各種族的天主教徒（愛爾蘭、義大利、波蘭、西班牙），因為這些多元的團體都用自己的方式在文化上持續保守。這兩大次文化之間的明爭暗鬥是耳熟能詳的故事，用上百種方式重述再重述。（第41-42頁的「價值觀與信仰」表上，可以快速得知這三種次文化的價值差異。）

三種次文化的價值觀與信仰

△ 傳統派　■ 現代派　● 文化創意人

同意該價值觀／信仰的百分比

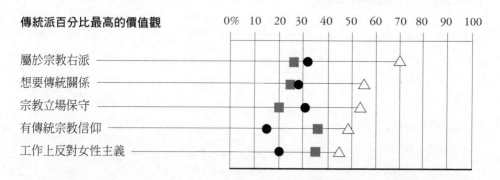

傳統派百分比最高的價值觀

屬於宗教右派
想要傳統關係
宗教立場保守
有傳統宗教信仰
工作上反對女性主義

同意該價值觀／信仰的百分比

現代派百分比最高的價值觀

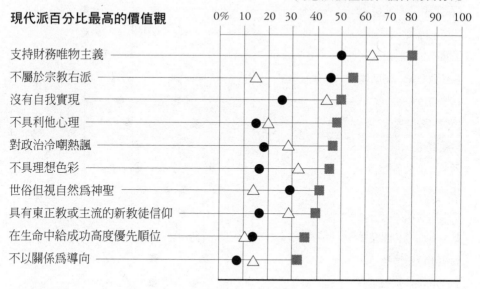

支持財務唯物主義
不屬於宗教右派
沒有自我實現
不具利他心理
對政治冷嘲熱諷
不具理想色彩
世俗但視自然為神聖
具有東正教或主流的新教徒信仰
在生命中給成功高度優先順位
不以關係為導向

每項價值觀都是結合數種問卷項目、讓數字更可靠的比率。百分比是同意該價值觀的人，排除「中立」的中間派和「不同意」的回覆。「不…」的價值觀是不同意的百分比，排除「中立」和「同意」。樣本數：1036名成人。價值觀調查不適用於兒童，因此樣本取自美國一億九千萬名成人之中。調查日期為1994年12月／1995年1月。）

三種次文化的價值觀與信仰

△傳統派 ■現代派 ●文化創意人　　　　　　　**同意該價值觀／信仰的百分比**

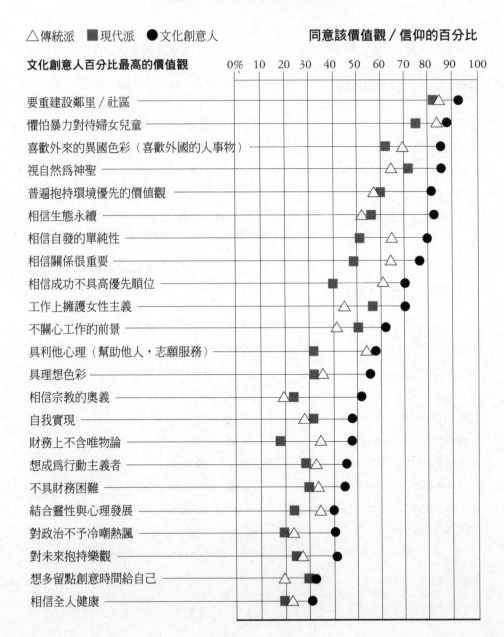

‧引介現代派

　　該如何向你描述這些人呢？他們僅低於美國半數人口，豐富多元得足以包含自由派與保守派，而且由貧至富，幾乎吸納了所有收入的階層。這是現代主義主要的次文化。只要閱讀《時代週刊》、《紐約時報》、《華爾街日報》、《商業週刊》、《富比士》、《今日美國》，你就會日復一日，鉅細靡遺地熟知現代派的官方意識型態。這是我們看到的常態文化：在各政府階層、軍隊、法庭；在銀行與股市；在大學科學實驗室與高科技公司；在醫院與多數醫生的辦公室；在主流教堂和猶太教堂；在「最好」的學校與院校。這個文化屬於職業美式足球、籃球、棒球聯盟；連鎖商店和購物中心；多數的電視節目；還有最「主流」的雜誌和報紙文章。

　　我們視爲理所當然的標準，我們賴以爲生的準則，都由現代派設定，爲現代派所用。他們的世界觀如此包羅萬象，他們的觀點如此理所當然，使得多數現代派看不到任何替代方案。到1999年爲止，這群人約佔美國人口的48%，是一億九千三百萬人中的九千三百萬人。他們和其他美國人一樣，有多元的年齡層與教育程度。現代派以男性居多，不像文化創意人是女多於男。他們在1995年的平均家庭年收入是四萬兩千五百美金，不止包括傳統工廠作業員與辦公室上班族，也包含美國文化的科技創意家，如工程師、醫師，及商人。

　　現代派的次文化有什麼鮮明的特色？這不只是指他們在家庭、鄰里、教堂內重視的事，也是他們在工作及購物時相信的事。經濟在許多方面主導了他們的生活特徵。事實上，正是他們對科技經濟的信仰在重塑地球的面貌。現代派的觀點是屬於主流文化那種理所當然的觀點，也就是會說。「顯然就是這樣」的整個信仰體系。在實際的工作日裡，就是：「這樣才有效，這是唯一的做事方法。」要不就是：「這是最新也是最偉大的發展。」

　　現代派在「知道方法」和「不知道方法」間創造地位的差別。這就是美國版的階級之分，但這個版本裡，無論你是贏家或想成爲贏家，都會在生活的競爭中認同贏家。這種態度多半對其他的觀點和生活方式帶著肯定的悲觀，有時

則是輕蔑的沮喪。這種單純化的心態是「不知道方法」就會趨於劣勢。

　　這種習慣激怒了其他文化的人，特別是美國的傳統派。但其實多數的主流文化都會拒絕其他生活方式，因此現代派的拒絕並不足爲奇。既然現代主義就是美國的主流文化，那麼現代派的信衆只要學習並遵循發展健全的生活規則就好了，雖然可能會競爭激烈困難，但卻是必需的。在這個脈絡下，「現代」就是好、大家都認同、有效率、值得讚賞，最新也最炫，最有競爭力也最有高利潤。這些評量甚至不用公開討論。

　　這種強調「現代」就是最新最偉大的可能，導致我們假設：如果什麼東西已經有幾十年或幾百年，就不可能是現代的。那一定是過去式，「這麼過時，這麼昨日黃花！」而這種輕率的沮喪感，就是從當今年輕一輩的現代派口中會聽到的話。但事實上，現代主義在文化上是令人仰之彌高的遺孀，少說也有五百歲了。住在城市的美國人從美國革命起就是現代派，他們許多人的祖先也是現代派。

‧現代派相信什麼？

　　大約在文藝復興時期，現代派仍屬於新發明的階段時，多數人皆受特定的家庭、家族、社區、宗教所約束。對團體好或由宗教定義爲好的就是好。現代派披荊斬棘進入權力後，便發明一大堆放諸四海皆準的原則來創造更好的世界。我們就是其中的受益人。

　　四海皆準的原則對著各種效忠團體用橫刀一切，打算運用在全人類身上。其中包括人與人之間更高度的平等、個人自由、正義、民權（如言論、宗教、集會自由與公平審判）、衆議與審議民主、法律之前平等，同時將那些原則用在眞人實事中。自1960年代以來，爭取民權與女權就是親身活出那些原則的經典實例。看看他們的功勞簿，現代派傾向於比傳統派更強烈相信這些通則。而且我們會看到文化創意人是最有可能以新的手法活絡這些原則的人。

　　現代派擁抱許多全美國擁抱的美德與價值觀：誠實、家庭與教育的重要、

信仰上帝、合理的報酬。那些常見的價值觀可能有助於定義美國文化有別於其他社會，或西方對比非西方文化，但既然其他社會和非西方文化在三種次文化中並不鮮明，在此便不加以探討。

　　要了解當前的現代派，最簡單的方法是把他們視爲一群接受「商業化的工業都市社會顯然才是正確生活方式」的人。他們沒有在尋找另類方式，而是以假定（而非思索）什麼重要（尤其是與經濟及大衆生活相扣的價值觀），來適應現代生活。

　　下列是現代派一些鮮明的價值觀，同時也含有他們的意識型態。當然，不是每個現代派都照單全收，但對他們最重要的是：

- 賺很多錢或有很多錢
- 以穩重的腳步，朝著目標爬上成功的階梯
- 「看起來不錯」或趕上流行
- 「時局不順心，購物最順心」
- 有很多選擇（以消費者、選民的角度，或就工作而言）
- 在最新趨勢、風格、創新的頂端（以消費者的角度，或就工作而言）
- 在國家層級支持經濟與科技進步
- 拒絕原住民、鄉下人、傳統派、新世紀、宗教超驗者的價值觀與利害關係

　　很多現代派對於假定「什麼有效」也都很有共識，那些是其他次文化沒有的想法。這些假定可能會把文化創意人和傳統派逼得抓狂（通常原因不一）：

- 關注自己的內在或心靈生活很怪
- 人有權讓媒體娛樂
- 人的身體和機器差不多
- 多數機關團體都同意將自己類比爲機器
- 最懂的不是大企業就是大政府

- 大即是好
- 時間就是金錢
- 經過計算的事就會完成
- 設定目標是非常重要而有效率的,計算達成多少目標也是如此
- 從各部分加以分析是解決問題最好的方式
- 科學和工程是眞理的模範
- 工作的一項要務是「在掌控之中」
- 效率與速度第一優先
- 主流媒體對富豪的敬畏與認爲富豪具有重要性並不算錯
- 將生活劃分爲各自不同的領域很有道理:工作、家庭、社交、做愛、教育、政治、宗教。這是很完整的劃分,涵蓋了你相信、你會做、你重視的事

·傳統派是哪些人?又代表什麼意思?

從非常現實的角度來看,大家都明白現代主義是什麼,因爲現代主義的意識型態每天都在主流電視與報紙裡攤開給我們看。但我們多數人對傳統派比較不清楚。他們影響媒體的程度也有諸多爭論。過去替《華爾街日報》撰寫砲火猛烈的右翼觀點文章的前作家大衛·夫蘭(David Frum)描述媒體對保守觀點缺乏同理心:「多數記者在報導宗教右派的興起時,都可以和這些人沒有關係。」他說。「他們覺得這些人很危險。」但保守人士每次抱怨媒體太自由,現代派就有一種相對的不安感。例如,《商業週刊》的一位作家就抱怨,右翼的談話節目與有線電視台及電腦列印的快訊都「讓偏激團體如虎添翼,把憤怒一股腦兒地放大[13]。」

但哪些人是傳統派?當然羅許·林保夫[14]和奧利佛·諾斯[15]都不適合當這個重要的次文化的發言人。傳統派全都住在小鎮或鄉村地區,而且多住在南方嗎?他們一向屬於宗教右派嗎?他們是專家學者口中的社會保守人士嗎?他們是清教徒的基本教義派嗎?那麼一些天主教徒和猶太教徒也算嗎?

　　答案是上述所有人當中都有一些是傳統派。到1999年為止，傳統派占美國人口的24.5%，約四千八百萬人。我們用的傳統主義這個字眼不是為數稀薄的類別，也不是隨手貼在別人身上的標籤，而是一種簡略的稱法，泛指錯綜複雜的文化保守主義，是一種真實的次文化，具有共通的價值觀和普遍的習俗，饒富生活的細節。美國文化的保守主義人士比其他次文化想像的更多樣化。許多傳統派都不是白人至上的共和黨員，而是老羅斯福新政時期的民主黨員，雷根時代的民主黨員，南北戰爭時期的北軍成員，也是政治上的社會保守主義。比起其他次文化，傳統派中有許多是各民族的天主教徒、教育程度不高、小鎮和鄉村地區的人。帶有強烈宗教情懷的人多半是天主教、摩門教、基本教義派、福音新教派的教徒。許多是非洲裔或西班牙裔的美國人。這個次文化主要不講政治，而是信仰、生活方式與個人認同。

　　傳統派的觀點不能清楚翻譯成媒體和政客認知的政治立場。他們可能在文化上對某些議題保守，而對其他議題保持開放或中立。他們可能同意很多道德主流和基督同盟的社會保守立場，也可能不同意他們的立場。例如：許多觀察家就很訝異，發現大量傳統派皆採取強烈的環保立場。有些人甚至贊成有選擇[16]，卻在其他文化層面顯得保守。

　　或許這群人最令人意外的是他們普遍對政治冷感，這一點與宗教右派的說法相左。他們對詳細的意識型態立場意興闌珊，政治探子必須為常人所不能為，才能勉強說服他們支持某種政治立場或其他政治立場。他們多數為低收入，高中教育程度或更低，而且他們不投票，生活卡在過得去就好的情況下。

　　大約只有半數的傳統派支持社會保守的政治議程。約有70%是反對墮胎的宗教保守人士，但之後的共識就消失了。他們由一小群富裕的傳統派領導，這一小群人在經商與文化上都採取保守立場。這群「雙重保守」的人在基督教同盟與共和黨的社會保守派系中，聲音都比別人大。但他們只有8%的人口，大約一千五百萬人。

以下是一張簡單的列表，代表傳統派的價值觀與信仰：

- 父權應重新主導家庭生活
- 女性主義是罵人的髒話
- 男性需維持傳統角色，女性亦然
- 家庭、教會、社區是人的歸屬
- 他們自己特有的宗教傳統的保守版本必須大力提倡
- 傳統習俗與熟悉的生活方式應該維持下去
- 規範性活動（色情、青少年性交、婚外情）及墮胎很重要
- 男人應光榮爲國服役
- 人生所需的指引都能在聖經中找到
- 鄉村與小鎮生活比大城市或郊區生活更有美德
- 國家要多盡一些力支持美德懿行
- 限制不道德的行爲比保存人民的自由更重要
- 攜帶武器的自由是不可或缺的
- 不歡迎外國人

　　許多傳統派都贊成環保，反對大企業。他們對自己記憶中的世界遭到毀壞而感到憤怒，這種毀壞指的是自然區域和原本的小鎮生活。有人採取小鎮鬧市的小企業立場，對抗華爾街的大企業倫理，有些人抱著傳統勞工階級的恨意，對待有錢的大公司。

　　聽了許多傳統派的說法後，我們認爲似乎的確有一種傳統的心理特徵。首先傳統派傾向於排斥入侵的現代世界，那是他們不完全了解的世界：充滿性與暴力的電影電視節目，政府機構，大銀行和保險公司、電話公司。因爲傳統派提供的內容，在現代生活中得不到回饋，所以他們也會摒除自己無法成功的世界。他們大致上想要黑白分明的類型，提供一種確定的感覺。最後，他們尋找的生活方式是自己年輕時舒適和熟悉的複製品。

多數的傳統派在對付快速變化與不確定的現代社會時，都試圖避免複雜的狀況和想法。統計資料上，他們的年紀比其他美國人大，生活貧困，教育程度也不高。他們的平均年齡約五十五、六歲。1995年的平均家庭年收入是兩萬三千七百五十美元，部分原因是其中有許多人退休了。而年長的傳統派死後，又沒有被數量相近的年輕人取代，所以人口正隨著時間緩慢衰退。不少年輕的傳統派變成了現代派。二次大戰左右，約有50%的美國人是傳統派，但如今只有25%不到。人口數展現持續的衰退。

·成功的假象

如果傳統派正失去立場，要如何說自己握有勝算呢？既然他們不相信科學的民意調查，就自有其他代表成功的指標。其中一項便是設定保守的宗教程式，他們比以往更常在電視上看到更多宗教訊息，也可以轉到很多保守的廣播電台。因為宗教右派創立好些電視台和上千個廣播電台，所以即使年老的傳統派奄奄一息，也沒有年輕人來取代他們，傳統派也可以顯得無所不在。

他們用的另一種指標是教堂或教派的教友人數。特定的有大量信徒的教堂或保守教派可能有澎風的行為，所以這種現象拿不出精確的訊息，顯示傳統派共有多少人，因為很多教會沒有會員名冊，或不在那些教派裡。最後，還有說謊。1999年，《紐約時報》爆料指出，基督教同盟的那些辦公總部一直向記者謊稱自己的員工比實際上多，還在電腦檔案夾裡保留一百多萬筆已故教友和過時的姓名，來打腫臉顯示自己的重要性。如今他們的教友數似乎從不如自己宣稱的那麼龐大。

·療癒文化戰爭

兩個有意義的世界——現代派和傳統派——從美國立國以來，就一直相安無事地共存。他們的關係就像家庭爭吵中長期燃燒的戰火，向來被稱為「文化戰爭」。跨越二十一世紀的門檻時，文化創意人代表第三種另類選擇。他們的根

基源於這兩種早期文化，枝芽卻遠遠超過傳統與現代文化。這個意義深長的新世界提供了機會，療癒文化戰爭的傷口。

這三種次文化的每一種都對美國社會的基本要務各有一套觀點：什麼是好生活，什麼才是真正重要，我們爲什麼在這裡，我們爲什麼而活，美國的現在和未來應成爲什麼樣的國家。每一種文化對即將興起的二十一世紀文化，都能夠有所貢獻，但有些值得考慮的治療程序必須先進行。首先，每一種次文化絕不能只因價值觀不同，便把其他文化斥爲低劣、惡質、錯誤。再則，他們要看到這個時代文化創新的程度，和固有文化衰敗式微的程度，至少是不分軒輊的。

文化創意人的生活方式

把新興的次文化放在其他兩種文化的脈絡下，就比較能了解要完成多少事，才能將一種不同的生活方式拼湊起來。文化創意人在和生活方式相關的每件事情上幾乎都與眾不同：他們買的東西，他們選擇的商店類型和購物經驗，他們閱聽的媒體，他們的房屋內外看起來的樣子，他們在日常生活中對信實的要求，他們辨別什麼是重要、什麼是胡扯的標準。

多數文化創意人發現很多人過得和他們一樣時，都很驚愕。他們相信自己完全不靠他人而發展出自己的生活方式。通常是如此沒錯，但他們在自己的選擇中並不孤單。從「美國生活」在1986年到1999年間進行的幾十項民調和上百個焦點團體中，我們知道文化創意人選擇了一種和其他主流的美國人不同的生活方式。

51-53頁的表框顯示出選擇這些生活方式的一些明確特徵。如果你還在納悶自己是不是文化創意人，那你可以決定這些特徵是否和你的生活方式吻合。看看整體的模式，你就會看到文化創意人平日都活在有些疏離的現代環境裡。這不是他們在自己創造的文化中會過的理想生活方式。

文化創意人的生活方式

- **書籍與廣播**：文化創意人比其他族群多買書、聽廣播（包括古典音樂和國家廣播電台）、少看電視。大約有半數會定期買書，遠超過一般大眾。他們有文化修養，對電視裡的東西多感歧視、厭惡。他們要求良性資訊，對廣告和誤導的企業及政治言論，具有特別靈敏的受騙偵測器。他們對電視新聞的品質特別不滿。

- **藝術與文化**：多數文化創意人都是進取的藝術與文化消費者。他們主動出門並親身參與。他們比其他美國人更有可能以業餘或職業的身分參與藝術，也更有可能就「付出創意心血」的主題寫書和文章，參加聚會和工作坊。

- **故事、全過程、系統**：文化創意人喜歡好聽的故事，也想看到全過程的觀點，不管是閱讀麥片盒、產品敘述，或雜誌文章都一樣。他們喜歡系統式的概觀：想知道產品是從哪裡來的，怎麼製造的，誰製造的，產品用完後又會怎麼處理。他們討厭看條列重點後馬上跳到結果的電子郵件或文章（除非時間緊迫，對主題也不太關心）。他們也比其他美國人更想要深刻的象徵符號，主動討厭廣告和電視上的兒童節目。

- **渴望信實**：文化創意人是將信實的評斷標準帶入市場的人。他們領導消費者對假貨、贗品、仿冒品、粗製濫造、用完即丟、陳腔濫調、高度流行的東西叛亂。如果他們以傳統的方式買東西，他們就要東西是傳統信實的。史密斯霍肯（Smith and Hawken）的園藝工具就呼應了這種對信實的渴望，許多天然食品企業也是如此。

- **謹慎的消費者**：文化創意人是那種針對耐用消費品如器具、汽車、電器等，會買《消費報告》來看的人。多數情況下，他們都是謹慎、情報完善的消費者，不會衝動購物。他們可能會先研究要買的物品，實際上也可能是唯一會定期閱讀商標的消費者。

- 柔性創新：文化創意人不是科技的創新者，會買最新最棒的電腦，很多人才剛開始上網，但他們在許多文化創新的尖端。他們傾向於成為重度知識產品創新者或意見領袖，包括雜誌、美食、美酒和精品啤酒。

- 美食家：文化創意人是「美食家」——喜歡講食物（用餐前和用餐後）、實驗新種類的食品、和朋友一起烹調、大量在外用餐、烹調美食和民族料理、嘗試天然食品與健康食品的人。

- 家：家對文化創意人很重要，但他們比多數同等級收入的人更少買新房子，因為他們發現新房子的設計通常不會把他們考慮進去，所以都買轉售的房子，再整修成自己想要的樣子。他們討厭炫耀社會地位的家，有美輪美奐的入口、廊柱、三角形的牆面：他們的家是向內觀望、從街上看不到、藏在圍籬、樹林、灌木後面。他們偏好已經建立的街坊鄰里，有一大堆樹和隱私，遠離光禿禿的郊區裡占地遼闊的房子。

- 居家的原汁原味風：文化創意人對居家風格的偏好是全方位的，包括原味的新英格蘭鹽盒式住宅、原味的英國喬治建築風、原味的萊特式建築、原味的沙漠泥磚牆、原味的當代加州風。就文化創意人的考量，好的建築物是在土地上融入恰當的地方。他們要有能接觸自然、有步道與腳踏車道、生態保存、歷史保存、名家設計的社區，能顯示出重造社區的方法。

- 窩：當文化創意人買下一個家時，都是要讓家變成「窩」。這個窩外在應該有很多隱私，內在有很多私人空間，包括成人和兒童空間之間的緩衝區，和很多有趣的角落和壁龕。他們可能在客廳生活，而不擔心主臥房，更可能有從臥室、小房間或主臥房改造而成的居家辦公室。

- 室內裝潢：文化創意人的裝潢是典型的折衷式，屋子裡到處都有很多原創的藝術品和工藝品。許多人認為房子沒有書就不算是裝潢完成。這個房子不能從街上一眼就看到，也應該要個人化，才能從室內得知屋主的身分。地位的展示是在屋內，而非屋外，但屋內的布置也不刺眼：展現出良好的個人品味和創意風格。文化創意人不會為整間房子

買下單一的室內裝潢風格。

- 汽車：文化創意人很有可能要安全、節約燃料的中價車。如果能買到生態健康、高里程、可回收的車，他們就會馬上下單。如果汽車公司要提供他們想要的車，那部車可能會是油電複合動力車，或使用燃料電池。很多文化創意人心儀的車是富豪和製造優良的日本車。他們甚至比大多數人都厭惡汽車代理商的程序。像鈄星（Saturn）一樣不二價，還有頂級的代理服務，才是為文化創意人設計的車。

- 假期旅遊：文化創意人定義時代尖端的假期旅遊是具有異國情調、冒險而不（太）危險、有教育意味、可親身體驗、信實可靠、利他及（或）靈性的。他們喜歡印度的寺廟之旅、觀光客不會去的蠻荒國家、生態之旅、非洲狩獵攝影、夢幻棒球營、拯救小海豹假期、幫助重建馬雅村假期，而不會挑選套裝旅遊、高級度假村、豪華郵輪。

- 經驗消費：許多文化創意人都是經驗工業的典型消費者，典型工業提供強烈／啟蒙／鮮活的經驗，而非特定的產品。具體的例子包括週末工作坊、靈性集會、個人成長體驗、體驗假期、假期靈性之旅，或自我發現之旅。這些服務的供應商也必須是文化創意人，否則做起來就無法信實可靠（找死）。所以有時會有大家都在接受別人的洗滌或參加別人工作坊的印象。

- 一切完整全人：文化創意人是典型的個人成長心理治療、另類保健、及自然食品的創新與消費者。把這些興趣繫在一起的是一種對全人健康的信仰：身心靈要統合為一。文化創意人永遠從創新中挑出怪異。文化創意人就是沒有同情心的醫生說的「擔心得沒錯」的人，用周詳細密的注意力監視身體的每個小病小痛和排便。或許是這個原因，所以即使多數人都很相當健康，仍會花更多錢在另類保健和日常保健上。他們可能會活久一點，因為他們至少會做幾種預防醫學——和現代派的執行模式成對比，現代派視身體為機器，餵食、運動、補充維他命，要不就放著不管，一直到身體出毛病為止。

　　請容我們強調我們沒有說的話。我們沒有說所有的文化創意人都會從事表框裡的每一件事。要做到表框裡的每一件事必須相當富裕，而文化創意人的收入範圍從低中產階級到富裕兼具。很多人都發現自己的收入不足以做到自己想做的事。除此之外，他們也不是從消費的角度來定義自己生活的人。很多文化創意人被形容成「消費者」時，都非常不自在，因為他們覺得這樣會把他們生活中的一小部分提升到更重要的地位，而他們不想重視這部分。著眼於他們買什麼，如何生活，他們就會抱怨，反思要賣東西給他們的企業的需求。事實上，小部分的文化創意人強烈偏好自發的單純性，不願意多花錢「消耗太多東西」。

　　我們有說的是：若（當）文化創意人參與一項活動，或買什麼東西時，這張表會顯示出他們的喜好。生活方式上的發現顯示他們如何像心思細密的讀者與小心謹慎的消費者，進行購物、決定把什麼放進屋子裡。這是一種親身體驗、信實可靠、完整全人的風格。

三種次文化的指標

　　當你到新的地方旅遊時，學習當地文化的一種方法是看指標：翻閱店裡的書，看電視節目，認出當地的男女英雄，看誰製造新聞。我們從他們注意什麼、崇拜誰、哪個領袖受到敬重、哪個只是名人，就能看出不少文化。

　　下面的「領袖與名人」表是一部分的「大人物」列表，點出三種文化潮流中代表每一種價值觀的主要人物。這張表希望大家別太認真看待。表中的每一行代表可以從政治、宗教、文學、心理學、哲學、藝術、表演、電視、商業中互相比較的人物，但除非我們知道這些人為什麼受到推崇、具有影響力、遠近馳名，否則這張表可能會有點誤導。所以對於這些人為什麼會名為傳統派、現代派、文化創意人，你可能要先克制一下自己的判斷。在你讀完下面幾章，看到文化創意人從哪裡來，想幫忙建立的是哪種世界後，這張表就會看得更清楚。如果你不同意我們的列的表，別客氣，你也可以自己列一張。

三種次文化的領袖與名人

傳統派	現代派	文化創意人
政 治 與 宗 教 人 物		
美國前總統卡特	美國總統小布希	英國首相布萊爾
美參議員赫姆斯	美參議員泰德甘乃迪	美參議員鮑克瑟
美參議員哈區	美參議員洛特	捷克前總統哈維爾
教宗若望保祿二世	樞機主教喬瑟夫·伯那丁	教宗若望廿三世
佈道家葛理翰	積極思考法倡導人皮爾	馬丁·路德·金恩
德蕾莎修女	南非大主教戴斯蒙·屠圖	達賴喇嘛
文 學 家		
歐康諾	瑪麗·麥卡錫	伊莎貝拉·阿言德
桑柏格	詩人康明思	詩人史耐德
瑪麗安·穆爾	女詩人普拉絲	女詩人瑞琪
《魔戒》作者托爾金	科幻作家艾西莫夫	科幻作家亞瑟·克拉克
《納尼亞傳奇》作者路易斯	海明威	朵麗絲·萊辛
馬格里居	瑪格麗特·艾特伍	安妮·迪勒
心 理 學 家 與 哲 學 家		
《心靈地圖》作者派克	行為學派大師史基納	人本心理學之父馬斯洛
歷史與政治哲學家沃格林	哲學家羅素	《靈性復興》作者威爾伯
電 視 人 物		
電視佈道家派特·羅伯森	脫口秀主持人傑雷諾	記者莫比爾

藝 術 家 與 演 藝 人 員		
畫家卡莎特	雕刻家芭芭拉・赫普沃思	畫家歐姬芙
插畫家洛克威爾	畫家畢卡索	畫家夏卡爾
音樂家卡薩爾斯	鋼琴家霍洛維茲	大提琴家馬友友
桃莉芭頓	瑪丹娜	歌手恩雅
爵士歌手路易阿姆斯壯	爵士樂手戴夫・布魯克貝	爵士樂手凱斯傑瑞
露西鮑兒	伍迪艾倫	羅賓威廉斯
約翰韋恩	哈里遜福特	勞勃瑞福
桃樂絲黛	瓊克勞馥	凱瑟琳赫本
約翰福特	希區考克	喬治盧卡斯
商 業 人 物		
石油大亨杭特	微軟創辦人比爾・蓋茲	美體小舖創辦人羅迪克

文化創意人的承諾

　　文化創意人是條理分明的次文化——只有一件基本的事例外：他們失去了一整群人的自我覺察。起初我們說他們像一夜間浮現的國家。沒有人聽到這句話時比文化創意人本身更驚訝了。我們遊遍全美時，問他們：「你覺得還有多少美國人的價值觀和你們一樣？」他們幾乎都收起了精力，聳聳肩或尷尬地笑，一副答案很明顯，不用多此一問似的。他們會說：「不算多。」如果我們要求一個數字，則有些人說5％，其他人大膽猜測10％，然後急忙收回，確信自己瘋狂高估了自己的重要性。他們多數人認為自己的世界觀、價值觀、生活方式，和未來的目標只和自己的幾個朋友相同。他們對自己有五千萬人沒什麼概念。他們不知道自己有潛力塑造二十一世紀的美國生活。

　　文化創意人就像劇場裡的觀眾，所有人都看著同一個方向。他們閱讀相同的書，分享相同的價值觀，達到相似的結論——卻很少彼此交流。他們還沒有形成一種「我們」的集體認同感，對自己也沒有一種集體的形象，彷彿沒有夠大夠真實的鏡子來照出他們自己的臉孔。

　　當五千萬人認為自己幾乎孤單無伴時，那是因為他們相信的，還有他們奮力掙扎的，並沒有充分反映在文化裡。他們不常在工作場所、政治場所、電視或流行報刊裡聽到有人附和自己的價值觀。作家湯瑪斯‧摩爾點明這個問題，說：「在美國生活深處，藏著一個幾乎被政治人物與媒體遺忘的靈魂，他們認為這個靈魂太低微，不足以認真關注。」他暗示，在這千百萬過著以靈魂為生活導向的人當中，很多都認定自己覺得孤立。「他們看到吹捧、野心、自戀、唯物的國家形象。」他註明：以國家的眼光來看，「我們幾乎不知道他們的存在。」[17]

‧新的社會發明

　　在美國文化一些最有趣的發展中，文化創意人居於領先的地位。當他們用特有的觀點看現代生活時，他們看到一個老古董，嘈雜混亂地把自己支解得支離破碎。他們要文化上的「新政」，要一個機會重新使他們的生活和我們的機構懷抱更深刻的價值觀。藉此，他們便可能發展出一種文化，長期供養我們和我們的子孫孫。

　　當我們想到「發明」時，通常會想到工業上鋒芒畢露、光可鑑人、高科技的發展，而驅動的慾望則是想大賺一筆。但文化創意人的社會發明時常柔性低調，斷絕可能的大筆利潤，以尋求更大的社會福利。文化創意人正爆發出今日的一波社會發明，儘管大部分在媒體眼中都「不是新聞」，但其中有些發明可能會改變社會的主要面向。

‧懷抱希望的理由

　　每次我們在研討會或焦點團體遇到一群文化創意人，就會被自己發現的事

深深著迷。借用女性運動的說法，他們「聽進彼此的心坎裡」，表達他們似乎沒有公開說過的思想和感覺。觀察他們，看他們臉龐發光，彼此明顯感到自在的樣子很好玩。很顯然，他們覺得這種聚會讓他們充滿生氣，因為他們會定期想到豐沛的新點子和策略，解決當地、全國，甚至全球的問題。

這幾千百萬精力充沛的人所背負的承諾讓人刮目相看。他們可能開啓一系列豐富的新文化解決方案。他們彼此相認的危險是：在身分認同的政治中，他們就是會加入快樂的練習，享受恭賀著彼此共有的優異品味。而關鍵的問題便在此：一旦他們發現彼此共通的價值觀，會一起共事實踐嗎？對我們所有人而言，這是風險很高的賭注。

探索一個新國家

「你知道嗎？」獾對黃鼠狼說：「我聽過一些關於這些愛斯基摩人（Inuit）不可思議的謠言，但你是第一個曾經處於他們之中，又講故事給我聽的。你讓我對這奇怪的世界感到讚嘆。我認為，知道那種奇怪，即他族引人入勝的生活，是不可或缺的事。」

巴瑞‧羅培茲，《烏鴉與黃鼠狼》[18]

當我們旅行到新的國度時，都會感覺一股無法抗拒的衝動，想抒解奇怪感，抒解我們遇見的人具有的鮮明特質。我們在不知不覺中假設他們就和我們一樣，而忘了讚嘆他們的差異。一直到我們住在新國家的時間夠長，才會因為這種假設的錯誤受到衝擊，而且一再受到衝擊，才開始注意到我們錯過的一些關鍵事項。如果你這一生都在風平浪靜的現代海洋中航行，就可能以這種方式遇見文化創意人。他們就像橫在眼前的龐然大陸，你怎麼可能不偏好可愛的小島或井然有序的半島呢？一些能夠處理、可以融入你習慣的世界裡的東西。

即使你本身就是文化創意人，一下子認識五千萬個同種人可能也讓你非常

驚惶失措。有些猶太人說第一次到以色列就感覺到這種困惑，而第二或第三代的愛爾蘭、日本、古巴人講到在祖國遇見自己的同胞時，也常說同樣的話。發現自己置身於一群人當中，他們和你在鏡子裡看到的臉孔一樣熟悉，做出相同的手勢，和你的叔伯姑嬸、堂表兄弟姊妹有一樣的體型，這些都很感人，同時也教人茫然。但說到文化創意人，你遇見的就不是同種族的家人，而是更讓人驚訝的東西——住了千百萬個文化親戚的部落，他們有相同的價值觀和世界觀和生活要務，是你以為自己總有一天會發明出來的東西。

所以無論你來自哪一種次文化，無論你是現代派或傳統派或文化創意人，當你在後面的書頁中認識文化創意人時，都可能對陌生島上的陌生人感到一些奇妙和不自在。要認識他們，就需要時間和各種典型的指標。要了解文化創意人正浮現台面，就需要將眼光遠眺至1960年代。要了解他們，就要靠得夠近才能聽到他們的故事，否則和他們的心就無可連結。最後，要採取廣角的視野，否則就無法估量他們已有多少人聚在一起，創造新的社會解決方案，在美國和全世界建立精密的網絡。

當然，有個不解的謎是：他們全體是從哪裡來的？怎麼可能有這麼多文化創意人在一夜間就不知道從什麼地方冒出來？簡答是他們已經成長了很長一段時間，在近六十年間種下種子，種在已準備了百年的土壤裡。詳答可透過個別的故事揭露，透過橫掃自文藝復興以來便塑造西方文明的變化，透過我們所有人都以為瞭若指掌的東西——近四十年來的歷史，這些文化創意人已經逐漸改變價值觀，許多案主也改變了生活。對少數期盼驟然巨變的遠見人士而言，文化創意人是不可思議地姍姍來遲，但對我們其他看到表面事件，卻不見底下消化過程的人而言，他們簡直是天外飛來的驚喜，就這麼簡單。

我們在第二章的手法是追溯一些成為文化創意人的男女所過的生活。第三章，我們會往後退一步，尋找由現代時期的成功與失敗所啓動的改變。如此將把我們帶入第二部，看到文化創意人誕生後最直接的影響：二十世紀後半期那些強勁的文化運動。

　　有兩個好理由足以檢視這個新族群從何而來。首先，製造他們的變化影響了我們所有人。其次，那些變化的潮流如今已匯集而來，似乎為我們的文明創造出一股改變的洪流。在第三部中，我們將探索文化創意人如何可能成為那股巨變的載體，為二十一世紀導入一種新型的文化。

　　全書從頭到尾，我們都用個人專訪、歷史觀點、社會分析，好給你特寫的鏡頭和長遠的眼光。為了幫你看到全觀的大格局，我們提供圖表（如果對圖表過敏，別客氣，跳過就好）。為了呈現特寫鏡頭，我們提供個人的故事。就一方面而言，接下來的書頁，一切都是故事：文化創意人的故事，敘述他們如何誕生、他們的身分、他們又變成什麼樣子。這也是文化創意人如何促成超級新文化系統的故事，這種系統貫穿全國的界線，在新的千禧年可能會取代現代主義的文化。

　　文化創意人的故事都是真人實事，訴說在衰退毀壞的老方法之間創造有意義的新生活是什麼感覺。《烏鴉與黃鼠狼》是巴瑞‧羅培茲寫的一則明心見性的寓言，說著追尋未知的土地，故事近尾聲時，一隻有智慧的老雌獾解釋：講自己足跡見聞的真實故事，是表示人如何互相關心的方式。「有時候，」獾說，「人需要故事更勝於食物，才能維生。」[19]我們認為現在就處於那樣的時代，面對一種文明將盡、卻仍不見新文明的傾覆點。我們提供這些文化創意人的故事，做為我們共同旅程中的糧食。

1. [原註] 貝克與柯萬，《螺旋動力：統馭價值觀、領導權與變化》（麻州劍橋：Blackwell出版，1996年）。霍爾，《價值觀轉換：個人與組織轉變指南》（麻州洛克波特：Twin Lights出版，1995年）。肯普頓、鮑斯特、哈特莉，《美國文化中的環境價值》（麻州劍橋：麻省理工學院出版，1997年）。殷葛哈特，《先進工業社會中的文化變遷》（紐澤西洲普林斯頓：普林斯頓大學出版，1990年）；《現代化與後現代化：43個社會中的文化、經濟、政治變化》（紐澤西洲普林斯頓：普林斯頓大學出版，1997年）。艾布倫森與殷葛哈特，《全球觀的價值變化》（密西根洲安亞伯：密西根大學出版，1995年出版）。梅魯奇，《挑戰符碼：資訊時代的集體行為》（紐約：劍橋大學出版，1996年）及卡斯泰，《資訊時代：經濟、社會、文化》第二卷《身份的力量》（麻州劍橋：Blackwell出版，1997年）

2. [原註] 琴·休斯頓（Jean Houston）在〈改變我們的思維〉（Changing Our Minds）中所言。加拿大廣播公司《想法》（Ideas）（1984年）。

3. [譯註]《商業生態學》（The Ecology of Commerce），繁體中文版於2005年由新自然主義出版。

4. [編註] Indy racecars基本上屬於北美賽車聯盟的賽事，以橢圓形賽道為主，極速會比F1高，競賽焦點落在車手技術的較勁上。著名的Indy500是房車改裝賽，車重是空車概念（約700公斤）。

5. [編註] 自1999年落磯山研究機構所創並推廣的超級車概念，事實上已於2000年底由Hypercar Inc所推出的第一款Revolution概念車，達到超輕型、超低阻力混合電動車的設計。

6. [原註] 本書付印時，珮特·米契爾（Patte Mitchell）來信告訴我們：「時至今日，我不確定這些統計數字能否成立，因為這個課程已經接受強制轉由公家機關照料。最近的結果尚未出爐。半島村還在運作真是奇蹟。國內在這個區域的青少年課程多半都因財務需求而關閉了。」

7. [原註] 約翰·李歐納（John Leonard），《欺騙拐騙：暴力、電視與其他美國文化》（Smoke and Mirrors: Violence, Television, and Other American Cultures），紐約：The New Press出版，1997年。

8. [原註] 普蕾西亞·霍爾（Prathia Hall），錄影帶專訪，科羅拉多州丹佛市艾立夫神學院（Iliff School of Theology），宗教與民主復興研究「甘地-漢默-金恩中心」。

9. [譯註] Cary Grant (1904-1986)，美國電影演員，原籍英國。以風度翩翩、人緣好著稱，人稱好萊塢「最富魅力與浪漫的人」。代表作為《金玉盟》、《深閨疑雲》、《美人計》等，曾獲奧斯卡終身成就獎。

10. [譯註] James Stewart (1908-1997)，主演希區考克的多部電影，亦與導演約翰福特合作。以《費城故事》獲奧斯卡最佳男主角獎。曾參與二次世界大戰及越戰，是美國好萊塢史上軍階最高的演員。

11. [譯註] Lauren Bacall (1924-)，封面模特兒出身的電視及舞台劇演員，與亨佛萊鮑嘉維持十二年的婚姻，曾參與《夜長夢多》、《東方快車謀殺案》等電影演出。

12. [譯註] June Allyson (1917-2006)，美國電視電影演員，走紅於1940-1950年代，曾演出《小婦人》、《三劍客》等，以鄰家女孩著稱。

13. [原註] 麥克·歐尼爾（Michael Oneal），〈誰為美國發言？〉（Who Speaks for America?）《商業週刊》，1995年5月8日。

14. [譯註] Rush Limbaugh (1951-)，美國談話廣播節目主持人及政治評論家，自稱保守派人士，採取強硬的反毒立場。

15. [譯註]Oliver North (1943-)，於雷根連任後期，擔任白宮國家安全會議助理，無視於美國政府禁售伊朗美製武器的法令，指使情治機構將新武器秘密賣給伊朗，以交換伊朗政府釋放卡特時期即被監禁的美籍人質；所獲得的價款則支持尼加拉瓜的反共游擊隊。

16. [譯註] 有別於傳統主義予人毫無選擇、只能單向服從的印象。

17. [原註] 湯瑪斯·摩爾（Thomas Moore），〈美國有靈魂嗎？〉（Does America Have a Soul?），《瓊斯媽媽》（Mother Jones）雜誌，1996年9/10月號。

18. [原註] 巴瑞·羅培茲（Barry Lopez），《烏鴉與黃鼠狼》（Crow and Weasel）（紐約：Farrar, Straus and Giroux出版，1998年）第59頁。

19. [原註] 同上。

第二章
成爲文化創意人

你已在另一座洋張帆

沒有星子或羅盤

前往爭端引領的方向

粉碎千百年的必然

珍娜・柯芬 〈令人景仰的亡命之徒〉[1]

　　文化創意人就像舊時代的水手，已經駛離熟悉的航域。舊地圖派不上他們的用場，不僅找不到地標，連北極星在新的天空下也模糊難辨。他們從自己成長的現代文化或傳統文化中脫離時，幾乎都會在老舊的自我開始流失時，感到失去了停泊處。從表面上來看，這種脫離可以像1968年時坐在客廳的地板上看電視一樣簡單。當你盯著螢幕時，看到芝加哥警察用棍棒打那些看起來和你很像的抗議群眾，那些抗議人士尖叫著：「全世界都在看！」突然間，你哭了，因爲這很可能是你這一生中第一次無法忍受自己袖手旁觀。

　　這種脫離可能是你第一次從太空看到整個地球，也或許是個人私密的催化劑——癌症、孩子夭折、失去心愛的工作——突然把你從老舊的自我感中，遠遠發射出去。一位中年婦女解釋：「離開那些老故事並不一定表示你離開了任何事，有時候是別人離開你。也不一定代表誰到達什麼境界，因爲該說的也說了，該做的也做了之後，剩下的（或失去的）不是一段關係或一個地方，甚

至不是脈絡。剩下的是一種曾經覺得安全的意識，有過一些可以容納事物的類別，也知道那是誰。而取代這種確定感的是不知道。還有開放。和一些不可言喻、有時幾乎是不能承受的新東西。」[2]

一旦這種過程開始進行，開放和未知就變成長相左右的伴侶。有時候，這段旅程感覺很蹩腳或危險重重：你會問大家都希望不要來煩他們的問題；你不知道怎麼用言語表達自己正在尋找的東西；你納悶自己究竟有多白痴，竟然離開原本覺得確定、安全、舒適的世界。而有時候，展開新領域的新鮮和歡快是純然的樂趣。但無論是喜悅或試煉，從舊的世界觀和價值觀中啟程，基本上是一種內在的脫離。你不一定會實際離開家或工作或家人，這種改變首先是意識的改變：你離誰而去，順利朝另一種新的生活方式前進時，又變成了什麼人。

當幾千萬人在數十年的空間裡做出這種選擇時，我們見證的不單是一大群個人的脫離，而是文化層次本身的出走。再說一次：這是意識的問題，是心與智在意識上的改變，一群人在集體身分上的轉變。

融合個人與文化，私下與公開的結果，成為文化創意人是一種多層次、繁複、時常疑惑不解的經驗。似乎只對你和周遭的親朋好友相關的個人選擇，可能超乎你自己的想像，產生多種文化分枝，就因為其他有這麼多像你一樣的人也在做類似的選擇。而這千百萬人在超越自己熟悉的生活領域時，似乎都朝同一個方向走。這一章，我們會在那些很明顯是從個體轉為文化創意人的過程中，追溯他們的步伐。

曾是夢遊人

未來主義者威利・哈曼（Willis Harman）絕對是文化創意人，屬於最早的一批。他在一次大戰末期出生，成長過程中一直相信科學無疑是現實本質的權威。他研究工程學，二次大戰期間在海軍服完役後，在史丹佛大學任教二十年，一路成為系統分析師。我們在1995年訪問他時，他將生命分成早期「我還

在夢遊的時候」，和之後發生的階段。

那決定性的事件是1954年在北加州紅樹林為期兩週的靜修。史丹佛的一位法律教授提供一種應該是「非宗教的道德倫理與人生準則的討論」。結果那次遠超乎討論。早在心理治療小組和敏感度訓練的時期之前，這群與會者就經由介紹，開始以輕柔的古典音樂背景長期靜坐，用左手畫圖，詳細討論他們覺得感觸最深刻的事。年輕的工程學教授有時覺得好奇和欣喜，卻也很氣惱：「我覺得我被耍了，因為我如果知道我在那裡可能會發生什麼事，我可能根本就不會去。」最驚人的是那位法律教授「透露他認為通靈的現象和祈禱的力量值得重視。我覺得以他的教育程度，他應該知道科學在老早以前就否認那些假說了」。

儘管威利有種背叛感，但他仍在靜修的最後一天忍不住落淚了，當時他正試圖描述自己的收穫。他告訴我們，那種啜泣多是喜悅，而不是憂傷，「可是我無論如何都不能好好解釋這背後的玄機。好像有一部分的我在向我打手勢說時候到了，我要從無解的生命中脫離。顯然，生命中有些面向，學校從來沒有告訴過我。」

接下來的四十年，威利‧哈曼試圖找出那些面向。他展開第二次職場生涯，在史丹佛研究中心（Stanford Research Institute，現為史丹佛國際研究中心）擔任研究員與未來學家，協助政府與企業就範圍甚廣的實際政策議題，從事策略規劃。他說：那些年來，他逐漸一清二楚地了解我們正活在歷經基進變動的年代。不過我們很難用他看待自己的角度來看待他：他自認為自己是最平凡無奇的人。六十歲那年，他展開他的第三次職場生涯：接受太空人愛德加‧米契爾（Edgar Mitchell）的邀約，成立「拓展心智的知識與潛力」機構，以造福地球。威利成為「心智科學中心」（Institute of Noetic Sciences）的第一任會長。該中心的名稱源自於希臘字nous，指「更高的意識」，目的在研究那股更高的意識，探索身、心、靈的所有層次。

最後，威利沈浸在這些年來尋找的主題──人之所以為人的關鍵面向。他告訴我們，花了這麼久的時間才到達生命的這個階段，是因為他的學習遲緩。他

不是學習遲緩，但他的挫折感可以理解。1960年代以前，幾乎沒有人擔心這種問題。「那是沈重的時代，」他告訴我們，「因為你知道有一種新的知識就要問世，而你有參與的選擇權。但同時，我們也害怕認識自己。有一部分是這個文化裡沒有人會支持這種事。」即使這麼豐富的知識就在我們內心，也還沒有碰觸過，他說：「但我們還是看著一片稀薄的現實，說服自己一切就僅止於如此了。」

文化支持的議題非常重要。1950年代，文化上沒有人會支持威利說的「我們內在的財富。」剛萌芽的文化創意人團體，也只有極少數能提出問題或互相比較經驗。少數在紐約格林威治村或舊金山北灘（North Beach）的團體，很快便充斥著不請自來的名人和故做姿態的新名流。似乎有點找不到答案，很少值得信賴的嚮導知道該做什麼，又該怎麼做。雖然從今天來看很奇怪，但當時沒有多少書，也幾乎沒有書店可以讀到心理學家馬斯洛 (Abraham Maslow)所說的「人性的深層領域」。「認識自我」與「詳細揭開文化上不言自明的假定」的新方法都尚未發明。女性的意識覺醒小組、心理治療小組、迷幻藥實驗、嬉皮聚會所、靜修中心；靜坐與瑜珈及武術練習；強有力的新社會運動都要到1960及1970年代才出現。要花二十年的時間，大量的群眾才會浮現，支持社會學習、實驗、改變的全新時代。

另闢人生蹊徑

多數成為文化創意人的人，在生命的某個階段，都會放下一度覺得確定、安全、舒適的東西，放膽走上新的人生路徑。無論他們的取捨是歡欣鼓舞還是引發焦慮，是憂愁悲傷，還是毅然決然，都很可能會面對孤單和一種「與眾人一刀兩斷、從此分離、沒有人愛、沒有人關心」[3]的根本恐懼。因為他們不知道其他很多人已經在他們之前出發，或走在他們左右，所以他們都有一種邊緣感。

的確，障礙會出來和他們打照面，特別是大家都知道卻沒有人談論的社會

規範。尋找自己的路、問自己的問題，能帶領他們面對那些不經親友和雇主檢驗的假定。而且他們自己兒時的希望與期許，也拿出來重新檢驗。

文化創意人發現：改變人生的路徑就像學講外國話。你就是要等開始碰到摔跤了，才知道有多少事沒有明文規定。又因為你不知道其他還有多少人也在開闢新的人生路徑，所以不曉得自己的新選擇和整個次文化的其他人都是共通的。

·改變成功的夢想

早期的人類歷史中，變化緩慢的傳統社會與外界的影響還有緩衝，人的生命通常以自己相信和重視的樣貌來表達實現。大家不會像今天一樣對彼此說：「我覺得好假。」或好空虛、好沮喪。他們的生命相當直接地沿著路徑流動，那是依他們對世界的認識而展開的路，而且一切合情合理。但現代世界浮現時，加速了改變的步調。隨著科學與科技的世界觀崛起，隨著人移向城市參與市場經濟，人生的路徑與人所重視的事物漸行漸遠。作家與佈道家馬修·福克斯（Matthew Fox）在慷慨激昂的抱怨中直指這種分歧，說：「我們幾乎都在現代社會裡施行偶像崇拜，因為我們禮拜天早上在教堂崇拜的上帝，不是我們內心相信的那一個。」[4]

雷蒙·戴維（Raymond Davi）是前紐約時尚工業的高級主管，如今是住在加州喀美爾市的專業導師。他告訴我們：「要我工作沒問題，但是有品質的工作愈來愈難了。大家愈來愈容易發脾氣。有更多無法專心工作的噪音，工作要順利完成也得要靠更多廣告、更多噱頭、更多困惑。我一直都在工作，從來沒有平心靜氣過。作為一個人，我唯一能找到的平衡就是滾出這種比賽。我需要一些新的參考點。」

「後來我歷經啟發，學習到人不一定得忙東忙西或掌控事情才行。有些事會自行解決。我們有太多東西讓我們分心，忽略了真正重要的事。我們想：『喔，如果我做這個，就能成功，如果我做那個，就能出頭。我就會快樂。』但是我們失去了對生命的熱情有什麼好處？你要知道真實面對內在的自我和靈

魂是什麼意思。真正面對自我和靈魂，把其他外表的修飾都丟出門。」

現代主義擺出了我們多數人都認為是一種承諾的夢想。如果你遵循通往成功的康莊道，結果就會有好的人生：文憑、工作、升遷或配股或升遷加配股、房子、車子、孩子、孩子的教育和成就。但這條路只是職業生涯，不是人生的道路。指向成功的路標其實是指向市場的標誌。當你開始覺醒，發現自己遵循的路不是內心信服的那條路時，你就已經踏出了成為文化創意人的第一步。

第一步：內在脫離

踏出舊文化的入口，可能是從童年就開始了，就在你看穿所有大人似乎都相信的謊言同時。精明又風趣調皮的德州記者莫莉・伊文思就是這樣離開家的。她把這種行為稱之為「我怎麼會這麼奇怪」。即使她在右翼的德州家庭中受到「良好的教養」，她仍然寫道：「我相信南方的自由派都從同一個起點開始，那就是種族。」她揪出了這個文化騙局：「如果你是白人，成長於民權運動開始之前的南方不管是哪裡，那麼我告訴你大人全都在騙人。他們會告訴你什麼：『親愛的，不要在有色人種的飲水機喝水，很髒。』」但是不管哪個五歲的小孩都看得清清楚楚，「鎮上的白人區裡，白人的飲水機上面老是有口香糖和一些髒小孩的掌印。而有色人種的飲水機每次都乾乾淨淨的。」沒得比。莫莉・伊文思說：「小孩也可以很有邏輯……一旦你發現他們在騙你種族的事，你就開始什麼都要質疑了。」[5]

然而，對多數文化創意人而言，內在的脫離在人生中起步較晚。多明妮克・瑪佐一直是年輕又有志向的藝術策展人，「在1970年代開心地朝紐約藝廊的世界往上爬。」她告訴我們：「但同時我也在靈魂深處往下墮落。我問自己：『我是誰？為什麼在這裡？』我認識的人裡沒有人在講這種事，所以我就自己留著這些問題。但是我從頭到尾都在尋找答案，因為我雖然很愛和抽象表現主義和普普藝術的大師合作，卻也到處都看到不安全感和蹂躪作賤。我後來得

到結論：有什麼根本的東西不見了，我心想，歷史上每個時期都自有方法表達藝術中的靈性。我要幫忙找到我們自己的方法。」

　　無論引發內在脫離的是電視或早報裡看到的東西，或個人的震驚和迷失；無論從孩提時代或中年時期或退休階段開始，你都會在某個階段發現：原本可以接受的「事情怎麼會變成這樣」的解釋再也無法滿足你，因此雖然離開老舊的故事很困難，但最後每個成為文化創意人的人都發現自己不可能再留下。老舊的故事已不再隱形，而且是無可避免、無孔不入。

　　丹尼爾‧昆恩（Daniel Quinn）著的《大猩猩對話錄》[7]裡的老師，恰好是一隻銀背大猩猩，牠把這個現象解釋給學生聽：「一旦你學會分辨母性文化的聲音在背景嗡嗡作響，一次又一次對你們這種文化的人述說她的故事，你就再也不能對這種事沒有意識。無論你這輩子走到哪裡，都會受不了誘惑，要對周圍的人說：『你怎麼能耳朵聽這種東西，眼睛還看不出這是什麼？』」當學生辯解要相信有這種故事有一點難時，大猩猩「輕輕閉上眼睛，沈浸在微笑裡。『信仰不是必需。一旦你知道這種故事，就到處都聽得到……你還會驚訝周圍的人竟然不接受這種事。』」

　　當你聽得見主流文化的故事不斷嗡嗡作響時，就可以跨過無形的門檻。事實上，你已經跨過門檻，朝新的領域前進了。到了這個關頭，你就完成了內在脫離，也是成為文化創意人的第一步。從外表看來，可能一切都沒變。但骨子裡，你對舊世界觀的忠誠度就像瑞士起司在融化一樣，你不像舊文化的乖寶寶會把洞填滿，反倒把洞撐大了。你對新的觀看方式開放，對證明老式的理想有缺陷或破碎地不堪修補的證據開放，其中也包括對你自己部分或全盤的陳年理想。

　　改變，可以採取很多種形式；或許你看穿「現代的東西一定比較好」的迷思；或者你可能已經有和大地連接的靈性經驗；或閱讀全球暖化及原野、森林、海洋破壞的科學證據，不知道自己的孩子會不會住在沙漠裡。「美國生活」在1998年為環保署所進行的研究中，我們舉辦文化創意人焦點團體和其他有環保觀點人士為主的焦點團體座談。我們問的第一個問題是：他們為孩子期待什麼樣

的未來。讓我們吃驚的是，幾乎毫無例外，全國九個焦點團體的成員都說同樣的話：他們這三十年來已經看到地球衰退，也預期這種消退還會繼續下去。他們對於子孫可能會承襲一個遠比我們現在更加惡劣的世界，都擔心得不得了。

第二步：豎立

下一步是實際豎立新的生活方式。你怎麼走這一步——透過感情或理智，有意或無意——都是全然個人化的。你可以確定的一件事情是：這一步無法預料。當然，這也不是約瑟夫‧克瑞斯（Joseph Kresse）事先計畫好的。

就在約瑟夫過六十歲生日之前，我們認識他和芭芭拉兩夫妻，當時他們許下的「三十年靈性成長與社會行動」的承諾，在矽谷一帶已是遠近馳名。1997年一個春天的早晨，我們與約瑟夫和芭芭拉以及他們的幾位朋友，在全球社區基金會（Foundation of Global Community）用餐。該組織有幾千名成員。令人印象深刻的組合，有社會行動、生態覺醒、以地球為中心的靈性人士，透過該基金會的研討會與雜誌而來，而我們希望能深入了解這些在幕後工作的志工。

約瑟夫是該基金會的理事，他首先說：「回顧我這一生，都沒有什麼跡象顯示我會對主流以外的事有興趣。」餐桌上的每個人都點頭表示同意。之後，他們在講述自己的故事時，也多半會呼應這句話。約瑟夫繼續說：「我念天主教高中時，也是我永遠離開教會的時候。我聽到的每個故事都說不通，再加上罪惡感。1950年代的教會真的很崇尚罪惡感，而每個青少年一定都會做些離經叛道的事。」

他停下來環顧四周。「我被拉進什麼更深奧的東西裡了嗎？」他大笑出聲，直接越過桌子看著朋友理查‧瑞施本。「我和理查迷上車子，和朋友開著我的1950年福特車，或理查的奧茲摩比敞棚車一起兜風。」理查眉開眼笑的，我們則把兩個中年男子勾勒成喧鬧的青少年，猛踩著馬力不足的油門，呼嘯過原本睡意沈沈的帕羅奧多市街道。然後約瑟夫不笑了。他說：「一旦我把天主

教的版本丟出現實生活，就沒有可以取代的東西了。」他很快啜飲一口咖啡，繼續說：「我在紐約市出生，教養過程跟所有人一樣。父親是經商成功的生意人，母親忙著教化家裡的四個男生。他們倆一點宗教信仰也沒有，所以更大的問題不在我。我們講的都是用正確的叉子吃東西和度假。」

約瑟夫上了史丹福後，告訴我們：「我簡直瘋了。在那裡幾乎是不可能被退學，可是我差一點就被踢出去了。上完不碰酒也不碰性的高中男校，再到一個無拘無束的地方——哇！我加入動物之家兄弟會，花了我三年多，一直到大四才體認到，如果不趕快補救就完蛋了……」

他說：在大四那年，他開始長大。服完海軍役後，他回到史丹福念商學院，在校時，在一間頂尖的會計師事務所取得工作。四年內，他夢想的一切都到手了。「到我三十歲時，我還歷歷在目，記得自己想著：好，我已經有職業生涯，有太太，有房子，還有一個孩子。接下來呢？」

他不知道。「我知道我可以多拿一些同樣的東西，可是沒有什麼偉大的東西在呼喚我。我毫無頭緒該怎麼辦，也沒想到有什麼可以做的事。」

但一扇門打開了，有個同事邀請約瑟夫參加一個名之為「創意先發」（全球社區基金會的前身）的小組聚會。約瑟夫把握機會親身投入。「我迷上了，因為他們講的都是更大的議題。我有點把芭芭拉一起拉進來，一陣子之後，就去參加為期一週的研討會。那是一種交換生命的經驗。我回顧那一週時，可以看到它回答一些我不知道自己一直在問的問題，像是『這一切怎麼作用？我為什麼在這裡？這一切有什麼邏輯嗎？』」

「高中時代，我把天主教的版本丟出現實生活後，就留下一個洞。我一直沒有看到，等我終於聽到合理的描述上帝、宗教、生命時，才發現那個洞。」當我能夠理解人的經驗究竟如何發展為宗教時，我就想繼續學習，繼續提出問題和探索。當時我看的書都是心理和宗教方面的：約瑟夫‧坎柏（Joseph Campbell）的《千面英雄》[8]、德日進（Pierre Teilhand de Chardin）的《人的現象》。一整個我不知道自己有興趣的世界打開了。那種感覺是無盡的滿足和動人。」

　　約瑟夫‧克瑞斯的心門打開了，帶著他自己不知道的問題。接下來幾年，這些問題拉著他前進，直到他的內在生活也跟著改觀。他鑽研心理學，開始每天練習靜坐。假以時日，他和芭芭拉逐漸形成更簡單的生活方式。他繼續工作，愈往企業的高梯爬，但他在生活上的優先順序改變了。五十歲時，他離開會計事務所：「我很幸運能早點退休，因爲我們從來不花太多錢，也向來沒有花錢的慾望。花一大堆錢也不會讓我們有什麼了不起。現在我以志工的身分在基金會全職工作，感覺很棒。那是我愛做的事。」

　　他邊說邊躺回椅子上，啜飲一口長長的咖啡，似乎有好一陣子將注意力轉向內心。然後他看著我們坐在桌邊的每個人，臉上掠過半是消遣半是溫柔的表情。「當我想到如果沒有和芭芭拉親身投入這整個探索，我今天會在哪裡——當我想到我們的感情，我們養育孩子的方式，商場的意義是什麼，還有我怎麼把工作融入生活成爲一體——我就看到它影響了每一件事。如果我沒有對那些深刻的問題保持開放，我可能會成爲一個真的很成功的生意人，沒有太太，也沒有一大堆朋友。那麼我可能會開始想六十歲的我，究竟錯過了什麼機會？」

心的路徑

　　是什麼讓人離開現代主義？簡言之，就是：任何會讓他們質疑已知的事物。這當然是約瑟夫‧克瑞斯的歷程，但還有其他途徑。一條從心出發的路，或許是在你以爲自己是誰，在你以爲自己的生命是怎麼回事的想法都燃燒殆盡時，心理還剩下什麼。這就是爲珊卓拉‧瑪迪珍而開的路徑。

　　我們在保羅主講的文化創意人講座初識珊卓拉。一個身材嬌小、有一頭金色捲髮的女性舉手發問：「人可以透過心愛的人往生而變成文化創意人嗎？」一陣沈默佈滿全室，彷彿一些室內空間突然變成中空了。保羅回答：「可以，當然可以。」

　　數月後，我們邀請珊卓拉和她的伴侶道格‧伯克與我們共進一晚，因爲

我們發現不太了解她所問的問題，但卻很想弄懂那個意思。聽了珊卓拉的故事後，我們得知成為文化創意人也可能是心的途徑。

「如果我追溯一條細微的線回到童年，」珊卓拉說，「就會到紐澤西的桑米市。我們家住在一畝可愛的土地上，鄰近森林和清澈的溪流，溪流裡有石楠、杜鵑、紫羅蘭、天南星。即使下雪我也喜歡出門到那裡去。那就是我全部的世界，那裡用某種根本的方式鞏固了我的生活。我母親很害怕，幾個妹妹又比我小很多，所以我的成長階段都是一個人玩，學著依靠自己的判斷。」

珊卓拉在高中的日子「很忙，我很喜歡參加舞會，每個禮拜都去跳舞」。對害羞孤獨的少女來說，那是一段快樂的時光。她告訴我們：「我在那裡有立足之地，比在家裡好多了，所以對我來說很棒。」大學更是如此。珊卓拉發現課業很容易，「社交生活簡直多采多姿」。大三唸完後，她就和1950年代的很多年輕女性一樣，結婚離開學校了。

她在五年內生了四個小孩。她告訴我們，發生在她生命中最重要的事是失去其中一個孩子，那孩子在五歲時因癌症而離開人間。「這件事我不是隨口一提，」她說道，同時低頭非常小聲地說話，「但那件事對我非常重要。它改變了我的生命，用深奧的方式把我的生命凍結起來。差不多那時候，我心理產生一個畫面，一道白色的火熊熊竄過我的生命，把膚淺、瑣碎、不重要的東西都燒光，只剩下一個核心……除了愛，我想不到還有什麼字可以代表那個核心。愛的核心。很難傳達那是什麼意思。」

接下來的幾年是可想而知的悲傷。兒子的死讓珊卓拉心碎，也造成她與丈夫之間不可彌補的裂隙，他們離婚了。她回大學拿教育學分。「我只有想到自己能做教書這種工作，因為時數的關係，這樣我能同時照顧年幼的孩子。」

教了幾年書之後，珊卓拉和大學的老朋友道格又牽上線。「他一路陪著，把我們撣進新的生活。他是送給我們家的厚禮，因為他生活過得很風趣、有愛心、冒險。對我的孩子來說，在他們青少年時期，家裡有他也是很妙的事。他把待過和平團好些年的經驗帶過來，那是我們沒有一個人會有的經驗。」

肯亞是他們常去的一個地方，最後他們終於在1980年代在肯亞住了一年。珊卓拉告訴我們，「我愈了解非洲人，就愈尊敬他們，也愈來愈開始找方法提供他們的需要。」她開始和發展專家碰面。我想了解什麼有用，什麼沒有用，什麼會違反這些人的精神和尊嚴，什麼不會。當時，仲介才開始承認有違反人道精神的行為。他們開始看到殖民主義如何在物質上有幫助，卻一直在心靈產生嚴重貶損的效應。

這家人返回美國後，珊卓拉開始募款，幫助他們住過的一個村落。在這個過程中，她開始發揮數百位居民的力量，形成新的社區合夥型態：「村民們一起決定村裡最需要的東西。他們先讓我知道，然後我再去募款，數目很微薄，因為村民會自己動手把所有的工作完成。我們蓋了一間學校和診療室，組織了一些合作社，還組了一些年輕人的團體，他們才能踢足球，造磚塊賺點小錢。差不多我們一起想得到的事，我們都付諸實現了。」到了1980年代後期，珊卓拉和一間學校合作，從事生物強化的小規模農業。她說，吸引她的是這種農業強勁的槓桿作用，不只生產農產品，還能發展出可以教導許多人的創意領導。

為什麼我們說珊卓拉的歷程是心的路徑？因為是愛燒盡了不必要的東西，帶領她到現在過的喜悅、有目的的生活。我們共度的傍晚將近尾聲時，她意味深長地說：「他們用好少的資源在做，你們知道嗎？只用他們內部有的東西。我看到這種事，就看到我們所有的人有什麼可能。我覺得自己和什麼東西有關……應該就是神聖吧。我會說這種關連已經變成我人生的目的了，尋找人之所以為人的品質，面對這種品質，也希望能提升這種品質。」

第三步：與評論家正面衝突

當文化創意人建立新的途徑，就受到內外交攻的評論家管制，因為他們不確定自己會走到什麼地步。他們不可能知道。正如同詩人安東尼歐‧瑪察多（Antonio Machado）所言，他們所在的這條路徑是走出來的。

　　文化創意人在面對不確定和批評時特別脆弱，那是因為他們採取的人生立場：他們比多數的傳統派更開放心胸，也比多數現代派更認真看待自己的價值觀。所以他們傾聽批評，可能還太小心傾聽了。由於這種不確定，他們對成功和價值標準的形象時常無意識地與現代派、傳統派及自己的經驗混合。幸而，這種情形隨著文化創意人發展自己的討論和寫作圈、交誼廳（自家的客廳和網路空間）、聚會所而改變，他們能從中和其他價值相同的人進行坦誠而廣泛的對談。

　　第二種脆弱的來源是文化創意人挑戰主流文化的社會規範。他們遲早都會碰到主流文化中一些非常不高興的代表人。在這種時候，像約瑟夫·克瑞斯一樣有個社團或知心的朋友，就會有莫大的幫助。但如果你像珊卓拉·瑪迪珍一樣，是被大家認定的悲劇彈出舊的世界觀，那麼你的朋友可能會了解。但無論有沒有同伴減緩一路行來的困難，舊文化都不會以溫馨來問候你的脫離。更糟糕的是：你會不斷遇到內化的舊文化版本，就是自己內在的評論家。如果外在批評抓住的抱怨與你的內在評論相同，就可能變成真正的殺手。

　　少數文化創意人就像莫莉·伊文思一樣活潑好動，一旦揪出舊文化的謊言，就會質疑一切。更確切地說，當他們仰賴的文化矩陣，最後被用來把他們綁在家裡的刺鐵絲籬笆包圍時，他們就會發現自己困惑、憤怒，也不太清楚為什麼。我們會檢視批評家最喜歡的三種技巧：扭曲的鏡子、緘默、否認。

·扭曲的鏡子

　　當另闢新徑的人是主流文化中廣受愛戴的新人時，大眾媒體便可能以輕蔑與嘲諷回應。作曲家理查·丹尼波爾（Richard Danielpour）在1998年向一個樂評人公開講到創作過程時，他那時已被視為「超前一大堆」後勢看好的美國作曲家。評論家抱怨丹尼波爾「容易奚落他人」，因為他用「這麼靈性、古怪，甚至入迷的詞彙」講述創作過程。文化創意人或許會認為這種評價是錯得離譜。丹尼波爾的話似乎深切而坦誠。他問：「音樂是從哪裡接收而來的？」又自己回答：「你的夢想是從哪裡來的？作曲就像一場清醒的夢。對我而言，

『哪裡』並不重要。」[9]

媒體扭曲的鏡子下，另一個偶而會受害的人是搖滾巨星布魯斯・史普林斯汀（Bruce Springsteen）。1996年在《紐約時報》的訪問中，他講到感覺確信自己是孤立的。他解釋：他開始寫歌，大家才會知道他是誰。而他也相信自己如果讓聽眾認識他，他就會發現其他人和他一樣在關心他在意的事物。「我開始非常刻意經營一群不只是買唱片的聽眾，」他說：「我開始找到一群聽眾，可以反映出我腦海裡想像的族群，他們是根據我音樂的價值觀和類似的一套理想而生活的人。」[10]

主流媒體用狐疑和惱怒回應史普林斯汀。他們說他的歌詞寫到聖地牙哥的街頭兒童、墨西哥農場的勞工、俄亥俄州楊斯鎮的水車工人後，他就變得自命不凡，但願他能回到自己知道的主題。英國搖滾雜誌《Q》則譏諷：「噓。藝術家在創作了。」

想想閱讀這種樂評和評論和所累積的效應。偶而出現的報人和記者不太可能影響讀者，假以時日後，深思熟慮的語言成爲背景噪音，而你想知道他們還說了些什麼。但這種扭曲鏡所孳生的效果是消音或靜音，把講到心靈價值和內在方向的聲音都濾掉。私底下，文化創意人甚至想也不想就決定了：如果還想在更廣的世界裡活動，就最好不要把自己真正在意的事講出來。

・對重要的事緘默

迪克森・德・李納（Dixon de Lena）已經在美國最大的幾間公司擔任二十年的管理顧問。他有種驚人的能力，能把大家心知肚明的事情說出來——可能是早期對抗菲律賓大家族的跋扈父權時得來的天賦。他特別苦惱的是：要讓西方人講出自己重視什麼，真的好難。

一天晚上他告訴我們：「我們的文化默許我們講一些錯誤的事。而我們對深深在意的事卻悶不吭聲。我們對髮型、衣著、車子那種東西都公開，但我認爲應該是相反。我認爲人應該閉嘴不談衣著、汽車、房子和賺了多少錢，而是

把自己在意的事公開來。」

我們問他：「像是什麼呢？」他告訴我們：希望和夢想。價值觀。「剛開始，我和一家機構共事，講到人是什麼身分，又帶來什麼價值時，大家就認為那是刺耳、不合情理的討論。」他說：「不合情理是因為這種問題不合主流。不合情理和『荒唐、無理取鬧』有關。要一直在一場又一場的會議裡提出這些主題，一直在一千種不同的方法中說出你看到的可能，為毫不含糊的事挺身而出——這些在我們的現代世界裡都是不合情理的事。」

他繼續說：「一開始，可以提出這些主題、採取這些立場的男女都被當成不折不扣的怪人。跳脫傳統。他們讓每個人都跟著煩躁緊張。之後，這故事的後續效應是：『謝天謝地，他們有勇氣挺身而出，真是有遠見的人。』」他看著我們，聳聳肩：「幾乎屢試不爽。在舊文化裡對人講到夢想就是很刺耳。」

加拿大的未來主義者魯本・尼爾遜（Ruben F. W. Nelson）也向我們提到把人最關切的心聲消音。他說：那不只發生在企業的會議室，也出現在政府高層裡。「我很訝異有這麼多人在當我把門關起來以後才告訴我，『搞清楚，這裡應該是由我負責。可是，基本上我們做的事情已經超出理論範圍了。我們沒有理論可以帶領。無論是經濟或保健或教育，困惑都在成長當中。這在多數地方都還不夠清楚，不足以成為清楚的信號，不過我在於社會普遍的冷嘲熱諷中，有一種解讀方式。我認為我們多數人都知道這種混亂，而且我們不敢講這種事。就某種意義來看，我們有一種很好笑的公開祕密，也都知道我們有一些超難的道德、智慧、心靈的功課要一起做，但是沒有人要講。』

・否認

不講最重要的事就是不讓混亂爆發的一種方法。要說長期下來都沒有奏效便停手，這理由似乎又不夠充分。通常都要局外人才能揭開否認，點出大家都假裝不存在的事。這種過程中最廣為人知的故事，就是大聲要求知道國王為什麼要在街上裸體遊行的孩子。

丹尼爾‧昆恩的猩猩老師以實瑪利（Ishmael）就是那個洞察力過人的孩子的現代翻版。以實瑪利教導無名的人類學生：「根據你的地圖，思想的世界……在文化的邊界結束，如果你冒險越過邊界，就會從世界的邊緣掉下去。」接下來，他承認：「明天我們就鼓起勇氣，越過邊界。然後你就會看到，我們沒有從世界的邊緣掉下去，只是發現自己到了新的領域。」[11]媒體大師馬歇爾‧麥克魯漢（Marshall McLuhan）用更簡潔的話說出同一件事：「一旦你看到你世界的邊界，那它們就再也不是你世界的邊界了。」

小孩、大猩猩、專業的文化學生──任何一個沒有把主流文化的鏡片旋緊的人，都有潛力去描述這個文化忽略了什麼。或許這就是爲什麼北美印地安人（六族保留區）的和平使節歐仁‧里昂斯（Oren Lyons）酋長會在1996年受邀到瑞士達佛市爲每年一月在高山滑雪度假村集合的名政府首長、企業執行長、銀行家、財務長，及企業家演講。有人請他就「財務社團在當今的世界局勢所扮演的角色」發表意見時，里昂斯酋長用一種難以抹滅的意象回應：「我看各位都是賽馬的騎士，而各位的公司就是你們座下的馬。你們在賽跑中鞭策馬兒，現在你們看見自己正朝一座石牆飛奔，看到前面領先的人撞上牆壁，卻沒有調頭或稍微停下來，無論如何還要盡全力策馬向前。」

參加這場研討會的伊麗莎白‧薩托瑞對里昂斯酋長的演講念念不忘。數月後，她在達佛市認識的一位銀行家邀她到里約熱內盧的家中喝茶，她才有機會追蹤自己一直掛心的問題。她告訴我們：「我問主人，身爲巴西銀行界的龍頭老大，他是怎麼從自己的立場看待世界的經濟局勢。他說：『說實話，看起來我們好像都跳過懸崖邊了。』我屏住氣，問他的同僚是不是也有這種感覺。他坦誠他們也有這種感覺。我問他──或他們──有沒有興趣討論另類方案。他說他也束手無策。最後，我設法問最後一個問題：『身爲老祖父，您如何調解這種停滯不前的狀況？』他別過眼睛，說：『不要問我，這種問題我擔待不起。』」

扭曲的鏡子、對重要的事緘默、否認，這些都是障礙，讓人無法坦誠討論什麼東西在現代世界裡沒有用。這三種態度隱藏真相，不讓我們看清楚什麼東

西沒有用，為什麼沒有用，又該怎麼改善。以文化創意人放手不再擁戴現代主義價值觀的程度來看，他們比我們多數人更能透視這些扭曲。但這些障礙也會影響他們，模糊他們的聲音，使他們的異議失聲。

第四步：將價值觀轉為新的生活方式

　　文化創意人如何將價值觀轉為新的生活方式？沒有單一的方法，沒有政黨政策，沒有教條，也沒有成功的公式。這不像解決小問題，讓自己收到最大的財務收益，也不像讓選民再一次相信你。這裡沒有人是專家。對局外的觀察家而言，在文化創意人眼前的的領域一定是像千哩長的懸崖，面向絕對的虛無──空無的空間。然而在那疆界邊緣的千萬個點上，創新的先鋒正在創造穩固的新基地，將已知的世界延伸到未知的世界。這種創新的一項關鍵是突破傳統思考的能力。

・突破傳統創新

　　我們訪問的幾位文化創意人都把馬克・楊布拉（Mark Youngblood）描述為「尖端的思想家」。他們都說他是胡迪尼[12]，幫忙解開現代官僚中常見的三重鎖鍊。我們第一次碰面時，對馬克複述這些話，問道：「你怎麼會對突破傳統思考這麼在行？你們全校的高中畢業生想得都和你一樣嗎？」

　　他大笑出聲，用品評的眼光看著我們，彷彿在想有多少可以說。顯然他決定直搗黃龍。他告訴我們：「從我最早的記憶開始，我就想得和別人不一樣。我這一生都覺得自己像外星人，而我看起來又這麼主流。我不穿勃肯鞋，不綁長馬尾，甚至不認同那種外表，但我又一直側向思考。」

　　他說他因為「自作聰明」被踢出主日學校，但他當時要的是能夠遵循老師說的耶穌行誼，了解那種事怎麼可能。「他們顯然沒想過我提的那些問題，只是不加思索地繼續教下去。對我來說故事是真的也無所謂，但我要多知道一

點。我要探索那種事怎麼有可能。」他離開基督教，尋找自己的心靈途徑，在奇妙得不可能的領域找到了：童子軍。他說，在露營過夜、圍著營火談天、在河流上乘竹筏時，很容易就能到處找到上帝。不是在教堂或建築物裡，而是一切透過大自然的世界。

下一步似乎也很容易。他只要變成國家公園管理員，就能無入而不自得，與那廣闊的自由神聖共處。但他上的那所大學裡的森林學課程裡，嚴格規定學生什麼可以相信，什麼不能相信，什麼可以辯論，什麼不能辯論。這個一心一意想當國家公園管理員的人氣死了。「我發現你永遠都不能思考，也不能改變事情，只能在他們要你待的地方活動——他們可能會派你去廷巴克圖[13]。我想想那可能會扼殺我的創意表達，所以就閃人了。」

從此就開始了馬克所稱的「騙局」。他決心融入一個地方，所有的朋友都在依循飛黃騰達的夢想，於是他決心要成為其中的一員。他一邊告訴我們故事，一邊說：「我發神經了，變成會計師，而且是在一家大石油公司。我在這裡是熱愛大自然的人，然後我進了最剝削自然的企業，一家石油、瓦斯、煤炭公司。」

這是怎麼回事？我們以為自己知道什麼對我們最重要。我們手裡有指南針、道德感、良心、也和基本的東西有種清楚的接觸感。然後失望發生了，突然間我們的方位消失了，就變成會計師。多年後，我們可能回頭一看，發現我們的方位需要加上好多的探索和測試才能壯大。失去方位之後，我們可能會有一種心理麻痺。思想與感覺切開，靈魂和行為分離，最後遠離我們愛的東西。忽然間，我們偏離航向新的軌道，幾乎記不得原來的軌道。」

「我開始玩一流的遊戲，」馬克回想。「我非常成功，因為我非常強勢。我還是跟別人想得不一樣，讓我看到一些企管所同學沒看到的事。」他變成公司有史以來最年輕的會計主管。然後，二十八歲那年，他打算「大賺一筆」，便離職開始自行創業。

馬克講到人生的這個階段時，似乎對自己能在不愛的東西上投入這麼多的精力，而感到驚嘆。「我花了一年開拓新的公司，是為錢而做的。我對這種事完全

沒有熱情。我痛恨這種事。我以為我死了。我是群居的人，而我卻自己一個人在這裡做這種事，把積蓄都花光了，花光我所有的錢，然後等開工的時間一到，我對銷售和行銷又一竅不通。我真的沒有和任何人有深交。公司一定會倒，而我這輩子從來沒有失敗過。離婚一年後，現在我也要把公司搞垮了。我已經變成我的工作、我的收入、我的潛在收入，而現在那個自我也要崩潰了。」

他告訴我們，之後變得更糟糕。他的身體開始罷工，同時焦慮的浪潮向他襲來。他吃不下，心臟引發心室收縮症，把他送進醫院三次。「如果你能看到我的身體，一定會有很強的輻射線：『危險！這邊這個男的快融化了。』」[14]

最後他終於看開了。「我進入這深刻的境界，徹底對一切投降。我就是不幹了。我有一種頓悟。這個深刻的境界裡閃現一道白光。瞬間，我充滿了喜悅，充滿了愛和幸福，我坐起來，吃了三碗燕麥片，打電話給我父母，說：『我要把公司關掉。我要找工作。你們能不能上來這裡陪我？我現在很慘。』」

1998年，我們和這個衣著滿分、看起來很有運動細胞的人坐在德州達拉斯市中心的會議室裡，仍然能感覺不寒而慄，感覺二十多年前把他的生活炸得粉碎的投降。過了這些年，馬克年少固執的才情已隨著他慢慢找到人生中真正想要的東西，而收斂緩和起來。有過幾份工作，有些是聲望高的公司，其他是高科技的新公司，還有新的婚姻，和深入的單人讀書會，那是他在當地書店的架子上瀏覽後而開始的課程。他加入玄祕的印地安尤甘南楠達組織（自我實現協會），研讀協會裡所有的書，鑽研佛教和道教，然後轉向量子物理學和混沌理論和演化生物學。他告訴我們：「我一發不可收拾，把找到的一切可以幫我了解我是誰、我要往哪裡去的東西都讀遍了。」

他說他「又恢復理智了」。他研究了一陣子的物理，心想物理可能就是新的職業。然後，意外的運氣上門，有人請他寫本書，講企業內大規模、全系統的轉型。他名之為《吃掉巧克力大象》，有點天馬行空，也不指望會有太多回應。「突然間，電話離奇響了。『愛死你的書了，』大家都這樣說，『你能不能提供諮商？』」最後，他說他可以看見自己的路「就在我面前展開」。

不久後，馬克開了一間自己的公司。他說「踏入未知的領域」很刺激，「因為你讓已經存在的東西流動」。現在他帶著創意智慧和冒險感，將自己的觀點帶入機關團體。

我們問他的點子如何實際在高科技企業裡發揮效用。他把自己擔任顧問的一家公司的故事告訴我們，那家公司正奮力在手機、呼叫器、衛星科技和一大堆電信創新中保持領先。「這個領域裡很多很多的企業都開始混合在一起，」他解釋，「突然間，很難說誰從哪裡開始，在哪裡結束。公司面臨的不只是試圖更生自救，還要面對整個企業可能在一夜間消失的事實。」

他表示，老舊的觀點在這裡並不適用，因為商場競爭的模型已經大亂。不是戴上眼罩向前衝，減少競爭對手，而是要認清自己正處於關係錯綜複雜的領域，這個領域的運作更接近生態體系，而不是戰場。他問客戶：「如果你的首要競爭對手失敗了，你還能成功嗎？」他們通常說不能，因為如果最強的競爭對手失敗了，企業本身就可能被其他提供相關科技的公司削弱吞併。

因此，馬克說，舊的成功定義在這裡並不適用。那焦點太單一也太狹隘了。「我們在這個企業裡要明白的是：必須幫助競爭對手存活發育。他們健康，整個體系就健康，而我們也會更健康。這是驚人的領悟，因為這代表古典管理的目標——創造利潤的機器——太受限制也太小了。」就大格局來說，更大的目標是維持整個環環相扣的體系健康，這種目標呼籲主管經理的行為更像生態學家，而不是大將軍。

馬克在對成功採取更包容——有時則創新得驚人——的觀點中，對自然世界的愛也得到完滿。那是互為依存和充滿動能的全體系觀點，比較像生態體系，而不像戰場。那是他把自己——那個好探究、有創意、想看到大格局和錯綜複雜的關連的自己——愈來愈帶入現代市場的問題時，在數十年間學到的觀點。

·放眼大格局

成為文化創意人的人就像馬克·楊布拉，也在尋找大格局。那是有機的觀

點，十分符合我們在這錯綜複雜、環環相扣的世界中的生活。要尋找大格局有不同的方法，有些文化創意人建構修飾自己的格局，成為愈趨精緻的合成品。他們在兩種認知的方式間互換。首先是非常廣泛地掃瞄環境，看有什麼新鮮有趣的主題，接著進入主題細節往深處鑽，然後再回去掃瞄，尋找下一件好玩的事。

奇普‧海德（Chip Hider）就像這樣。他是德州人，花了55年的時間掃瞄合成，發展出一連串豐富的計畫來提升文化交換──各種計畫都有，從帶十一歲的達拉斯小孩去和墨西哥的小朋友打棒球，到創辦和拉脫維亞首都里加締結為姊妹市的繁榮計畫。他也是稅務律師，自言「有點喜歡觀察事物，再謹慎檢查，才有整體的概念，看看什麼有用、我還沒跳進去以前又是怎麼運作的」。他的一個朋友抱怨：「奇普，你就跟尺蠖蟲一樣，非常小心。」

奇普承認：「我不是很喜歡那種形象，聽起來好慢喔！」但他善感與分析的組合方式，讓他能好好挑選哪些計畫可以進行，也在他看早報時，幫他挑出哪些報導有道理。他就像很多不斷把自己的大格局拼湊起來的文化創意人，也是活躍的讀者和謹慎的消費者。

對其他文化創意人而言，第四步比較充滿熱血。法蘭西斯科‧阿拉恭（Francisco X. Alarcón）是住在舊金山教會區的詩人。他開始創造自己的詩意連結，因為他發現自己沒有這些連結就活不下去。1954年出生於洛杉磯，他那幾代的人定期在墨西哥邊界來回遷移。他在肯尼‧歐蘇貝的著作《修復大地：生物科技界的遠見解答》[15]中解釋：「這是我自己的衝突，屬於兩種文化。」這個邊界就在這裡，在我體內。

阿拉恭發現自己不時被拉進文化的窄巷裡。「我在瓜達拉哈拉市和上流階級的墨西哥人唸書，或是在史丹佛唸書，都沒什麼差別。他們都瞧不起拉丁美洲和印地安人的混血兒，也輕視皮膚黑的人。我的膚色很黑，在家裡最像印地安人。」要承認自己的經驗並不特殊、作法卻很特殊，阿拉恭會是第一個人。他治療不見容於舊文化形式的東西──自己的混種膚色，用真相加以謳歌。他號召自己的印地安與西班牙祖先，創立《文學貓頭鷹》（El Tecolote Literario）雜

誌。這本雜誌也像他的詩作，用納瓦特爾文、西班牙文和英文寫成。

他把自己生命的片段帶入關係時，也把這種體會延伸到全美國人。「不知怎地，我們西方有這種區隔。」他說：「我們有身體和靈魂，自我和自然，還有一個神話，是根據個別、與其他東西不相干的自我建構而成的。」身爲納瓦特爾人，祖先和每座山巒、每株植物和每隻動物都環環相扣，他看到「即將來臨的美國會更有人味，有個大和解」。而身爲拉丁美洲和印地安人的混血詩人，他不只爲單一的國家而寫，而是爲美洲而寫，從北美的阿拉斯加延伸到南美的巴塔哥尼亞。他代表所有人重申：「我視自己爲完整的存在，與完整環環相扣。」

·熱愛環環相扣的生命

到了第四步的階段，多數文化創意人都不只在尋找大格局，也在追溯潛藏的環扣和關係。這個過程會不可避免地發展爲熱切關心維繫我們全體的生命系統：地球。生態關懷洩露了多數文化創意人的選擇，包括他們買的東西、支持的運動，與做出的人生選擇。

演化生物學家伊麗莎白·薩托瑞（Elisabet Sahtouris）便用許多方式表達對地球的關切，特別是在教導孩子時。她請孩子們想像在身體裡從事世界政治會是什麼樣子。她說：「就有點像這樣：你身體裡有血球原料從骨髓裡製造出來，血球被掃到上面的作業器官——心肺系統——就能淨化血液，增加氧氣，這樣你就有一個有用的產品。所以假設心臟分佈中心宣布今天身體的血液價格太高，誰要？於是血液被運到付得起價位的器官，你也把其餘都當作多餘的東西丟掉。」

她問：「這樣有道理嗎？這是可以發育的生命系統經濟嗎？你們都可以看到那樣用經濟學會害死身體，因爲有些負擔不起血球的部位，現在可能飢餓得快要死了。當然，這也是我們在人類世界裡看到的現象。我們剝削人類的一些部分，去圖利其他部分。但是這沒有道理，在生命系統裡也起不了作用。如果身體決定重視肝臟，卻更重視心臟，或試圖把心臟變成肝臟之類的，我們就會當機。但我們身爲人類，就是在做那種瘋瘋癲癲的事！」

如果，你了解這種過程

……

到頭來，可能沒有一種描述能讓人按部就班的成為文化創意人。這是數千萬人用自己的方式創造文化的過程。因為這個次文化本身還看不出來，這千百萬個文化創意人身為其中的一份子，也不知道自己對我們共同的未來具有什麼潛力。

天主教道明會的蜜里安·麥基莉修女在紐澤西的科德威市創立「創世紀農場」，她講了一個故事，讓此事之所以重要變得很清楚。中東的一位老婦人種了一棵棗樹，蜜里安說：「你種下棗樹時，知道自己絕對吃不到這棵棗樹，因為樹根深入到能夠吸收稀少的水分，大概要花八十年。棗樹在這段期間會因為暴風和乾旱而泰半顯得萎靡不振，看起來好像快枯死了。如果你不了解這種過程，就很容易把它砍下來。但如果你了解這種過程，就能夠許下承諾。要學習看到未來會發生的事，一旦你看到了，這件事情就變得截然不同。」

這就是我們所有人現在的狀況。文化創意人對於自己做的事情和意義，特別需要全觀。要讓一種新的文化產生生命，他們便需要留在軌道上。他們也需要知道自己從何而來，而身為集合共同體，他們又要往哪裡去。

或許前捷克總統哈維爾的觀察不假，「現代」真的已經結束了。但如果結束了，我們怎麼看得出來？每個轉角的店裡都會賣最新版的地圖嗎？其實少之又少。我們會看見自己正處於過渡期。製造地圖的業者必定很高興見到遠方的新領域，代表他們的地圖有嚴重的限制。儘管如此，所有在已知的邊界外偵察到的線索都有幫助。我們會在第三章檢視文化創意人誕生的歷史脈絡：現代派與傳統派的文化戰爭。

1. [原註] 珍娜・柯芬（Janet Kalven），〈令人景仰的亡命之徒〉（Respectable Outlaw），引自女神學家費蘭札（Elisabeth Schüssler Fiorenza）《麵包不是石頭》（Bread Not Stones）（波士頓：Beacon Press出版，1984年）。

2. [原註] 雪莉・露絲・安德森（Sherry Ruth Anderson）與派翠西亞・霍普金斯（Patricia Hopkins），《神的女性面貌》（The Feminine Face of God）（紐約：Bantam出版，1992年）。

3. [原註] 瑞克・菲爾德（Rick Field），〈演化〉（Evolution），《探索之心》（Inquiring Mind）雜誌16, no.1（1999年秋季號）。

4. [原註] 馬修・福克斯（Matthew Fox），作者專訪，多倫多市，1985年。

5. [原註] 莫莉・伊文思（Molly Ivins），《莫莉・伊文思不可能說那種話吧？》（Molly Ivins Can't Say That, Can She?）（紐約：Vintage出版，1992年），第xiv頁。

6. [譯註]《大猩猩對話錄》（Isbmael）繁體中文版由遠流出版，1997年。

7. 丹尼爾・昆恩（Daniel Quinn），《大猩猩對話錄》（Isbmael）（紐約：Bantam出版，1995年），36-37頁。

8. [原註]《千面英雄》（The Hero with a Thousand Faces）繁體中文版由立緒出版，1997年。

9. [原註] 羅伯・史瓦茲（K. Robert Schwarz）〈年輕作曲家超前一堆後勢看好的作品〉，《紐約時報》，1998年1月18日。

10. [原註] 尼可拉斯・大威朵夫（Nicolas Dawidoff），〈搖滾天王〉（The Pop Populist），《紐約時報週日雜誌》，1997年1月26日。

11. [原註] 昆恩，《大猩猩對話錄》，第91頁。

12. [譯註] Harry Houdini (1874-1921)，原籍匈牙利，而後享譽國際的魔術師，擅長從繩索、手鐐、腳鐐中脫逃。

13. [譯註] Timbaktu，位於西非的馬利共和國，名列聯合國瀕臨危機的世界遺產之一。

14. [編註] 「Danger, Will Robinson！」是一句英文的經典口號，來自60年代美國電視劇《迷失在太空》劇中機器人不斷對威爾・羅賓遜發出警告，成為今日趣味性的普及用語。

15. [原註] 肯尼・歐蘇貝（Kenny Ausubel），《修復大地：生物科技界深具遠見的解答》（Restoring the Earth: Visionary Solutions from the Bioneers）（加州提波朗市：HJ Kramer出版，1997年），第71-84頁。

第三章
三個美國

　　1999年柯林頓總統的彈劾案後,擬定右翼策略的保羅·魏瑞奇(Paul Weyrich)在一封廣為引用的公開信寫道:「政治本身已經失靈。而政治失靈是因為文化崩潰。」魏瑞奇表示,我們居住的文化正變成「愈來愈寬的下水道」。[1]雖然他的意見頗為極端,但其他重要的保守派對美國文化普遍低落的道德觀,也發出了擔心的聲音。帶領起訴團控告柯林頓的眾議院司法委員會主席亨利·海德(Henry Hyde)在審判接近尾聲時告訴參議員:「我在想,這場文化戰爭結束後……會不會有一個值得我們捍衛的美國存活下來?」[2]

　　整個醜聞事件鬧到最後,大眾卻給予柯林頓日益增加的支持率,對於保守人士堅信自己是「道德多數」的說法,無疑是一記公然直接的侮辱。接近彈劾總統及之後參議院判定無罪開釋的幾個月間,只有23%至28%的美國人支持保守人士的立場。1999年春,媒體開始稱保守人士為「道德弱勢」。不過我們來考慮一下他們的說詞。難道我們的文化已經變得像魏瑞奇堅稱的「道德醬缸」了嗎?事實上是不是有一些準備開戰的弱勢民族比其他美國人更具備道德感,而其他多數人正如前法官羅伯·白克所言,正「墮落成蛾摩拉城」[3]?

　　根據證據顯示,沒有什麼比這些說法更遠離真相了。多數的美國人近三十年來都已經在道德信念的範圍與智慧上有所成長。要說道德,我們的道德標準已經提升了。新世紀初,多數美國人都住在比以往更複雜、微妙、成熟的道德世界裡。這個結論包含了道德規範和個人關係、抽象及具體、也超越了傳統的保守議題如墮胎和性行為,到醫藥、生物科技、公共場所的倫理問題,再到破

壞自然雨林及農業上引用奇怪基因的倫理。許多報紙和新聞雜誌週刊都有探討這些議題的文章。簡而言之，過去確定的種種幾乎都已依照日行思索而得到的公平正義爲準。美國人問新的道德問題，而我們在尋找新的答案，這些答案讓魏瑞奇和海德等人關注的道德看起來微渺而匱乏。

事實上，1960年代以來，美國人已經比以往增加更多道德觀，其中包括許多一度被認爲是純女性的議題。在此舉出最重要的幾個，以下是不少人都有強烈興趣和認眞關注的價值觀：

- 女性、兒童、有色人種的福祉與公平待遇
- 日常生活中人與人之間的關懷
- 保存地球
- 核能武器的禍害
- 心理與心靈的內在經驗
- 個人責任，有別於對宗教教條與道德規範採取天眞式的服從

顯然，今日多數的美國人比以往具有更大更廣的道德關注範圍。

宏觀

文化創意人不是從電影明星凱文‧科斯納（Kevin Costner）《夢幻成眞》（Field of Dreams）中那個永恆的愛荷華玉米田裡突然出現的。反之，他們走進一個場景，那場景更像重量級〔拳擊〕爭霸夜裡的麥迪遜花園廣場。而現代派和傳統派這兩股背景雄厚的次文化，已在廣場裡一較高下。這場打鬥無論古今，都是在爭取如何爲美國下定義。

此時，我們需要採取文化的宏觀，用高空鏡頭來看美國。從上面近距離觀看，這場所謂的世紀之戰看起來可能像另一場政治戰爭，或一系列的個人角力賽，對象都是針對單一議題：墮胎、允許政府補助教會學校的營養午餐、多元文化、學校公禱、兒童保育、保護弱勢族群的工作配額、爲藝術募款、同志

權、色情文化、女性地位、家庭至上、性、毒品、各種政客在人生中貪污。如果我們從太近的觀點來看這場文化戰爭，就會錯失全觀的大格局，因為文化戰爭不是關乎個別議題，也不只關乎政治。

文化創意人走入的戰爭，基本上就是爭奪誰能為我們的社會現實下定義，誰的價值又會是我們文化裡的官方價值。這是一場沒有限制的比賽，爭誰有道德權威可以決定美國在公開和私底下怎麼生活。社會學家詹姆士・戴維森・杭特在《文化戰爭》一書中指出，文化衝突的概念聽起來可能抽象，卻不亞於生活方式面臨了危急狀態。又因為這種衝突基本上是爭權，所以會有很多因素加入，包括「錢（而且是很多錢）、聲譽、生計，和其他一大串其他資源。」當該說的也說了，該做的也做了，杭特堅持文化戰爭「終究是爭奪統治權」[4]。

要明白這種衝突有多麼刻骨銘心，我們在自己的文化盒子裡視野又多麼受到限制，就暫時生出一份自己喜愛或痛恨的公眾人物名單——羅許・林保夫、亞利安娜・賀芬頓[5]、裴洛[6]、柯林頓、霍華史登[7]、卡蜜兒・派莉亞[8]、理查吉爾、山姆・唐諾森[9]，或其他哪個講安息日的廢話的人——你就能感受到文化對你的作用。

我們會在本章檢視現代派與傳統派的立場如何塑造美國對現實的定義，但以往只有兩個美國，現在已經有三個美國了。文化創意人這第三個美國的進入，將把兩邊非輸即贏的文化戰爭改變為我們所有人的新遊戲。

・客廳與信箱裡的憎恨

1990年代初期，在邁阿密發跡創作的嬉哈饒舌樂團快活幫（2 Live Crew）發行《滿腦子下流》（As Nasty As They Wanna Be）專輯，內含兩百多種幹和不計其數的男女生殖器用語。野獸男孩（The Beastie Boys）和其他團體在舞台上模擬自慰動作。搖滾歌手奧茲・奧斯朋（Ozzy Osbourne）唱〈自殺解決法〉。1999年，一個染金髮的下流小鬼以饒舌專輯打進排行榜前幾名，裡面丟出這種歌詞：「對了，看到我爸時，告訴他我在夢裡把他喉嚨割開了。」

　　傳統團體把多數饒舌團體都視為「身心污染」。保守的美國家庭協會的一位律師說：「這種東西這麼毒，這麼危險......應該不准任何人把這種東西賣給任何人。」另一方面，現代評論家稱饒舌音樂為「更廣大的街頭民謠的......響亮宣言」，是「超越街頭民謠對社區說話的......緊張關係」[10]的方法。

　　饒舌音樂只是更大爭議下的一種議題。電影、雜誌、電視節目、報紙、各種藝術網路、電動遊戲，還有保健、教育、法律、政治——全都是現代派與傳統派打文化戰爭的日常舞台。

　　兩邊都挑明了自家觀點的審查制度。保守雜誌《文化年誌》（Chronicles of Culture）的編輯群在一封募款信中，向訂閱戶抱怨許多當代的審查制「運用強力的武器，例如挪揄和高傲，來抑制數百萬像各位一樣仍珍惜傳統價值的美國人的聲音」。但傳統派至少也像他們控訴的現代派一樣怨恨。同一封募款信中繼續聲明「褻瀆的書籍、貧乏的電影、頹廢的藝術......吸毒成癖的演藝人員、痛恨美國的教育學家、一味姑息的國會議員」[11]彼此間的鄙視和輕蔑不只在態度上表露，也在婦女保健診所、醫院董事會、博物館與基金會委員會、法院入口的猙獰激烈的正面衝突中展現，而且——激怒多數美國人的是——挾大量選舉獻金進入上述殿堂的政客和陳情者也跟著瘋瘋癲癲的。

　　這類修辭使文化戰爭聽起來像是善對惡（傳統派觀點），或理性對頭腦簡單（現代派觀點），但兩邊都有好人。充滿意識型態的互咬聲中，這種擾攘不休的鬥爭每週上演，但多數美國人都比兩邊的攻防人員採取較為溫和的立場。杭特觀察到：「就各方面來看，兩邊的辯士大致上都誠心誠意、思慮周密、立意良善，但雙方以美國意義中根本互相對立的版本運作，闡明美國在自家版本的過去、現在、未來應該是什麼風貌。」[12]

・價值相對論與價值多元論

　　在日常報刊迴盪的爭吼聲下，傳統的意識型態宣稱美國已墮落到膚淺放縱的「價值相對論」時期。用這種名詞的人堅信自己對真相有獨一無二的解釋

權，把這個名詞用在價值觀與自己不同的人身上。錯誤頻仍的說法是：我們活在一個同質的社會，上帝給予的絕對道德是我們每個人都必須遵守的，而缺德的人正在淹溺污染這些標準，來摧毀這個社會。在最惡劣的情境下，社會瓦解成「隨隨便便」的失德混亂。許多傳統派都相信這就是我們目前的處境。

這種信念並不新奇。宗教右派攻擊現代派的價值相對論已經兩百多年了。華盛頓、傑弗遜、漢彌爾頓、林肯、小羅斯福：舉凡以互相包容、接受、欣賞的態度為並肩而居的各種人民發言的人，一律被視為道德秩序的威脅。但自由派也有相對應的術語：美國一向有更多的價值多元論是傳統派不喜歡承認的。自從《聯邦論》，自從托克維爾的《美國民主》，特別是自從中歐、東歐及亞洲的移民潮後，我們始終會碰到彼此的價值觀和道德系統。多元有別於保守派的神話，強化了美國民主。然而倡導價值多元論的代表人物卻繼續說另一邊的人是冥頑不靈的白痴。

事實上，相對論和多元論都有部分政治哲學和部分神話。有別於保守派神話的說法，從來沒有一個時期是全美國人都同意什麼構成「正統道德」或「誰才是好的美國人」。而有別於自由派神話的說法，我們也向來都不是沙拉拼盤，所有的萵苣、蕃茄、甘藍都快快樂樂的躺在一起。反之，美國的世襲傳統一向都說我們是容易動怒、喜好爭論、心胸狹窄、多元的一幫人。

歷史的角度來看，大型的價值衝突源於教義的鬥爭。從大約1650年到1950年間，我們文化爭辯的焦點就集中在新教、天主教與猶太教的宗教仇恨和不信任上。種族世仇佔第二位，但這種仇恨也都尖酸多疑。首先是盎格魯撒克遜家系槓上愛爾蘭和德國人，然後那些人又反波蘭和義大利人，而那些有歐洲祖先的人又一向反對種族不同的人：亞洲人、非裔美國人、美國印地安人、西班牙語系人。還有其他鬥爭是繞著城鄉、南北、種族主義和開放包容，這一切都追溯至十九世紀早期。有毒的憎恨就從「舊國家」帶到美國，花了很長一段時間才消弭。

好消息是從1960年代起，多數純宗教和種族的仇恨都已鬆緩或全然消失。美國的種族主義雖然仍無所不在，恨意卻已經比以往減少，也不再合法了。善

良人的祈禱差不多都已經得到回應。壞消息是自從騷動的1960年代後,各種不同類型的傳統派已經有對付現代派的統一說詞。他們對一些議題產生共識,將激烈的反對立場,集中在不同宗教種族的人身上。而現代派也傾向在另一邊嚴陣以待。

·現代派

你看過史坦伯格(Saul Steinberg)畫的美國地圖嗎?那張圖第一次出現在《紐約客》雜誌,此後就經常複製為海報。曼哈頓西區佔了大部分的前景,哈德遜河差不多和中西部一樣寬,落磯山甚至連一小道灰塵也沒有,左邊只突起一小塊代表洛杉磯。太平洋大約和第十大道一樣寬,而遠方的一條地平線則代表中國、日本、蘇俄。從一個層次來看,這張地圖完美畫出許多紐約客偏狹又自鳴得意的縮影,但從另一個層次來看,這張圖也概括了大型現代文化的種族中心主義。

身處現代主義就像置身於曼哈頓中心,建築物很龐大,卻看得不太遠。活動和招牌都這麼引人入勝,很容易讓人相信世界上沒有別的地方了。紐澤西一定是外國。那愛荷華呢?算了吧。

就史坦伯格地圖上的話來說,就是發生的每一件事都必須翻譯成曼哈頓語。現代主義也是如此。從現代的世界觀中,要以同理心和另一種文化相遇,而且用另一種文化的話交談,幾乎是不可能的事。反之,每個不同的新世界觀和意識型態都只被當成曼哈頓的另一條街,也可能是圖的另一邊一個好笑的小突塊。

今日的現代意象和世界觀根植於十九世紀歐洲的主智論及美國的都市型態與工業主義。現代主義於五百年前在歐洲浮現,近三個世紀以來,根植於都市的商人階級及現代經濟的創造者、現代政府與軍隊的興起、我們當代的世界、科技人員、知識份子。現代主義發明了我們當代的世界,也幾乎重新塑造每個地方,以因應當地的需求(我們所謂的現代藝術則從十九世紀末與二十世紀初

開始）。今日的商業保守人士傾向於美化1920或1950年代的現代主義形象，而自由偏溫和派則偏好美化1930或1960年代的形象。二十世紀的版本涵括從大政府自由派到商業保守主義、共產主義到資本主義、政教分離到傳統宗教的信仰與政治。

現代世界的勝利在於，我們從獨裁的政治與宗教控制中解脫時，經常受到讚揚。它的強項就是在我們這個時代成為全球的主流文化，能夠設定議程、制訂論述用語、掌控大眾媒體。現代世界偉大的成功之處在於發明一套令人印象深刻的文化方法，解決人類在泰半歷史上所面臨的問題，它已經找到方法來：

- 減少苦工
- 駕馭各種元素
- 減少瘟疫和疾病
- 大量製造與分配
- 提供爆炸性的人口食宿
- 創造高效率和生產力強的組織
- 與日益複雜的社會達成協議
- 建立更多放諸四海皆準的道德與社會標準

現代文化模糊不清的議程由古代及早期的現代世界原封不動地繼承下來，至今已時常用高明的招數解決上述這些問題。現代文化從鄉村市集到全球市場經濟，從農民農耕到工業社會，從小村莊到都市化世界，從以人類和動物為動力的手工業到上百個動力超強的新式科技，從封建制度到國家政府，從中古時期的工會到大規模企業。現代文化已經在政治哲學的領域中帶給我們崇高的原則，由我們慢慢轉化為實際的政治常規：眾人間享有更大的平等、個人自由、公理、民權（例如言論自由、宗教、集會、公平審判）、眾議及審議民主、法律之前人人平等，然後用放諸四海皆準的原則，將這些原則運用在真人實境上。實際活出現代派的原則，爭取民權和女權就是經典的例證。

·四種現代派

我們的調查顯示現代文化中有四種次文化，其價值觀與社會階級都互不相同。

社會層級的頂端是商業保守派，佔美國人的8％，有一千一百萬名成年人。這些中上到上層階級的人為保守的自由市場人士，相信「美國方法」，將物質焦點放在社會地位或成功上，還有大量的工作倫理。他們擁護華爾街和商業工會的經濟成長倫理，雖然也常對心理健康及心靈成長有興趣，但多數人仍反對生態永續危害商業。他們的倫理就是作家理查·艾德所謂的「舒適的美國，有上升的股票市場，和下降的覺察力，那都和他們關心的主題無關」[13]。這些人有59％進入前四分之一的高收入區，是當今現代主義和資本主義的受益人。他們想保持那種樣貌。

傳統現代派約佔12％的人口，有兩千三百萬名成年人。他們更可能比其他現代派討厭傳統派和文化創意人的價值觀與生活方式，也似乎是強烈擁護現代意識型態的人。他們在文化戰爭中，更可能在輕蔑的現代派陣營現身，傾向於排斥理想的價值觀，對社會相當憤世嫉俗，對政治也多所不滿。他們採取堅毅的立場，低著頭將精力完全放在個人與家庭的狀況上，而不想看太多公眾議題。他們的倫理是正式的現代文化中常見的冷嘲熱諷和洩他人的氣。比起其他富裕的現代派，傳統現代派的志向比較不在賺大錢，或擁有成功和展現地位的外表，他們認為商業保守派頗為魯鈍。但他們本身也相當富裕，有61％進入前四分之一的高收入區。

力爭中心派佔13％的人口，約有兩千五百萬名成年人。他們在平均收入的中間或略低，多半是力爭成功或強烈相信多數現代價值觀的人，渴望生命中的認同和成功，渴望心靈與心理意義，但也傾向傳統宗教。他們通常是白領階級勞工，如店員和郵局員工和簿記，也有低層專業人員如執業護士、公立學校老師、行政助理。低階經理與官僚及許多小公司的老闆也都在這個族群裡。

向上移動是他們的信條。他們許多都是非裔美國人，或是亞洲人或西班牙

語系人，也可能是第一代移民。他們辛勤工作，爲自己及孩子達成美國夢，但因爲他們的職業和教育低於全國平均值，所以可能多數都無法破解成功的密碼。

這些文化與宗教的保守人士有許多以人爲本的價值觀都和文化創意人相同。許多人都有價值衝突，因爲他們的行爲好比是「邊界測量儀」，在幾種次文化之間來來回回。很多人似乎處於兩種次文化的過渡期。但傳統派與文化創意人都可能從這個族群吸收而來。有高比例的力爭中心派在收入上其實都落後了，如果生活變得更艱難，他們的中心可能就會不保。在那種情形下，他們還會相信贏的文化嗎？還是會拋棄現代主義而就傳統派或文化創意人？

最後，疏離現代派拒絕其他所有族群——現代派、傳統派、文化創意人——的價值觀與世界觀。他們基本上不贊同任何正面的說法，佔15％的人口，有兩千九百萬名成年人，其中有極高的比例是媒體說濫了的「憤怒的白人男性」，但其中也有很多女性。他們是地位較低的中產階級，約有半數是藍領勞工。他們極有可能成爲下跌勞工：即待遇較好的工作保不住，或工作前景不看好。近幾十年來，美國生活對他們而言都不見效。然而從社經的角度來看，他們絕對不是最差的。他們的疏離似乎多從討厭的人生遠景而來，而非源於貧窮。他們似乎苦於失去內在給予人生意義與結構的羅盤，也苦於社會的瓦解。民兵團體都從他們之間募集人手。

‧現代派的有利點

從二十一世紀各種截然不同的觀點，我們可以透過電影公司的影片或浪漫小說壯麗的暈影，回溯前工業期的鄉村生活，而看到簡單的田園時代。但這是懷舊的廢話。工業革命之前，世界上的每個國家都是一面倒的農村風貌，而農村生活代表絕大多數人都一窮二白、文盲、時常染病、營養不良。人的壽命在三十至四十歲的範圍內。除非我們了解中古時期的農民生活——泥濘、疾病、飢餓、屈從、恐懼、迷信、早逝——否則不可能揣摩到現代主義在對什麼反動。早期創造現代主義的人士似乎時常害怕掉回農民生活的野蠻與無知。都市居民

虛張的聲勢背後是一種恐懼，害怕逆轉的命運會將他們丟回鄉村。小鎮居民費盡千辛萬苦展現自己和成群的鄉巴佬有多麼不同，彷彿透過什麼大發慈悲的魔法，能讓他們免於再度成為鄉下土包子的悲慘命運。

　　整個工業創造出來時，成千上百萬的人從鄉村搬到都市，保持進步或照顧家人便成為可以達到的目標。移民到美國的多數人都相信這些價值是絕對的好。只有在最近三十年，人們才開始嚴重質疑這種全然出於物質成就的智慧。所有的指標都顯示：提出這些問題的人已經在享受中產階級生活與高等教育觀點。

・個人自由的價值

　　想像中古時代的世界，生活的每個面向都受到你在哪裡出生、你出生的社會階級、你的家人是誰，或你屬於哪個民族或種族所支配。出生時，你的命運就定下來了。你可以做什麼工作、可以和誰結婚、可以住在哪裡、可以埋在哪裡——一切都是命定的。想想活在這種限制下會是什麼樣子。然後問自己永遠不能離家五十哩（八十公里）以上會是什麼樣子。不要在每個時間點上假定自己是百中選一的貴族，或是有地產的上流階級或商人階級。

　　如果你覺得這種局面很難看，那麼你還有同伴。現代文明是架構在衝破由種族、民族、性別、性向、祖籍、宗教、職業、教育所定義的囚牢。我們任何一個活在現代世界的人，連想到要回到那種限制個人自由的狀況都很難，畢竟我們就是發明個人主義的先驅。

　　對於我們之中的中上階級人士而言，打破囚牢的故事是真的。現代化終於將我們從傳統的限制中解放出來。而我們許多人都能走向夢想和才華引導的方向。在西方的民主制度下，我們已經不再被迫相信特定的宗教教義、服從牧師和長輩、甚至隸屬於一個教會。我們幾乎可以自由高喊自己關心的任何議題。如果我們的口才夠好，能夠說服他人，大家就會專心聽我們說的話。我們（如果負擔得起，）幾乎可以到各地旅行，可以閱讀或觀看任何我們想看的東西，可以和任何願意的人結婚，而且我們很多人都逃離了原本的社會階級。這個故

事中，我們全都可以尋找新的賺錢方式，如果我們選擇放棄家人和社群責任也可以，要不也可以承擔改變社會或地球的偉大計畫。

但對於貧窮或教育不足的人而言，故事就不一樣了。對經過泰半現代史的多數女性而言就不一樣。儘管有打破囚牢的故事，但現代化提供的豐富選擇並沒有讓每個人平等共享。不過這個故事引人入勝，而更多的夢想又這麼誘人，使多數西方人一直到最近才發現現代文化令人不安的副作用。

・現代派的不利點

今天，現代主義幾乎在所有偉大的解決方法背後，都留下嚴重的問題。在實踐與政治的領域中，許多勝利都是以犧牲仍相信傳統方式的人為代價而得來的。第三世界陷入絕望並不是因為他們自己的文化不足以解決古老的問題，而是因為西方的解決方法使他們的生活方式——甚至生命——陷入危機。而現代派也有苦頭要吃。市場全球化已經改變工作的本質，日益增加的競爭導致西方減薪裁員。收入不在前25％至30％的美國人，生活品質正在下降，必須更努力超時工作才能維持1970年代的生活水準。而收入在最底層的40％的家庭更是已經往後掉了二十年，即使夫妻雙方都在工作也不例外。

・打破約束

在創造工業經濟之前，社會缺乏財源來建造維護路、橋、港口、學校、醫院，還有我們現在都視為理所當然的其他公共建設。想開工廠的人找不到工人。王公貴族養不起過完收成季節的軍隊。最後，現代化的菁英藉由創造新的機會，打破人的傳統角色和社區，但這麼一來改變的就不只是經濟了。受到新的機會吸引而離開家的人，時常削弱了傳統的友誼、宗教、階級出身、社區、在地性的約束。

一旦在態度上出現向傳統請假的兆頭，原班人馬就再也不能統統集合起來了。大家會偶爾回家探望家人和老朋友，但他們的孩子在不同的世界裡長大。

感覺懷舊和過舊生活並不相同，而城市中較為寬鬆的約束，夾帶著猛拋媚眼的各種可能性，也吸引人無法拒絕。或許是孩子們先忘了這些約束所為的是什麼。也可能是他們無法想像如何同時兼顧舊的親屬關係和都市裡的機會。

今日，事業有成的現代人也必須時常得離鄉背井才能成功。藉由移居到另一個城市或州際或國家，成千上百萬名商務旅人也經常離家。一位幾乎每週出差的女性高階主管便告訴《紐約時報》記者：「有些事情需要時常關心，特別是小孩，還有友情，那些關係都得要經常維持。因此我不再交朋友了，因為我經常在生活裡急進急出。到處移動是個痛苦。沒有別的方法……無論我做什麼，都覺得生活翻天覆地，好像我不能專注在對我真正重要的事情上。」[14]

我們曾一生深植於自己的社區，如今卻大規模苦於失了根。現代派抱怨自己的親戚朋友散佈整洲或全球。但同時他們又要高度發展和新近時髦，而不要鄉下和傳統，認為那是古怪落伍的事。

·自我利益提升為道德原則

要成為當今的現代派表示住在雲霄飛車上，其路徑有賴於成功的機會：時機好的時候可能志得意滿、野心勃勃，時機差的時候就可能縮成焦慮的一球，只注重自我利益。很多現代派都相信負責任地活著表示要「照顧第一順位」（或至少包括自己和心愛的一些人）。在我們的社會安全網逐漸消失之時，這一種是大量強化的信念。參與市民生活和志工服務的研究顯示，近三十年來，現代派的貢獻已經減半，而傳統派和文化創意人仍維持更高層次的投入。

自我利益對贏家似乎言之有理。以下是作家尼可拉斯‧李曼在諷刺文章〈寬裕人民有民治民享的政府〉[15]中的贏家信條：

吾等相對心無罣礙、家境富裕者，視下述為不言自明的真理：
大政府、大赤字、大菸槍不好，
但大浴室和四輪傳動車則不差；

美國海外活動應該僅限於貿易協定、

共同基金與客居海灘度假村；

市場只要能照顧好我們，便能照顧好自己；

個人性生活不關別人的事，卻饒富娛樂效果；

而唯一真正重要的權利就是自我放縱權。

在中上或上層階級達到經濟成功的現代派，就像李曼的諷刺短文裡的人，都有享受賺錢與花錢的傾向。他們的生活以獲得更多「東西」為中心，買頂級服務節省時間，炫耀地位，留意爭取孩子的未來，投資股票市場（多半是第一次），然後是賺更多錢。現代派從最窮到最富裕，都有過度花費的癮。

前10％的人成功讓其他現代派感到挫敗，因為他們沒有達到那些高度，卻深信自己應該要達到。從中產階級開始下至更低階的現代派，都在問自己為什麼不能在今天的世界裡成功，而媒體又給他們看那麼多成功的例子。近二十五年來，多數人苦於收入縮水，夫妻雙方都必須工作才能剛好打平。1999年，大家一年大約比1969年多工作八週，收入卻差不多。約有40％的工作群比起1970年為每下愈況，另有35％的人掙不到原先的收入。這表示約有75％的工作群更努力超時工作，勞動者與家人的心理與生理壓力將達到臨界點，這份數據來自1999年心理學家與健康分析師的研討會。[16]一位職業健康專家回想：「不久前，我們還心平氣和地談工作過量。然後我們開始聽到『時間貧乏』的說法。現在……我們聽到的是『時間飢荒』的各種說法。」[17]

· 市場接管

十八世紀年間，市場經濟只影響一小部分人的生活時，倡導自由市場的學者被視為「不會害人的怪胎」[18]。十九世紀後，現代派樂見自由市場經濟成為進步的引擎，產生財富與大量稅金及工作。到了二十世紀，企業出於善意也出於惡意，接管了更大部分的家庭、教堂、社區內的工作：種植與準備食材、製造

房屋與衣服，關懷與教育兒童，娛樂我們自己，建造我們生活的意義，以及傳承傳統。

魯本·尼爾遜是加拿大高階主管及政府官員的諮商師，他向我們講起自己看到市場經濟有損心靈的效應。「我們的經濟理論告訴我們，我們的生活、心靈、本質的中心——我是特意用這些字眼——已經被商品和服務趕上了。」而且現代人對此深信不疑，他說。我們用傳送商品與服務的成績來評量每件事。因此，我們擠出更大的意義，「呈現生命的實質內容還剩下什麼」。他繼續說，亞當·史密斯暢談自由市場經濟時，是活在一個知道不該讓自由市場經濟接管生活各方面的社會裡，那就是截然不同的地方。「如果有更深入的社會共識，而你也夠聰明，就能承擔這種處於邊緣的邊緣教條（即市場經濟），不會讓這種邊緣進入你的中心。在亞當·史密斯的時代，自由市場經濟見效，而且就某個意義來說有好處，看起來不太危險，到了今天卻絕對有損心靈的原因之一是：我們已經鑿了兩百年，一直把自己更多的生活丟入市場經濟。」

他用混著哀傷和驚嘆的話總結：「所以現在多數人多少都會聽市場告訴他們要做什麼。我們甚至在職業訓練上輔導孩子，說那些職業其實應該就是他們的生涯。而不是告訴他們：『行行好，當個真正的人，對自己為什麼來到這個世界敏感一點，找一份職業。』可是我們不做這種事。我們是去職業諮商，教人從外在控制生活。而〔我們說〕如果你有好的職業生涯，就會過得很好。」[19]

兩千年的寓言

　　古希臘人講enantiodromia，指「物極必反」。而公元前一千年到公元兩千年間在西方發生的事就是物極必反。

　　中古時期鎮上的教堂有高聳的尖塔，有一天響五次表示標準祈禱時間（黎明破曉、上午的正中央、中午、下午的正中央、黃昏落日）[20]的鐘。無論多夏，都強行將白天分為十二個時辰，使得時辰依白日的長度而產生手風琴般擴張收縮的特質。除了北極圈之外，較北方的國家，冬天的「時辰」可能短至四十分鐘，夏天則超過九十分鐘。但他們的目標不在精確測量時間，而是提醒靈魂對上帝的責任。

　　這是個口述的文化，沒有閱讀也沒有書寫。傳統必須將記憶以口頭傳承，造福下一代，然後由一個人背誦頌記下。這個世界原本是重複不斷敘述什麼是真實，強調週期復返，有助於活化人的記憶。如果有什麼事忘記，就再也找回不來。只有最富裕的城鎮才能買得起聖經，再煞費苦心地用手抄在羊皮紙上。這是個聽覺的天下，看不見的領先看得見的一切，聲音顯示事物的內在，而且「話語」能讓一個人牢記在心。

　　中古世紀的村民窮盡一生都在方圓五十哩（八十公里）內度過，寸步不離教堂無孔不入的鐘聲。鐘聲規範了生活的一切。今日的伊斯蘭世界仍堅守中古時期的型態，一日祈禱五次，由叫拜師從清真寺的尖塔吟頌，禱聲穿透各地。《古蘭經》是出名的朗誦經文，要用聽的而不是靜靜地看。伊斯蘭文化仍以主為中心，「話語」的力量無與倫比。

　　現代世界與傳統最驚人的分野之一就是視覺與印刷取向，一心一意注意事物表面的外貌。這個文化是「眼見為憑」，而一千年前的口述與

聽覺文化主要專注於「看不見」的東西，是用聽的。任一個到地球探訪的火星人類學家都會把西方人類學家不會說的現代特性告訴你：從大家最專注於什麼事就能看出大家最崇拜什麼了。要怎麼知道大家最崇拜什麼呢？看他們用多大的精確度來測量維護什麼就知道了。現代世界崇拜的是一尊兩面神：時間與金錢。

　　現代派不止測量到十億分之一秒的時間，還將鐘面放在每個公共場所和私人屬地。大家手腕上掛著測量時間的小機器，才能時時伴隨這尊實際的神。畢竟，時間就是金錢。時間與金錢合而為一，而現代派念茲在茲的就是這兩樣東西。現代人可以走遍世界各地，卻逃不出這兩面神的手掌心。

　　對中古時代的農民而言，崇拜時間和金錢的現代世界顯得愚不可及。以往農民一年只用一、兩次錢幣，對時間也不那麼講究精確，卻整日、每日沈浸在教堂和祈禱中，醉心於宗教。時至今日，現代勞工一年只有一、兩次深入宗教，對教義也不清不楚，卻整日、每日醉心於時間和金錢。

　　這尊時間與金錢的神牢牢掌控著一切，儘管幾百年來各宗教競爭對手的祭師都喧囂擾攘地稱這尊神是假財神。時間與金錢的寺廟是銀行，為首的祭司為銀行家，守護著錢究竟「是」什麼，又如何創造出來的神話。其神學家為經濟學者，他們也像世界各地的神學家，在自己邏輯的大前提下極為理性，甚至有用。時間與金錢崇拜瀰漫現代社會，與祈禱和神聖的儀式瀰漫前現代社會如出一轍。其儀軌由會計師透過「記帳」、「平衡收支」和其他祕傳的符咒加以監督。其教規是鐘錶計時，而我們都是這座修道院裡的僧侶。

傳統派

傳統主義是一種記憶的文化。傳統派記得一個已經消逝的美國，也渴望加以復興。他們把希望放在恢復小城鎮與教會美國，呼應1890至1930年的一種朦朧懷舊的形象。比起當今每天侵犯我們的世界，這個神秘的世界較乾淨，較有原則，也比較沒有衝突。在當時，「男人就是男人」，當權者自立更生、專注於任務、對複雜也感到不耐煩。喚起傳統派價值的是吉米‧史都華和約翰‧韋恩的電影、美國國慶日的演講稿，以及退伍軍人節的遊行。這個想像的世界時常從未存在過。

今日的小城鎮裡，這些形象仍活生生地保存在穩定的友誼及仍維持運作的社區裡。傳統派能獲得的互相協助，比更機動的現代派與文化創意人多了不少。即使在更大的城市裡，許多傳統派也透過自己的教會團體，建立穩固的關係彼此照應。他們摒棄自己不喜歡或不了解的那個來勢洶洶的現代世界，轉而建造宗教、種族、民族一統的堡壘以抵禦外人。他們的組織與集會給他們一種堅強、安全、連貫的感覺，同時又排斥或犧牲那些被判為「外人」或「他人」的人。

傳統派痛恨許多現代派所謂的自由，例如鬆綁女性的角色、表達性事，還有亂七八糟包容各宗教與種族的人。小說家雅麗嘉‧古德曼（Allegra Goodman）描述正統猶太教的「卡特斯齊爾鎮」（Kaaterskill Falls）的氛圍，便引發傳統派在「一向安全，一向緊密相連」[21]的世界裡的滿足感。

而他們記得（或以為自己記得）一個社會上還有穩定的道德指標的時期。一位退休的工人在1997年參加清一色的男性福音守約者集會時告訴記者：「我真正想看到的是我們所有的領袖——就是白宮——可以跪下來為國家祈禱。這個國家應該是基於聖經而建立的。現在有點偏離了，我感覺得到。」同集會還有一個是伊利諾州的郵遞員，他也同意這種說法。「我想看到國家復興，看到我們回歸上帝。如果每個人都回歸上帝，那麼我確定犯罪率會下降，種族偏見會消除，性別衝突會停止，墮胎也會廢除，隨便舉都有例子。我就是覺得這些事

能夠發生。」[22]

　　現代派與傳統派之間的波斯灣有個不錯的探測器，就是他們對詞語賦予的意義。說人虔誠對傳統派是讚許，對現代派卻是侮辱。另一個例子是愛在特定文字裡的意義。當《紐約時報》的頭條印著〈疾病或健康：與HIV帶原伴侶建立愛的關係〉時，大量的現代讀者群無疑會贊同。但是當有人請《華盛頓時報》保守的右翼總編輯衛斯理·普魯登（Wesley Pruden）對這個故事發表評論時，他同樣也確定讀者會覺得這個故事沒有趣味，而且有點冒犯。他向訪問者打包票：「我知道自己的讀者，他們不想看那種故事。」[23]

　　傳統主義的強項與弱項是一體的兩面。其政治上的強項在於它表明的共同信仰、教規、價值觀可以要求一種神聖的約束力，用簡單的形象吸引教育程度較低的人，而且對傳統有著懷舊的喜好。其弱點為種族與民族政治傳統派變得威權獨裁，又帶有懷舊與代罪羔羊的心態，而且以聖經的道德框架框在每件新的事物上，又可能讓今日複雜的現實世界甚至更難以應付。

‥美國的第一股逆文化

　　傳統派是從現代主義中脫離的第一股逆文化，這股文化在美國革命之前就已經「往後靠」。[24]他們渴望更簡單、更有品德的舊時光，這種渴望早在強納森·愛德華茲（Jonathan Edwards）於麻州殖民地領導大覺醒（Great Awakening）復興運動時便出現過。南北戰爭後，傳統主義的逆文化則在貧窮的白種男性以吉姆·克勞法（Jim Crow）與三K黨抗拒重建時紮下根基。

　　這股新的次文化由鄉村小鎮的基督新教基本教義運動所領導，目的在尋求個人救贖，同時也吸收各種新教運動的養分。第一批新教徒為農民、牧場主人，以及小鎮商人，他們反對城裡主導局勢的銀行家與商賈。他們下一個反抗的目標是巨型企業，如鐵路。其後爆發的幾波新教運動源於家庭式農場經營失利，大家都感到憤慨，因為繁榮泡沫化的農業週期肥了大企業，卻毀了許多農民。現代主義的缺陷在十九世紀接近尾聲時益發彰顯，小鎮鄉村的許多人痛恨

工業大城的走向,將自己視爲能夠並願意維護「傳統美式作風」的人。

但儘管新的傳統主義以「城市作風」的另類選擇展現,但其組成份子事實上是從現代主義中脫離的。他們其實是一股逆文化的成員,其起源與生活上的各種假定都是早期現代主義世界觀的根基與分支。

正當他們的孩子在城裡找到更好的機會,對現代價值觀經常左擁右抱時,他們被留在小鎮裡。住在城裡的人時常被遺忘在力爭上游致富的混亂中。傳統派在現代主義的遊戲中已是屢戰屢敗,不是什麼更早的前現代主義傳統的代表。他們多半是教育程度較低、城市生活技能也較低的人,其中有許多是老人家,猶記消逝的世界。當今的社會保守派由富裕的保守基礎作靠山,在國家政治中也饒具影響,在社會階級上與喜歡他們的傳統選民非常不同,也多了不少理想主義的色彩。

・了解分歧

現代派與傳統派的分歧下,有一種穩固的大原則,那就是反應。反應調節所有的生命系統,也包括整個社會。108與109頁的圖表上可看到這項原則如何運作。

狹窄的直路。第一個圖表顯示傳統派在文化戰爭下通常採取的立場:企圖把人留在狹窄的直路。只要一有人走得太過頭,迫近傳統的邊界,傳統派就會給他們蠻負面的反應,叫他們:「回去!」負面反應會強化順從。傳統派試圖讓社會的多數人順從他們的想法,而現代派不喜歡這樣。

新舊故事間的分歧。旁邊的圖表顯示現代派與傳統派的分歧。正面的反應是種能夠自行茁壯的改變,倡導的是革新。這種改變擴展了從舊途徑上脫離的軌道,有時也能把整批人從老舊的路帶到新的次文化裡。但抱怨的聲音與傳統派的說法恰好相反:不是現代派從傳統脫離——而是傳統派自己脫離的。

文化戰爭之所以產生是因爲負面與正面的反應同時發生。文化分裂爲兩股爭辯的次文化,維持舊作風的人通常會責怪另一種次文化,因爲舊的路線已經

三種次文化的叉路

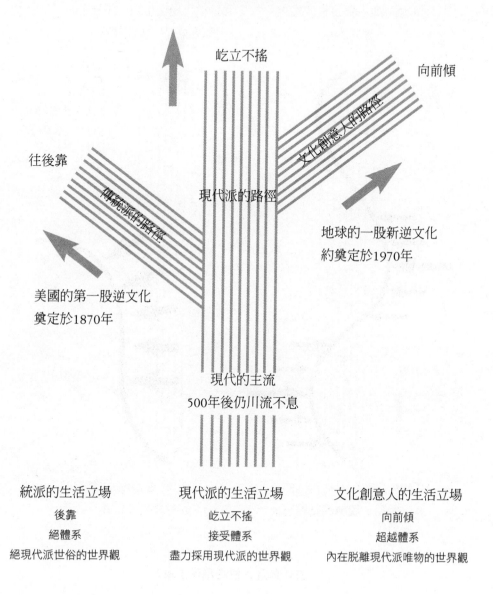

屹立不搖

向前傾

文化創意人的路徑

往後靠

傳統派的路徑

現代派的路徑

地球的一股新逆文化
約奠定於1970年

美國的第一股逆文化
奠定於1870年

現代的主流
500年後仍川流不息

統派的生活立場	現代派的生活立場	文化創意人的生活立場
後靠	屹立不搖	向前傾
絕體系	接受體系	超越體系
絕現代派世俗的世界觀	盡力採用現代派的世界觀	內在脫離現代派唯物的世界觀

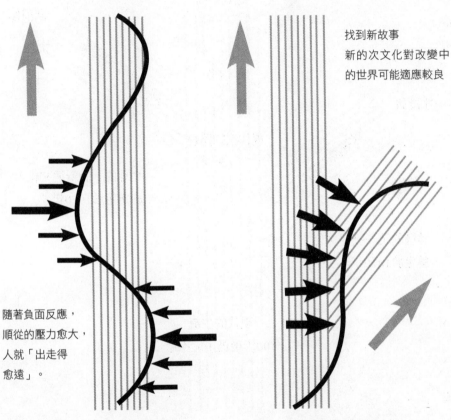

狹窄的直路
強烈維持既定模式文化
所贊同的路線。

堅守老故事
舊途徑仍是文化的一部分，
留在既定的模式裡。

找到新故事
新的次文化對改變中
的世界可能適應較良

隨著負面反應，
順從的壓力愈大，
人就「出走得
愈遠」。

負面的反應反對從贊同的路
線上脫軌，脫軌的路徑可能
愈來愈小。

正面的反應擴展脫離的軌
道，可能創造新的途徑、新
的故事：一股次文化。

文化創意人脫離現代主意

堅守老故事與「昔日蕭規」

找到新的故事與新的生活方式

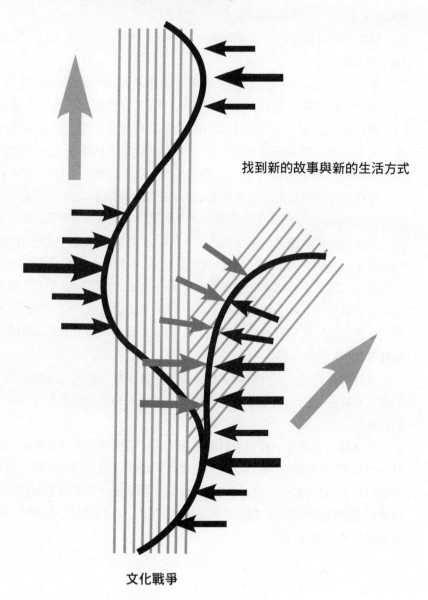

文化戰爭

不如以往奏效。想嘗試新路線的人可能對時代變遷適應得比較好,但他們常因脫離老舊的日子而有一大堆壓力(負面反應)。

整個十九世紀以來,美國的第一次分歧介於都市工業的現代主義與鄉村小鎮的傳統派。

第二次分歧大約從1970年開始,文化創意人從內在脫離了現代主義。

第三張圖表顯示正面與負面的反應同時進行,而文化戰爭就是這樣開始的。現代派與傳統派為生活中不對勁的事互相譴責。現代派辯稱傳統派是守舊、沒有效率、冥頑不靈的鄉巴佬。傳統派反駁現代派在大城市的作風中敗德、背離聖經教義、容納外國人、剝削鄉村小鎮裡的好人。

傳統派由擅長發明的基本教義派信徒所創。十九世紀早期之前,基本教義派在世界各地還不存在[25]。南北戰爭後,他們便發明三K黨和及吉姆‧克勞法,與引發禁令的禁酒運動。但他們在二十世紀最重要的發明,就是美國善良小鎮的神話。而他們一切都以保存傳統作風為名,否認自己有任何創新。這種說法似乎言之有理,因為同時間的現代文化正在發明大城市、重工業、鐵路、摩天大樓、大銀行、有限公司與股份公司。傳統派要拒絕這一切,因為那壓迫到他們的生活方式。最糟糕的是,新的方式正以經濟成功作出令人垂涎的允諾,欺騙竊取他們的許多年輕人。

任何文化的人反對改變時,其負面反應會採取各種非正式的行動,從流言到罵人到躲避到列入黑名單到炒人魷魚,更過份的還有流氓暴力、燒十字架和毆打警察。

但傳統派不是唯一會使用負面反應的人。環保運動與婦女運動中的文化創意人便對於什麼有害公眾利益,創造出新的標準。他們有效利用大眾意見與官方政府的力量加以執行,現代的商業保守派和傳統派常形成微弱的同盟,反對這種新式的負面反應,只想保持熟悉既定的形式。這種對立的訴求是傳統派——也偏好企業和富裕人家。

·為文化戰爭而聯合

美國種族至上的民族主義者可能是第一批發出吶喊，反對現代主義的人，他們將現代主義與外國人劃上等號，自我主張「純種」，反對討厭的「他者」。美國傳統派就像當今南斯拉夫與前蘇聯內種族至上的民族主義者，一向由本身仇外的本土主義所界定。美國內戰前，英國血統的人指責愛爾蘭與德國移民。之後，英國、愛爾蘭、德國血統的人聯合反對非裔美國人、墨西哥人、亞洲人與中歐人。（在固守傳統的深南方，種族至上的民族主義也指復興三K黨。）1900年後，祖籍西歐的人聯合對抗非裔美國人、猶太人、及南歐與東歐人。今天，歐洲血統的人聯合對抗拉丁美洲人、亞洲人──也仍然反非裔美國人。

文化創意人

在文化戰爭的極端立場下有第三條出路，那不只是中立的中間派，而是一種清晰的表達方式。文化創意人不為舊的生活方式辯護，反而為新舊兩種生活方式架起橋樑。他們似乎正拆開舊衣裳的織線縫製新衣，裁切原始的設計，一起縫成新裝。許多人（但不是全部）想拿過去有價值的東西，與未來所需的一切整合。有時他們想整合作家麥可·路易斯（Michael Lewis）說的「新的新事物」──網路的入口網站與多媒體公司──或提供具有完備的生態解決法的科技與科學發現，正如我們在第一章看到的超級汽車和國際地毯回收計畫。

通常整合牽涉到拓展多種族群的不同之處，或銜接各族群的原則，或兩者兼備。例如：文化創意人正在紐約的貝絲以色列醫學中心與史隆凱特琳癌症紀念中心創造包含西方醫學與針灸、按摩及瑜珈、心理治療及靜坐的健康中心，同時也將2500年歷史的靜坐技巧帶入監獄及全美國。

這種整合中最有趣的案例之一是名叫蘿倫·艾翠絲（Lauren Artress）[26]的主教牧師的計畫。從1989年起，她便一直將古老的祈禱途徑──中古時期基督教大教堂內發現的迷宮──帶到醫院與監獄及學校，甚至墓地。從田納西的雪必維

市（Shelbyville）到紐澤西的摩里斯鎮。一位熱衷此道的人將走迷宮稱之爲「行動中的祈禱」。艾翠絲牧師說這也是一種情緒與社群治療的形式：「當你走進迷宮，心靜了下來，然後你開始看穿發生在內部的事。你變得對自己透明，可以看到自己是神聖還是缺乏勇氣。大家在第一次就可以看到自己的憤怒擋住了路，也可以看到對人群或對自己的批判。」[27]

傳統主義是近來對全球現代主義的反動

　　若住在遠古的傳統社會，講起祖先的傳承，你可能會語帶尊敬，但絕不會用到傳統這種字眼。你存在的社會就是你所知的一切。今日的傳統主義在世界各地都在美化一個幾近遺忘的過去。其政治領袖企圖重新捕捉傳奇的榮耀，宗教領袖保衛會眾對抗大量的新興宗教與忠誠。歐、亞、非洲的文化保守人士聲稱有數千年的根基根植於部落、古老的宗教、貴族的生活方式或基本教義觀裡。但他們召喚的過去多爲想像的產物。傳統派的政治和美國政治一樣新近：都是對現代主義的反動，而且對於要用過去的什麼內容也很挑剔。就現實面而言，傳統主義一向都是新傳統主義。

　　現代主義的生活方式與世界觀如傳統主義般合理又合法，因此造成傳統派的錐心之痛，因爲現代主義足以摧毀純眞的信仰。傳統派爲了廣泛處於優越的地位或「代表一切」，便需要自己的一套「天啓的眞理」——正好是現代主義駁斥的那套說詞。根據芝加哥大學馬汀‧馬帝（Martin Marty）帶領的基本教義計畫，美國基本教義派來自這種反動。伊斯蘭與印度的基本教義對殖民主義、帝國主義、跨國企業也有類似的反動。

近兩個世紀間，現代的殖民主義、市場、科技已在全球壓倒了傳統人士，倒置舊有的生活方式，強迫推銷世俗的價值觀、宗教與象徵。成千種小型文化皆已遭到損壞，不復記憶，如此強化了傳統派重新發明傳統的決心，以表示回應。

新傳統主義在現代一向由農民、小生意的老闆、聖職人員合力發展而成，有時也和需要政治基礎以重新掌權的軍方團體或地主並肩合作。傳統派也包括被征服的人，如部落及農業團體，或在內戰中敗陣的文化如美國的南方人和南非的波爾人。許多傳統派都覺得因現代主義而受傷——在經濟安康、社會地位、自我形象上皆然——因而導致道德上的憤慨。

傳統派領袖藉由重新整理過去的片段，重新發明獨特的傳統，時常開宗明義聲明祖宗前輩「必定」代表的原則。他們試著保護自己人免於現代主義帶來的多種變化，也時常動員自己人反抗遙遠的政府。藉著召喚傳統，他們可以說：「當初的民風比較善良。」自然，這些領袖對於找到在情勢上派得上用場的內容，比準確重建過去要有興趣得多。文化的保守人士一成不變地說社會已經在歷史上轉錯了彎，必須重新恢復以往品性良好的生活方式。他們對那段黃金時期是什麼或在何時，都無法達成共識，只是一昧地理想化。

面對他們不喜歡或不了解的現代世界時，各地的新傳統文化便藉由重新創造破碎的族群感，來獲得力量與凝聚力。即使在都會區，對時常被現代市場與現代戰爭損傷的自己人，他們也給予協助與撫慰。但他們創造的身分也要求他們拒絕或犧牲不同的人事物。這種要求使他們超越偏見，到達種族至上的民族主義。各地傳統派的黑影包括政治謀殺、種族滅絕、仇恨團體，與極右的邊緣活動。

·個人的橋樑

有時整合的個人色彩要濃得多。瑪佳蕊·安德森·克萊夫和丈夫馬克·克萊夫住在德州達拉斯市，兩人都具有多面向的藝術家與行動主義生涯。瑪佳蕊在休士頓歌劇院演唱過之後，搬到伯明罕市，在阿拉巴馬大學開了一門生動的藝術治療課。馬克在達拉斯與沃斯堡有了工作機會時，他們再度搬家，創立一項非營利服務，讓藝術家與藝術治療師能為生理與情緒治療提供創意扶持。我們見到瑪佳蕊時，這項藝術家計畫已邁入第十二年，她也已經與一萬五千人合作過了。她正在為一齣根據瑪麗安·安德森（Marian Anderson）的生平而寫的女子獨腳音樂劇，進行最後的潤飾，她寫劇本、唱音樂，敘述這位偉大的女低音一生的故事。

聽到這種種成就一時真是難以消化。坐在這位美麗穩重的五十歲女子對面，很容易把她想成是空中飛人，不費吹灰之力地在空中翻滾，從一個高空鞦韆飛到另一個鞦韆。我們問了明顯的問題：「她是怎麼辦到的？她怎麼在看似沒有支持的方法下找到信心，從一個都市躍到另一個都市，從一份生涯到另一份生涯？」

「我這一生一直都大難不死。」她坦白告訴我們。「我在困難險阻和各種障礙下長大。而且我熬過來了。我對很多人都表現得很溫和，但私底下，我愈是遭遇困難，就愈有決心要度過。」

我們問她如何在艱困時繼續向前，她說到父母身為非裔美國人的經驗。「我父母在伯明罕長大，歷經了莫大的困境。他們是非常非常聰明的人，不能真正接受他們所需的那種教育，也不能以身分獲得認可。他們必須奮力爭取離開伯明罕。所以我也有那種歷史。我記得州長華利斯、民權、德國牧羊犬和消防水管。我記得每年夏天從紐澤西到伯明罕，路上沒有地方可以停下來上洗手間，還要想有幾個州我們能不能過去。」

她說：她的父親教她鎖定目標，她的母親會叫她反覆不斷做一件事，一直做到成果優異為止。學習這些課題，體認她的父母和祖父母過著身體力行的生

活，讓她繼續「成長前進……能繼續帶著尊嚴、謙卑、優雅地做下去」。她致力於延續父母的精神，找到自己獨特的方式來表達。這種個人整合是一種我們時常從文化創意人身上聽到的主題，不過鮮少有這麼驚人的一系列成就。

另一位具有傳統背景的文化創意人是心理治療師與佛學導師尤金・凱許（Eugene Cash），他描述自己在匹茲堡從正統猶太教父母身上接收的愛。「他們樂於愛護我們兄弟兩人的心一直都在，即使我們離開家以後也沒有變。不管我們在哪裡，他們都會來看我們，支持我們。我記得住在鄉下的小社區，媽媽替每個人帶了潔淨的猶太雞來。我在1960年代表演極端的街頭劇時，我父母就是觀眾裡熱心的成員。他們會在事後說：『你不該說我們國家的壞話。』然後又說：『你太棒了。了不起的戲。做得好，兒子。做得好。』」尤金笑談這份回憶。這種延續是他深深感覺到的，他不僅將這份愛的傳統延伸到女兒身上，也延續到打坐的學生身上，整合傳統遺產與日常生活。

若干來自傳統背景的文化創意人告訴我們，即使他們的選擇與家人截然不同──例如，抗議越戰──也不表示他們缺乏延續性。他們說自己延續的是一種信仰，就是應該在社區裡扮演一種角色，慷慨地自我付出。今天，保羅・彌尼（Paul Milne）是美國勞工總會與產業勞工組織的幹部，也是綠色和平的顧問。他告訴我們：「我的家人大約有八成都和基本教義的基督教會有關，其中四分之一是基督教會聯盟。這些就像阿姆斯壯（G. W. Armstrong）的全球上帝教會，教徒會捐出十分之一、十分之二、十分之三的收入給他們。」

當我們問到他怎麼會變得這麼不同時，他看起來很驚訝。他告訴我們，他沒有什麼不同。「我會說，其實我是誰或什麼都和我的家庭一樣，來自同一個出身背景。就是從那個根來的。那不是因為我很不相同，而是因為我這麼相同，又做了其他不同的選擇。在越戰期間變成憑良心反對越戰的人，加入民權運動，之後變成勞工組織幹部，這些都是服務大眾的形式，『都是從衛理公會平實的教養而來的』。」他告訴我們，然後露齒而笑說：「我奶奶以為我會變成傳福音的人，結果她說對了。」

·挖泡菜桶

我們會不斷看到文化創意人尋找方法，銜接破碎四散的東西。二十多歲的流行歌手貝克（Beck）講到這點會讓許多文化創意人都表示同意。他說，他已經厭倦了整理一個提供太多資訊、卻沒有意義的時代下破碎的片段。幾年前他唱著：「我收拾這些片段，做成音樂賣出去。」他甚至厭惡自己詼諧的模仿，他說：「死巷也不會再甦醒過來。」他現在正在創作反思悅耳的新音樂，一些樂評聽了認為有復古的味道。

「有人寫我挖以前的泡菜桶。」他告訴一位記者。「但我覺得過去幾百年的音樂都是當代音樂，」延續了不斐的價值。他解釋，發生在他身上的東西有一部分是他厭倦了吃後現代主義那一套，自以為優越，輕蔑所有不同的東西。在他的生命中，他在尋找一種方法連接開始與結束，試著跨越不同而成長，找到新的東西[28]。

文化創意人討厭現代主義的片段，發現「現代對抗傳統」的文化戰爭只是另一個撕裂需要癒合的傷口的例子。（一項強硬的例外是女權議題，在此文化創意人堅定不移地支持現代派。）許多人將文化戰爭描述為刻意的意識型態，讓人無法專注於美國社會需要苦撐應付的嚴肅議題：全球陷入數百萬年來物種快速滅絕的危機；核子戰爭仍具有難以置信的危險；殺蟲劑與污染源在毒害我們的食物、空氣、水；各地的婦女與兒童受到家庭暴力威脅；窮人的人生機運仍然很差；歧視弱勢團體的現象仍然廣泛；醫療花費如滾雪球般失控，許多人都缺乏健康保險；主流醫學對全人健康的議題不予回應；官方文化仍忽略或嘲諷性靈；政客在火燒眉毛時仍玩弄著上百個不相干的議題。

·第二股逆文化

文化創意人會大量浮現是因為現代主義的這些敗筆這麼露骨，讓他們對於我們該過什麼生活的官方說法表示懷疑。天主教牧師暨歷史學者湯瑪斯·貝瑞寫道：「這全是故事的問題。我們現在就有麻煩了，因為沒有好聽的故事。我

們在故事與故事之間的空白期，舊的故事敘述這個世界怎麼形成，我們如何融入這個世界，都已經不再合時宜了。然而我們還沒有聽到新的故事。」舊的解釋對我們許多人都不再合時宜，但在我們相信的期間，那個解釋提供了有意義的脈絡，讓生命可以運作[29]。

早先在這一章裡，我們看到兩條從現代文化中岔出的路。第一股逆文化是百年來以「往後靠」反應晚近現代文化的傳統派。第二股逆文化便是文化創意人。他們的生活立場是「向前傾」，擁抱新的價值觀和世界觀，而不是向過去「往後靠」或在當下「屹立不搖」。他們正如傳統派，也在脫離現代主義的過程中。

「向前傾」代表踏出舊的故事，發現新的故事。這不是可以獨力或快速完成的事。文化創意人在尋找新的方法，不是為了要說新的故事——沒有人說的故事可以深刻真實得適用於現在——而是引發新的故事，為新時代發現新的生活方式。

說故事的新人類中有一位是中西部敏銳的看護行政。她描述要從幼年學習的世界觀裡脫離的難處：「回想起以前想辦法要從舊的生活立場中脫身的那些年，就好像雙手縛在後面，雙腳綁在一起。我也不知道怎麼樣，竟然還能勉強笨手笨腳地往前跳。我很訝異自己這麼堅持，可以那樣綁著還繼續往前。從我現在坐的地方，我看到的是文化本身把我們這麼緊緊包著。是文化讓我們的眼睛閉緊了。不只是我們成長過程中學到的該做什麼或不該做什麼，而是更甚於此。是我們該質問什麼，不該質問什麼；該渴望什麼，不該渴望什麼；該想像什麼，不該想像什麼。」

她一語道破了文化創意人的兩難：「採取新的世界觀是一件文化上的事。世界觀之於人類就像水之於魚。那就是我們在裡面游的水。」但只有在某件事或很多事使我們的世界觀瓦解時才看得到。這就是文化創意人開始尋找新故事、創造第三個美國的地方。他們就像傳統派，正從現代主義中背離，但他們卻不像傳統派或現代派是誇耀的贏家。他們沒有收到這種冠冕堂皇的說詞：

「上帝站在我們這邊,而且只站在這邊」,也不相信「贏是唯一的事」。他們正在尋找新的途徑。

・一種新的文化

文化創意人從生活的各個層面脫離現代主義,正穩穩地踏在地面上。坦率的《是!》(Yes!)雜誌主編莎拉·凡蓋德寫信給我們,希望我們不要說「不要只是做事,要改變想法」,而使文化創意人關心的事變得瑣碎平凡。改變內心槓上改變文化,她真的很厭倦這種分裂。「典型的新世紀滿口從內在改變我們自己,世界就會照顧好自己。典型的政治行動主義者說我們要忽略內在的自我,去拯救世界。兩種都沒用!……文化創意人將拋下這種分歧,將個人自我的演化和整體工作整合起來。」

文化創意人的承諾是發展整合的文化,可以讓傳統與現代、全球與本土、內在與外在變化齊聚一堂。文化創意人的力量在於,他們是最可能發揚未來正面的遠景的一部分人。他們對地球面臨的一些迫切的問題,已經開始想像和發展另類解決之道。我們會看到,近四十年來他們主要都是新社會與良知運動的行動主義者和道德大眾。因此,他們在思索、計畫、實行各種社會解決方案上都有經驗。

文化創意人的弱點在於,他們沒有彼此支援及共同合作的基礎。缺乏社會支持,社會孤立就變成他們的大問題。在他們發展出具體的社群感之前,他們未經世故的運動、生意、機構就無法成長,潛在的政治領袖也無法和他們創造共同的理想。

文化創意人脫離主流後,很多人問的第一個問題是:「他們能夠成功嗎?」其他人則納悶:「他們能過關嗎?」——暗示社會與經濟壓力大得足以催毀他們的努力。在今天這種主要的社會變化期裡,壞消息是各種異常行為都會出現,從令人憎恨到犯罪的行為。好消息則是有革新的空間。當人學會如何以不同的眼光看事物,幫助彼此過不同的生活,偉大的改變就有可能。儘管有社

會保守人士的恐懼，但美國一向偏好為這種改變留下一些空間。

·超越文化戰爭

所以文化創意人在這場文化戰爭中採取什麼立場？他們拒絕選邊，朝不左也不右、不現代也不傳統的第三個方向前進。他們對1960年代以來多數的新社會運動和一大堆文化發明，一向都深刻投入。對立的政治運動影響他們的程度，還比不上文化運動試圖教育我們的慾望，改變我們對現實的看法。他們要看到包含一切的大格局，也想和整個體系及全體成員一起工作。他們將自己視為合成與治療師，不只在個人層面、也在全球的層面，不斷切穿社會階級和種族界線，切過自由與保守的意識型態界線，也切過國家疆界，拒絕窮兵黷武與剝削開採，尋找長期的健全生態。

文化創意人對一些可以稱之為「婦女無階級典範」的實驗深感興趣，其中包括了感覺及行動，個人及政治，以尋找人道的社會轉型方式[30]。這些當然都是理想，他們的追尋就像其他人的追尋，也包含人類的智慧和愚昧，榮譽與犯罪。他們的理想對所有文化創意人而言，不算是活過的現實生活，但他們在那裡紮營，試圖創造變化，讓文化超越文化戰爭，達到新的生活方式。

1. ［原註］保羅・魏瑞奇（Paul Weyrich），語出《華盛頓郵報》，1999年2月18日。

2. ［原註］亨利・海德引用湯瑪斯・艾梭（Thomas B. Edsall）語，〈主要保守人士於文化戰爭投降，戰事方興未艾〉，《華盛頓郵報》，1999年2月18日。

3. ［原註］羅伯・白克（Robert H. Bork），《墮落成蛾摩拉城》（Slouching Towards Gomorrah）（紐約：Regan Books出版，1996年）。

4. ［原註］詹姆士・戴維森・杭特（James Davison Hunter），《文化戰爭：爭誰能爲美國下定義》（Culture Wars: The Struggle to Define America）（紐約：Basic Books出版，1991年），第52頁。

5. ［譯註］Arianna Huffington，曾與阿諾共同競選加州州長，提倡環保概念，《商業週刊》選爲最有影響力的華府評論作家，著有《如何推翻政府》。

6. ［譯註］Ross Perot，美國億萬富翁，沒有政黨背景及奧援，於1992及1996年兩度競選美國總統。

7. ［譯註］Howard Stern，美國廣播名嘴，內容多爲私密辛辣的話題，以大膽驚人之語聞名。

8. ［譯註］Camille Paglia，女性主義藝術史學者，著有《尤物與淫婦》。

9. ［譯註］Sam Donaldson，曾任美國廣播公司全球新聞主播及華府特派員。

10. ［原註］杭特語，《文化戰爭》，第232頁。

11. ［原註］同上，第245頁。

12. ［原註］同上，第67頁。

13. ［原註］理查・艾德（Richard Eder），〈不要過度保護我〉（Don't Fence Me In），《紐約時報書評》，1999年5月23日。

14. ［原註］同上。

15. ［原註］尼可拉斯・李曼（Nicolas Lehmann），〈美國新輿論：寬裕人民有民治民享的政府〉，《紐約時報週日雜誌》，1998年11月1日。

16. ［原註］美國心理學家協會與國家職業安全健康中心的聯合研討會，報告人派崔克・麥逵爾（Patrick A. McGuire），發表於《美國心理學家協會偵視三十》（APA Monitor 30），no.5，1999年5月。

17. ［原註］史帝文・蘇塔（Steven Sauter）（國家職業安全健康中心，應用心理學及人類工程學部門主任）語出〈勞工壓力，健康將達臨界點〉，《美國心理學家協會偵視三十》，no.5，1999年5月。

18. ［原註］魯本・尼爾遜，作者專訪，〈改變我們的思維〉，《想法》，加拿大廣播公司（1984年）。

19. ［原註］同上。

20. ［原註］有些教會敲響鈴聲的次數少則三次，多則七次。

21. ［原註］雅麗嘉・古德曼（Allegra Goodman），《卡特斯齊爾鎮》（Kaaterskill Falls）（紐約：Dial Press出版，1998年）。

22. ［原註］蘿莉・古斯坦（Laurie Goodstein），〈成千上萬人於祈禱日在購物中心集會〉（Hundreds of Thousands Gather on the Mall in a Day of Prayers），《紐約時報》，1997年10月5日。

23. ［原註］麥克・歐尼爾，〈誰爲美國發言？〉，《商業週刊》，1995年5月8日。

24. [原註] 在殖民時期的美國，拓荒者幾乎全都是現代派：即工業革命的第一次蠻幹下早期的現代歐洲人。殖民者在登陸新世界時，早已遠遠超越封建思想及中古時期的世界觀。時至美國革命開始時，現代世界才正好要昂首闊步向前。凱倫·阿姆斯壯在《為神而戰》（Battle for God）（紐約：Alfred A. Knopf出版，2000年）中，對所有現代派裡的基本教義派，翔實描述了各教的起源。

25. [原註] 同上。

26. [原註] 蘿莉·古斯坦，〈復興迷宮，通往內在祥和的道路〉（Reviving Labyrinths, Paths to Inner Peace），《紐約時報》，1998年5月10日。

27. [原註] 迷宮計畫的描述見《神的綠色力量》（Veriditas），可於主恩大教堂（Grace Cathedral）索取，地址：1100 California Street, San Francisco, CA 94108。貝絲以色列與史隆凱特琳靜坐與健康中心的描述見萊絲莉·柏格（Leslie Berger），〈在醫院取得一席之地的療方：靜坐〉，《紐約時報》，1999年11月11日。

28. [原註] 貝克語見瓊·派瑞里（Jon Pareles），〈流行後現代樂手放棄諷刺〉（A Pop Post-Modernist Gives Up on Irony），《紐約時報》，1998年11月8日。

29. [原註] 湯瑪斯·貝瑞（Thomas Berry），《地球的夢想》（The Dream of Earth）（紐約：Sierra Club Books出版，1990年）第123頁。

30. [原註] 葛姐·樂娜（Gerda Lerner），《歷史為什麼重要》（Why History Matters）（紐約：牛津大學出版，1997年）第110頁。

第二部・創意的故事

part two.

第二部　創意的故事

　　每個孩子都想知道自己從哪裡來，每個文化也都有創始的故事來回答那些問題，給活在當中的人民道理和意義。文化創意人以為他們知道自己的創始故事。的確，我們所有經過早年那些新社會良心運動的人，都以為自己對那個故事瞭若指掌，在電視上看到那些事件和名人已不下十次。

　　我們知道1955年蒙哥馬利市的一位女裁縫因拒絕讓座給白人乘客而被拉下市公車，引爆美國史上最大規模的群眾運動之一。1962年，一位生物學家及科普作家指出殺蟲劑和污染是讓大自然滅亡的潛在來源，厚實的保守運動不久便轉化為地球環保運動。1962年，一位記者形容「一個沒有名字的問題」，爆發全美國家庭中的親密地震，婦女開始主動撕開讓她們裹足不前的社會價值觀。1964年，大堤溫泉更名為伊莎蘭（Esalen），舉辦人類潛能、性靈、感官覺醒、瑜珈，以及健康與治療等另類形式的研討會，伴隨著浸泡在即將一炮而紅的熱水澡盆裡。

　　我們也記得上萬名吟頌靜坐的遊行示威者，運屍袋從軍方的飛機上卸下，尖叫的越南婦女與兒童──這些我們都知道，不是嗎？而且知道得一清二楚。因為這些畫面與事件無可抹滅地刻印在我們的集體記憶裡，所以我們自以為知道發生了什麼事，如今事件結束了，我們也差不多都繼續過著自己的生活。

　　但我們錯了。身為一個國家，我們不知道究竟發生什麼事。我們知道故事的前半段，以為數十年的偉大夢想已遠，因為電視上再也不見戲劇化的事件。我們不知道接下來發生了什麼事：早年和繼之而來的那些運動，如何塑造出今天這些文化創意人的生活。因此文化創意人也不知道自己從哪裡來，他們就像

缺乏歷史的文化，想像自己是局外人、陌生人、拼圖裡格格不入的片段，似乎沒有他們，圖也照樣拼得好好的。

我們在1999年十月下旬的一個晚上便直接面臨到這種事。我們答應一位好朋友，要去見她的姪女，她的姪女有「揮之不去的問題」。朋友確定我們幫得上忙，我們自己雖不太確定，卻願意傾聽。

‧局外人

我們晚餐後坐在自家客廳裡。結實熱情、三十出頭的珍蜷在我們的沙發裡。她說：「我想我從哪裡開始都可以，這不是什麼有開始、中間、結局的故事，只是持續了好多年。」她看起來有點難為情。「我看這只是個心理問題。自己的，家人的，我也不知道。我就把上個月發生的事告訴你們好了，那應該就夠了。」

我們說：好啊，告訴我們吧。

「那天是我媽六十歲的生日，而她最渴盼的就是我們全家都能和她在克里夫蘭的老家以外的地方一起度週末。我爸願意付錢讓我們幾個兄弟姊妹從全國各地飛回家，再找個地方過週末。我們吵了好幾個禮拜。我的兄弟姊妹都堅持要大型高爾夫球場、優雅的餐點、一流的服務，和巨無霸游泳池，一定要在美國找到四月就已經溫暖的地方。他們都同意了，只有我有問題。」

「那妳要什麼？」

「呃，我是家裡的怪胎。我要瑜珈、有機食品、簡單的環境，還有，希望很容易就可以到健行步道和海洋。你們知道嗎？因為我知道那不是什麼簡單的事，所以我們就想辦法找到包辦那些設施的地方。」

「有這種地方嗎？」

她大笑，搖搖頭。「我們妥協了。我們在南加州找到一個溫泉，有大型高爾夫球場、游泳池，還可以俯瞰海洋。但即使我們到了那裡……」她嘆道：「這不是一兩件事就說得清楚。每一次發生，我就覺得自己是怪人。不喝酒的人。

對他們身上的香水和古龍水打噴嚏的人。而我抱怨時，他們就動怒。我是唯一想在海裡游泳而不是坐在游泳池邊的人。每一次都好像他們做的才是常態，完美符合那家溫泉的常態，而我是喋喋不休、格格不入的傢伙。」

她說：累積起來的效果有如排山倒海而來。「聽起來那麼微不足道，但所有的差異一直堆積，最後我覺得自己像隱形人。我們搞不好是不同星球的人，我關心的每件事，他們都覺得沒有道理。所以我就沒什麼可說了。男的講家裡的生意，姊妹和媽媽講購物。我什麼都沒有多說，雖然有很多我希望自己可以告訴他們的話，像是我熱愛瑜珈，我在聖名大學修的創意靈性課程。我生活的樣子，我交的各種朋友，我要的婚姻。他們不想聽，所以老實說，我已經放棄了。」

她回想了幾分鐘，然後說：「不過，我也要承認，他們愛的很多東西都讓我退避三舍。我想把它想成只是生活形態的問題，可是在內心深處，這種事真的很傷人。我尊重的事，我建造的生活樣貌，都是他們取笑的對象。坦白講，他們珍惜的也是我不以為然的事。我們家的兄弟用錢衡量每一件事，只要是很貴的度假中心，他們就會認為那一定很高檔。而我媽媽和我姊妹愛死購物了，尤其是鞋子！我媽在鞋店裡簡直像瘋了一樣。」

她繼續說，只要想到這些事情外人聽起來會怎麼想，她就感到好笑，她說著全家度假時愈演愈烈的細節，但同時她也感到徨惑不安。「我們家人在高爾夫球場上都會很興奮，還在游泳池旁邊八卦。但我覺得自己好像關在一種塑膠監獄裡。最後我終於把我爸租來的車開走，在海邊過了一整個星期天。坐在懸崖邊看著鵜鶘飛過太平洋，我覺得好像終於又爬回自己的皮膚裡，呼吸新鮮空氣，那種感覺很自在。」

她猶疑地看著我們。我們用同理心低聲說話，希望她能把剩下的故事說完。於是她繼續說。

週末終於結束時，她回到家已經準備好要尖叫，對朋友嚷嚷這一切有多爛。但她怎麼可以這樣做呢？她的父親這麼慷慨，替他們所有人買單。而她的母親又這麼開心，全家人都到齊了。她怎麼能在三十歲時還這麼任性，這麼不

領情又這麼難伺候？她感到罪惡感，而且既憤怒又洩氣。她解釋：因為不只是加州的這個特殊場合，而是每次全家一起參加盛大的婚禮，還有感恩節和其他儀式，都是如此。

·你從哪裡來？

珍返回後，她向一些朋友求教。他們都同意：她的兩難的確在於如何維持自己完整的風貌，又不需拋開家庭關係。他們給珍一大堆建議，說她的家人有什麼不對勁，她又需要做什麼來照顧自己。但最有幫助的還是朋友伊芙在全然困惑下問的：「珍，妳是從哪裡來的？妳這樣的人怎麼可能生在這種家庭裡？」

珍看著我們。「那真的是我的問題。我為什麼不屬於這個家庭？我一直都在接受治療，而這也是我們的治療師回答不出來的問題。我的這個家庭裡，似乎沒有一樣東西適合我。」

此時，我們才了解珍為什麼會坐在我們的客廳裡。她的問題是文化創意人已在近十多年來鉅細靡遺地回答過我們的問題。我們開始就珍的問題，將我們所理解的答案攤開來。那不是她年輕時家裡發生了什麼事，或是她的種族來源的心理解釋。而是比較晚才有眉目的一些片段，是在一個人更成熟，新的次文化也有一部分開始成形的時候。你的確可能在自家覺得像陌生人。這些遺失的片段，形狀十分特殊，而且具有個人風格——你對事情的輕重緩急，你讓世界變得有道理的方式，你過的生活形態——很難想像這些事和文化有什麼關係。但的確有關係。

我們開始向珍描述文化創意人，特別是他們的價值觀和選擇。「聽起來很像我。」她說道，眼裡泛著淚光。「我從來沒有夢想過會有這麼多人像我。那我的家人呢？他們為什麼會這麼……驕傲？他麼為什麼如此確定他們的作法是處理事情的唯一方式？」

他們聽起來像現代派，我們告訴她，所以他們成為主流文化的成員。但妳的狀況不只是親屬的個性（雖然他們還可以更體貼一點。）如果妳屬於主流文

化，不僅止於現代派的任何一種主流文化，妳都會以爲自己的方式是常態，是標準，是明顯的做事方法，是眞理。至於那些不一樣的人呢？好吧，他們是局外人，需要接收這套程序，不然就要淘汰。我們解釋，這不完全是個人因素。事實上，妳家人可能就和妳一樣，被這些信手拈來、常見的小摩擦給蒙蔽了。他們可能會納悶：珍是怎麼了？爲什麼不能像我們其他人一樣，讓我們大家都能輕輕鬆鬆，開開心心地度假？

珍坐著幾乎不動，不發一語，讓拼圖的片段隨意自行移動。最後她終於說：「好吧。我看到文化衝突，事情也開始有道理了。可是你們還是沒有回答我原始的問題。我是從哪裡來的？我怎麼會從這麼不一樣的家庭裡，變成現在這個樣子？」

‧藏在一覽無遺間

答案就像愛倫坡的小說《失竊的信》[1]，熟悉得讓每個人視而不見。我們視而不見，直到文化創意人一次又一次告訴我們，我們必須在顯而易見的地方尋找那個東西。我們爲了這本書而訪問的每個人幾乎都告訴我們，他們一開始就涉入1960年代興起的新社會運動和良心運動，到今天仍然繼續。他們說：不只是參加一兩種運動，而是三到六種。幾乎每個人都說：參加這些運動強烈影響、甚至塑造了他們的信念和生命中優先的事物。起初我們怕自己訪問到一群有偏見的樣本，是某個不像其他文化創意人的特殊行動主義族群，但當我們回頭檢查調查數據時，才看到其中並沒有錯。

我們把這件事告訴珍時，她看起來有點慍慍。「那又怎樣？那和我有什麼關係？我又不是行動主義者。那些運動如火如荼時，我還在包尿布。那些是陳年往事了。」

一抹不屑的氣氛浮上客廳。拜託你們說些有用的話！

「好吧，先等一下。不只是行動主義者受到這些運動而改變，還有他們周圍無數聲援的人組成的圈子，這些人比行動主義者本身要多上好幾倍。當妳開

始把這些社會運動加起來──民權、婦女、反戰、同志權、生態──還有覺察運動──人文心理、新靈性、全人健康──妳就能在那些支持的圈子裡找到一大群有交集的人。所以我們講的不只是行動主義者，也不只是一兩個社會運動，而是幾乎橫跨兩個世代，在很多運動裡的千百萬人。」

「喔。」她振作起來。「那我看一下自己是不是懂了。我的婦女團體，我對瑜珈的熱愛，上個月參加同志大遊行（雖然我只是在分隔線外面看），我喜歡的超個人心理治療──這些都是其中的一部分嗎？」

「沒錯。」

「而且我真的很迷自然，例如健行、單車、泛舟，只要盡量能到外面寬敞的空間就好。喔，還有我在高地沙漠山丘上的視野尋蹤。你們是說，那些都是嗎？」

「沒錯。」

珍放開交叉的手臂嘆了口氣。我們又聊了約一個鐘頭，她開始把自己的片段拼湊起來。她說：有時候自己學到新的東西，而更常發生的是：自己加入的團體、看的書、或和朋友在深夜的討論，都會支持闡揚自己已經關心的事。她怎麼會變成現在這個樣子的這個問題，有很多可以細想。

那天晚上將近尾聲時，珍想起一件讓她豁然開朗的事。是關於她的父親。她告訴我們，他在芝加哥念大學，吸毒，又很迷垮派（Beat）詩人。他上法學院時，還志願擔任民權辯護。「要不是他，我可能不會開始有正義感和種族意識。」她回想。「要是他沒有回家接管家裡的生意，或許就會比較像我現在的樣子。」她靜靜坐了好幾分鐘，然後輕聲說：「或許，我不像自己想的那麼像局外人。」

我們那天晚上對珍的解釋只包含極小部分她和其他文化創意人是「從哪裡來」的。在第二部，我們代表這個新的次文化，釐清她的問題──我從哪裡來？要回答這個問題，就要更仔細看新社會運動和意識運動。一旦明白這些運動不只是一堆看似無止盡的示威和唱高調的夢想，就會有一個有力的新關鍵，了解

發生在我們的集體生活表面下的變化。從古到今，這些新運動都是大規模的社會學習過程，不只對行動主義者而言，對多數美國人、特別是文化創意人也是如此。一旦揭開了創造新次文化的基本模式，就更能了解他們（也或許是我們更廣泛的文明）要往哪裡去。

　　只要在寬螢幕的背景上，我們就能開始了解新聞頭條和電視畫面，一群看似無關的事件，描述大約二十種造就文化創意人的文化運動。這不是我們要帶入焦點的單獨事件，而是更基本的事：文化本身的形成。要具體辨別這些社會變化過程，就需要退後約五十年。要花那麼長的時間才能捕捉到整個文明的改變。

　　我們即將了解文化創意人不只是一群沒頭沒尾的假惺惺、做善事、唯我獨尊的人，而是那些曾經各自表述的運動緩慢成長，合併為文化變革的一股洪流。無論如何，至少有四分之一的美國人口都已經改弦易轍，結果也可能變成整個文化跟著改弦易轍，形成新的美國文化統合。

第四章
挑戰規範

　　要說文化創意人是怎麼開始這個故事，那首先要先轉向培養他們的社會運動。而且養分可眞是充足啊，有最驚人的保母——上萬名高聲疾呼的婦女臂挽臂，在紐約第五大道邁開大步，生氣蓬勃的大學生在車頂吊起擴音器，對著電動擴音器大喊言論自由的訊息。他們是學生和教授，詩人和上班族，逃避兵役的人和越戰老兵，推著娃娃車的父母，牧師和修女以及猶太祭司與學校老師。高聲朗誦著：「不退不退，我們不退！」他們遊行過街，在兵役委員會及軍方就職典禮上靜坐抗議。他們熱烈又努力地傾聽，聚集成圓圈，拼命要把沒有告訴任何人的事說出來。他們冷靜又神聖，封鎖核能發電廠前的鐵軌，好幾千人當場被逮捕。有些人就如丹妮絲‧李維托夫所寫，試圖想像和平，驅逐強烈熟悉的戰爭與災難的畫面[2]。其他人兀自對樹吟唱，在老樹林內的推土機前躺下。還有人抗議在污穢的工業小鎮毒害工人、在大都會區毒害小孩。而每個運動似乎都相信自己的心血可以改變世界。

　　文化創意人不只是新社會運動中已經長大的行動主義核心成員。畢竟，那些行動主義的數量只有成千上萬人，但文化創意人卻有成百萬、上千萬的人。頗有社會運動餵養大量人口的渴望與希望之意。開始是抗議運動，結果卻遠不止於此。恰好在同時展開的是心靈的新意識運動、新的心理學形式、全人治療與健康。第六章，我們會看到這些新意識運動對文化創意人的浮現有多麼重要。但這些運動在幾十年間都沒有廣泛感受到影響。另一方面，新的社會運動倒是把我們所有人都發射到火紅爆炸的文化教室裡，每天在你面前出現。到了

千禧年的尾聲，儘管不斷有強烈反彈的企圖，但整個美國社會都經過了一段精深的社會學習期。

接下來的四章，我們會首度採取一個如今可以採用的觀點。那是四十年的長鏡頭，橫跨二十多種社會運動的廣角鏡頭，是透過調查研究約十萬名美國人、特寫觀察上百個焦點團體、深入敘述幾十位個人專訪的衛星觀點。這是前所未有的龐大資料。在此，我們的興趣不在於個別運動運作的細節和倡導的訴求——那個主題已經有大量的文獻了。我們的焦點在於這些新運動如何成為美國社會戲劇性演化的一部分，在不斷向上盤旋的變化中，對多數美國人是否願意在生活中接受的事，產生莫大的衝擊。這些運動塑造了整個新的世界觀和價值體系，成為文化創意人目前相信的核心。成為文化創意人的人本身在塑造這些運動後來的走向時，便最有影響力。簡而言之，我們會發現最新的美國次文化是如何誕生，又如何在更廣泛的社會中自行擴散開來。

·大群贊同的支持者

政治評論家一直不斷低估新社會運動的規模。這是很自然的錯誤，這個世界上，焦點都聚集在最戲劇化與最實在的政治與商業新聞上——超級併購、戰爭與和平、災難、國家與國際級的創傷。社會運動顯得不太重要。無論何時都看不到多少行動主義者。如果我們只看到這些運動公開看得見的部分，便容易以為是小規模。但真正的社會運動是包含所有支持與相信的人。所有新運動的總人口不可計數。光是美國本土，近四十年來就至少有二十個新社會運動浮出台面。

要了解社會運動真正的規模，就想想有三個同心圓的標靶。中心是上百個看得見的領袖、示威人士與組織。外圍是一圈上千名主動支持的人。這兩個活躍的圈子外圍是一圈贊同的幾百萬人，他們被那些事件所感動，可能只是讀過論點，結果就在生活的某部分做出不同的選擇。綜觀所有近來的運動，已有上百個全國機構，上萬個區域機構，數十萬名行動主義者，上百萬名忠實成員捐款與閱讀所有資料，上千萬名贊同的道德民眾大致同意這些運動的立場。這個

人口數的規模讓每個人瞠目結舌，他們組成了道德大眾，包圍每一種運動，像一群龐大的贊同群眾，包含了能見度高的行動主義者與能見度較低但注意運動訊息的支持者，其中包括了觀察傾聽、卻多半對媒體及許多觀察家來說是隱性觀眾。

因此多數的政治人物、歷史學家、媒體觀察員對「發生了什麼事」產生錯誤，便不足為奇。今天世界各地多數中間偏左的政黨，皆始於十九世紀與二十世紀初期的社會運動，多數被擊垮的法西斯政黨也是如此。許多評論家都是二十世紀初政治形象的囚犯，認為要在政治舞台上成為重要的演員就需要代價，他們記得為婦女投票權及禁酒令而遊行的群眾。工會和世界勞工動員勞工走上街頭示威，身穿長袍的三K黨員燃燒十字架、凌虐黑人；革新主義、社會主義、共產主義、法西斯主義將政治運動轉為經營整個政府的政黨。政治與媒體分析師通常假設：社會運動要讓人覺得重要，一定是像極端、組織完善的政黨如布爾什維克或納粹黨；或包含像巴勒斯坦激進的哈瑪斯和極右民兵的政治恐怖份子；或像早期工會運動以焦點明確有效的反對立場操作，硬是讓剝削勞工的血汗工廠老闆和其後的大企業讓步，並改變法律。

觀察專家就像電影《岸上風雲》（On the Waterfront）裡的馬龍·白蘭度，想知道「是誰在找碴」。他們假定我們都是坐在場邊的觀眾，只關心誰會贏得下次的選舉。如果公眾人物是下一個在政治上找碴的人，我們就有興趣；如果不是，那就算了。他們討厭爆紅的社會運動，那些運動不知道如何掌握權力，一直問「錯誤」的問題：深層生態、性別角色、全人健康、個人成長心理、生命的精神面、迷幻藥的問題——都是政治人物認為太極端、太超乎政治範圍傳統的意識運動。然而，新運動已經在一堆關鍵議題上領先老舊的政黨了[3]。

·新社會運動使我們改變心意

一股次文化的成員總數達到百萬人，便能讓人留下印象。但身為一個社會，我們不擅於追蹤次文化，因為媒體的眼光是訓練用來捕捉政治大戰，所以

我們忽略了發生在文化本身上的事。事實上，幾乎每個美國的世界觀面向，和相信那些價值觀的每個人，都在這四十年間因新社會運動（及意識運動）教導我們的事而受到影響。舉幾個人數上達千萬個人的例子：

● 瑞秋‧卡森（Rachel Carson）的著作《寂靜的春天》（Silent Spring）於1962年問世時，只有不到20%的美國人認眞關心環境議題。今天，至少有85%的美國人表示關切。

● 1950年代的艾森豪時期，人民無異議接受核子戰爭。到了1982年，約有82%的人想擺脫掉核子戰爭。

● 1960年代以前，婦女在社會中的地位無可否認是次等的。1950年代的傳統信念純粹是「男主外事業有成，女主內照顧家庭，對當事人皆能互蒙其利」。到了1970年代，疑慮產生；1977年，65%的美國人同意上述說法，34%不同意。傳統角色顯然仍安然無恙。但到了1994年，民眾的態度有了一百八十度的大轉變：34%的人同意，63%不同意。如今即使極右派試圖擊垮女性爭得的權利，眾人對女權也沒有絲毫懷疑。再不然聽聽這個說法：「多數男性比多數女性在感性傾向上更適合參政。」美國人反對這種說法的比例從1974年的49%上升到1994年的74%。

　　1960年代以前大家包容或乾脆接受的許多社會問題，在今天完全不被人接受。如果你未滿五十歲，可能就不知道我們的日常生活有多麼劇烈的轉變。檢閱111頁的表框所列的舊式社會規範，這些都已經受到新社會運動質疑，而且常常贏得很漂亮。無論你年齡多大，都可能感到訝異：那些事在年代這麼近的1950與1960年代裡竟然被視爲正常。那就可以給你一點概念，知道新社會運動在塑造你的價值觀和觀點上有多麼大的影響力。

　　那張表的前三分之二列出新社會運動已經在大眾意見裡獲勝的議題。絕大多數的歐美人都不再聳聳肩，轉頭忽略這些陋習。他們不一定同意新社會運動提出的確實診斷，但他們清楚排斥舊的行爲模式。表的最下面三分之一獲得的

認同與共識較少，但同樣日益成長的趨勢是大眾朝反對舊的方式而走。愈來愈多人可能會說：「不，那樣不對。」

那張表的每個項目幾乎都有道德的特性。令人震驚的是你可能在五十年前自認為道德高尚，卻不會關心這張表的任何一個項目。更誇張的是你的生活圈可能也和你一樣漠不關心。今天我們多數人都會說只有道德怪物才會漠視這所有的項目，所以我們顯然學到一些東西了。

其中有些項目的道德面向是一望即知的，像白人至上和法律歧視。其他項目像全球環境破壞及其他物種大量滅絕，我們可能是先想到自己的生存，後來才認清道德上深刻的弦外之音。我們的孩子特別意識到這些項目。最後，想想一些比較不明顯的議題，像是非個人與機械式的保健，或讓人單調遲鈍的工作、婚姻、宗教團體。許多現代派和傳統派可能不把這些當成問題，然而文化創意人將真正有害的破壞靈魂的治療方式與關係，都視為不道德的事。許多由意識運動推行的許多變化都以這些「比較不明顯」的議題為訴求。

有這種內心莫大的變化作為背景後，讓我們轉向為第一代文化創意人鋪路的根本事件。

·十年偉大夢想

從1955年羅莎·帕克斯（Rosa Parks）沒有在蒙哥馬利讓座給白人而遭逮捕開始，十年內，民權運動推翻了種族隔離法，也保障了南方黑人公民的投票權。從1960年的靜坐示威起，黑人與白人大學生便投入抗爭，帶來大規模行動主義及公民違抗的新境界，展開了日後聞名的「十年偉大夢想」[4]。

這種抗爭不只是民權運動。科羅拉多州丹佛市的艾立夫神學院的史學家文森·哈定敦促我們記得當時的曲風。他淡淡地指稱：那不是民權的曲風。「想想那些縈繞不去的頌歌，有深刻的精神根源，呼喊著要求正義和樂觀和大無畏的文字。」他說：「他們提醒示威的群眾自己是誰，為什麼要冒生命的危險。一次又一次講的都是『自由、自由、自由』。」他堅稱：黑人和支持他們的白

人可不是為了民權在冒生命的危險。

　　哈定回想自己在1960年代早期的經驗，當時他從芝加哥大學的博士研究中撥出時間，和妻子羅絲瑪莉搬到亞特蘭大。兩人在當地設立了運動之家，和上百名年輕人及馬丁・路德・金恩與法尼・羅・漢默（Fannie Lou Hamer）諮商會面。「你幾乎可以感覺到一股對民主鮮活的愛在跳動著。」他說。大家對民主著迷，對自己做的事有更廣大的意義感到血脈賁張。那遠比投票的意義大得多了，是講求參與創造一種更好的新東西，一種比從以往到現在都更完整的東西。所以那場運動從頭到尾，最重要的都是一場自由運動[5]。

　　哥倫比亞大學的史學家艾瑞克・馮納回想1950年代的反共產主義如何差點「將自由減至消毒無菌的政治宣傳口號」，承認美國應大力歸功於這場運動：「有了自由車輛、自由學校、自由歌曲、自由遊行，和屹立不搖的呼號『馬上自由』，美國的黑白同盟重新借用冷戰論述的核心術語，重新發現這個口號激進的潛力。」[6]

　　這種對自由的渴望以美國最高遠的抱負框住，也是壯闊的文化變革過程的開始。要求自由的呼喚來自於大學的言論自由運動、婦女運動、同志解放運動，再由1960年代成長的新社會運動發揚光大。這種要求來自於渴望在人本心理學中自我實現，渴望在新的心靈中解放。和平與環境運動跟隨自由運動的腳步而來。

自1950與1960年代以來，改變我們想法的事項

下列有幾項是今天的你還能接受的？

☐ 白人至上，以組織暴力及歧視行為反對美國印地安人、亞洲人、西班牙語系人及非裔美國人。

☐ 在法務系統與工作場合歧視女性，家庭普遍有虐待現象。

☐ 企業行為導致大規模的生態破壞，危害人的健康。

☐ 為了經濟成長與企業利潤，替美國境外的污染與毒害全球環境（空氣、海洋、農地、森林）辯護。

☐ 忽略全球大量絕種的動植物種類，如今其規模更甚於地理史上的多數時期。

☐ 製造牽一髮動全身的核子戰爭，以「你死我亡」作為主要策略：忽略（核子戰爭）會殺害地球上數十億人甚至所有生物的生命。

☐ 根據工業上錯誤的把握，認為建造核能發電廠能源會「便宜得不得了」，而且徹底安全，絕口不提停用發電廠和儲存廢料的花費與難處。

☐ 因不當飲食或吸菸導致上百萬人死於心臟疾病與癌症。

☐ 因為對外政策的菁英主導，而致力於參戰（如越戰），罔顧人民真正的心聲。

☐ 麥卡錫時代以反共產主義之名壓抑人民自由。

☐ 大學校園缺乏言論自由，把學生當成青少年（而非成年人）來看待。

☐ 根據純生理治療的概念而進行的非個人與機械式保健。

☐ 以安全或忠誠之名，勸人願意留在遲鈍、沒有出路、有害的工作裡。

☐ 以安全或忠誠之名，勸人願意留在遲鈍、死寂、有害的婚姻裡。

☐ 勸人願意留在遲鈍、死寂、缺乏靈性的教會或宗教裡。

□ 將「靈」視爲深重的罪孽，或只是無意識衝動的下水道，而非完滿的
　人類潛能。
□ 全球二十億窮人固定失業、健康不良、甚至飢餓。
□ 毆打男女同性戀者。
□ 研究實驗室裡虐待動物。
□ 搞笑演員拿酗酒、年老、民族、種族或性別當笑柄。

　　和渴望自由並存的是千百萬人的恐懼，這些恐懼是由經濟蕭條、大屠殺、二次大戰而形成，對非裔美國人而言則是縱橫南方的私刑。這些是無聲的恐懼，是你想辦法對孩子隱瞞的恐懼。這些恐懼被那個世代猛烈挑動著，而那個世代改變了美國的生活方向。

　　接下來的表框裡，我們列了二十項與改變方向及渴望自由相關的運動。這些運動都強烈影響了文化創意人這股次文化的發展。成爲文化創意人的人在塑造其後的運動中，也具有無比的影響力。每項運動都包含從十多個到上百個不等的組織與團體。首先列的是政治與社會運動，像是反戰運動和環境運動。最後列的是以意識和健康爲訴求的議題。在中間的是混合政治、社會與意識議題的運動，像婦女運動。我們也列了1960年代起開始出現的五種新保守運動和反動運動以供比較。這些運動帶有文化創意人摒棄的價值觀，像反對墮胎及平權修正案與支持民兵組織。

1960年代以來的新運動
影響文化創意人的二十種[*]新運動

政治與社會爲主的議題

- 擁護窮人，外加就業與社會正義運動
- 民族擁護運動（西班牙語系、美國印地安人等）
- 支援國際非政府組織的運動（和平、第三世界發展、環境）
- 民權運動（轉爲自由運動）
- 反核戰運動（反對核子武器與核能發電廠）
- 反越戰運動（轉爲更廣泛的和平運動）
- 環境運動（森林保育、規範工業、減少污染）
- 生態運動（減緩經濟成長、改變生活方式、拯救地球）
- 反暴力壓迫運動（國際特赦、拯救兒童、中美難民庇護所運動）

混合政治、社會、意識的議題

- 學生運動（轉型爲學生民主協會與新左派，亦轉爲迷幻藥）
- 婦女運動（政治、女性主義意識、心靈宗派）
- 男女同志解放運動（兼具政治與生活方式派系）

意識與文化爲主的議題

- 全人健康與另類保健運動
- 有機食品與素食運動
- 迷幻藥運動
- 精神心理學
- 新世紀運動
- 新宗教與東方靈性
- 人類潛能運動（人本心理學、身體工作）

五種新保守反撲運動

這些運動似乎都曾抵制過文化創意人。其中主要多數是與政治當局有正面或負面關係的舊式運動。

- 保守運動（極右、反稅、右翼共和等）
- 宗教右派（保守宗教政治化：反墮胎、反平權修正案等）
- 反環境運動（企業為主的「人工草皮」團體，「善盡其用」等）
- 民兵運動與新納粹、三K黨——相關種族運動
- 古典自由派運動

＊雖然在觀者眼中，幾百種運動團體可能有不少雷同與差異，但我們仍說文化運動的「種類」。每種運動的類別中，都有十幾個到上百個組織。不是參與涉及這些組織的人都會成為文化創意人。因保守運動的反撲也形成新文化運動，使文化創意人嶄露頭角，所以我們也列出了保守運動。

·渴望

文化創意人的浮現根源於美國社會在1960年代開始接受的挑釁教育。正當上千名年輕的美國人成為社會變革的主要仲介時，他們強迫國家面對那些最基本的道德問題，著手進行我們今天身體力行的改變。這些「老師」多半年輕、執著、熱血沸騰地想把自己發現的真相說出來。而最受這些大規模社會學習過程所影響的學生，一直都在傾聽、吸收、最後改變了自己的價值觀。他們就是會成為文化創意人的那群人。

社會運動啟發了新的議程。主導大眾生活的議題範圍——不只是當前在華盛頓辯論的議題，也是我們在客廳、咖啡館、教堂、猶太教堂、各州議會大廈，及企業會議室裡討論的主題——正歷經全盤重新定義的過程。這種變化也發生在

美國境外。正如文森‧哈定提醒我們，黑人自由運動的歌曲——受奴役的非裔美國人發出的呼喊與曲調——已散播世界各地。柏林圍牆拆毀時也是唱這些歌，東歐與南非亦然。那些歌詞寫在天安門廣場的旗幟標語上。這種靈感不是源於爭奪法律權利，而是「共同的希望，賦予各地人民力量」，哈定論道，是「深切地渴望民主經驗，在我們所有人當中尋找最好的可能性，而不是最壞的趨勢」[7]。

　　民主的實踐中就是這種深切的渴望最不可或缺，而不僅是在法律文件中宣揚的內容。後來成爲捷克共和國總統的傑出異議份子哈維爾對這種差別非常清楚。他說，民主有賴國民不只對自己安全的小角落感到責無旁貸。民主需要有骨氣的國民。一定要有國民堅持參與社會議題，從信奉宗教的內心深處信奉遵行民主。實踐的民主中，寫在國家憲法裡的理想，實際上還可能著火啓發引導人民[8]。

　　要了解文化創意人如何學習質疑已知，挑戰社會規範，重新架構讓我們社會中許多部分癱瘓的主要議題，我們就要檢視兩個早期的社會運動：自由運動與婦女運動。因爲這兩種運動在風起雲湧中，也併入文化變革的網絡，而且在根本的社會變化中，是進階學習道德、政治、社會、經濟、法律及教育議題的密集學校。這點只有在數十年的孕育後才化暗爲明。然而那些運動已經大約爲五千萬個冒出頭的畢業生做了萬全的準備，使他們在日常生活中熱衷於活出那些運動想傳達的精神。

黑人自由運動

　　透過尚未適應「常態」的陌生人來看「吉姆‧克勞法」，有助於清楚了解1960年代以前在美國南方盛行多時的社會隔離規範。黛安‧納許（Diane Nash）在1959年到田納西首府納許維爾念費思克大學時，就是這麼一個陌生人。她是土生土長的芝加哥人，也是害羞又頗爲膽怯的年輕女孩，她被些慣例嚇到了，而那些習慣是她的新朋友根本不會去注意到的。在田納西州立博覽會約會時，

她生平第一次碰上種族隔離的洗手間招牌，其中一個標示「只限白人」，另一個印著「有色人種」。她感到羞辱，彷彿突然被人摑了一巴掌。但和她約會的對象對這種公然露骨的法律歧視，卻只是淡然接受，更是讓她感到衝擊。其他衝擊不久便接踵而來。和朋友在一家大型百貨公司購物時，她發現自己不能進快餐店，然後事情便有了頭緒：她豁然發現，原來自己之前在納許維爾市中心的人行道上，看到那些黑人之所以坐在地上平靜地吃午餐，是因為幾乎沒有餐廳會讓他們進門。

這種景象與衝擊持續著，黛安便歷經記者大衛・霍柏斯旦所說的「驚人轉變，從驚嚇受怕的黑人學生青年變成黑人學生武士」[9]，一年內，她成為學生非暴力協調委員會納許維爾分會的會長，該會是帶領靜坐抗議的行動主義者，日後在協助根除南方合法隔離規範的自由公車中，扮演關鍵的角色。

安・布瑞登（Anne Braden）評論：要有所成長，衝擊便有必要。成長必須要有某種騷動，不是暴力，而是個人內在私人的騷動，並且對更大的社會主體帶來衝擊。安・布瑞登是相對遭到埋沒的南方白人團體中的一員，她在冒著極大的危險加入自由運動，「逾越」種族隔離的社會與法律規範時，自己也受到了衝擊。1997年，她和一群學生坐在一起時，描述自己第一次被帶到監獄時所受的衝擊。「所以他們把我們帶到他們說的『監護所』，帶到監獄裡。他們含糊說些外人來到密西西比卻不了解密西西比的話……我再也聽不下去了，就說：『可是我真的不覺得我是外人。我小時候住傑克森市，在密西西比也住了好幾年，但我對本州的現況感到羞恥。』其中一個警察怒不可抑。你也知道，那完全是背叛的事。他轉過身來像要打我，卻因為另一個警察阻止而沒有打過來。」

「那對我真是震聾發瞆的一刻，因為有生以來，警察都是站在我這邊。我沒有這麼想過，但是在我成長的環境裡，我和警察井水不犯河水。除非說不定是你超速，他們就可能把你攔下來，但如果你和他們好言相向，他們也不會給你開罰單。突然間，我發現我站在另一邊。他說：『妳不是道地的南方女人。』我說：『我不是你的那種南方女人。』」[10]

　　吉姆‧克勞的說法或許是從1830年左右巡迴藝人的黑色臉孔而來。但事實上，這種法規根本不是起於南方，而是南北戰爭前在北方各州發展而來的規範。那是奴役的替代法──在法律和法律規範外變相、不平等、廣為流傳的歧視、隔離、壓迫體系，就像南方重建後終於完備的其他規範一樣。依法隔離是在南方繼續下來，因此現代自由運動開始的地方也是南方[11]。

　　所有的社會都依社會規範而活。社會規範告訴我們，我們是誰，如何在社會角色上應對進退，如父母與子女、勞工與鄰居、國民與教友等。因為我們從出生起便與這些規範一起長大，便覺得像日升日落和季節轉換般自然──除非我們到一塊有截然不同規範的土地，否則便難以察覺。當北方人受到南方衝擊，南方人也受到北方衝擊時，通常是社會規範讓他們感到衝擊最大[12]。

‧挑戰吉姆‧克勞法規

　　自從南方重建後，自由運動便試圖改變吉姆‧克勞法的社會規範與種族隔離的法規。奴役在歷史上的冤曲結束後，又有新的冤曲產生：合法隔離、以人頭稅褫奪公民權、識字能力測試、恐嚇，不當的學校、銀行家與老闆的歧視，因在公共設施中受到排斥與卑躬屈膝的低薪工作而經常感到憤慨。部分的南方鄉間，三K黨、白人市民議會、個別白人殺害和以暴力對待黑人，私刑法允許他們逃過制裁，不用害怕警方的調查。

　　1950年代裡，施行了九十年的吉姆‧克勞法讓非裔美國人在法律與經濟上一塌糊塗。南方各地的黑人都遵照吉姆‧克勞法；而北方各地，土地法在他們受到傷害時也沒有被強制執行。如果他們還想脫離貧困，就需要工作、貸款和教育。

　　在主流美國，不服的團體應透過種族施壓團體的政治手段解決問題：貿易互惠、達成交易及拉抬選票。已經立足的領袖代表「自己的人民」談判，而他們「自己的人民」卻在沈默中吃苦耐勞地工作，好讓兒女終究可以過得寬裕些。要在政治上立足，這個過程就是唯一的遊戲。如果種族團體不能用這種方

法解決問題，那就太可惜了。

　　這個種族施壓團體的遊戲中，一個突出的例外是「黑鬼」。正派的黑人領袖發現自己談判的籌碼很少。他們的人民堆在底層，就算有互惠的貿易也很少（通常是沒有）。而選舉法對他們不利，所以他們也不能向政治人物拉抬選票。他們沒有贊助人可以分配，沒有競選工可以拿到選票，只能提供很少的競選奉獻。再者，南北兩地的白人多半漠視黑人問題。有大批的少數人主動採取敵意，只有罕見的少數人積極表示同情。

　　黑人必須找到方法，沖刷掉日積月累的種族泥淖與政治絆腳石，這些障礙自重建以來便坐穩了寶位。在美國第一位黑人大法官馬歇爾的任內，全國有色人種協進會（NAACP）的法律基金試圖從（二次大戰後整整實行十年的）隔離法的內部矛盾中，一點一點解決這個問題。而空前的勝利在1954年最高法院判決學校內「隔離卻平等」的政策違反了第十四條修正案。然而，一年之內，法院又允許南方各州延後反隔離。南方的隔離份子以一連串的大規模反抗活動反擊。法律策略的還算有用，但在實際的政治操作上，在1955年便已節節敗退。

・天才之舉

　　黑人族群反抗吉姆・克勞法的第二種方法和平常種族施壓團體的方法大相逕庭，因此年長的黑人和談判交易者最初都沒有發現這方法有多天才。自由運動實際上是兒童的革命——是新型的社會運動，由學生和年輕的神職人員打前鋒。自由運動的策略具有高度的原創性。

　　新的運動帶來少數白人思考過的訊息：吉姆・克勞法殘害的不僅是非裔美國人，而是所有的美國人。它從美國價值觀的核心中慢慢侵蝕。自由運動的高明之處在喚起美國的承諾與理想，那些承諾與理想攤開讓所有的人看見，就寫在獨立宣言、解放宣言、第十四條修正案及美國憲法中。自由運動的發言人馬丁・路德・金恩在道德、修辭、政治上的才華在於，他有能力暴露舊框架，將隔離重新架構為全美的問題。從抵制蒙哥馬利市公車開始，他便不斷將非裔

美國人對自由的要求，結合美國對自身夢想的歷史。而且他奮力拆解舊框架內的文化催眠，將抗議的意義置於新的脈絡中。他提醒黑人和其他美國人：這項抗議的動機是出於對國家的愛與最高的道德標準。這種重新架構即使在金恩最早期的演說中也出現過。他在抵制蒙哥馬利市公車的第一晚，便以這種高調展開了自己的公眾生涯。

·拆穿舊謊言

金恩在二十六歲那年匆匆當選，帶領黑人牧師規劃抵制活動。抵制公車的活動成功了一天，如今黑人族群聚集在霍特街的浸信教堂前。通常會花一天準備佈道的金恩，潦草地寫下幾點，從聚集在教堂外的幾千人當中推開一條路，來到佈道台上。

「我們在這裡，」他告訴無數擠在包廂走道上和站在街上聽著擴音器的群眾，「首先也是最重要的是因為我們是美國公民，我們下定決心要充分發揮美國公民權的意義。」接著他繼續說出人民是什麼感覺的真相，拆穿黑人抗議代表什麼的舊謊言。「我們今晚在這裡是因為我們現在累了。現在我們要說我們不是在這裡提倡暴力。我們已經克服了暴力。」他說，我們是基督教的民族，我們手裡唯一的武器就是抗議的武器。他告訴群眾，能夠抗議，「就是美國的榮耀，也是美國的缺陷。這是我們民主的榮耀。如果我們被監禁在共產國家的鐵幕後，就不能這樣抗議……因為美國民主偉大的榮耀就在於能有權利為權利而抗議。」

他一再告訴高聲叫喊、表示認同的會眾。「我們沒有錯。」他說，我們要在本市的公車上努力爭取正義，「如果我們錯了，那麼這個國家的最高法院也錯了。如果我們錯了，那麼全能的上帝也錯了。」他將他們的抗議和苦難與兩項至高的真理繫在一起，重申：「如果我們錯了，那麼拿撒勒的耶穌就只是烏托邦的夢想，從來沒有到過人間。如果我們錯了，那麼正義就是謊言。」如果還有人對公民權及好基督徒採取的行動存疑，他發出直接從先知阿摩司得來的

高昂、痴迷、怒號的結論：「我們在蒙哥馬利這裡下定決心——要努力爭取到底，一直到正義像活水，公正像滾滾的溪流般流暢而下。」[13]

·重新架構的力量

金恩的這場演說對即將來臨的文化改觀相當重要，設立了下一代抗議運動的模式。美國對「種族問題」的標準詮釋是：那只是白人偏見的問題，是個人、心理、不可改變的事。就多數白種美國人而言，偏見都「跟我沒有關係」。這種詮釋得以不提隔離對白人的經濟、政治和其他利益，而那些利益絕對存在，因為吉姆·克勞法不只是心理問題，而是社會秩序的一部分，是普遍瀰漫的文化規範，塑造了它碰觸的每個機構和每種關係。

保存這項法規的是，幾乎每個美國人與生俱有的眼鏡，這些眼鏡的鏡框對白人與黑人來說都不同。白人的鏡框是用一種讓隔離看來完全正常的方式來規劃事實和事件。白人從自己的文化眼鏡裡看出去，看到誰有資格在政治上強盛，誰又是弱者；誰一出生就有找到好工作的權利，誰又會有窮困的命運；誰要恭敬順從，誰又不用；最後，不管文化的外表如何，誰看起來是乾淨的好人，誰又是骯髒的嫌疑犯，直到最後有人證明以上皆非。對南方黑人來說，有另一套自己的框架。他們的框框說：「千萬不要質疑或抗議不公平和貧窮和不敬，否則會讓自己和家人都吃不完兜著走。」他們的框架能夠穩固，是透過深刻持久的恐懼感，害怕幾乎在每次抗議後便隨之而來的殘忍報復和丟掉飯碗。

當行動主義者重新架構重要的文化脈絡時，他們就像大喊國王沒有穿衣服的小孩，暴露出整個信仰體系的面貌——是信仰體系，不是事物自然的秩序，也不是現實。不久，每個專心注意的人都明白是某個團體的人架構了這個信仰體系。不久問題產生了：是誰在維持這種現實觀中獲得益處？接著從未懷疑過現狀、視現狀為天賜而絕對合法的人，也開始提出問題。他們注意到自己一直在帶著扭曲的眼鏡。一旦注意到這點，就可以選擇拿下眼鏡，用新的眼光來看待現實。他們可以改變心意、觀點、對自我的了解，也可以用以往從未考慮過的

方式，自由採取行動。

·非暴力的力量

　　另一個重新架構的成分也成為自由運動的標記：即非暴力的策略與邏輯。當甘地的獨立運動將英國人逐出印度時，便預期會出現暴力，也決定要用他們聚集得到的愛與暴力加以抗衡。他們承擔有尊嚴的苦難，對敵手表示同理心，打算改變旁觀者，甚至改變敵手。

　　詹姆士・羅森（James Lawson）牧師是在自由運動中教導非暴力的主要老師之一。他是出身北方都市的黑人牧師，曾因良心而拒絕為韓戰服役，便在當地的聯邦監獄中服刑，也在印度擔任衛理公會教派的傳教士三年。到了1958年，他開始在納許維爾一帶教黑人學生時，便教得游刃有餘。但讓他那些憤怒的年輕學生驚愕的是：他將教導的焦點放在愛的力量上。他事後解釋這種焦點是經過計算的。他不想讓學生猛烈的情緒爆發，便透過角色扮演及安靜明智的教導，教這些年輕的行動主義者先打預防針，以抵禦白人辱罵的字眼和羞辱的行動。

　　他交織了甘地哲學的核心與基督教精神，告訴他們真正的力量就在於他們正當的抗議之中。「不管任務多麼駭人，反抗多麼危險，都會漸漸對你們有益。」他說。其他人會看到你們受苦，也將不能在局外袖手旁觀，他們會接替你們的位子。除此之外，當你憑良心行動時，就不再是一群沒沒無名的學生，也不再是對根深蒂固的權力架構發動一場沒大腦的挑戰。你將藉由行動而轉變。如他所言，你會變成「英雄、不分男女，為了尋找人權中最根本的條件而被辱罵和逮捕」[14]。他說得一點也沒有錯。

　　非暴力符合基督教精神和道德，同時也是至關重要的東西：一種可以剝除南方謙恭有禮的面具和向全國揭露其暴力弱點的工具，也是在打破不公不義的法律過程中，做出道德陳述的方式。

　　電視上報導自由運動所引發的衝擊難以高估。有史以來，社會運動頭一次有強大的媒介可以擴大抗議，帶來千百萬個目擊證人，並將運動的議題帶給全

美國人。不可計數的大眾在電視上見證了靜坐及遊行和自由車輛，看到警察和州民兵強制執法，同時又以暴力犯下道德的罪行。這些畫面撬開了長久以來緊緊釘死的類別，但沒有人記得這些類別如何和為何會釘得這麼緊。這些畫面便留在人們心中，促使他們思考。

情緒的戲劇變化與電視的即時播出遠強於報紙的報導，施加新的壓力，讓總統及國會比以往更堅決誠實地回應施壓團體的政治。隨之而來的社會運動也設法迎頭趕上這種勝利。

・身體力行

最後，自由運動又把一項社會發明傳遞給創造文化的追隨者：即「身體力行」，表示人不會憑空說些自己沒有活過的事。自由運動中口才最流利的演說家之一韋為安（C. T. Vivian）牧師便強烈展現出這句話真正的含意。1996年，他以自己在整個1960年代的佈道中特有的慷慨激昂，在艾立夫神學院告訴一群凝神諦聽的觀眾：這場運動如何把他遠遠發射到教堂講壇的安全範圍外。

「當時我在這裡傳道，在納許維爾和恰塔弩加。如果在這裡向人傳道，想叫他們堅持和了解，嘴裡講著愛和真理和正義，又眼睜睜看著他們受苦……而身為牧師沒有直接親身投入那種苦，卻又要告訴大家：『要善良。要善良。』」

「如果，你只是空口白話，沒有親身投入幫他們克服那個狀況──只會用說的。你在什麼時候了解和面對他們受苦的原因，然後設法動員他們，讓他們不再受苦？你又用什麼方式，讓自己值得受人關愛，信眾愛你、支持你、照顧你，而你只是口頭說說？如果你能認真對待你和他們的關係，就永遠不能只是說說就算了。」

韋為安牧師和當時其他的行動主義者有個信念：己所不欲，勿施於人。但他們卻做了自己最害怕的事──坐牢，面對消防水管和手持棍棒的人，為自己的朋友和抗議的同伴負責。自由運動將他們捲入自己從來不知道的恐懼深淵──卻又同時拉他們一把，超越那股恐懼，進入自己從未想過的力量與堅定。

·邁向自由

約翰·李維斯（John Lewis）就是那種轉變中一個傑出的例證。他是學生非暴力協調委員會的創始人之一，如今是喬治亞洲深具影響力的國會議員。1950年代末期，他從阿拉巴馬州的鄉下第一次離家時，是一心想念浸信神學院的大孩子。他最怕的事情之一就是坐牢。他的家人教他：只有壞家庭出身的壞人才會坐牢。被關進牢裡是最丟臉的事。他也知道牢裡可能也經常上演恐怖的事。年輕的黑人可能就此消失，毫無音訊。

但當李維斯於1960年在一場靜坐抗議中第一次（也肯定不是最後一次）遭到逮捕時，他那壓倒性的恐懼感消失了。造成這種變化的是羅森牧師幾個月來謹慎、關愛的非暴力教誨，以及那次訓練中親近的情誼。因此，實際坐牢帶路易斯跨過了莫大的心理及文化分水嶺。他從感覺自己微小薄弱、害怕白人的權力結構，一直到身心自由。多年後，他看著自己從第一次在警察環伺下的靜坐抗議中出來的照片時，他說：「我以前從來沒有那麼有尊嚴。很有提振作用——那是我掙來的東西，是自由人會感受到的獨立感。」[15]李維斯在那天學到的，在其後的多年裡，都帶著他走進遠比當天危險的領域。他成了羅森預料中的英雄。

這種由行動主義造就的英雄，對觀察家產生莫大的衝擊。柯林頓在白宮時期的前顧問保羅·貝加拉（Paul Begala）和其他幾位先生一起接受《君子》（Esquire）雜誌的編輯專訪時，描述了約翰·李維斯對他的意義。那些編輯想知道年輕人心目中是否還有英雄。

保羅·貝加拉解釋：「我出生的世界是為我設計的：白人、光明、郊區。所以我對美國深具信心應該不會讓任何人吃驚。」但他說，他的英雄是他覺得不會去相信美國的人——就是約翰·李維斯。「我四歲時，約翰·李維斯在賽爾瑪市走入揮舞棍棒的州警裡。〔他的〕血流在阿拉巴馬州賽爾瑪市的愛德蒙配特司橋上。他的血流在蒙哥馬利的公車站裡。約翰·李維斯的血流遍美國南方，使快餐店、偏僻的小路、骯髒的牢房也為之神聖。」然而約翰·李維斯對美國仍然有信心，美國的「體系是用來讓他貧窮軟弱的」。這個事實使貝加

拉瞠目結舌，大爲激勵。「我生活工作的地方和年代都把勇氣定義爲用尊嚴承受傳喚。所以讓人謙卑的是面對一個走向警察局長康納（Bull Connor）和他那些攻擊的惡犬，身上的防禦武器卻只有勇氣、良知和信念的人。如果那不算英雄，我不知道什麼才算英雄。」[16]

約翰‧李維斯和其他年輕人在自由運動中絕對是身體力行。加入他們的人和動員示威的學生都學到可以信任言行合一的人。點滴的參與變成空前的盛況。全國大量的年輕人都決定要超越父母那一輩，實際活出自己的價值觀，而這一點也使他們的生活更有價值。

自由運動的口號「身體力行」成爲其後新左派和言論自由的中心概念。同樣的，這句話又讓人不再是點點頭或大發議論，而是轉爲行動，使價值觀成眞。無論如何，這句話都用於後來的每個新社會運動。在自由與和平運動徹夜的聚會與議事中，在女性運動意識覺醒的團體裡，在社會行爲中特定的洞見裡，最後演化爲更基本的信念，要讓人活得眞切。他們說，你心裡相信的要合乎生活中的行爲。這種看法也讓他們拒絕在周圍的現代商業、政治、媒體中看到的憤世嫉俗和離間疏遠。

女性挑戰規範

時值1962年，還要經過三年，阿拉巴馬州才授權白人在愛德蒙配特司橋上以棍棒及大量催淚瓦斯猛攻井然有序、鄉間來的年長黑人遊行；詹森總統也才向國會提出強硬的投票權法案，以回應該事件及其他事件。1962年，另一個社會運動即將開始。那股運動有著格外安靜的開始，幾乎和緩慢勇敢地接近賽爾瑪市的愛德蒙配特司橋、而爲人盡皆知的「血腥星期天」一樣安靜。自由運動的遊行有電視聯播及新聞通訊社的報導，但這項新運動卻幾乎不帶漣漪地就開始了。這也可想而知，因爲這項運動的訴求就是貝蒂‧傅瑞丹令人難忘地稱之爲「沒有名字的問題」。

　　只有天才可以對沒有名字的問題指名道姓，因為如果誠實無欺，如果時機得宜，就會有千百萬個一直被愚化催眠的人醒來。馬丁‧路德‧金恩指名隔離問題就是美國問題，將黑人的角色重新架構為有勇氣、有必要、有品德的行動主義時，他就具備那種天才。貝蒂‧傅瑞丹在指名「有成套的社會價值觀絆住婦女，偷走她們能充分發揮能力的自由」時，也展現出那種天才。而當她稱郊區的家對女性是「舒服的集中營」時，她也重新架構了一種信仰，讓有天賦、有教育、有才智的婦女或許能在郊區的廚房裡實踐「女性的特質」[17]。

　　要了解《女性迷思》在整個北美創造的震盪，最後並遍及歐洲和南美，最好和早年讀過這本書的女性坐下來聊聊。當年安‧喀爾‧琳頓三十歲，有兩個學齡期的女兒和不尋常的先生，他會鼓勵她回學校攻讀碩士學位。她告訴我們：「那是一段艱困、痛苦的時期。溫哥華西區的社區裡，幾乎每個人都非常不贊成我回到學校，還對我日後打算工作感到厭惡反感。女人告訴我，我想把我先生比下去。不管男人女人都說我的小孩一定會不知什麼原因就完蛋了。而我當時蠻害羞的，當然不想變成什麼先驅。」

　　一天安坐在海灘上，鄰家的一位太太急忙向她跑來，手裡拿著一個棕色的小紙袋。「我一直在找妳。」她如釋重負地說，「哪，拿去。我先生不准我把這本書放在家裡。」安打開袋子，發現《女性迷思》。她告訴我們：這本書成為指引她已經在走的那條路的地圖，那條路一直到當時都沒有名字。

　　現代的婦女運動就像自由運動，最初由關注民權歧視而引人注目。1966年，全美婦女組織（NOW）成立，由貝蒂‧傅瑞丹擔任會長。該組織具有明確的政治意味，致力於爭取女性在大眾生活中全然的平等，包括就業、教育、政治參與，是女性運動中第一個也是最資深的分支，不久大家便稱之為「平權女性主義」。

‧政治的柏油娃娃

　　大眾生活中出現全國普遍的問題，就要走政治路線，對吧？展開政治運動

的人通常都確信政治本身就能達到關鍵的差別。但我們剛剛才看過早期的民權運動，解決問題的老招數可能不適合。當馬歇爾大法官任內的全國有色人種協進會奮力終結學校隔離時，雖獲得了大幅度的勝利，但在更深刻實際的一層，老舊的文化正在擊退那些勝利。

所以這是婦女運動中能見度高的政治武器。就像兔兄弟和柏油娃娃[18]，打得愈重，他們就卡得愈緊。「超級政治」──選舉的政治、政府規範、華府通過法案，各州議會大廈、大都市政府──都是錯綜複雜的遊戲，終究支配著政治玩家可以挑起什麼議題，公開辯論中又能說什麼話。政治上的行動主義者經常要定期耍弄一連串必要的手段：和誰打交道，如何權衡多區選民看起來才會壯大，如何以施壓團體的政治手腕遊說議會，如何在新聞報紙上看起來好看，如何重新架構詮釋新聞稿，如何吸引捐款人，最後，又如何拉抬團體選票。

難怪婦女運動的政治武器燃燒殆盡的比例會這麼高。柏油娃娃迫使行動主義者沿用傳統的政治策略，因為那是可以贏得各方派系贊同的手段，但是那種策略卻沒有文化革新的空間。女性主義者學到最重要的洞見之一就是：試圖改變舊文化時，千萬不能接受舊文化提供的解決方式。必須親身發現或發明解決方式。

‧打破魔咒

女性主義者瑪麗‧戴理寫道；「老處女們在隱蔽的工作坊裡梳理、解結、鬆綁、拆線。我們編織、打結、纏繞、迴旋、扭轉，修補一塊曾經撕裂開來、只注重外在的意識。」戴理說，女性主義者「紡出自我完整的全貌，打破父親的時鐘魔咒」[19]。

多數社會運動有兩道側翼：政治側翼和文化側翼。戴理暗示，文化側翼通常大得多，人們也有時間去探索新的價值觀及生活方式、詮釋各個事件、編製新的哲學、書寫新的友誼及個人故事。文化側翼與政治側翼的信念相反，在文化效應上至少和政治側翼有同等的重要性，有時甚至重要得多。新聞媒體、政

府、工業、學術圈都傾向在這股運動中強化政治側翼的觀點。但文化側翼打破魔咒的力量卻在隱匿埋沒的網絡中發生了。

婦女運動中，女性的第二個「嫩枝」萌芽，開始對千年的文化催眠「梳理、解結、鬆綁、拆線」[20]。她們遠離聲名和大眾眼光，苦思文化中預設的前提，再重新架構產生新的意義。文化的造就在於將舊的問題和熟悉的概念，重新架構成新的形式、新的詩篇、新的意象，也在於替那些求文化變革而加入運動的人，發展新的身分。

婦女運動的文化武器從自由運動和新左派內朋友間的小團體開始，她們厭倦了尋常的工作：廚房工作、油印、打字、清潔。瑪菊·皮爾希在1960年代末抱怨：「這個運動應該是為了解放人類。女性的內在狀況沒有比外在的狀況好是怎麼回事？」[21]她們嘗試性反對所引發的男性反應從輕蔑到憤怒都有。於是她們溜出廚房，離開「民主社會學生聯盟」（SDS, Students for a Democratic Society）和「學生非暴力協調委員會」的辦公室工作，及其他一大堆由男性主導的團體。

到了1967年，小型的意識覺醒團體已在全國各地萌芽。女性在婦女運動期刊、報紙、雜誌上閱讀到這些團體的文章[22]。有些只是聽到第三手的傳言。她們幾乎毫無資訊，卻願意實驗，便在彼此的客廳裡和一向重要的教堂地下室、基督教女青年會和宿舍裡碰面。她們把從未說出來的故事互相傾吐，有時甚至是從未想過的故事。而且她們做了甚至更重要的事──互相傾聽。套用神學家妮爾·莫頓的話，她們「聽到彼此的心聲」[23]。幾十年後，女性對自己需要互相傾聽的痛楚仍然清楚。一位作家寫道，「取得發言的許可和享受希望有人真的會聽妳說話」之間，仍有莫大的差異[24]。

·柏油娃娃的真相

這些婦女遭遇到另一種柏油娃娃，比政治的柏油娃娃要黏得多，也難擺脫得多：那就是千年來以男性觀點寫下並加以詮釋的社會規範、宗教文本、文學

和藝術和歷史。結果很多女人都覺得自己不知道身為女人是什麼意思。沒有那種理解，便幾乎不可能認識自己。史學家葛妲・樂娜檢閱一千年來女性對聖經文本的評論，描述女性如何一而再再而三重複前人的思想，因為前人的作品沒有保存下來。「永無止盡，」她寫道：「一代又一代的潘妮洛普[25]重新紡織沒有拆散的布匹，只是為了再把布匹拆開。」經過一千五百年的紡織後，女人終於發現「她們自己的狀況是社會決定的」[26]。但下一步要完成就難得多了：那就是加入其他女性彌補錯誤。

　　讓這件事難如登天的就是欺騙：對她們的生活說謊，也對她們的感覺說謊。這種現象，禮貌性的說法是文化制約，表示等妳長成青少女時，就已經被說服，但是要誠實又太冒險，太「愚蠢、自私、粗俗、下流」，不值得為此惹上麻煩。這就是琳・米開爾・布朗和卡蘿・紀里根在一百名青少女發展的研究中所報告的[27]，也是卡洛琳・賀布阮在女性作家的生平研究中所描述的。賀布阮寫道：在堂堂進入二十世紀之前，女性不可能在自傳裡承認自己「要求成就、承認野心、體認自己的成績既不是運氣，也不是他人慷慨努力的結果」。因此，一直到最近，女性都「沒有榜樣能讓她們的生活成形，也不能成為別人的良師益友，因為她們都沒有對自己的生活實話實說」[28]。

　　女人坦誠探索真相，來自於她們體認到文化制約所付出的代價。她們說，這種代價太龐大了：背叛自我，截斷和他人真心的親密關係，對更大的族群和地球也缺乏可靠的說詞。

　　第一步正是女詩人瑞琪（Adrienne Rich）所說的「潛入殘骸」。正如年輕的非裔美國人在自由運動中，發明出撕開種族歧視下禮貌的文化框架，女性主義也必須在文化的文明、愛情、權力迷思中挖根刨土。但自由運動的解構和重構都是直接而外在的，女性的工作則私密得多。

　　當女人說「私人的事就是政治的事」時，指得就是字面上的意思。她們相信如果不把自己生命的真相說出來，就沒有可以相信的東西，而她們的行動也會沒有根基。私人的事不只是政治的事——而是根本的事。她們呼籲的必須源於

她們私下最清楚的事，或至少和這些事情一致，而且是直接來自於她們的親身經驗。

變成文化創意人的人強烈受到這個觀點所影響。他們學到直接體驗真相帶來徹底的新方法，可從千百年來沈重的權威中解脫自由。這是打破政治、醫學、教會教條和各種形式的「偉大父親」的基礎，延伸了自由運動中「身體力行」這種強而有力的真知灼見，成為真實深刻的個人意義。是女人毅然決然打開了這扇門，因為她們非開啟這扇門不可。很多個案中，從自身的經驗中學習都是她們可以信賴的不二法門。

· 豐饒的黑暗

但如果解放這個問題只是轉而朝向自己的真相，那為什麼女人從來沒有這麼做過？她們為什麼沒有超越主流的文化規範，看到這些規範對她們說：她們對文明沒有多大的貢獻，而且又被動、不如男人？為什麼非裔美國人和男女同志沒有做出同樣的事？為什麼我們大家都沒有把種族歧視下的謊言和核子武器當成「威嚇的工具」，也沒有看到我們對自己的星球懷著悲慘的短視，和其他一大堆盲目的預設立場？

理由之一是挑戰現存的規範需要一種才華，需要一道雷射光束，切穿老舊的指涉框架，對可能的事呈現新的清澈狀態。另一個理由是放手不做時，妳靜靜坐著，一直到心裡喋喋不休的話慢下來，便遲早會經驗到空無。還沒有到達空無時，所有對自己悲傷、生氣、責怪的看法，以往都用忙碌避開，如今這些看法卻撲向妳的心中。

「黑暗的核心」，吳爾芙這麼稱呼。那是在面具下的地方：虛空、具有創造力的子宮、矩陣。「黑暗的核心」是我們害怕的東西，也會讓我們自由。它是靈魂神秘的暗夜，也是豐饒的開放，帶我們面向真正的自我。它代表找到身為自己的立場，而不是努力融入社會的形象。但這又像社會規範一樣，很容易掉入我們是誰、為什麼是這個樣子、為什麼永遠都是一個樣子的老故事裡。願

意深深潛入殘骸或虛無──不是豐饒就是貧瘠──需要莫大的勇氣。

也需要有一個概念，知道我們發現的東西會很重要，有信任感相信反其道而行和逆向操作不只對我們本身、也會對他人產生某種富足和利益。早期意識覺醒團體有一種格外重要的貢獻就是提供這種認知。今天許多表示支持的領域都朝這種探索邁進，特別是意識運動：人文與跨個人心理、佛教的各種禪修、基督教祕宗、猶太教、愛滋帶原男女團體看護、收容所計畫、效法北美印地安教誨的智慧團體，及其他許多團體[29]。

卡蘿‧克萊斯稱這些「覺醒」不會發生──可能也無法發生──在逐漸隱居孤寂的女人身上[30]。她們要從族群的脈絡、從與其他女人的關係中崛起：彼此「啟發行為」，在文化的範疇外行動，在發現彼此的關係、為更大的社會尋求療方時，「打破沈默」並「收回夜晚」。

大家都到哪裡去了？

女性運動於1970年八月公開浮現，當時資深的平權女性主義和年輕的女性解放團體頭一次攜手動員大眾，上萬名婦女「罷工」，在美國歷史上最大型的抗議中要求平等。在芝加哥，她們有在禁止婦女入內的餐廳靜坐抗議。在明尼亞波里斯（Minneapolis）市中心，街頭行動劇的演出描繪了墮胎劇中主要的角色。在紐約市，數以千計的女性在第五大道上遊行，手拿寫著：「夏娃被陷害了」及「終結人類犧牲！不要結婚」的標語[31]。

動員的規模代表如今必須認真看待女性運動。而這是政治運動，也是能見度低得多的文化運動。這兩部分一起開始藉由西方文化深度充電。但到了1980年代末，行動主義者似乎多半都消失了。遊行及意識覺醒團體不再。好多行動主義者納悶：「大家都到哪裡去了？」溫蒂‧威瑟史坦的劇本《海蒂年史》（The Heidi Chronicles）中的海蒂‧荷蘭也問這個問題，劇本將她從史前的蒙昧時代移到1970年代的意識覺醒團體，活在「女超人」和疏離的年代裡。海蒂告訴

高中女校友會：「我只是覺得好像擱淺了。而我以為整個重點在於我們不會有這種感覺。我以為重點是我們大家同舟共濟。」

不只是女性主義者問這些問題，也不只是行動主義者提問。大量因女性運動而改變想法與生活的同情與支持人口，也同樣在納悶。這齣戲開演後，溫蒂在1988年的一場訪談中悲哀地回想：「如果我們大家同舟共濟，為什麼現在會覺得這麼分崩離析？……這些運動發生了什麼事？整個世代發生了什麼事？那些想創造更好的世界的『我們』發生了什麼事？」她問：想確定「不只有妳能發揮潛力，其他人也可以的『我們』，會想到『我』，也會想到其他人的『我們』發生了什麼事？」[32]

發生的事在這裡：

- 她們專注在地方議題，而非國家議題。
- 新聞媒體大量裁減運動報導。
- 文化側翼繼續持續，對外的能見度大量降低。
- 部分政治側翼進入主流。

·她們走入地方

許多曾經深受這股運動影響，並抱以同情、表示有興趣的女性都因雷根時代企圖反撲的聲浪而灰心。媒體告訴他們，1960年代的行動主義者都直接從路障走上華爾街了。但事實不然。社會學家理查‧佛萊克在《超越路障：六〇年代的世代長大了》中顯示1960年代的行動主義者並沒有把雅痞全部出清。他們仍繼續以往相信的事，他們仍涉身1970年代的政治行動。但如今他們投入離家較近的草根運動，因此對全國媒體的能見度較低[33]。

佛萊克的發現也大致吻合1980與1990年代新社會運動的行動主義者。經過一段時期的全國能見度後，他們主要是持續地方活動。例如：環境運動開始時不是全國性運動，而比較像成千個地方社區行動，與能見度較高的全國性組織以串聯的方式運作。而全國性組織似乎不再服務他們時，行動主義者便轉而從

事地方工作。

‧新聞媒體裁減報導

　　新聞媒體對報導1980年代的新社會運動興趣大減，不如早期對自由運動及反越戰抗議般熱衷。或許正如有些人所想，媒體懷疑社會運動企圖控制報導，也或許媒體是服務廣告商的保守利益。當然他們對示威人士要說的重點似乎也沒有興趣。紀錄片《新聞室裡的愛與懼》（Fear and Favors in the Newsroom）便暴露媒體報導由地方運動引發的議題時，以廣告商為導向而具偏見的程度[34]。

　　參與過幾種運動的心理治療師瑪瑞琳‧金斯堡（Marilyn Ginsberg）回想起：「我的一大群女性朋友代表團，從洛杉磯飛到舊金山灣區，參加五萬名婦女的和平遊行，但這件事沒有人報導。還有1999年春天，我去參加另一個遊行，訴求是為乳癌爭取更好的治療，同樣的事又發生了。這次是在洛杉磯，而且令人訝異的是依然沒有人報導，連《洛杉磯時報》也沒有。我變得不信任媒體，因為我忍不住想知道有多少事情發生了，卻怎麼也擠不進新聞裡。」

　　抗議人士再也沒有看頭了。如果下一個抗議和前一個抗議相比，規模沒有比較大，內容也沒有截然不同，就被宣判為「不是新聞」。一家受人尊重的全國報社發行人告訴我們，他的決定不受廣告主左右，而是「如果兩位坐在這些問題的審判座上，這個決定是根據你們認為多少讀者關心這項議題，裡面有沒有新的東西。因為抗議人士這麼經常重複相同的訊息，所以我們的報導就減少了。」

　　許多電視新聞都有通俗的特性，由收視率競賽所驅動，而變成另一種娛樂形式，進而強化了避免議題言之有物的傾向。社會學家兼媒體觀察員陶德‧紀特林 辯稱社會運動報導的衰微反映新聞媒體中傳統的認定：「新聞講求的是事件，而非潛藏的狀況；是人，而非團體；是衝突，而非共識；是『故事有進展』的事實，而非解釋故事的事實」[35]。

　　這種傾向近年來每下愈況。新聞從業人員相信：新聞若想讓要娛樂的觀眾保持興趣，就必須像體育賽事或肥皂劇。「新聞」在這種標準下都是壞新聞——

衝突、戲劇、可疑的交易、討厭的行為——還有賽馬式政治、人身攻擊、政治人物的野心。政治因而變成有觀眾的體育運動，而不是人民需要關心的主題[36]。政治人物這種策略式的招數就是憤世嫉俗的框架，讓公眾議題一律透過這個框架觀看。社會運動的理想一定要打折扣，因為它和故事情節不合。有抗議事件時，比較重要的是報導政治人物說了什麼，用了什麼策略，而不是報導抗議的內容。抗議背後的運動及訴求，根本沾不上報導的邊。正如記者兼前主編詹姆斯‧法羅斯（James Fallows）在《解讀媒體迷思》（Breaking the News）中辯稱，專家學者所說的淨效應、避免議題、憤世嫉俗及「寓教於樂」的意思，就是新聞報導減少人民涉入民主的運作。

總之，新聞行業嚴重誤導群眾、運動本身及發生的過程。但問題不僅在於我們知道的偏見——也在於新聞中我們不知道的那個洞。我們多半假定新聞媒體就在現場報導事情的始末，但顯然並沒有。

‧文化側翼的能見度降低

我們之前提過，社會運動的文化面幾乎不如政治面的能見度高。女性心靈運動的創始人及編年史家夏琳‧斯佩納描述文化側翼為「豐富的文化反應，源於一種強烈的衝動，想創造正面的另類選擇」。這代表「女性在詩歌、音樂、文學、心靈中繁榮的表現」。對一些人而言，也代表發展出女性文化，成員是由女性經營的企業與服務，成果也由她們和她們的子女所享。到了1973年，這樣的企業便有幾千個各司其職。隔年，女性文化在心靈上不會枯竭，已是清晰明確的事實[37]。

女性的心靈便是這股繁榮中的一個例證。許多女性發現這比純政治的行動主義更有活力，也更有意義。有些新心靈婦女將這種意識帶入有政治意味的行動，特別是與教會產生的戲劇性正面衝突。其他人則離開政治場景，慢下腳步，找到方法與大自然過得更親近。她們與朋友見面，創造儀式來尊崇四季、生死及其他時期，靜坐冥想，普遍頌揚她們眼中更大的生命體。

當然，其他運動的文化側翼發展各有不同，但每個案例中，隱匿的網絡提供個人支援，也提供滋養新想法及創意表達的場所，對普及運動具有不可估量的重要性。這些隱匿的網絡鮮少有廣大的群眾知道。

·有些部分進入主流

這些社會運動似乎消失的最後一個原因是：許多行動主義者變得大受歡迎，便進入主流。例如，在多倫多，免費的女性諮詢與教育服務WRECS始於1960年代的六名志工，因為很有效果又大受歡迎，所以在1970年代中便有些基金會支援這項服務，支付幾名全職員工。到了1980年代，則由省政府贊助這項服務。另一個例子是自由運動成功整合了許多學校，在南方登記選民，最後地方與州政府便接管了自由運動在該區的工作。

就和平運動而言，結果甚至更為明顯。1980年代，越戰早已打完，徵召也已結束，登記入伍的一些新兵都接受特赦。核子戰爭的危險相當明顯，因此主要的強權官方多半限制核子戰爭，致力於解除武裝，重挫了冷戰時期的成就。而環境運動變得大為成功，連華府律師也接管任務，讓企業自行清理污染，降低對自然區域的損害。環境保護主義的最前端移向地方與地球生態議題，包含全球暖化與物種滅絕。

禮物

這些新社會運動究竟傳承了什麼？簡單來說，就是它們改變了全國的想法。我們的理想與價值不再與種族歧視、性別歧視及其他半世紀前否定的立場妥協。我們仍然有很長的路要走，但關鍵是我們已經開始上路了。自由運動中七十多歲的榮譽前輩文森·哈定也表示，只要社會運動挑戰不公不義的規範，有助於民主發展，他就自認為是那項運動的成員。他說，這樣的運動留給後人一份幾乎從來都不受歡迎的厚禮。一個國家需要「一種智慧和圓融，能體認出

挑戰現況的人可能是來送禮給我們的。這個中心思想不難掌握……，有時在我們的經驗裡，我們過著和我們自稱的無上真理相左相逆的生活。因此我們在殘害自己、損壞自己的精神，卻又已經習慣了這個過程」[38]。

　　心裡記住這點，再回頭看1960年代以來的那些運動，我們就能了解這種傳承的本質。這張表綜觀那些運動的主要訴求：政治、文化或意識。我們當前興趣的主要特徵在中間那一欄，挑戰主流文化社會規範的運動。這些運動從兩方面來看是最成功的：發展出為數上千萬的道德大眾；大為改變了美國人的心與智，使舊的社會規範不再為我們多數人所接受。但這不表示這些運動已經贏得所有的目標，領先華府和各地的對手，也不表示專家學者及政治菁英都予以贊同。我們說的「成功」是指成功改變了文化。

　　從中間那一欄往下看，會正好看到挑戰摧毀舊社會規範的運動：自由運動、和平運動、生態運動、學生運動等。注意還有別的：這些成就主要來自於新社會運動及意識運動兩者的文化側翼。有些（像反戰運動）始於政治運動，而其他開始純粹是內在目標（像人類潛能運動），拓展後也挑戰規範，並試圖改變文化。第三種選擇中，一項運動（像男女同志解放）其實由挑戰規範開始，然後拓展為發展政治與意識面。

　　整體而言，專門試圖影響政治的運動（像就業及社會正義運動）在影響美國生活的成效上似乎遜色得多。將焦點完全放在心靈與心理變化的意識運動，也可能同樣受到限制。但這點我們會在第六章更詳細檢視。

　　只因圖型畫不出來，便無法從圖表中看出的是：如今在這些運動間大量進行的交流。這種匯合已發展成一股巨流，改變我們更廣大的文化。文化創意人用兩種方式參與這種改變：從這些新運動中學習，也支持其中許多運動。換句話說，這些運動和文化創意人之間有一種盤旋纏繞的影響，這點我們會在第七章更仔細看到。

　　以社會角度而言，我們都從這些新社會運動中獲利，但文化創意人或許才是最大的受益人。我們的研究顯示他們是一直傾聽、學習和──就如我們小學時

老師常說的——「應用」自己所學的一群人。行動主義者可能會氣餒地問：「大家都到哪裡去了？」但當我們呈現研究成果時，大家卻又驚愕地問：「大家都是從哪裡來的？」比任何人想像得更大、也更有影響力的新社會運動，對已經成為文化創意人具有莫大的影響力。而且我們還會看到，文化創意人又回頭幫助塑造、並進一步發展這些運動和意識運動。

現在我們轉向這些運動中最成功，也是製造出現代派、傳統派和文化創意人的支持者的運動：環保運動。它對文化創意人尤其具有無比的重要，喚起他們對於影響我們的地球與未來的一些迫切問題，提供最旺盛的心力與創新的回應。

對文化創意人重要的運動

政治運動挑戰體制：在政治或經濟場域中採取直接行動，只為改變「外面」世界的行為與政策。

文化面挑戰規範：採取直接行動，改變社會生活的眾多領域，超越「常態政治」；教育道德大眾。

意識運動改變個人或文化：改變自己的心靈、文化、世界觀、生活方式。兼具直接個人行動與改變「內在」；私人的，非關政治。

將政治運動拓展為文化運動：先挑戰體制，再挑戰文化規範

民權運動 ──────────► 黑人自由運動

反核運動與反越戰 ──────────► 更廣泛的和平運動

環境運動（約束、減少污染）──────────► 生態運動（減緩經濟成長、改變生活方式、搶救地球）

始於挑戰規範、後拆夥離異的文化改變運動

（有些部分也融合政治與文化；其他也有融合文化與意識運動）

民主社會學生聯盟與新左派 ◄──────── 學生運動 ──────────► 迷幻運動

女性主義政治及社會批評 ◄──────── 婦女運動 ──────────► 女性意識與心靈

同志權與愛滋行動主義 ◄──────── 男女同志解放 ──────────► 娘娘腔、同志驕傲、扮裝

始於個人改變、後拓展為挑戰社會與文化規範的運動

多數運動與社會中的心理訓練 ◄──────── 人類潛能運動，另類心理治療

另類保健 ◄──────── 全人健康

自然／有機食品 ◄──────── 素食主義

政治經濟運動：限單項議題政治 為窮人、就業與社會正義請命，提倡種族（西班牙語系、美國原住民等），中美洲難民庇護所

不挑戰規範的運動較不成功：對文化的影響力較小，創造的道德公眾也較小

僅聚焦於個人改變：迷幻與嬉皮、精神心理學、新宗教與東方靈性

註：這張表在各種不同的社會運動中，沒有在各欄的（垂直面上）顯示大量的交流活動，特別是各運動中的文化側翼。

1. ［譯註］Purloined Letter，愛倫坡的短篇推理小說，描述遭竊的信沒有藏在隱密之處，而是在顯眼的地方找到。

2. ［原註］丹妮絲‧李維托夫（Denise Levertov），〈製造和平〉（Making Peace），丹妮艾‧喬賽妃（Danielle Gioseffi）編《女人參戰：核能時代的聲音》（Women On War: Voices from the Nuclear Age）（紐約：Simon and Schuster出版，1988年）。

3. ［原註］英國社會學家安東尼‧紀登思（Anthony Giddens）為首相布萊爾的顧問，他寫道：「社會民主黨以十九世紀及二十世紀初的社會運動起家，今天，除了歷經意識型態危機，還發現自己不如新社會運動，而且也像其他政黨，困在政治顯然已經貶值、政府顯然權力盡失的狀況裡。」《第三條路》（The Third Way）（倫敦：Polity Press出版，1988年）

4. ［原註］見艾瑞克‧馮納（Eric Foner），《美國自由的故事》（The Story of American Freedom）（紐約：Norton出版，1998年），第十二章。

5. ［原註］文森‧哈定，作者專訪（1998年）及瑞秋‧哈定（Rachel E. Harding）專訪，〈傳記、民主和精神〉，Callaloo期刊 20, no. 3（1998年），682-98頁。

6. ［原註］馮納，《美國自由》，第275-76頁。

7. ［原註］文森‧哈定，《希望與歷史》（Hope and History），（瑪利諾，紐約：Orbis Books出版，1990年），第6-7頁。

8. ［原註］見哈維爾（Vaclav Havel），《公開信：1965-1990年文集》（Open Letters: Selected Writinfs, 1965-1990），（紐約：Vintage Books出版，1992年）。亦見保羅‧鮑曼（Paul Berman）思慮縝密的文章〈哲學家國王也有一死〉（The Philosopher-King Is Mortal），《紐約時報週日雜誌》，1997年5月5日。

9. ［原註］大衛‧霍柏斯旦（David Halberstam），《孩子們》（The Children），（紐約：Random House出版，1998年），第5-9頁。

10. ［原註］安‧布瑞登（Anne Braden），錄影帶專訪，科羅拉多州丹佛市艾立夫神學院，宗教與民主復興研究「甘地-漢默-金恩中心」。

11. ［原註］見文森‧哈定，《有一條河：美國黑人爭取自由》（There Is a River: The Black Struggle for Freedom in America），（舊金山：Harcourt, Brace &Co.出版，1981年），第六章。

12. ［原註］南方白人所持的「白人至上為上帝賦予」之說，是歐洲人自1600年代以來發明的說法。現代歐洲擴展至南北美洲、亞洲及非洲時，支持這種說法的法規習俗便隨著散佈到全世界，因為他們想為奴役與殖民解釋開罪。在此之前，種族主義在「我的民族比較好」這種平凡的種族中心論裡幾乎無法辨識。在羅馬和拜占庭帝國裡，一個人的膚色相較於一個人的種族、語言或攝政者，顯得不重要得多。生物學的物種理論到1800年左右才提出來。

13. ［原註］金恩的引言來自克萊朋‧卡森（Clayborne Carson）等編著，《看一流的民權讀者》（The Eyes on the Prize Civil Rights Reader）（紐約：Viking Penguin出版，1991年）第48-51頁。背景資料取自泰勒‧布蘭奇（Taylor Branch），《隔開洪水》（Parting the Waters）（紐約：Touchstone出版，1998年）。

14. ［原註］背景資料參見大衛‧霍柏斯旦，《孩子們》，第四章。羅森語見62頁。

15. ［原註］約翰‧路易斯（John Lewis）語見大衛‧霍柏斯旦，《孩子們》，第139-40頁。約翰‧路易斯的照片見134頁旁。

16. ［原註］保羅‧貝加拉（Paul Begala）語見〈英雄？〉（Hero?），《仕紳》（Esquire），1998年11月，第108頁。

17. ［原註］貝蒂‧傅瑞丹（Betty Frieden），《女性迷思》（The Feminine Mystique）（紐約：Dell出版，1984年），引言出自馮納，《美國自由》，第295頁。

18. [原註] 柏油娃娃是黑人民間故事的人物，因美國作家哈里斯於1877年發表《柏油娃娃》而成爲普及的幽默形象。作品講述狐狸爲戲弄其死對頭兔子，做了一個柏油娃娃放在路邊，兔子與娃娃講話卻得不到回答，於是動手打娃娃，結果兔子的手和腳竟然黏在柏油娃娃身上而動彈不得，被後來現身的狐狸給狠狠嘲弄一番。此書後來掀起一波特殊形式方言文學的風潮。

19. [原註] 瑪麗・戴理（Mary Daly）《婦產／生態學》（Gyn/Ecology）（波士頓：Beacon Press出版，1978年），386-87頁。

20. [原註] 同上。我們對女性運動的描述，有部分仰賴卡蘿・穆勒（Carol Mueller）鉅細靡遺的文章〈衝突網絡與女性解放起源〉，出自拉若納（Enrique Larana）、江斯頓（Hank Johnston）、賈斯斐（Joseph R. Gusfield）編《新社會運動》（New Social Movements）（費城：Temple University Press出版，1994年），第234-63頁。我們不同意穆勒的詮釋，表示看不見、隱匿的網絡主要在運動發展的潛伏階段才重要。女性運動繼續靠著在大衆的眼光之外學習成長而顯重要，如今也依舊以這種方式繼續下去。

21. [原註] 瑪菊・皮爾希（Marge Piercy），語出羅蘋・摩根（Robin Morgan）編《姊妹情誼力量大》（Sisterhood Is Powerful）（紐約：Random House出版，1970年）

22. [原註] 運動期刊的數量從1968年的兩本躍升到1972年的六十本左右。

23. [原註] 妮爾・莫頓（Nelle Morton），〈摯愛的形象〉（Beloved Image），美國宗教學會全國研討會發表論文，舊金山，1977年12月28日。

24. [原註] 卡蘿・李・傅林德（Carol Lee Flinders），《這種渴望的根底》（At the Root of This Longing）（舊金山：HarperSanFrancisco出版，1998年）。

25. [編註] 典故出自荷馬史詩《奧德賽》，意指：故意拖延的策略，永遠做不完的工作。主人翁奧德賽遠征特洛伊十年，戰後又遭奇險漂泊十年才歸國，他美麗的妻子潘妮洛普爲應付不斷上門的求婚者而採取拖延術，她要求先爲公公織好壽衣才考慮改嫁，於是白天織晚上拆，年復一年地終於等到丈夫回家。

26. [原註] 葛妲・樂娜（Gerda Lerner），《女性主義意識的創造》（The Creation of Feminist Consciousness）（紐約：牛津大學出版，1993年）第275頁。

27. [原註] 琳・米開爾・布朗（Lyn Mikel Brown）和卡蘿・紀里根（Carol Gilligan），《十字路口交會》（Meeting at the Crossroads）（麻州劍橋：哈佛大學出版，1992年）。

28. [原註] 卡洛琳・賀布阮（Carolyn Heilbrun），《書寫女性的一生》（Writing a Woman's Life）（紐約：Norton出版，1988年），第24-25頁。

29. [原註] 見查爾斯・賈菲德（Charles Garfield），《我心麻木：愛滋時代的愛與照料》（Sometimes My Heart Goes Numb: Love and Caregiving in a Time of AIDS）（舊金山：Jossey Bass出版，1975年）；亦見賈菲德、司普林（Cindy Spring）、加喜爾（Sedona Cahill），《智慧團體》（Wisdom Circles）（紐約：Hyperion出版，1998年）。

30. [原註] 卡蘿・克萊斯（Carol Christ），〈虛無、覺醒、洞察、新命名〉（Nothingness, Awakening, Insight, New Naming），《深潛與露面》（Diving Deep and Surfacing）（波士頓：Beacon出版，1980年）

31. [原註] 卡蘿・穆勒（Mueller），〈衝突網絡〉（Conflict Networks），第253頁。

32. [原註] 溫蒂・威瑟史坦（Wendy Wasserstein）語見羅斯坦（Mervyn Rothstein），〈革命過後，怎樣？〉（After the Revolution, What?）《紐約時報》，1988年12月11日。

33. [原註] 理查・佛萊克（Richard Flacks），《超越路障：六〇年代的世代長大》（Beyond the Barricades: The Sixties Generation Grows Up）（費城：Temple University Press出版，1994年）。

34. [原註] 新聞室裡的愛與懼〉（Fear and Favors in the Newsroom），North West Passage Productions製作，KTEH San Jose公共電視協力製作，導演與聯合製作貝絲・桑德斯（Beth Sanders），1997年。

35. ［原註］陶德‧紀特林（Todd Gitlin），《全世界都在看》（The Whole World Is Watching），（加州柏克萊：加州大學出版，1980年），第28頁。

36. ［原註］卡司特（Manuel Castells）在《資訊時代：經濟、社會與文化》（The Information Age: Economy, Society and Culture）第二卷《身分的力量》（The Power of Identity）（麻州劍橋：Blackwell出版，1997年）中，對這些議題有中肯一刀見血的討論。

37. ［原註］夏琳‧斯佩納（Charlene Spretnak），《女人靈性的政治》（The Politics of Identity）序言，（紐約：Doubleday出版，1994年），第xi頁。

38. ［原註］文森‧哈定，《希望與歷史》，第111頁。

第五章
綠化

　　自然世界一直是我們偉大的學習資源之一，不只是因爲自然本身的內容，而是因爲我們愛自然的方式（「我們」指這個地球上關心地球保育永續的絕大多數人）。正如黑人自由運動及婦女運動有助於轉移文化的優先順序，我們對長久以來簡單稱之爲「環境」所付出的關注，也有助於轉移優先順序。本章是講對自然世界的關注如何產生，文化改變的一條隱蔽巨流如今又如何浮出水面。結果，是文化創意人在帶頭領路。「環境」的意思比「我們周遭的環境」遠大得多。《紫色姊妹花》作者愛麗絲・華克簡單明瞭地說[1]：

<blockquote>

我們有位美麗的

母親

她的丘陵

是野牛

她的野牛

丘陵。

我們有位美麗的

母親

她的海洋

是子宮

她的子宮

</blockquote>

海洋。

我們有位美麗的

母親

她的牙齒

水澤

邊緣的

粒粒白石

夏日青草

她的秀髮。

我們有位美麗的

母親

她的翠綠膝頭

無邊無際

她的棕褐擁抱

無始無終

她的湛藍身體

我們認識的一切。

　　環境運動是所有新社會運動中最成功的。它成功改變了眾人的文化信仰與慾望——不只是美國甚至西方，而是全世界。意見調查中，全球多數國家中有70%到90%的人對環境深表關切。一份涵蓋已開發和開發中國家的二十四國研究發現「幾近全球公民皆察覺地球的健康狀況的確不佳，對未來的福祉也至為關切」。貧窮國家的人民和富裕國家的人民相比，也同樣關心環境議題，可能還更關心。全國環境愈差，關注也愈深刻[2]。

　　美國境內關心的程度平均是85%。1999年為環保局進行的一項調查中，「美國生活」發現79%的美國人同意最強硬的立場，偏好改變我們的生活方

式，協助生態永續。96%的文化創意人也同意。一組人類學家最近發現：自然的神聖性在西方已經完全變成中心信仰的一部分，使自然幾乎扮演和宗教理想同樣的角色。我們會在本章稍後對此多加著墨。

半個世紀內，多數西方人對自然天地的信念已產生徹底的改變。我們不再視自然為供人掠奪的倉庫，或提供我們工作與財富的來源，也已經開始接受自然是我們的家。如今我們多數人都在子孫的未來與自然世界的未來之間劃上等號。我們明白生物學家大衛‧鈴木所說的：「在時間的長流中，我們是短暫的一代，未來不是任由我們來抹滅。」[3]這個觀點代表我們集體潛意識中一種巨大的轉變，將我們的焦點從自我中心的便利，轉移到我們與自然互相依存的關係。

這麼大的文化改變一定有許多源頭。在西方，起因之一是我們偉大的教育及富庶。我們的優勢將我們從日常的奮鬥求生中釋放，讓我們得以吸收新的資訊。另一個原因是環境與生態運動的功勞。最後意識中深切的轉變從急切關注地球面臨的危險——因此也是我們面臨的危險——中成長茁壯。無論我們可以多麼自助，基本上都會贊成這句印地安諺語的真理：青蛙不會喝光自己水塘裡的水[4]。

環境運動初期，自然主義者李奧帕德描述自己對自然世界的深刻情感。他說：自己一旦對環境的用途改變想法，對一切的想法就會跟著改變[5]。五十年後，這句話可作為文化創意人在世界觀及價值觀上的簡扼洞見。文化創意人已經對環境的用途改變了想法，而一切也跟著改變。他們是三種次文化中最堅定一貫信奉支持地球、看重自然天地的價值、視自然為神聖的人。他們說：地球不屬於我們。我們屬於地球。

正當全球關注快速成長，全球環境也更急速惡化當中。為數極高的人同意除非全球同時快速行動，否則將面臨潰決崩塌的悲慘後果。然而現代世界中仍有些最大、力量最強的機構在搏鬥，以反對這些改變來捍衛自己的權力和利益。目前，全球四分之三人口關切的事務，以及從現狀中獲利的財團、政府與富裕菁英的特權之間，彼此似乎不相上下。

文化創意人正敦促環境運動推入新的階段。在用抗議與資訊教育過群眾

後，有些人已超越那個階段，開始發展新型企業、科技及合作提案。其他人在創造雕塑品、儀式性的戲劇作品、舞蹈表演、小說與新詩。這些新的解決方案和發明將我們進一步帶到新的生活方式，或許是一種橫跨全球的新文明。

但在我們往前看之前，必須先回頭看看許多培育文化創意人的溫床。本章，我們將聚焦於環境運動的誕生與發展，因爲那是整個故事中最豐富的一部分。這個運動中百年來攜手合作的洞察力與解決方案，正帶領今日的這股新興文化。

·金箔時代的結束

環境運動行之約有百年，它的開始是結束金箔時代與工業鉅子剝削的一個徵兆，但尚未使用「環境」這個名詞。當時的關鍵詞是保育。這個時期最著名的保育人士是自然主義者約翰·繆爾（John Muir）。他寫的內華達山脈原野的文章，啓發了國家公園與森林保育的倡議。他寫的新生活，美「顯露開展爲光輝耀眼的燦爛」，人在山裡因「聽來莊嚴的瀑布而噤聲，而許多令人寬心的小聲音」也讓讀者無不深深動心。不只是動心，繆爾的文字圖畫更刻在人們的心版上[6]。世代後，環境的行動主義者說著各種故事，說他們的工作如何因閱讀繆爾描述在天地間歡欣鼓舞而開始。

保育運動剛開始是富裕、愛好自然的人士試圖保護天然美景與古森林，不受伐木工、礦工、牧場主人、短視的開發商蹂躪。山巒協會（Sierra Club）和奧杜邦學會（Audubon Society）都是這種保育俱樂部的例子，一律由富有的盎格魯薩克遜白人新教徒開始。慢慢地，當他們從防禦美景到倡導自然本身的權利時，他們變得愈來愈民主與多樣，卻也遭遇到強烈的反對，以及財務、林業、礦業、牧業、工業、農業利益的敵視。老羅斯福總統就是破壞現狀的叛徒之一，常被富裕的東岸共和黨員稱爲「自家階級的叛徒」。

·祖先的禮物

威廉·肯特（William Kent）是另一個叛徒，他原是富裕的地主，後來成爲

加州議員。他的努力有目共睹、如暮鼓晨鐘，足以和約翰‧繆爾及其他少數並列為文化創意人的大德始祖。

「那一定是在1890年左右，」肯特以一手整齊的字在回憶錄中寫下：「當時有必要解救加州馬連郡最後一批未開發的紅杉林之事，首度敦促我的注意力。」[7]肯特在芝加哥、舊金山的政府改革中一向活躍，他一定也像救星一樣，可望拯救最後這批大樹。舊金山灣沿岸的森林峽谷只剩下約三百畝未開發的紅杉和花旗松長在一個叫紅杉峽谷的地方，受陡峭奇險的山脊保護著，不受當時的伐木法損害。

「我從來沒見過那片峽谷，也不知道會肩負起解救樹林之事。」肯特輕快地說。1903年，擁有峽谷的是泰馬派（Tamalpais）土木水利公司，該公司的董事長洛維爾‧懷特向肯特請求協助。但肯特債務累累，便斷然告訴懷特，說自己「再也買不起華而不實的東西。」更何況，肯特進一步質問：公司為什麼不自己保存樹林呢？懷特回覆說這種事不可能。肯特寫道：「除非我買下樹林，否則懷特先生通知我這些樹可能會被砍伐。」

接下來幾天，他將懷特的提議想了又想，最後終於騎上馬到峽谷去探個究竟。下馬走在廣袤無際的林間，他被那股不可抗拒的吸引力迷上了。「當地的美在心頭盤旋，」他寫道，「讓我無法忘情。」

肯特以四萬五千美元買下那塊地。根據妻子伊麗莎白的說法：「那表示前債未清新債又來，當時真是一股重擔和焦慮。當〔我〕對他接下這額外的責任表示疑慮時，他的回覆又讓一切討論都化為沈寂：『如果我們失去所有家產，卻能保住這些樹，那也值得了，不是嗎？』」

肯特很清楚自己購買這塊地，是「為保存之用，而非開採之用」，但他還沒有決定誰最能保存這片樹林。「我掛心了很久，要將那塊地交給誰——看是贈與州政府或大學或是聯邦政府。」當北岸水利公司就那塊地展開訴訟程序時，這個問題又面臨緊要關頭。水利公司打算在紅杉峽谷建造蓄水池，摧毀多數的原生林，賣掉樹木。既然國內的水源供應依法比個人保存土地具有更高的

使用價值，因此肯特竭盡心力試圖保存的森林又再度面臨死刑。

接下來是一陣與政府最高層在私下交手關說的旋風。美國林務署督察長翁斯德（F. E. Olmsted）建議肯特使用遺跡法案，讓聯邦政府從個人手上接下具有歷史或其他重要影響的土地。肯特立即向林務署署長紀佛・品查（Gifford Pinchot）申請，署長便直接上報老羅斯福總統。

同時肯特也忙著打理其他方面。他在日記中記載：「我坦白招供，當時我盡可能為樹林打廣告，好激起國家的注意，讓公眾意見的焦點放在防止踐躪與損毀樹林。」因為訴訟程序正進行中。他安排請攝影家為紅杉拍攝無數張照片，邀請大學教授撰寫大樹的歷史，又請朋友約翰・繆爾及其他愛好自然的人士創作「文字圖畫」。這一切他不只是打廣告，還寄給內政部長及老羅斯福總統。

終於在1908年一月九日，《馬連日報》的頭條赫然印著：「馬連郡有了國家公園」，還有稍微小一點的字體寫著：「威廉・肯特行為慷慨，動作快速。封鎖水公司掠奪巨樹。」

但儘管頭條和慶祝活動對肯特的禮物打招呼，但水公司的負責人卻怒不可抑。他們逢人便說，是肯特從他們手中偷走土地，除此之外，更剝奪了馬連郡的好公民該有的蓄水池，這是在未來的某個時間點必定需要的設備。那些好公民一分為二。有些人不相信肯特這種大地主會有利他的作為。他一定有額外的動機。謠言突然像夏日爆發的衝突，劃過了馬連郡飢渴的山丘。

肯特的妻子伊麗莎白與兒子及媳婦發現自己陷入沸沸揚揚的日常流言風暴。剛從東岸抵達的新媳婦安最為困惑，當她再也無法忍受時，她去找公公商量。「爸，都已經負債了，又有這麼多人攻擊您的人格，您何苦淌這灘渾水？為什麼不退出呢？」

「安，我的好媳婦，」肯特回答，「別擔心這些人。我買這些樹林是要送給還沒出生的子孫。」

肯特對老羅斯福總統有一項請求：他要紅杉峽谷以約翰・繆爾的名字命名來向他致敬。兩週後，他收到總統一封文情並茂的信，感謝他並敦促他重新考

慮這項請求。老羅斯福寫道:「我個人相當景仰約翰・繆爾,但親愛的先生,這畢竟是您的禮物……如蒙您應允,我將樂於〔爲它〕命名爲肯特紀念碑。」

肯特萬萬不願接受。他馬上回信,解釋:「還有千百萬更好的人死得默默無聞,若善行讓名字傳世,」似乎是暗示不朽可以用錢買到。他又補充:更何況,「我有五個健壯的好兒子,我打算用民主的知識來扶養他們,讓他們明白『其他同胞』的權利。若這些孩子不能讓肯特的名字傳世,那麼我也甘願被人遺忘。」

老羅斯福的回答在兩週後到達:「眞有你的!你說得對。行爲堪稱表率便足矣,其餘不用再想望,正如您所說:『善行讓名字傳世』。您好命,有五位公子讓肯特的名字傳世。我有四個兒子,希望我也能用羅斯福的名字這樣教導他們。」

今日,每年約有兩百萬人造訪壯闊的繆爾樹林國家保護區。其中一位固定的常客是威廉・肯特的孫女瑪泰・肯特。她現年七十多歲,皤然白髮結成辮子盤在頭頂,不時來到林間漫步。「我喜歡看世界各地的大人和小孩拉長了脖子,笑著想辦法伸長雙臂,抱住爺爺提供給他們的禮物,那早在他們出生之前就準備好了。」她告訴我們。

・聖樹林

在我們這個時代,仍然送得出這種豐厚的禮物。離繆爾樹林北方約五小時的車程是亨博特郡,是近年來力爭最後一批老熟林免於砍伐的心臟地帶。這裡約有850位女性著手拯救十四畝紅杉林,地點是一個她們名之爲聖樹林的森林裡。

計畫的創始人凱瑟琳・歐波特(Catherine Allport)告訴我們計畫是怎麼開始的。她和其他七位女性受邀到奧瑞岡邊界附近的白角修道院靜修。她們週末沿著默透河旁的雨林散步,教她歡欣喜悅。她們由修道院的一位修道士帶領,沿著默透河(野生鮭魚的上游家鄉)走。一天下午,修道士帶這些女士到一座小森林裡,裡面有千年的原生紅杉木。有人問這地方有沒有名字。修道士回答:「渡鴉的守望地。」

凱瑟琳向我們解釋:「美國原住民神話中的渡鴉是喪葬鳥。我一聽到這個名

字，就知道有什麼不對勁。怎麼會有人把這麼美的地方叫做渡鴉的守望地呢？」

她問修道士，他解釋是沿岸的部落居民為森林命名的。「他們記得這條河流經過此地時晶瑩透亮的時光。那就是默透的意思——『清澈見底』。產卵季時，鮭魚的數量極為豐富，居民們踩著鮭魚背走過河流。據說，鮭魚每年都會返回，因為霧女為鮭魚攤開自己的披風。披風以聚在樹梢上的迷霧所織成，冷卻了河流，讓鮭魚得以活下去。」

「鮭魚與居民訂下盟約，鮭魚保證每年回來，讓居民有食物可吃，以交換森林和溪流的保護權。但人類不守信用，國王鮭和銀鮭都性命不保。像渡鴉的守望地這些樹林就是曾經繁盛茂密的森林體系下最貧瘠的遺跡。鮭魚是整個西北生態體系下的指標物種。」修道士總結：「所以妳們看，我們在此地見證的的確像是死亡的守望地。」

你聽到這樣的故事會怎麼辦？我們多數人可能會像凱瑟琳一樣：享受高聳的樹木和好同伴，然後驅車回家過忙碌的生活。凱瑟琳剛返回美國，前幾個月都在為亞洲與澳洲的雨林攝影。她想讓自己的新聞攝影生涯再起步，聽聽老朋友的近況。她也的確如實進行。但大約一個月後，她和幾個朋友露營，發現自己俯身躺在地面上哀傷落淚。她告訴我們：「我簡直不知所措，地球給了我們這麼多東西，而我們只是拿了就用，然後把付出的地球摧毀。」隔天她在靜坐時得到一個定案：「我清清楚楚看到我們要以女性的名義買下渡鴉的守望地，作為與地球握手言好及療癒的行動。我打電話給朋友崔西‧蓋瑞。她一刻也沒有遲疑。她說：『好，我們來做吧。』」

我們在1997年訪問凱瑟琳時，這項計畫已經三歲了。她和崔西和幾位朋友聯絡了一千多位女性，其中多數人都已捐款，也同意捐更多款項。凱瑟琳解釋：「我們嚴格說來是土地信託，意思是指我們在買下這塊地的同意書裡寫下保育的地役權。所以現在老熟林、河流和整個河岸區都可以永久受到保護。」就在她們開始信託，申請非營利的身分時，這些女性還做了一件事：「我們把這塊美麗的土地從渡鴉的守望地改名為聖樹林。」

·使用祖先的贈禮

威廉·肯特的遺贈是展開保育運動的象徵事件之一，許多國家公園與森林也因此而成立。就真實的層面而言，他的利他行為替凱瑟琳·歐波特與崔西·葛雷及其他數百位女性為拯救紅杉林的努力而奠定基礎。在我們可稱之為「祖先的贈禮」的進一步發展中，這些女性故事超越威廉·肯特的成就，展露出文化創意人今日改變我們文化的若干方法。

面對損失。與第一批開始防護森林的人相比，現在才展開行動保存自然區的人必須面臨既成的莫大損失。我們問凱瑟琳用這麼多時間保存一小塊紅杉林是什麼感覺時，她先是說自己受到啟發和治療。但接著她又提到森林裡有些部分，大量的紅杉林凌亂錯落於伐木人遺留的樹幹殘根之間。我們問，這樣妳不會生氣嗎？

「我覺得我在和這片土地發展一段關係。」她靜靜地答道：「更認識它也更愛它。沒有錯，有些地方真的是滿目瘡痍。有好長一段時間，我都不喜歡在那裡散步。那太痛苦了。可是我們幾個人七月到那裡時，那塊地似乎很樂於見到我們，彷彿為我們盛裝打扮好了，所以我決定走到我向來避開的區域。然後我看到那片森林在自我療癒。現在和兩年前不一樣了，因為我們能夠保護它。要用非常極端的手段才能把我們建立起來的防護措施銷毀。」

籌措資金與其他舉手之勞。威廉·肯特只靠簽名便貸到款項，這些女性卻要一起合夥創立基金會和土地信託。她們集體同意協商、付清貸款，每人每季捐獻十到五百美金不等的金額。這不是靠一個英雄豪傑的磅礴行為，而是很多人集合起來的舉手之勞。然而，無論古今，保存都需要長期的承諾。肯特除了最初的捐贈，又以道路、維護、保險贊助了繆爾樹林約二十年；這些女性則在募款，繼續付清為期八年的貸款。

命名與庇佑。這些女性不以男女名人的名字重新命名渡鴉的守望地，而是找到一個反映森林本身的特質的名字：聖樹林。這個名字開宗明義承認這個自然景點是受到庇佑的。這是許多美國人共同承認的。多年來的調查顯示：在請

美國人想個神聖的東西時，他們比想到教堂更容易想到紅杉木。主流的世界觀已經演化到視保護自然爲神聖的任務。

　　許多文化創意人都毫不諱言，講到靜坐與進入非常態的意識狀態。安妮‧狄勒爲每個曾坐在溪旁感受到新生的人描述：「天啊，我看著溪流，它回應了〔湯瑪斯〕牟敦修士的祈禱文：『給我們時間！它從不止息……你兩手空空，等著溪流，便能盈滿全身。』」她說：地球是一個偉大的付出者。「顧名思義，它就是聖誕的化身。這個老舊的岩石星球每天都爲它的生日帶來一份禮物。」[8]

　　文化轉變，今天一種新的價值承諾是整個文化的一部分，整體文化的意識在西方一直到十九世紀的浪漫時期才存在。之前，一片風景中受到重視的是肥沃的原野和牧草，不是未馴化的自然產生的混亂的威脅感。十九世紀前，大家避開山脈和荒野區。美國人或歐洲人都沒有眞正重視自然。但十九世紀的先覺如愛默生、梭羅、繆爾都告訴他們：純淨的山間歲月，到處都有新的生活展開。藝術家如哈德遜河學派和第一批描繪像大峽谷的景致的畫家，都爲歐洲及美國人展現出他們自己的壯麗風景。唯有當時，人們才開始尋找荒野之美。

　　二十世紀，雨後春筍般的詩人與自然寫作家闡述這種說法。千百萬名遊客及自然影片的觀眾呼應了這種經驗。今日的小孩在成長過程中，幾乎免不了會接觸到上千張自然攝影家與拍片人拍攝的自然美景。自然區爲信仰的象徵，而大地之母是我們心中的新現實世界，也是新興文化中基本的主題。

　　成爲新的祖先。買下聖樹林的那些女性不像肯特，她們與全國及世界各地也在拯救森林、湖泊、野地的團體皆有聯繫。她們集體的未來感（就像肯特與其他前人）就在於她們是爲了身後的世代而付出行動。

　　這份關係隨著時間將早期相對少數先覺的愛心延伸到未來。當聖樹林的女性及其他上千個團體都接納自己對未來的集體責任時，他們在實際上也逐漸成爲新的祖先。

　　佛教行動主義者瓊安娜‧梅西在爲千禧年而寫的詩中講明這一點，她呼喚著：「喔，各位後來之輩，在治療仍有望時，調整我們採取行動……展露出我們

尚未懷疑的勇氣,我們尚未擁有的愛。」她寫道,藉由記得我們與無名無實的未來子孫之間的關係,這個時代的人可以發現自己的方向,發現將我們的生命串在一起關係[9]。這個弧形的連結跨越物種,也穿越時間,擁抱著列祖列宗及徒子徒孫的整個生態體系。這是一個生命的網絡,是文化創意人如此熱衷保存的微妙生命體系。

新式大教堂。這些使聖樹林成形的女性透過時間與精力及金錢,撥出了神聖的空間,與中古時期城鎮與村落會建造大教堂的方式如出一轍。這是一種全世界人民都熟悉的需求:在人群間創造地方,安置無可言喻的神祕。崇拜女神的信徒在前聖經時代創造了亞舍拉,遍佈中東月桂樹林內的祭壇;居爾特人在古歐洲的森林裡祈禱;佛教徒、印度教徒、穆斯蘭教徒在全亞洲豎立宏偉的寺廟群。因此現今全球的生態運動也保存了自然美景與瀕臨絕種的生物。

雖然當今許多保存的努力都來自個人與社區,也沒有明顯提及更廣義的文化,卻仍然反映了儼然浮現的集體理解。凱瑟琳·歐波特相當清楚拯救紅杉林無關於完成任務。她告訴我們:「每個探訪聖樹林的人都帶著一種活力離開。我們把樹帶回家,也發現那些樹從遠方餵養我們。我可以從舊金山灣區這裡接通那些樹——這種關連是穩固真實的。到過當地的每位女性都用個人的方式將森林納入自身,和它建立一種關係。」

保存聖樹林不像我們都市工業文化裡的許多任務,而是讓這些女性覺得更為相連,就更深的目的而互相參與。花心力經營那件事,讓神聖的價值自行表露,就是那股正在改變美國文化的文化。

有別於宣告新繆爾樹林國家保護區的頭條標題,聖樹林的創立及上千個類似的活動,在公眾眼裡多半是隱形的。文化創意人在生命的全領域及全國各地都回應著迫切的問題,然而他們的反應不是新聞,因此他們就相信「只有我們和幾個朋友」關心。這種信念沒有讓他們的行動停下來,卻可能讓他們慢了下來。話雖如此,如果他們知道其他有多少人為了「還沒出生的子孫」,也在努力創造好的未來,那麼事態會有所不同嗎?他們還會推出多少想法,還能幫忙創造出多少解決方案?

反對自然的滅亡

1910至1960年間，新興的環境運動分別由四條支系飼養著：

● 保育運動，建立於愛護沒有受到破壞的自然區荒野

● 土地保存運動，試圖減緩土地侵蝕，以及由短視的農民、牧場主人、礦工、伐木公司造成的森林與農場破壞

● 職業健康與安全運動，由工會衍生而來，試圖保護工人免於受到更關心利潤的工業所毒害。

● 在拓展公共健康運動時，市民抗議工業污染與廢料傾倒。

　　這四條支系沒有共同的焦點，主要始於地方間極度自私的派系衝突。然而在投入議題一段時間後，地方的行動主義者時常漸漸看到更大的環境議題正面臨危急的關頭。有時他們的利己行為會擴大成更像利他主義的行動。就像突然彈出的彈簧，上千個社區行動紛紛出其不意地出現，回應自然世界日漸嚴重的破壞。其他行動則回應整個現代世界中類似的生活品質低落。但因為他們看不到全貌，也因為商業利益的力量，所以這些運動多數都沒有顯著的成功。每個運動最多只能維持一種姿態。此外，因為政府尚未開始以任何有系統的方式蒐集資料，所以這些運動缺乏有利的基礎採取法律行動。同時，政府各階層面臨企業界與保守團體的強大壓力，要他們撇開損害不看，以保護就業與財產權。

· 寂靜的春天

　　1962年，瑞秋·卡森的著作《寂靜的春天》讓每個人嘴裡都掛著「環境」。她是才華洋溢的自然寫作家，引發廣泛熱烈的公開回應，反對使「知更、貓鵲、鴿子、松鴉、鷦鷯」沈默，使「其他鳥類蒙受傷痕」。瑞秋·卡森就像同時期的馬丁·路德·金恩與貝蒂·傅瑞丹，也用激勵人心的方式重新架構一項議題。環境主義不只是各人自掃門前雪或預防森林裡砍得光禿禿的醜

態，而是避免自然的滅亡。它是奮力與威脅子孫生活的事件搏鬥。即使最鐵石心腸、憤世嫉俗的人也必須關心。

卡森指出：科學可以用錢買到，因此已經被收買了，因為科學與科技知識已經與任何更廣泛的大眾利益與大眾關心的事務疏離。殺蟲劑的崛起指向「一個以工業主導的年代，賺錢的權利不計他人代價，也罕見遭到質疑」。她呈現像殺蟲劑這種危險的科技，對人類與自然環境的污染可能有多嚴重[10]。

卡森接收到的回應很苛薄。書評、科學家、顧問、「殺蟲劑專家」，特別是化學工業都爆發了報導謬誤的謾罵。他們說：這個女人有偏見，「歇斯底里地過度強調」，當然也無能掌握殺蟲劑這種科學與科技的主題。《新聞週刊》的資深編輯警告：「多虧一位叫瑞秋・卡森的女子，一場軒然大波已然引發，把美國民眾嚇得目瞪口呆。」[11]有些人甚至發出麥卡錫式[12]的影射，說她是共產黨。

但上千個關鍵事實打破了這種抵賴與公然說謊。為數龐大的美國人自己也看得見空氣與水源、原野與森林、山脈與海洋都每下愈況。行動主義者剛到手的科學測量，進一步超越了交換激烈的見解與猛烈抨擊的辯論。藉著要求污染的證據而拖延大掃除的工業，突然間接獲證據——而且不僅於此。行動主義者打贏了許多場訴訟官司及立法規範的爭議，於是掃除才開始慢慢進行。

・重新架構成長典範

1970年六月的地球日標示了環境運動的轉捩點。那些多元的分支頭一回同意：真正的議題不僅在於規範工業排放的廢料、保護航道、防止砍樹，還牽涉到地球問題。到了1972年，快速成長的環境運動的主題為存活——子子孫孫的存活，地球生活的存活。這個主題的陳述參見兩部劃時代的出版品：羅馬俱樂部（Club of Rome）的《成長的極限》（Limits to Growth）及《生態學人》（The Ecologist）雜誌的《存活的藍圖》（Blueprint of Survival）。

「成長的極限」小組以生態理論家唐奈拉・梅鐸為首，用電腦模型辯稱整體星球無法繼續忍受無限上綱的人口成長、經濟成長及污染。他們辯稱：「照

常營業」最可能的結局可能是超過地球的承載量、劇烈的人口暴跌，及許多自然生態的崩塌。

這個論點不只是學術或預言練習，而是直接冒犯現代主義的主要計畫——永無止盡的繁榮成長——也是直接威脅資本主義與社會主義的巨型機構。唐奈拉·梅鐸小組的報告就像瑞秋·卡森的書，幾乎招致各類舊式典範的辯士持續的攻擊：工業雇員、學術圈、經濟學家、銀行家、媒體專家、政府官員（特別是歐洲）。數不清的專家宣稱這份報告有嚴重的瑕疵，接著官方的公共政策就可以轉頭鬆一口氣，忘了這回事。對地球而言，這著實不幸，因為「看守世界研究中心」（Worldwatch Institute）從1984年起便一直顯示：這份報告在本質上是正確的。地球的承載量的確有限，只是我們不知道那些極限是什麼。

然而，正如梅鐸與其同僚所辯稱，事實擺在眼前，環境惡化導致最後的崩潰，結合人口壓力的風險，是確實而日益增加的。科學與衛星測量明確無誤：「照常營業」會要了我們的命。雖然政策的建立等了十五年才面對這個事實，但其他人幾乎都密切注意過分濫用及地球崩毀的可能。截至1990年代為止，《成長的極限》已經以九國語言賣出九百萬本。1992年，第二冊《超越極限》重提論點，顯示批評家錯得有多離譜。他們能夠提出更好的數據，便說以這種拼命成長的信念，人類正如履薄冰，而且可能很快便不能避免冰塊破裂了。政策建立的那一方則裝作沒有這種論點。

《存活的藍圖》是第一份徹底陳述都市工業的生活方式（實則全心奉行現代文明）無法永續生存的文件。起初，該書的衝擊在歐洲最大，成為歐洲許多綠黨不可或缺的黨綱文件。但此書及《成長的極限》的主題已成為許多文化創意人的核心宗旨：無限上綱的成長無以為繼，必須為我們的文明發現有益生態的新生活方式。

新的關係

從太空中拍攝地球的第一批照片對大眾想像力所產生的衝擊，比所有科學

證據加起來都要大。除了靠壓榨「自然資源」維生的一些企業外，多數美國人都開始看到地球本身是活的，而且地球本身就是價值連城。

詩人蘇珊‧葛瑞芬（Susan Griffin）就是一位無數探索讚揚這種關係的藝術家。在〈這個地球，她之於我為何物〉中，她寫道：「當我走進她，她穿透我的心。當我往前深入，她揭開我的面目。當我到達她的中心，我潸然落淚。我已經認識她一生，但她為我揭露故事，這些故事皆為啟示，而我也隨之蛻變。每次我走向她，都像這般重生。她的更新將我徹底洗淨，她的傷痕撫慰著我；我開始察覺我們之間產生的一切、我們之間的喧鬧、盲目。」[13]

星辰、清風、禽鳥、禾草、我們的身體、人類關心的每件事──多數受過教育的人都開始產生不只是「環境」的概念，而是一種新的空間，一種新的時間。不再是使用者與被使用、甚至管家與資源的關係，我們和地球的新關係既親密又神祕。自然的目的、存在的理由、美感並不仰賴我們的理解甚至感激而存在。我們開始看到，自然的多樣化與可能性是與生俱來的珍貴。而透過逐漸理解威脅自然世界的危險，我們對這一切的覺察也隨之敏銳。

障礙與誘惑

新的環境運動在逐漸普及時遭遇三種絆腳石。其一是保守的反撲，指在1980年代起而反抗所有的新社會運動。其二是當時看似方向正確的柏油娃娃想法：運動中唯一重要的部分是進行政治交易。其三是誘人的舊式典範，掌控什麼才有道理，什麼不能想像。面對這三種障礙伴隨著造就文化轉變的版圖。

‧柏油娃娃捲土重來

環境運動可能分別由中產階級與彬彬有禮開始，但是「告那些混蛋！」不久就變成這個領域的行動主義者的口頭禪。環保組織強烈要求全國規模的法案通過，才能杜絕那些大企業的污染源搬到法規比較寬鬆的鄰州，如此一來他們

買通州議員的能力也就沒什麼大不了的。環境保護必須依法強制執行,而這點要由華盛頓特區的核心律師起草國家法律與規範,才得以實現。有了新法令,就能阻止污染源,而訴訟案也可以強迫將其他企業與政治玩家送上談判桌。

此時,運動中似乎最有力量、能見度也最高的公開部分開始誤入歧途。馬克‧道威在《敗退》中是這麼說的:對全國的大型環境組織而言,「主要的事件,向來幾乎都發生在一國首都。」[14]這些組織在DM上有新穎強大的財務基礎,便相信自己能夠乾脆從民眾參與的混亂中抽身,回到菁英權力仲介之間老舊的協商模式。套句道威的說法:「他們看到區域的草根活動在全國媒體的注意力中微不足道,最好的情況還有所幫助,最差的情況便成為主要事件下難堪的餘興節目。」[15]

那就是柏油娃娃捲土重來。我們在馬歇爾大法官及民權訴訟案裡看過,在婦女運動中極為勉強的政治行動主義者身上看過,在這裡又看到了。要改變文化,就不能依賴舊文化提供的條件和解決方案。如果要用老法子,遲早會被柏油娃娃纏得脫不了身。離開高度振奮的活動,轉向運動的政治側翼,文化側翼便開始乾枯,隱匿的網路也開始失去彼此間的聯繫。

像山巒協會和奧杜邦學會等國家機構便招募本身能成為權力經紀人也有管道拿到大筆錢的人員。禮貌協商是規則,因為根深柢固的保守大型法律事務所對於發生的事有否決權。這些否決權透過環境機構主要募款來源的基金會運作。因此體面溫和便很重要,因為這些機構想成為全國的權力玩家。他們說:「交給我們吧。」二十年後,大家就交給他們了。

要發展一項運動,人們需要投入發展一種關係、探索熱情的關注事項、建立共同的意義。但國家機構的菁英主義卻能讓社會主義送命,因為它切斷了有意義的參與。民眾變成被動接收幾十或幾百封懇請募款的信,他們可以慷慨地開出支票回應國家級機構——再收到更多要錢的懇求。DM募款也有毒害。民眾無法親身投入,沒有討論,與同陣線的環境主義人士也沒有接觸。當行為心理學家想滅絕老鼠或鴿子的習慣時,也是做相似的事。首先提供開端,像是聞到

食物的味道，給予初次的獎賞，然後確定之後毫無動靜。習慣會再零星持續一陣子，之後便消失了。這稱之爲消弱反應。（你說這不貼切嗎？）一陣子後，關心環境的人便學到無論開出多少支票，都不會有太多動靜。

·舊式典範

　　我們不能用製造問題的同一套思維來解決問題。　　　　　　　　愛因斯坦

　　相同的教訓，黑人自由運動和婦女運動必須學習，環境人士也面臨到了。當權力玩家重新架構協商中的議題時，整個遊戲都在舊式典範下進行。試圖改變舊文化時（就像環境人士），便不能在舊文化的思維下進行。

　　華盛頓特區的協商完全架構於保守經濟學的資源利用，而非政府規範下的自由政治，代表大眾的利益。經濟和法律都是現代時期的高峰下生成的產物，無法將專業思維調整爲生態或自然滅亡的想法。「企業應該轉變，以保存物種的長期生存」是難以想像的事。

　　即使最成功的交易也導致短期的成功和長期的失敗[16]。三十多年來，數以百計的環境法規與決議通過，但屢見不鮮的是強制執行的錢沒有撥下來。而政治的風向一轉，國會裡的保守勢力又擊退這種保護措施。

　　橫跨整個1990年代，主流大眾意見偏好環境的比例已創歷史新高——然而華府的運動卻沒有進展。國家意見已大量轉移成採取更多行動——然而國立的機構卻陷入離題與無能[17]，幾乎每天都有需要採取行動的科學證據注入。在莫大的挫折下，環境運動轉身離開大型機構，回到地方的根源。實際上，這是新的開始。這次還加上極端的新潮流。

生態運動

　　今日廣泛的環境共識已成爲生態運動。走在尖端的文化創意人將這股運動

帶入更深更遠的境界，那是創始的環境人士夢想不到的。他們受到詹姆斯·卡維爾（James Carville）[18]那句口頭禪「笨蛋，問題出在經濟！」所激怒，說就是這個笨蛋經濟要了我們的命。原始的環境運動自滿於科技的定位與讓環境成長更乾淨，而在現代派的典範裡舒舒服服坐著。但生態運動有文化創意人的傾向，要遠遠超過那個境界。

焦點的改變主要來自於新穎優秀的資訊：新的測量法支持延伸「整個體系」的模式，說明成長對地球代表什麼意義。在新的科學知識變成可以取得，在專家如今看著問題（而不只是替各種企業說話）時，關鍵場所長期以來的判斷基準改善了。我們有二十年來的航空與衛星照片可供比較，有生態學與氣候學的新科學研究，還有新的生命生化學。我們對海洋與大氣層有更好的理論。這一切資源都訴說著相同的故事：自然的滅亡比以往更快。1992年的《超越極限》[19]將梅鐸小組早期的體系模型，延續到新的世紀，該書的結論是降低物質消耗、降低物質與能源的使用、降低污染都無疑是必要的。他們說：崩潰並非不可避免，但這個世界已經遠遠超過它本身的一些極限了。

很不幸，正當企業與政府力拼經濟成長、愈快愈好時，環境破壞也加快了腳步。全球的企業保守界在維護環境的行動中，都稱心如意地放了絆腳石。只有一些空氣和水源污染得以逆轉，全球物種消滅的比例自恐龍滅種後，是歷史上最快的。全球暖化不再是臆測，而是科學家強烈的共識。這些因素都對生態運動重要的成長有所貢獻。今天環境與生態運動攜手就像亞馬遜河的洪水期，有十多條相連的支流匯集成群，影響所到之處的一切。

· 美國共識

無論哪一天，典型的民意調查都會顯示85％的美國人自稱爲「環保人士」或支持環保，視問題的措辭而小有變動。這種支持比不經大腦的心態強多了。德拉瓦大學（University of Delaware）一群以維威列·肯普敦（Willett Kempton）爲首的人類學團隊完成了美國文化中的環境價值研究。他們發現美國

人視自然爲神聖，其方式與對待宗教典範極爲類似；說美國人非常關心自身的責任，要爲後代子孫留下一個不錯的環境；又說美國人在生物圈中看到內在固有的價值。行動主義者與一般大衆唯一的不同處在於：行動主義者對所有議題的立場較一貫。肯普敦團隊的結論是美國人對環境的價值觀和信念根深柢固，且具有神聖的弦外之音[20]。我們自己的工作也支持延續這些結果。

1998至1999年，「美國生活」在爲環保署（EPA）及總統的永續發展委員會（PCSD）所做的研究中，詢問九個焦點團體，並進行全國調查，其中問道：「要如何才能使美國人在日常生活中採取生態永續法？」

生態永續這個詞很難念，美國人多半都不喜歡這種說法。他們說：「這是『專業』的講法。」但只要把問題換成：「要如何才能使美國人不再破壞環境，同時恢復環境，讓我們繼續長長久久地過好生活？」他們的確都很在乎這個議題。這個問題向兩種焦點團體提出。一種是定位成支持環保的人士。（環保署想聽聽自己鎖定的擁護環保團體的意見。但當我們請這些支持環保的人在會議室坐下時，他們除了對環保的態度之外，其餘完全沒有共通點。）另一種就是文化創意人。（他們一如往常，仍然有許多共通點。）

研究中令人訝異的一項發現是：每個人都關心自己的子孫會活在什麼樣的世界。他們都講到三十年來的環境已損害到什麼地步，也很容易可以看到那表示未來會是什麼樣子。全國2181份調查的結果，也支持了這些焦點團體的結果。

我們問焦點團體的成員是否願意改變自己的生活，使未來更爲永續，例如裝設更多住家隔熱材料、進行更多回收工作、減少開車等。這就是兩種團體的不同之處。贊成環保的人多半有現代派的傾向，他們會說這種話：「我知道你的意思，如果不會花我太多時間或銀子，我的收入也不錯，那我說不定願意。可是你要我做什麼要講清楚。」反之，文化創意人說的話是這樣：「有些我已經開始實行了，當然我還會再多做一些。真高興你們提出這個問題，因爲我真的很氣大企業和大政府對這種事竟然都不身先士卒。我們一定要動員社區的力量，讓更多人加入。」許多文化創意人顯然都是社區導向，而非單打獨鬥或自私自利，他們很

多人在這些議題上似乎也都是社區、教會、當地團體的意見領袖。

　　針對調查，我們發展出一套評量法，適用於生態運動所偏好的非常強硬的生態永續立場。應答者是代表全國樣本的民眾，他們的回答告訴我們與這個國家及文化創意人相關的事。結果顯示79%的美國人支持這種強烈的立場。儘管文化創意人只佔美國人口的四分之一，但你大概也料得到，他們是最強烈支持的大多數。基本上，我們發現文化創意人在生態立場上顯然是最強硬的意見領袖。但他們與已經很強有力的美國共識眞的沒有什麼不同，只是立場在環境議題上比多數人更強硬也更一貫。

　　附表裡，前四項是主要調查結果的主題。每項主題都結合了大群密切相關的調查題目。第五項主題總結前四項主題，爲生態永續給予全方位的支持[21]。

「環保署」與「總統的永續發展委員會」調查的主題測量

1. 經濟成長與環境保護完全相容：全美國有90%的人口同意，96%的文化創意人同意。

2. 環境危機證明我們改變生活方式有理：77%的美國人同意，95%的文化創意人同意。

3. 地球是活的體系，我們需予以保護（蓋亞[22]立場）：49%的美國人同意，65%的文化創意人同意。

4. 爲更大的社會正義採取行動有理，特別是爲可憐的孩子採取行動：54%的美國人同意，62%的文化創意人同意。

5. 生態永續的摘要測量（結合一至四項）：79%的美國人同意，96%的文化創意人同意。

主題一的回答數據斷然回絕了商業保守人士長久以來所持的立場。在探測該議題種種面向的十多句陳述中，美國人一面倒地說：只要科技使用得當、用不同的方式做生意、改變生活型態，那麼成長與經濟就應該相容。當90％的美國人同意任何事時，實際上便已經是共識。

主題二的回答數據反映驚人的強烈共識，認為嚴重的環境危機威脅所有的生命，也傷害孩子們的生命前景。顯然這個論及危險的觀點是人們相當願意改變生活方式、也是要商業界與政府保護環境的理由。有77％的人同意，這項結果下令全國採取行動。但這項調查結果就像焦點團體的結果，也暗示多數人不清楚下一步該怎麼走，想依循商界與政府雙方的領導。

主題三的回答數據顯示一種變化，從想剝削地球自然資源的世界觀，到說地球是活的、必須予以保護的觀點。雖然除了文化創意人之外，這還不是多數人的意見，但結果令人驚訝，因為這個改變中的世界觀具有引人注目的長期含意。這一點與美國普遍認為自然是神聖的觀點息息相關。

主題四的回答數據也同樣令人吃驚。人們愈相信前三項主題，就愈偏好由政府採取行動，推行社會正義，關心權利及窮人的就業前景，支持貧窮孩子的需要。有別於數十年來政治範圍中各點的主張，多數的美國人，特別是文化創意人，在生態與社會正義上都看不到互不相容的狀況。這表示關心環境正義、也關心工作的貧窮都市社區，也可以與更大、更中產階級的環境運動，一起找到共通的動機。事實上，這些社區擁有共通的忠誠擁護者及共通的目標。

主題五總結其他數據，顯示強烈贊同永續的立場。有79％的人同意，表示美國信念密切合乎生態運動的立場。文化創意人一如往常，幾乎一致同意這個議題，高達96％。

「生態運動立場的共識」表顯示一些實際的調查陳述，進入我們一直在討論的主題。這些陳述顯示生態永續已成為多麼強烈的主流信念。令人驚訝的是：即使措辭非常強烈，美國仍然同意這些陳述。主流美國遙遙領先了政治人物，也與企業及金融界中許多綁手綁腳的反對立場完全不一致。文化創意人與主流美國的不同之處，只在於文化創意人在信念上更一致，消息也更完備。

生態運動立場的共識

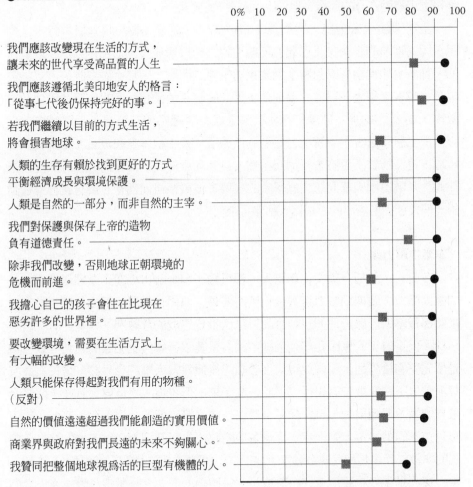

● 文化創意人　■ 其餘美國人

同意該價值觀／信仰的百分比

0%　10　20　30　40　50　60　70　80　90　100

我們應該改變現在生活的方式，
讓未來的世代享受高品質的人生

我們應該遵循北美印地安人的格言：
「從事七代後仍保持完好的事。」

若我們繼續以目前的方式生活，
將會損害地球。

人類的生存有賴於找到更好的方式
平衡經濟成長與環境保護。

人類是自然的一部分，而非自然的主宰。

我們對保護與保存上帝的造物
負有道德責任。

除非我們改變，否則地球正朝環境的
危機而前進。

我擔心自己的孩子會住在比現在
惡劣許多的世界裡。

要改變環境，需要在生活方式上
有大幅的改變。

人類只能保存得起對我們有用的物種。
（反對）

自然的價值遠遠超過我們能創造的實用價值。

商業界與政府對我們長遠的未來不夠關心。

我贊同把整個地球視為活的巨型有機體的人。

註：這張表對比文化創意人與其他所有人。其餘美國人不是全美國，而是現代派加傳統派。文化創意人的人數之
　　多，當他們包含在全美國之中時，便提高了百分比，也較難看出他們在這些議題上是否比其他次文化抱持更
　　強烈的立場。（來源：1999年環保署調查）

尋找新的文化類型

採取「生態學家」[23]的意識型態立場的文化創意人表示，西方世界在文化與性格上正經歷充分的危機。他們說：需要改變的地方有很多。

生態理論學家指出，我們現今的經濟中，緩慢成長的版本根本起不了作用，因為當前的企業文化已義無反顧地致力於持續成長，而那是地球不堪負荷的。許多生態理論學家都將金融業視為主要的問題，因為金融要求經濟以指數成長：尋求累積更多財富，促成更多更多的交易與銷售量，也施壓讓股價漲得更高，要求更多錢來墊複利的款項。全球金融體系假裝自己不受限於自然世界。但生態學家說，事實上自然是週期循環，幾乎根本無法成長。如果我們從中取用更多物質，再將廢料倒回自然，自然就會枯竭，而目前發生的狀況正是如此。多數美國人都同意生態學家的立場，但截至目前為止，所有新社會運動對一個幾近固若金湯的異議巨人都無可奈何。

・華爾街壓力鍋

多數人，包括多數文化創意人，都很難了解金融市場在企業經理身上加諸的強大壓力，要他們盡力達到無止境的成長，他們也很難了解為什麼金融家要加諸那種壓力。難道他們只是否認對這個星球造成的危險嗎？好吧，有時候是這樣。但是真正的原因在於金融數字的力量及銀行家與金融家的複利計算。這是個完整的世界觀，一個從現代主義崛起後便執掌大權的世界觀。國王與政府以前也曾不客氣地告訴銀行家不能予取予求。但自從二次世界大戰後，國際金融界的權力繼續增加，已經到了全球在一週內滿天飛的金錢，比政府在一年內可以控制的數目還多的地步。全球各地的政治人物都仰賴金融市場的鼻息，公司的高級主管也是如此。金融家予取予求，使地球上的生命岌岌可危。

複利是現代主義信奉的指數成長中最明顯的形式。指數成長是一條上揚的曲線，沒有極限地持續加速──通常以「加倍時間」有多快的角度來看。加倍的

連續值是2, 4, 8, 16, 32, 64, 128, 256, 512, 1024, 2048以此類推，大約只要一百步便能往上到不真實的驚人數字。你也看得出美元像這樣加倍已經變得不真實，因為只要再走幾步就可以開始超越宇宙間原子的數量。如果全球經濟繼續要求快速的加倍時間，繼續耗盡自然以達到目標，那麼自然的滅亡已經近了。如果自然接受加倍的時間在數十年或數百年之間，那麼我們還能將災難拖延些時候。但在有限的星球上，無止境的指數成長在物理學上不可能，就物種存活的角度來看，在生物學上也不可能——物種包括我們人類。這是金融家很快就會忘記的事。

假設一家企業要成為好的企業公民，願意減緩利潤的成長，思考長期的未來，不過股票市場分析師對此並不高興，於是財務長就把執行長炒魷魚了。要不就是企業突襲隊入侵。如果整個國家都以這種方式行事，貨幣投機商人就會讓貨幣貶值。接下來「筆尖」的金融分析師就要接管一切。工作裁員，資金與天然資源廉價出售，社會計畫任其自生自滅。社區的慈善事業枯竭，工作場所的日間托兒措施消失無蹤。公司裡剩下的員工受到創傷、焦慮、有罪惡感。生態毀滅已經變成只是「貧賤百事哀」的另一個藉口。可是講到利潤！華爾街就瘋狂鼓掌叫好了。這是現代資本主義自保、免於認真改變的一種方式。

今天多數的文化創意人都顯得不知該如何表達這個問題。但一些優秀的新方法的確對一些問題有效，可能也不久就能讓文化創意人看見。以下是一項特別迷人的方法。

·新的設計作業

威廉·麥多納是維吉尼亞大學的建築學院院長。他慣於替學生出些不尋常的設計作業，打破老舊盲目的建築框架，使他們掙脫出來。第一堂講課中，他丟出兩項挑戰。第一：「我們來做一個追溯到第一次工業革命的設計作業。你們能不能替我設計一個系統，可以製造出幾十億磅精細危險的有毒物質，然後每年放進你們自己的土壤、自己的空氣、自己的水源裡？你們能不能設

計一個系統……可以靠自己能挖掘、砍伐、掩埋、毀壞多少天然資本，來衡量自己有多富庶？」他繼續說，並以這個問題結束第一項作業：「這個系統合乎倫常嗎？」接著他出第二項作業：「設計一個系統，不會製造任何危險的有毒物質放在自己的土壤、自己的空氣、自己的水源裡。再用自己能在健康安和的恆常封閉體系內放入多少天然資本，來衡量自己有多富庶。」他說：建造一個系統，讓這種傳統不會製造「跨世代的遠距暴政」。他動人地問：這樣不是會很有趣嗎？你們不想要重新想像這個世界嗎？

　　事實上，威廉·麥多納已投身於創造他與其他人稱爲「下一波工業革命」的事業裡。他就像落磯山研究機構的亞莫·瑞羅文斯和界面公司的雷·安德森一樣，已經有些激勵人心的成就。其中之一來自平常看似微小的作業：設計一種可以安全回歸土壤的裝潢織品。麥多納和同僚進行遍及全球的研究，不只利用研究技巧，同時也投注相當的說服力。他們先從紐西蘭的羊毛開始，在菲律賓發現額外的纖維，接著前往歐洲尋找「乾淨」的染料、面漆、拋光劑、防焰材料；也就是指沒有導致突變的物質，沒有致癌物質，沒有重金屬，沒有頑強的毒物，沒有生物累積的物質，沒有破壞內分泌的物質。麥多納問：誰要和我們合作？六十家化學公司拒絕了。

　　該團隊去找汽巴嘉基（Ciba Geigy）的董事長，解釋這些協議與這項工作可能對該企業造成的長遠衝擊。董事長同意，並親自協助注意紡織業界的八千多種化學品。他們必須扣掉7962種。「最後我們剩下三十八種化學品。」麥多納告訴學生：「我們用三十八種化學品完成整個紡織線，它完全安全。可以拿來吃。」他說，這個紡織線贏得獎牌，在市場上的反應也相當不錯。但他覺得真正驚人的有兩個生動的細節。一、當地的園藝社團用廢織品當護根層。二、當瑞士檢驗局到工廠檢查製造過程中排放的水時，找不到正常飲用水中可以找到的東西，他們以爲設備壞了。因此他們在進來的水中測試設備，發現織品還進一步過濾了水。麥多納告訴學生：「當結果是流出織品的水比流進去的水還乾淨時，你們就知道自己剛剛達到我說的下一波工業革命了。」[24]

多數「生態學家」就像威廉・麥多納,也要一種有別於產業主義基礎的全新經濟。他們要科技產品好得能讓人類存活下來:「適當的科技」或小規模、當地的科技,不使用太多能源或材料,或不會污染又可以完全回收的東西。發展這種科技不只是挑戰核能發電廠、高速公路、化學場搭建的位置,也不是爭取更完善的規章與污染控制,而是創造良性的產業基礎,用新的方式使用科技。許多「生態學家」都將樂於找到能連帶讓大能源公司、大汽車公司、大資源開採公司(林木、農產銷、礦採、化學品)做不成生意的新科技。他們正尋找差不多能用在每一項科技、每一種產業的另類法,不會(套句威廉・麥多納的話)「爲我們的子子孫孫製造跨世代的遠距暴政。」

・奇妙的錯綜複雜體

文化創意人不一定比其他人更擅長回歸於生態需求,但他們對此想要更擅長。在個人生活與社交冒險中,他們都在創造,他們熱切地——有時是笨拙躊躇地——替全新的工作方式尋找空間。而且他們花時間去(或試著去)聆聽自己的意識和良心的回應。

落磯山研究機構的合作創始人亞莫瑞・羅文斯花費好幾年的時間設計阿姆斯特丹的一家銀行建築物。他說他用一個整合迷人的過程,創造出全體系的生物建築。如果有什麼故事能象徵文化創意人花時間,那麼這個故事可能就是了。

針對五十萬平方英尺的建築物,銀行的董事會告訴羅文斯:「我們要一棟有機的建築物,充滿了光線、空氣和水。生態的植物、悅耳的聲音、快樂的人。而且每平方公尺不會(比其他設計)多花一塊錢荷幣。」羅文斯與團隊花了好幾年的時間設計這棟建築物,因爲他們就像創造一個活的體系。羅文斯解釋,自然演化從不單獨設計一部分,「因爲我們一開始在工程學就學到:如果你只設計一部分,就會讓整個體系悲觀。」表示你從各種成分裡獲得最少的東西,而不是最多的效益。在阿姆斯特丹的團隊熱衷於從每筆支出中獲得多重利益。而那要花時間。

完整的設計團隊包括設計師與藝術家及營造人員，還有會在建築物裡工作、營運的人，以及景觀建築師。根據羅文斯的說法，他們的協議是這樣：「如果有任何人不懂什麼事情，這個過程就必須停下，一直到解釋得讓人滿意為止。你要向機械工程師解釋景觀設計，向景觀師解釋空調設計。」他說：這個不凡的方針造就了「相當神奇的整合水準，牆上的伸縮縫是黃銅和彩石藝術品，光從中庭彈落，反射到藝術家在那裡放的彩色金屬片，所以太陽白天都在移動，底下也看得到光線不同的色彩。」至於濕度控制和音響遮蔽，則有青銅的流水形雕塑流過欄杆。

在完成的建築物裡，西裝筆挺的人如今沿著欄杆扶手敲著手指頭，銀行也回報大量增加的生產力。羅文斯對此已經司空見慣，他有八件個案研究顯示：工作場所成功，人置身其中便可以看得更清楚，也覺得舒適，還能聽到自己思考。那麼整合設計過程的盈虧狀況呢？那棟建築物最後用了十分之一的能源，也沒有比蓋一棟傳統受限的設計多花一塊荷幣。不僅如此，設計師群逐步發展出一種工作法，映照出他們最後打建的建築物：活力有機的環境，比現代派視為理所當然的靜態、機械式的工作脈絡，多了許多生氣、創造力和人味。羅文斯觀察：人是真正錯綜複雜的有機體，工作時把這點記在心理，部分的樂趣會在於找出「錯綜複雜如何轉變成某種蠻奇妙的東西」[25]。

·不左也不右——在前面！

政治觀察家覺得生態運動很令人不解。強權政治中只需要輕微的利益，看是選舉的利益還是施壓團體的利益。但要達到生態健全，就得關注重新設計文化中的每個面向：我們的都市與城鎮能如何籌畫；交通系統能如何運作；新科技如何用於產品、商業、工業過程；商業能如何組織；我們如何衡量公司或政府計畫花費的價值；我們如何在家裡生活；如何在社區生活，或在社區生活不下去；我們如何參與公民文化，或無法參與公民文化。生態學家辯稱，若沒有做出這些科技與文化上的改變，即使掌管政治機器也沒有用。

　　多數生態學家不是自由派也不是保守派，不是傳統派也不是現代派。對政治觀察家而言，他們似乎是奇怪的大雜燴——也可能什麼都不摻雜。當他們敦促大家謹慎使用科技，努力保存老森林及古文化遺址、老舊建築物、老舊價值觀、老舊的生活方式時，他們聽起來還蠻傳統的。（《生態學人》的前編輯愛德華・戈史密斯〔Edwarad Goldsmith〕辯起保存「本地文化」，即早期現代文化中的小村莊與農場生活時，聽起來就可以像是背部長滿青苔的特洛伊人。但那是因爲他相信它們對長期的環境永續衝擊力夠低。）然而，多數走在尖端的生態學家都想要平等參與的社會，才能拒絕過於退化獨裁的宗教右派及商業保守人士。同時，多數人也排斥自由主義與馬克思主義爲太成長導向及太熱愛物質商品。他們不是什麼「極端的中間份子」。他們脫離了左右兩邊的範圍。德國綠黨用這個口號總結自己的立場：「我們不左也不右——我們在前面。」

　　生態學家時常看出他們與其他新社會運動相互依存。理由之一是想重新設計文化中幾乎各面向的人都需要的很多協助。另一個理由是很多生態學家從古至今皆投入婦女運動。所以他們在找更大的社群，能與他們分享個人的興趣與承諾。這種包容與重疊的興致幾乎在每一天的每一場會議中都很明顯。如果你在舊金山與熱帶雨林行動聯盟的行動主義者（以生態行動的鬥牛士聞名）碰面，就會比桌邊二十多歲的年輕人發表的地球觀點，聽到更多內容。你會聽到女性主義、同志解放、社會正義、有機食品、靈性和第三世界的說法。這些議題都在他們呼吸的空氣裡。他們正在用創造力努力完成新的設計作業——重新想像全新的文化。

　　事實上，生態學家在世界觀革命性的變化中，正走在尖端。這就是環保署調查中的蓋亞立場：「地球是活的體系，我們需予以保護。」65%的文化創意人同意，49%的全美國人也同意。這項立場逆轉了以人類爲中心的觀點：只想就個人需要而剝削地球——隨著農業革命出現，而在工業革命中強化的萬年觀點。新興生態學家的觀點是「以生物爲中心」或「以生態爲中心」，與原住民族（好比熱帶雨林的民族）的世界觀有相似之處。這種觀點不把地球看成是人

類在頂端的金字塔，而將地球視爲生命的網絡，人類只是網中的一縷線繩：我們對地球的作爲，就是對自己的作爲；我們屬於大自然，不是自然屬於我們；我們對大地之母有義務，而不是只顧自己。要爲她著想。

---

1. ［原註］愛麗絲・華克（Alice Walker），〈我們有位美麗的母親〉（We Have a Beautiful Mother），《她的湛藍身體我們認識的一切：世俗詩1965-1990》（紐約：Harcourt Brace & Company出版，1991年）。

2. ［原註］艾爾金（Duane Elgin）與樂竹（Colleen LeDrew）對1997年心智學中心與費茲學會的研究報告《全球典範變化》（Global Paradigm Change）中針對環境議題的跨國調查，做出優異的摘要。二十四國的環境態度研究就是國際蓋洛普在1993年進行的地球健康調查。調查主任唐賴普（Riley E. Dunlap）博士的結論表示研究「顯示幾乎全球公民皆察覺地球的健康狀況的確不佳，對未來的福祉也至爲關切」。幾乎在所有國家中，超過70%、範圍高達90%的人表示個人對環境有「相當程度」或「絕大程度」的關切。在發展國家中，這個數字甚至一貫更高。（美國是85%。）對全球動植物種類損失關注的程度甚至更高；相信這個問題「非常嚴重」或「有些嚴重」的人持續維持在85%到95%（美國同樣是85%）。在重擊現代資本主義的一項主要計畫中，絕大多數的人說自己會選擇保護環境勝於經濟成長。工業國家中，這個百分比的範圍從53%到77%（美國是58%）。開發中國家中，這個百分比的範圍從53%到71%（只有印度、土耳其、奈及利亞例外）。

3. ［原註］大衛・鈴木（David Suzuki），無題，語見羅伯茲（Roberts）與亞米頓（Amidon）合著的《祈禱文》（Prayers），第212頁。

4. ［原註］語出凡馬特（Steve Van Matre）與魏爾德（Bill Weilder）編著《地球開口》（The Earth Speaks）（伊利諾州Warrenville: Institute for Earth Education出版，1983年）第67頁。

5. ［原註］李奧帕德（Aldo Leopold），《沙郡年鑑》（A Sand County Almanac, With Other Essays on Conservation from Round River）（紐約：牛津大學出版，1981年）

6. ［原註］約翰・繆爾（John Muir），〈內華達山的第一年夏天〉（My First Summer in the Sierra），見凡馬特與魏爾德的《地球開口》，第53頁。

7. ［原註］威廉・肯特（William Kent）的故事根據伊麗莎白・肯特（Elizabeth T. Kent）寫的傳記〈威廉・肯特，獨立〉（William Kent, Independent），年代不明，可由馬連郡立圖書館資料庫讀取。這個故事有個驚人的不正確版本，出自羅威（Galen Rowell）的《灣區荒野》（Bay Area Wild）（舊金山：山巒協會出版，1999年）

8. ［原註］安妮・狄勒（Annie Dillard），《朝聖叮咯溪》（Pilgrim at Tinker Creek）（紐約：Harper and Row出版，1974年），第201頁。

9. ［原註］瓊安娜・梅西（Joanna Macy），無題，見羅伯茲與亞米頓的《祈禱文》，第158頁。

10. ［原註］瑞秋・卡森，《寂靜的春天》（紐約：Fawcett出版，1962年），第262頁。

11. ［原註］《寂靜的春天》風評語見葛特列（Robert Gottlieb）對美國環境運動的傑出論述《脅迫春天》（Forcing the Spring）（華盛頓特區：Island Press出版，1993年），第85-86頁。

12. [編註] 麥卡錫主義是五〇年代由美國參議員麥卡錫（Joseph Raymond McCarthy）煽起全美的反共主義，而引起美國內的政治偵防事件。至今，麥卡錫式有著反共、白色恐怖之意。

13. [原註] 蘇珊·葛瑞芬（Susan Griffin），《女性與自然》（Women and Nature）（紐約：Harper Colophon出版，1978年），第219頁。

14. [原註] 馬克·道威（Mark Dowie），《敗退》（Losing Ground），（麻州劍橋：MIT Press出版，1996年），第5頁。

15. [原註] 同上。

16. [原註] 到了1980年代，果然不出所料，保守派對環境運動的主要反對勢力形成了。首先，宗教右派製造文化反撲，反對所有新社會運動。其次，逐步提升運動的要求——更安全的工廠、更少的污染、更健康的產品、限制伐木與採礦、降低石油外洩與化學物釋放風險——造成削減利潤與高價開銷的威脅，因此大企業心懷恐懼。製造污染的企業看似不久即將遭起訴，求償以百萬計的美金，並將受政府規範。

第三個因素是新保守運動興起，成立時，老式的極端右派（如約翰·伯奇社〔John Birch Society〕）、高華德（Barry Goldwater）的陽光帶共和黨員、東北方錦衣綢緞的塔夫特（Taft）共和黨員都加入最可能受到規範的企業勢力——並從傳統派召來志工。鍍金時代末期反對威廉·肯特與老羅斯福的同一批擔憂反動的富豪，提供這項運動的財源。當所有勢力都加入，企業得以收買州政府與聯邦政府層級的議員時，列隊反對環境主義的勢力的確很大。到了雷根總統的1980年代，他們便時常能中立全國的環境組織機構。

華盛頓會議桌上的幾方包括：破壞環境的大企業、保守運動（由相同的企業贊助）、政府官員（常相與同的企業有關，企業透過競選獻金或希望從任期中找到未來工作）、大型環境組織（常與律師事務所有關，他們希望和那些企業做生意、從基金會中獲得資金，那些基金會的理事會和那些企業都有關係）。那些妥協都有利於大企業也不足爲奇。草根運動只是餘興節目，是明星演員和主要活動都看不見的表演。

17. [原註] 馬克·道威在《敗退》中詳實記錄這種轉變。亦見葛特列《脅迫春天》，第117-61, 316-19頁。

18. [原註] 柯林頓陣營的競選總理，他將競選焦點聚集在經濟，以這句話及經濟議題使當時民調指數低落的柯林頓贏得選戰。

19. [原註] 唐奈拉·梅鐸（Donella Meadow）、丹尼斯·梅鐸（Dennis L. Meadows）、尤根·藍哲（Jorgen Rangers），《超越成長》（Beyond the Limits），（佛蒙特州Post Mill市：Chelsea sGreen Publishing Company出版，1992年）。

20. [原註] 肯普敦（Willett Kempton）、鮑斯特（James S. Boster）、哈特莉（Jennifer A. Hartley），《美國文化中的環境價值》（Environmental Values in American Culture）（麻州劍橋：MIT Press出版，1996年）。

21. [原註] 我們用「主題」，代表我們用因素分析與多元尺度在問卷項目中認定的鮮明團體。每個比例都遠比單一問卷項目可靠得多。

22. [譯註] Gaia，希臘神話中的大地女神，另譯蓋婭。蓋亞假說（Gaia Hypothesis）指地球包含豐富多樣的生命，生物間具有循環及相互依存的關係，而地球本身也是完整的生命體，在面臨外在或內部的干擾或破壞時，會透過氣候或化學反應等途徑來抵抗，具有一定程度的自我調節能力。

23. [原註] 我們特別強調「生態學家」，以便將這些政治行動主義者及思想家與生態科學家區隔。我們在此避免稱他們爲綠色，避免與綠色文化創意人或綠黨混淆不清。

24. [原註] 威廉·麥多納（William McDonough），〈下一波工業革命〉（The Next Industrial Revolution），《集體傳承會訊》（Collective Heritage Letter）（集體傳承學會出版品，新墨西哥州聖塔菲），1998年，1, no2。

25. [原註] 亞莫瑞·羅文斯（Amory Lovins），〈以生物設計〉（Designing with Biology），《集體傳承會訊》（Collective Heritage Letter），1998年，1, no2。

第六章
覺醒

晨風有祕密要傾訴。

別回去睡。

你須求心之所欲。

別回去睡。

眾人來回跨越門檻

兩個天地的接觸點。

那門圓潤而開展。

別回去睡。

魯米[1]

　　數百年來，詩人與神秘主義者都在告訴我們：醒醒。醒來面對真正的自我。醒來面對自己目前與周遭的關係。凝視某人的眼睛，再看看誰報以相同的眼神。穿透兩個天地間接觸的奧祕，別回去睡，覺醒的意識特質不可勝數，位於我們生活的表面底下，超越了理所當然、自動駕駛裝置、「昨日，快一點，我要」而不管如何完成或由誰完成的心態。雖然覺醒要化為文字並不容易，但它是可以辨認的。英國作家喬伊思（James Joyce）將之描述為靈光乍現，赫胥黎（Aldous Huxley）談到清理觀點的門。詩人瑪麗・奧利佛（Mary Oliver）則無論談到金絲雀或牡丹，或躺在沙灘上碎裂的蛾螺，都時時召喚著覺醒。

　　覺醒可以馬上化為實體，是你自己和萬物間一種安靜深入的接觸。它能以長期修練的果實出現，讓你溶解消散而滿懷感激。它也可以感覺像是恩惠、或樸實、或智慧耀眼的清澈。覺醒也可以充滿痛苦。肩胛骨內的一塊碎冰錐。心臟柔軟組織內的撕裂感。你看到自己如何傷害他人或背叛自己，或沒有發出不平之鳴。你認出了自己多年或一生以來，都毅然決然從旁走過的貧窮、孤單、悲痛。

　　先不論你自己經驗的內容，當你開始覺醒時，你就能體認到一些真誠的事。你醒來不會面對虛假的事物，而是在以往從不知道的層面面對真實的事物。或是面對你曾經知道卻遺忘的事物。那麼出現的就是心理學家米哈里‧契克森米哈賴（Mihaly Csikszentmihalyi）所稱的「流動」和禪所說的「如是」及各種靈性老師所稱的「自由」。舊我脆弱的外殼消融——只要一下子或一小時——你便不再是自以為的你。而無論是完整、新鮮、堅定的「此地」、或其他千百種生存狀態，重要的是，你終於到達自己生命中那個光芒四射的中心。

‧邀請意識降臨

　　各個時代，埋首於各種修練（從祈禱到武術到治療）的人都在尋找方法，邀請我們的意識降臨。專心、靜坐、冥想的練習已聞名千年，神聖的植物與聖地及特別的修練（如過火及回教托缽僧的旋轉）亦然，但沒有一個時代像我們這個時代，這麼盡力追求偉大的覺醒藝術與技藝。

　　我們的祖先只知道一種真實的方法，而我們的身心靈則有豐富的可能性。今天比起歷史上的任何時期，人們都知道更多世界上各種文化與宗教的多樣修練。現在每天都有許多門敞開，邀請我們進來見識、品嘗、認識人之所以為人的意義。這個覺醒的文化過程，遠遠超越現代標準的醒來與睡著、喝醉再清醒的過程。傳統兇猛的保護法讓許多宗教戰爭與審訊興起，這股覺醒帶領我們超越了這種保護法。它的感覺就像浮冰破裂、沙漠得到水源灌溉、認識與存在的新方法由內向我們外在的周圍展開。

　　這種文化覺醒是成分互異的各種運動、組織、潮流所組成的大型綜合體所

關注的事：包括人類潛能運動、迷幻藥探索；所謂的新靈性，根據大量相當古老的佛教、印度教、道教，北美印地安傳統，居爾特修習，神秘的猶太教、蘇菲教、基督教，同時包括威卡（Wicca，十分古老或非常新鮮，也可能新舊兼備）；體能、瑜珈、各種武術；療癒修習，包括針灸、療觸、聖療手；廣泛的祈禱與靜坐。我們統稱爲「意識運動」，因爲它們普遍的意圖在於敞開我們陳腐老舊的心態，將灰塵從裹住我們的封套上撢去，用一千種新舊兼備的方法，引導任何一個願意露面並關心人類的新鮮經驗的人。

意識運動登場

意識運動可以追本溯源近一千五百年來歐洲的宗教與社會運動，以及美國超越主義者和十九世紀與二十世紀初的其他人。愛默生、狄金蓀、瑪格麗特・富勒（Magaret Fuller）、梭羅都是耳熟能詳的名字，心理學家威廉・詹姆士與自然主義者約翰・繆爾亦然。但同樣重要的是寫下《宇宙意識》（Cosmic Consciousness）的加拿大醫師理查・柏克（Richard Burke），與基督科學的創始人瑪麗・貝克・艾迪（Mary Baker Eddy）。

然而，意識運動較近代的開端發生時間相對較晚。其脈絡是在整個經濟大蕭條、接著在二次大戰中犧牲奮鬥的一代。那一代許多成員都失去了朋友與家人，進入1950年代，便竭力爲自己及子女爭取物質上的繁榮與安定。正如作家兼教育學家伊麗莎白・賴瑟回憶起這一代，說他們「在匱乏與恐懼的時代形成一種內在的特性。他們喜愛秩序與衛生，對情緒的需求採取犧牲的態度，用錢謹愼，對物質品帶有敬意，都直接反應了他們早期缺乏的種種」[2]。

1950年代末期，這一代的主流美國白人很多都在拼命消化可怕的現實生活。非裔美國人的權利已經遭到踐踏。我們自吹自擂的自由——在二次大戰與麥卡錫主義的冷戰初期，以及原子彈、艾森豪的年代都旗幟高張——如今又沾上骯髒的污點。而雪上加霜的是：剛剛當選總統的是個天主教徒[3]。

接著的1962年，簡直是像整個地獄都鬆脫了。數不清的手指指向不可言傳的恐懼，高聲抱怨有臭東西藏在集體的客廳地毯下。那些指著手指、暴露隱藏假想的人，當然就是焦慮謹慎的那一代的子女。這些毛躁、認真、堅定的後裔想離開秩序與衛生及架構，進入新的思考與認識及——特別是——經驗的方式。他們就像自己的父母輩，也有一種深切的目的感。那不像擊敗希特勒或東條英機[4]那種遠方的敵人——他們很確定。反之，他們的目的是更直接針對家庭。

但那個目的究竟是什麼，又將如何實現，都是折磨了這一代幾十年的問題。兩個改變的支流從他們的渴望改變中發展而出。一個是新社會運動，另一個便是意識運動。

正如至關重要的新社會運動塑造了文化創意人的世界觀與價值觀，意識運動也是如此。但新社會運動的影響力遍及這整個新興的次文化，而意識運動卻只集中對核心的文化創意人產生效果。約有半數的文化創意人，即兩千四百萬人，是意識運動的意見領袖，也是最堅決的代言人。比起內在發展的議題，其他綠色文化創意人對社會與環境議題要有興趣多了。但核心的文化創意人不同，他們對這兩種議題都深表關切。本章中，我們將得知這個深具影響的團體如何發展而成，又如何在整個更廣泛的社會上，造成對意識產生興趣的狂潮。

· 鬧鐘響起

彷彿鬧鐘大約訂在1962年開始在全國各地喚醒眾人，卻沒有人能夠關掉鬧鐘。在一個異常壓縮的時期，一直在整個1950年代冷戰期悄悄擴大的事件開始露臉，就像質問的合唱團，攻擊原本似乎無懈可擊的想法與生活方式。美國對於完美的自由與民主抱持自滿的心態，新社會運動對此加以猛攻。與此同時，意識運動反而將視線向內投射，挑戰一切私密的假定事項，從個人身分到真實世界本身都有。鬧鐘響遍整個文化，干擾所有人的睡眠。

顯然，1960年代不只是一堆亂七八糟的精神導師、熱水澡盆、奇怪的宗教夾雜著在街上遊行示威的群眾。正如我們所見，當時的事件孕育出重要的文化

革新。但新社會運動的反應更迫切，而且隨處可見，隨時可能盡量在你面前出現，而意識運動的反應則較爲安靜微妙。在意識運動的一兩項發展中興高采烈、卻對自己屬於什麼仍相當模糊是相當有可能的。似乎有什麼激勵人心的事在進行著，稍微看一下，就會發現好些人的修辭與理論：休斯頓‧史密斯的《人的宗教》[5]、完形治療之父波爾斯（Fritz Perls）的《進出垃圾桶間》（In and Out the Garbage Pail）、心理學家舒茲（Will Schutz）的《喜悅》（Joy），及東方學家艾倫‧瓦茲（Alan Watts）、克里希那穆提（Krishnamurti）、卡羅斯‧卡斯塔尼達（Carlos Castaneda）、瑪麗‧戴理、藍達斯（Ram Dass）等人的書。只是隨意舉幾個例子。特殊的地方也可能找得到：加州的伊莎蘭、蘇格蘭的號角社區（Findhorn Community）、田納西的農場，以及後來在紐約上州的歐米茄學院（Omega Institute）與紐約市的開放中心（Open Center）。

第一代的熱衷人士在全國各地的道場和禪堂和教堂地下室和客廳裡聚集，似乎感覺沒有什麼比他們打算做的事更重要：那就是了解自己。學習如何站穩立場、找到中心、對自己的眞理有相當的把握，才不會被另一個人或文化本身所動搖。要體現憐憫。要眞正自由。

意識運動的前提是：那些獨歸聖人、詩人與偉大思想家的成就，其實是我們共通的本性。如果有一種從過去的約束與無知中解脫的自由，有開展這項潛能的支柱，那麼每個願意投注時間與心血的人，都會找到人類最深刻的眞理。這種與生俱來的權利很深奧。但如何達到、該相信誰、到哪裡去找老師，就是一大謎題了。這樣說吧，這幾乎不像第在五大道的遊行中露臉，或在亞特蘭大市中心的「學生非暴力協調委員會」辦公室裡與朋友會面那麼直截了當。

其他鮮少有人提及、卻依然存在的問題也跟著出現，例如：要花多少時間？四十多歲的心理治療師珍妮佛‧衛伍德回想十五歲進道場的光景。「我心理想，給自己多一點時間，我一定能在十七歲開竅。」她笑著說。他們想知道：沒有更簡單的方法嗎？多少不能想像的悲哀、喜悅、福份、絕望在等著我？等我到了自己以爲要去的目標時，我還會認識自己嗎？而常有的擔心是：我

怎麼分辨好東西和壞東西、聖賢哲人和江湖郎中的不同？卡若萊・亞柳托（Caroline Alioto）如今是藏傳佛教噶舉傳承下的喇嘛，她記得自己在青少年時參加「越南之夏」。「我過完那個夏天，體認到戰爭就在我心裡，在我們每個人心裡，就像在越南參戰的軍人心裡一樣。我決定把自己的侵略性從心裡根除，然後才能朝平靜修行，但是我花了好多年才找到信任的老師來指引我方向。」

・橫跨兩代的覺醒

從長遠的角度來看，第一代意識行動的焦點或許可稱為個人覺醒。個人覺醒的問題是個人的，從外在到極度的自我中心都有，而且時常坦誠私密地令人難受。亞洲國家的心靈老師都很苦惱，他們發現西方學生對倫理與靈修團體的傳統精華，就是沒興趣。

意識運動的前二十年，在心理治療與體能訓練及心靈修養上，就是把焦點放在自己身上的這種基調。尋求探索的年輕人對於燒毀通往過去的橋樑，具有絕對的偏好，宣告著個人獨立，開始尋找自己獨特的方向。這有部分是因為他們的確要離開家裡，想推開賦予他們生活意義與遠見的脈絡，即使他們私底下對於自己的資源和遠見仍然覺得不穩固也無妨。但事情不僅於此。他們真的覺得有需要切斷舊文化的束縛，為新的發展鋪路。

到了1980及1990年代，第二代文化覺醒的成長或許可稱為文化覺醒。老練的熟手對於那些原本似乎毫不相干和令人怯步的問題，開始表示關心，將個人拓展到對社會地球有益的強烈關切。女性尤其變得對為人師表的倫理與道德方針、及全球婦幼的狀況表示關切。為人父母者想要有包容子女的社區，也開始渴望有長輩的存在。有些人加入或創立睦鄰協會與地方行動團體。他們剛開始和之後在團體的私下沈思與通訊會刊中，都進一步推進第一代的前提。他們問：如果聖人、詩人與偉大思想家的成就，是我們共通的本性，那我們如何讓每個人都能獲得這種本性？有沒有讓覺醒更容易、更好取得、更正常的方法？

就一方面來說，第二代在用新的方式清楚表達傳統東方的觀點。在東方，

內在修養的目的從不只是為個人的利益。那一切努力不可能只為了自己。特別是在通往靈性的門徑上，那條路絕非只是用來刺激或脫離惡劣的日常生活或降低血壓。那條路是為了從無意識的睡夢中覺醒——不只是為了自己，而是如佛教徒的誓願，眾生度盡。

然而，發出自己最深切的意向是一回事，從坐墊上站起來、從表達力旺盛的藝術團體或治療中心離開、實際加入陳述這世界的問題和利害關係又是另一回事。這向來是第二代意識運動的工作：看見、感覺到醒悟的心，帶入自己的生活，進而幫助治療這個世界。

我們來檢驗第一代混亂的實驗初期，找出他們如何將意識議題帶入自己的生活。然後我們將跟著第二代，看他們現在如何將新的文化形式，帶入美國生活。

第一代

當行動主義者示威反對原子彈時，嬉皮正在吸食迷幻藥。而一些大學生在南方的餐廳櫃台靜坐抗議時，其他人正在禪坐。當幾個女性小團體創立意識覺醒的團體時，其他人正在學習治療和按摩療法。整個1960與1970年代，意識探險家與行動主義者似乎就像兩個極端，雖然有些冷不防的中傷，但主要仍是自顧不暇。每個運動都視自己為生命所需要的完美典範，何必浪費時間看其他的地方？

這個時期最實際的親身經驗之一，可以在瓊安‧陶利芙森（Joan Tollifson）的回憶錄《超簡單冥想》（Bare-Bones Meditation）中看到。身為1970年代政治與殘障權的行動主義者，她描述到自己考慮離開極端的左派團體是什麼樣子：「我自己仍然有些相信他們是解決世界問題的不二法門，離開了他們，我就不再參與世界的生存戰爭，也變成自私自利的人群。」[6]

離開會變得特別困難，是因為她要開始靜坐。她說，她想要「坐下，閉嘴，傾聽」。最後她真的跨出這一步，成為用功的禪學生。不過事後回想，她在

此不久前才做了一個夢，象徵新社會運動與意識運動的隔閡：「我夢到我在大型的政治遊行或閱兵典禮上，我和國際黑天覺悟會（Hare Krishna，或譯爲奎師那國際組織學會）代表團一起行進，穿著橙黃色袍子擊鼓頌唱。我們從我同志們的左邊經過，他們看到我和心靈代表團一起行進時，感到十分震驚惶恐。我覺得好羞愧，彷彿做了什麼見不得人的事。但是我就在當場，沒有回頭的餘地。」[7]

然而，儘管表面有所不同，但很多人仍在覺醒。對意識運動中的人而言，最引人覺醒的呼喚是來自於太平洋岸邊的一個小型溫泉度假中心。

·伊莎蘭

對根植於眾人生活表面下的運動，你如何描述它的開始？能見度最高、最早期的開始就是伊莎蘭研究所（Esalen Institute），由麥可·墨菲（Michael Murphy）及理查·普萊斯（Richard Price）於1962年開始，此地在後來轉變的意識運動中，成爲一批非凡卓越的老師、行家、演說家與作家的跳板。

伊莎蘭始於一項野心勃勃的計畫，要探索人類的意識[8]。早期的專題研討會清一色是閱讀書目，二十多人坐在木頭椅子上聽人口頭探索「偉大的觀念」（〈印度哲學家阿羅頻多之見〉、〈人類經驗的演化〉）。不時會有討論打開人類靈魂的新資源、詩作朗讀、民謠或室內樂的音樂會。政治科學家華特·楚耶·安德森回想：「它在腦力上有刺激的效果，而且也很安全。」[9]

一年內，伊莎蘭經歷鮮明的轉變，從純智能轉爲體驗。週末的祈禱靜坐可能夾在兩場迷幻藥的專題研討中間（安德森回想研討會中有些參與者「受主題啓發，也會自己帶迷幻藥來」），提供了交心團體、完形治療、體能鍛鍊的樣本。其後的幾年，這些個人發展的供品變成與伊莎蘭劃上牢不可破的等號，最後許多人都相信這些門路是從加州誕生的。事實上，它們都根植於二十世紀早期的歐洲哲學及心理學[10]。

伊莎蘭的貢獻就不一樣。因爲它是美國第一個這種類型的中心，又因爲兼容並蓄，所以爲意識運動提供了鎔爐。又因爲伊莎蘭是營利事業，所以爲日

益增長的社會大眾，引進了那些運動的元素和老師。最後，因為創始人與全體長期的諮商師及老師們全心投入的都不止是事業，還有種種振奮人心的冒險精神，所以伊莎蘭持續了下來。

最後這項貢獻結果變得重要無比。在一項實際工作大量隱形的運動中，想成為意識探險家的人有地方可去，是很重要的。如果他們想投入人性中更遠的範圍，就可以開車走上綺麗（也差不多危險）的一號公路，到意識運動中這個沸騰的發源地。

伊莎蘭並不如兩位創始人展望的那麼壯闊崇高。畢竟，它仍是二十世紀末四十年的意識運動中，一個仍在摸索、理想、不清楚的小環節，銜接著意識運動可以或即將發展的一切。伊莎蘭具有遠見卻又天真，具有魅力卻又推託，經常聰穎卻又帶著轟轟烈烈的氣勢，同時它也是渾濁的個人野心與角力的溫床。要略過它太容易了，然而它是意識運動的議題在美國生活中變得清晰可見的地方。伊莎蘭混亂的實驗初期，連同其後出現的許多現象，就是真正的新文化形式誕生的標誌。

號角是北蘇格蘭的靈修中心，與伊莎蘭同樣在1962年開始。我們的深入專訪中，許多文化創意人都帶著感懷的心，描述自己在早期這一兩個中心的經驗。他們說，這些中心是治療與支持的避風港，承載他們度過旅程中最黑暗的夜晚。他們說：伊莎蘭和號角提供他們在更廣泛的文化中全然缺乏的真貴資源。

接下來的故事發生在1970年代的伊莎蘭，描述一位年輕女性不太清楚為何而來、卻與自己全然不同的意識層面對面的經驗。那是她以往從來不曉得的意識層。

・認識佛陀

1975年，我期待加拿大的一月會有水泥色的天空，做了一件難以想像穩重的大學教授會做的冒險活動。那件事源自我設法竭力忽略的悲哀。從外表看，我的人生很完美。在相對年輕的三十二歲，就獲得教授的職等、拿到一家大出

版公司的出書合約，有一間雅致的市中心公寓。但內心裡，我覺得自己像是壓扁的紙板。我與先生和他的孩子分居了一年，獨居，我做的每一件事似乎都無關緊要。

一天，我在附近的一家機構聽演講時，特殊的事情發生了。時常在我心中的重擔在片刻間移開，一種安全感像驟降的春雨飄送而來。我十分驚訝。發生了什麼事？我一點頭緒也沒有。但是我知道我要多多感受這種經驗。演講結束時，演講人說他即將在伊莎蘭為「治療家與治療師」開一門課。我是從事研究的心理學家，完全沒有治療師的想像力，甚至除了自己之外，對治療其他人也沒有興趣。但我還是報名了。

一個月後，我在機場正要前往加州，感到莫名的喜悅，沒有人知道我要去太平洋邊那個聲名狼籍、人人自我耽溺的研究所。檢查我旅遊文件上目的地的海關人員眼睛一亮。「伊莎蘭？我看過講那個地方的電影。熱水澡盆，對吧？」我阿諛奉承了一下。

第一週是額外的，附加在原本計畫的那一個月外。「各位幾乎都是專業人士，」舉辦這次靜修的女士在電話上輕快宣布。「心裡裝滿了你們知道的一切，這樣會沒有辦法吸收任何新的東西，所以我們推薦這額外的一週，用來打開你們的心房。」整個旅程對我而言似乎都瘋狂無比，我想我乾脆也參加這額外的一週好了。那是「禪學課」，一天面壁坐十四個小時，與圍成圓圈慢走交錯進行。因為我們會不習慣以禪坐的姿勢坐那麼久，所以需要能夠偶而站起來，再設法保持靜坐。此外還會有禪師講一小時的課，那段期間可以發問。我心裡聳聳肩。隨便啦。

靜修的第一天，在著名的峭壁旁，我們約有二十五人在寬敞的起居室裡，坐在圓形的大坐墊和平坦的草席上。那是一間耀眼的起居室，充滿由太平洋反射的陽光及拍打岩石的浪濤聲。可是從學員跳上坐下的聲音來判斷，我們多半都已經苦不堪言了。我就很明白自己苦哈哈的。我的膝蓋在痛，心裡充滿了憤怒的大黃蜂俯衝而來的緊急訊息：站起來、走出去、回家。

終於到了禪師講話的時間。我可以靠在牆上休息，聽自己妄想的心喋喋不休以外的聲音。他用很重的韓國口音告訴我們一位叫雲門〔文偃〕的禪師和一個學生的故事。雲門在田野裡勞動施肥。學生鞠躬問道：「如何是佛？」禪師回答：「棍子上的乾屎。」學生搖搖頭漫步離開。他繼續雲遊，直到遇上洞山〔守初〕禪師。禪師在秤胡麻。學生又鞠躬問道：「如何是佛？」禪師回答：「麻三斤。」

禪師露出他的牙齒，對著我們笑了。「那我問你們，哪個答案比較好？」室內有幾個人想回答，但禪師機靈地讓他們陷入「法鬥」，來回反覆過招。他大喊：「你們一定要找到思考之前的心。如果你們在思考，就有好壞，就有頓悟和不頓悟。但是打開心胸，每件事都像原本一樣自然。」他環顧四周。幾個人動了一下。他好一會兒都沒說話。接著他用充滿歡快的如雷嗓門說：「深山裡寺廟的大鐘響了。真理就像這樣。」

我咬著指甲不放。當然，我每個字都聽得懂，但是我覺得我的心好像撞到磚牆。同時，這整件事都有點好玩。每個人都在笑：他抓到我們認真堅定的思考習慣了。然後有人發問，引發幾聲心照不宣的嘻笑聲。

「崇山禪師，」他用師父的法號問：「我聽到傳言，說有人請你去教沃納・歐哈德（Werner Erhard）的員工。」歐哈德是EST訓練法的創始人，在眾多融合心理學、佛教和自己獨特的見解，講述如何在市場上領先的派別中，他是其中的一派。沒錯，禪師承認自己一直在教美國大師和他的助手。

室內一陣激動的耳語。「所以他到底是什麼樣子？」有人想要知道。「他像他講的一樣頓悟了嗎？」到此，我們都露齒而笑，終於從早上這般實作、忍受關節疼痛、和真正的禪師坐在一起中，覺得稍微有點優越感了。

「沃納・歐哈德是佛陀。」禪師冷靜地回答。

驚愕。我凝視周圍的其他人。他們看起來煩躁、困惑。沃納・歐哈德怎麼可能是佛陀？他這麼狡猾、這麼自吹自捧。這會是真的嗎？他是佛陀？或許禪師被收買了。畢竟，沃納・歐哈德可能付給他一大筆錢⋯⋯

「同樣的，」禪師歡快地宣布，「棍子上的乾屎也是。」

啪！這是我第一次被禪打到，但談不上是最後一次。我既有的成堆意見應聲落地。我感到一種清澈的震撼，像下雪前清脆的冷空氣。「放開你們的意見、你們的情形、你們的狀況。」禪師又大喊：「然後你們的心就像空間一樣清澈。而頓悟和不頓悟只是空話。」

他看來滿意至極。至於我，就記憶所及，那是我最清醒的時候。到了伊莎蘭那五週的尾聲，我已經準備好走上新的人生途徑，帶我回到我先生和他的小孩身邊，離開大學，最後在我的家鄉開設禪學中心和專門談意識的廣播節目。

·心理學與不滿的種種

1960年代以前，二十世紀的心理學有兩條分支。第一條從大學流出，遵循物理學的軌道（這些心理學家中，有些自願承認「羨慕物理學」）。但是他們測量的目標最後卻讓整個領域都產生偏見，支配著實驗心理學與行為學的實驗室中簡單的模型。這麼多人性的成分必須排除：思想、感覺、創意、友誼、愛，更別說覺察、自發治療及利他主義的神祕狀態。其後根據電腦類比而產生的認知心理學，也幾乎沒有解決這個問題。

心理學的第二條支流從醫院及診所中竄出，因為醫師們企圖減緩失常病人的疼痛。但這種醫學模型提供了另一種頗為殘缺的人類寫照。健康、正常運作的個體，迅速恢復且真心回應的家庭，足以包容衝突與異樣的愛的關係——在從精神病理學鉅細靡遺的分析中遺漏。心靈生活有如不幸的退化，如幼兒渴望完整，而被除名了。

1960年代，心理學的第三條支流像新鮮的泉源般從既定的地景中迸發。在一系列的革命中，團體治療出場，連同各種模型和多套設計用來喚醒赫胥黎所稱的「人類潛能」的技巧學派。人本心理學之父馬斯洛堅持「最佳發展是切合科學研究的主題」，為終將成為關注健康與安康的洪流廣開大門[11]。

心理學與靈性愈受這第三條支流影響，便愈開始碰觸甚至融入這門似乎在

禁區內的學科。包括生物、宇宙學、量子物理的新科學；另類醫藥、治療及各式保健；藝術與藝術治療及藝術作爲治療法；舞蹈治療、直覺移動及各種體能鍛鍊與心理學的組合；包括牧師諮詢與超個人心理學的靈性與宗教。

這種百家爭鳴的混雜與融合，使心理學與靈性對一般大衆而言，更有趣得多。到了1990年代，具有若干心靈面向又更好用易懂的新心理學幾乎涓涓流入──有時是大量湧入──每個新社會運動及美國文化中的一大群其他發展。同時，傳統教派開始重新發現自己的心靈根源，也需要更好的心理諮商，無論牧師或一般大衆皆然。

對意識的新關注因此還是滲入了新興文化的各個面向，各種新靈性與心理學的實際修行盛況，超越了衆人的理解能力。意識運動極其多元龐大，每個人不是站在裡面向外看，就是站在外面往內看，大家都被喧嘩的衆聲嚇壞了。他們盡可能設法誠實，但即使口才最好的評論家，也傾向於理想化或誇大抹黑發展中的現象。一直到1990年代，這股成長的覺察中更深刻安靜的重要性，才找到平衡的表達方式與較爲持平的評論家。

・在這條路上二十五年

約翰・戴維斯是個纖細又相當害羞的心理學教授，也可以在表達經驗中簡單直接的眞相時，教人驚訝。你不會料到如此謙充爲懷的人可以這麼開放。就像你可能不會料到這位知識份子在全美大名鼎鼎的實驗心理學課程中，開設雜亂的課程，也在心靈學校內任教。但約翰正在把自己對自然、心理、靈性道路的愛交織在一起。這種互爲交織是典型的核心文化創意人，因爲他們發展一些方法來整合自己在日常生活中重視的事物。我們聆聽約翰的一些親身經驗時，聽得出這種紋理如何逐漸浮現到意識生活，其中又有多少需要抽絲剝繭[12]。

約翰與妻子搬到科羅拉多州的波德市，攻讀認知心理學博士。幾年後，他發現自己處於兩種不同的意識世界。一方面，他享受知性的挑戰，就思考與概

念形成的本質從事尖端研究。另一方面，他一頭栽入1970年代意識運動的新世界。「我曾……透過會心團體、靜坐、催眠、生理回饋與其他使意識抬頭的技巧，開始發現生命中截然不同的層面。攀岩在身體上給了我一種新的自信與力量，連同按摩及瑜珈，一起喚醒我更深層的潛能，面對以身體為中心的成長。」

他對這種種活動的看法描述，幾乎可視為當時未經世故的文化創意人所發出的眞言。「波德市是人類潛能運動的溫床，我也盡可能多方嘗試。」但幾乎正如每個人都會發現：過了一陣子，收集經驗便開始令人氣餒。「我的心蠻擅長於保護自己，不受任何會眞正改變我的世界和存在感的東西侵襲。」約翰解釋：「我在累積經驗，卻沒有太大的改變。」

·一種新的課題

從一種訓練到另一種訓練的幾年後，約翰·戴維斯認識了他願意追隨二十五年的老師。哈彌·阿里有種約翰稱之為「大無畏的特質」，是一種存在的特質：「最穩定暢通的存在，是我之前和之後都沒有遇過的，有些部分的我在向他回應。」

那不容易。這種「新的成長課題」以三個月的密集心理探索開始，帶出壓抑的憤怒與痛苦，以及許多兒時的經驗。這個過程結束時，約翰開放了不少，但他仍感覺到自己熟悉的失望感。他生命中的一些核心沒有改變，他忍不住想繼續做下一件事。

「我是頑石不點頭。」他承認。他的知性辯論非常強，因為他的心經常想弄清楚狀況。他對那段過程的描述很精確。「當時我想辦法讓自己看起來很好，想辦法讓老師對我印象深刻，同時又常常把這些經驗安插到我現有的類別裡，讓自己和這些經驗保持若即若離的距離。沒有作用的時候，我就回去睡覺，這是事實，也是種比喻的說法。」

到頭來，他沒有回去睡覺，但他也沒有離開。他報名參加老師的一個小團

體，每兩週聚會一次。同時，他開始持續練習用來幫助他覺醒的感知、注視與傾聽——檢視了解他的經驗，讓他不要再掉回無意識狀態。他花了五年才發現自己信任這個打開他侷限的情緒生活的過程。接著他的靈修課題開始了。

「起初，在我看來，那一定是哈彌自己編出來的，因為在我的經驗裡，我很少有他描述的情況可以參照。不過，在我繼續探索的時候，我就開始看到和感覺到他在說什麼。」雖然想法是新的，但經驗的感覺非常熟悉。有時，約翰有種在自己身上發現什麼祕辛的感覺，有時又覺得自己在開展新的能力。一次又一次，當他以為一些已經完整或已經了解的東西開展，進入更大的脈絡時，他便滿心感激。「彷彿整個旅程是一組已經打開的中國多寶格，我從最小最侷限的盒子開始，每一次我踏進更新更大的盒子時，我都感到一種莫大的解脫與自由感。我不是找到裡面愈來愈小的盒子，而是找到外面愈來愈大的盒子，每一個都比先前的更璀璨精緻。」

其中一項驚喜是他不必「擺脫自我」。這項課題純脆是為了解他自己，讓自我漸漸開展。「我開始體悟到情緒與心理的課題真的就是門路——必要，卻只是開端。」他隨著時間發現愈來愈多微妙的狀態，是無條件的平靜、力量、自我價值、愛、與生命本身的親密關係。但這些都與防禦、個人問題、痛苦、恐懼錯綜交織著。約翰愈來愈驚訝於發現自己喜愛這個揭開真相的過程本身。他發現他不只對經驗有興趣，也對背景（他感覺到的媒介）有興趣。重要的問題是：那又怎樣？我要怎麼把握或排斥自己的經驗？它感動我了嗎？我要怎麼讓它進入我的生命，活出這種精神？

終究，最重要的是最後這一個問題。他說：這個課題「向來是我日常生活中的特質，而不只是非凡的經驗。非凡的時候更豐富、清晰、易於描述，但那些只是高峰經驗。我人生的風景多半覺得比較平凡，卻是珍貴豐富的。當我觀照這二十五年時……我注意到自己對於生命和世界覺得更自在。多半的時候都有一種對自己經驗的好奇心，和一種將生活過得淋漓盡致所需的自信。」

畢竟，這就是這段旅程的目的。

第二代

前二十年中，儘管有媒體曝光率的魅力和光芒，意識運動仍只有對幾千人很重要。但接著是幾萬人和幾十萬人。正當新手的地位持續成長，有幾十萬人也跟著過程繼續深入。到了1980年代，這些運動的人數已經膨脹到大約一百萬，而到了1990年代，已涉及千百萬人。人數逐漸增加且經驗豐富的老手，幾乎每十年就被新手湧入的浪潮，而忙得不可開交。

一個迅速成長的運動就像快速成長的體育運動，如以往的高爾夫和網球，或像今日網路的使用者驚人的加速度。在任何時候，行家都是總數的一小部分，好的球員大約在20%以下，興致勃勃的新手則佔龐大的80%。看著這幾十年茁壯成長的整體格局，你的第一印象可能會是平均的技巧水準沒有往上。但那是因為冒牌貨和新人激增的數量，遠比逐漸增加的長期玩家要快得多。

學好意識運動要教導的本質要花很長一段時間。你可以在幾週或數月內學到新的想法或技術，或改變自己的嗜好，但改變自己卻要花數十年。約翰·戴維斯的故事就是一個很好的例子。而且要成為技術精湛的治療家或體能鍛鍊師或瑜珈老師或療癒師，也要花很長一段時間，他們知道的不只是技巧，還有如何有意識地適當使用技巧。

把運動的快速成長和這個相對長時間的學習週期時間放在一起時，很容易只把焦點放在過量的流行心理學或靈性上，而媒體評論家對那些也各有好惡。但將表面視為意識運動的本質可能就錯了。了解發生什麼事的關鍵是區分「大量膨脹、尋求嚐鮮的新人」和「已經慢慢學習如何確實過生活的長期老手」。兩組人馬在近四十年以來都已成長，但新手的數量仍在激增，顯然讓他們成為運動中最明顯的部分。

要了解這種耀眼的成長率——近期內沒有撫平的跡象——我們拿個容易追蹤的指數來看：服務意識運動的產業。這些產業提供個人成長、另類保健、自然產品與有機食品的商品與服務。書籍與錄影帶的市場相當龐大，針灸與瑜珈的

發展一日千里，新健康食品的市場為數壯觀。美國每年經濟的總成長率是2%至4%，而許多服務意識運動的企業一年卻以10%至20%的比例在成長。他們服務的人口數和其中的商機，每隔幾年就會加倍。該產業在2000年的整體營收估計將有750億美金[13]。（我們會第三部分更詳細看這股超強的趨勢。）

·心材

　　意識運動整體增加的不只是規模，還有深度。如果新手像靠近樹木表面快速成長的綠林，那麼長期的老手就是中央的心材。綠林與心材的比例大約經常維持在80:20。隨著綠林的成長，心材也跟著成長。到了1980年代，便結實得足以改變意識運動的進程。更成熟的趨勢在周詳甚至誠實地驚人的批判與評論中歷歷可見，像是《三輪車》（Tricycle）、《瑜珈期刊》（Yoga Journal）、《探索之心》（Inquiring Mind）等雜誌與伊麗莎白‧賴瑟的《新美國靈性》、羅傑‧沃許（Roger Walsh）與法蘭西斯‧馮（Frances Vaughan）合著的《超越自我的途徑》（Paths Beyond Ego）、傑克‧孔菲爾（Jack Kornfield）的《狂喜之後，洗衣服》（After Ecstasy, the Laundry）等書，而這些只是眾多例子中隨手舉出來的。

　　有經驗的老手正展現出遲遲一種沒有兌現的幽默感、一種反省與批評這條路的意願、一種與他人合作以及向他人學習的興趣。第一代的個人主義歷經數十年的經驗後，已經緩和下來，此時，經驗豐富的人不再對大名鼎鼎的名人感興趣。名人已經大大有助於普及運動，也打開門歡迎新手。但一段時間後，老手定下來培養自己生活中的真理。新墨西哥州阿布奎基市的諮商師薩奇‧金保告訴我們：「到了特定的時候，就是我放手離開老師、不再尋找新的工具，而是從我自己身上深入挖掘的時間。」而長年靈修的甘‧盧斯說的更是一針見血。她說：「到了一個時候，你就不再想要安慰和靈感了，你只要真相。」

　　愈來愈多長年期投入的人將自己從事的心靈、心理、全人健康帶入個人及社區生活，學習身體力行。當他們生育撫養子女、關心朋友及老化的父母時，便開始延伸一己所學。在他們開始意識面對個人悲痛、重大疾病、死亡時，也從專業人士身上取回一些力量來照料生死。他們將自己對意識的關心與對大社會的關

心融合為一。或許對我們的大社會而言,最有趣的是他們在為自己的努力,尋找加倍聚眾的人,以創立新型的學校、中心、機構、服務課程及社區團體。

·文化中的空洞

文化創意人與其他對意識演化很有興趣的人,面臨了頗為類似一代又一代的女性作家與藝術家面臨過的狀況。千百年來,沒有人將女性的創作和思想用女性自己的話傳承下來,因此對每一代的新女性而言,彷彿沒有重要的作品完成過。累世的女性都必須反覆再三對自己的了解,編織再編織。今天的文化創意人一定也經常發明再發明基本的支柱,支持自己想過的生活方式。這樣會佔用很多時間和心力,正因為很多議題都是新的,所以有不少的困惑和衝突。

整個歷史上支持意識運動的修道院、道場、教堂、神祕學校、朝聖、圖書館缺乏一種傳統,因此文化創意人仰賴過去以創造類比。「嗯,有點像我們以前解決過的問題……。」有時候類比也有一點用。科學史顯示:即使最聰穎的科學頭腦,也是用已知去類比他們面對的新現象,再創造出只比舊觀點稍微進步一點的新類別。所以我們也都是如此:我們的新文化形式通常由舊形式改造而來。

1970年代,當新式的心理治療、靈性、療癒如雨後春筍般萌發時,人們去試試看是很開心的,星期天早晨在某人的客廳或教堂地下室或小學裡坐下,一起盡快丟出課表或課程,才能提供給社會大眾。「我們一起拿出行動上路,」新的探險家口耳相傳,邊笑邊戲弄著。但是他們不是在開玩笑。

一切都是突然即興——而經過幾年後,便疲累不堪。第一代沒有方法組織,沒有優良的實行標準,沒有地方長期聚會。他們沒有穩定的收入來源、沒有長期可靠的工作人員、也沒有好方法說一吐為快。每一次他們建立有前景的東西,也有了動力,就遭到失敗而必須重建。

彷彿是文化中有個空洞,而能量一直在消耗。沒有人知道,甚至沒有人想過:如何建造文化機構來支援這份對他們如此重要的工作。第一代的成員非常心理導向、非常個人(即使靈性的人也不例外),幾乎沒有人有什麼搞頭。

有些人最初想像美國要和印度及日本一樣,也需要道場和禪堂,或是乾脆

有不同名字和家具的新教堂，還有人要在取了新名字的學院辦專題研討。很多人覺得療癒可以單純在重新命名的醫療所進行。這些解決方案有些成效還算不錯，但其他幾乎完全沒有作用。最主要是以新標籤使用舊方法並沒有用，而且舊方法有時還不當地驚人：無法質疑上師或偉大的老師而導致毀謗；不管免費或收費都一樣無效；牧師與會眾的教會模式又顯然走不出什麼名堂。文化真的有個空洞——舊的方法沒有用，新的方法又尚未發明出來。

其後發生的種種，例如社會發明、「意識商機」的發展、長者與圈內人及入門傳道的聚會、召喚新的神話等，都可看成是文化創意人努力陳述文化中缺少什麼的感覺。但這不表示（如一些媒體觀察員所稱）是大量的「新世紀」解決方案。

·逃離新世紀

沒有人想再被人稱爲「新世紀」。大衛・史賓勒（David Spangler）就不想，他是中西部人，可能是1960年代在美國第一個使用這個詞的老師兼哲學家。文化創意人不想。甚至叫NAPRA的貿易協會也不想，這個縮寫一度代表「新世紀出版暨零售聯盟」，但在1998年已重新命名爲「新另類出版、零售暨藝術家」。媒體猛烈攻擊新世紀的概念與體系，已差不多讓每個人都對這個名詞避之唯恐不及。從不勝枚舉的報導中舉個例子吧，藍斯・莫羅在1999年五月的《時代》雜誌上撰寫的文章，便宣告新世紀提供的是「浮華的垃圾，毫無頭緒又自我陶醉的理想主義」[14]。

但這不代表靈性與心理流行文化的大類別已經消失。它只是換了新名字，也有非常廣大又有興趣的大眾。在廣泛的意識運動中制定趨勢的主導人與生意人如今用的是天然產品與服務、天然與全人健康、健全、另類保健、輔助療法（又譯「補充療法」）、個人成長、自我實現、新意識、永恆哲學（又譯長青哲學）、智慧文學、靈性心理學（又譯精神心理學）、自助、新思維等名詞。

新世紀這個概念在書籍、雜誌、音樂出版與零售中，幾乎等於一種包羅萬象的類別。書商承認很多與「新世紀」相關的原料，切分成許多屬於書店各

區位的主題。而在第一代意識運動中的創新概念如今也滲透到更廣的文化裡。哈潑舊金山（HarperSanFrancisco）的編輯愛咪・赫茲觀察道：「這個國家肯定有什麼事在發生。隨便打開一本女性雜誌——幾乎都有點像密室裡的新世紀雜誌——你就會找到哈珀舊金山出版過的主題。」[15]

這是怎麼了？新意識運動哪裡容得下受到鄙視和否決的「新世紀」？難道這一切都是障眼法，是蒙昧、浪漫又神奇的幻想？答案是否定的，我們眼見為憑。想想新意識運動驚人的成長，就知道混亂下有一股自成道理的秩序。「混亂」講的是實驗初期有不可預料性和高錯誤率，一向伴隨著破天荒的創新。

亟於改善自我的新手帶著熱情和天真，想要現在全部擁有，就必定會成為藏傳佛教師父創巴仁波切所說的「心靈的物質主義」。他說，這代表「欺騙我們自己，以為我們在發展心靈，但其實是透過靈修技巧，強化我們的自我本位。」[16]哪個有自我的人不對這句話心知肚明？一個研究蘇非教派二十年的中西部人這樣描述給我們聽：「剛開始，是幼稚的希望想買什麼東西，讓不可言喻的東西不再遙不可及。我就買了香燭和靜坐墊還有靈性的玩意要——呃，不知道。要成為這整件事的一部分。要加入。要自我安慰。」

伊麗莎白・賴瑟說自己具有1960年代的女性主義與反戰行動主義，加上1970年代協力創始紐約上州歐米茄學院的工作，應該有資格登上「新世紀名人堂」。她寫道：「我看過一些人想到歐米茄學院來尋找方法，拋棄對自己和世間的幻覺，卻在離開時帶著更多的行李：印度名字、外國咒語，外加一套古老的準則，從飲食到性愛無所不包。剛開始的真心尋找靈性，不久卻變成一種盛裝打扮、隱藏在祕傳解釋下的形式。」她下的結論是：可惜啊，「可能產生的心靈轉變換來了心靈的物質主義。」[17]

但心靈的物質主義就像混亂與浮華，也隨著領域而來。這個領域是一個文化期與另一個文化期的邊界。快速成長的新意識運動成員必定會困在一些「新世紀」的花招裡，當然還有創意的實驗裡。有些媒體觀察家或許會繼續誤認兩千四百萬個核心文化創意人，以為他們是數量較少卻有資格當新世紀成員的

五百萬名文化創意人，或是與新世紀同樣人數的現代派。

　　新世紀主要的重點在於這是一種過渡現象，在新進成員找到途徑更深入了解精神生活中所需的是什麼，在新的文化於社會中成為常態後，就會消退。現實生活中，新世紀的許多特徵是文化中反對理想與心靈變化的人所安置的，企圖塑造新世紀的刻板印象，進而減少人口。這種阻力是伴隨根本的改變而產生的許多文化衝突之一。

　　使用新世紀這個名詞來罵人，根本是搞不清楚狀況。絕大多數關心意識運動的人根本就不是新世紀成員。他們多數是核心文化創意人，又因為他們是新興文化中的意見領袖和最強硬的聲音，所以他們對意識廣大的興趣，可能會在新的二十一世紀中產生強大的氣勢。

・核心文化創意人

　　核心文化創意人的醒目之處在於，意識議題與社會關注為他們聯袂出現的方式。我們的調查數據顯示：文化創意人對靈性與心理議題愈堅定，對社會與環保的關注、行動主義、志願服務便更堅定。這表示，意識運動的第二代中，核心團體包含了社會與意識運動中大多數堅定的行動主義者。

　　要多找出這個具有影響力的核心團體對意識有什麼話要說，就來看看190至191頁的圖表。他們回應的問題顯示在四項議題上，這些議題對核心團體都很重要：他們視什麼為靈性或神聖；對地球的愛；自我實現；利他主義[18]。

　　注意在靈性或神聖的問題上，核心團體傾向於對生命中各種感知與經驗神聖的方式開放。他們說通靈與靈性事件的真實性，他們都相信。他們傾向於相信神聖就在這個人間，同時也超乎經驗（也就是說，他們成了泛神論，對上帝的內在與超越採取雙重肯定的立場。）在只有少部分人靜坐或可能相信輪迴的狀況下，他們會說自己對各種可能開放。但他們傾向排斥基本教義的說詞，如肯定聖經的一字一句皆為真理。

　　你可以看見，核心團體視自然為神聖。自我實現是他們價值的一部分，利

他主義亦然。自我實現與利他主義不屬於世俗的現代主義,也不屬於傳統的基本教義派。整體而言,一種靈性的感覺對他們而言是重要的。但當他們多數人都屬於傳統教派時,他們也在尋找神聖及創新的路線。

引人注目的是,約有89%的核心團體說發展更多知覺、「不要行屍走肉過一生」是非常重要的,相較之下,一般社會大眾有61%同意。約95%的人說各種關係之間的關懷品質對他們很重要,而77%說找到自己生命的目的比賺錢還重要。這兩個數字分別比一般社會大眾高25%與36%。

最後,多數核心團體都傾向在神學上持開明主義,相對少數(與總體人數相比)的天主教徒與保守新教徒,以及預期中的主要新教徒及非基督徒也是。沒有宗教信仰的核心文化創意人比一般人多,由幾種傳統自行合成信仰的也較多。即使屬於保守教派的核心團體成員也同意自然的神聖性,以及許多意識議題的重要性,其中包括自我實現。

我們稱之為綠色文化創意人的兩千六百萬人也和核心團體一樣,對社會與環境議題有同樣堅定的價值,但講到意識運動,綠色人士在相對之下,和其他多數美國人是差不多一樣的。也就是說,綠色人士就像一般的美國人,對內在經驗不太感興趣。但大約有三千萬的現代派不時對這種經驗表示廣為興趣,他們也是意識運動的一部分。這個現代團體比多數文化創意人更注重物質,也比較不以環境為導向。從我們的調查和焦點團體數據,我們預料在接下來的十年內,愈來愈多綠色文化創意人,說不定也有愈來愈多對意識運動較不積極的邊緣現代派,會跟隨核心團體的領導。

核心文化創意人將意識帶入生活時,也不可避免地提及我們的大文化缺乏對內在課題與心靈關注的支持。我們現在要轉向健康與療癒,這是文化創意人採用三種人的獨特觀點,對美國文化的空洞發言:個人、創造新故事的人、建造或許可稱之為「以人為中心」的機構的人。

意識運動的價值觀與信仰

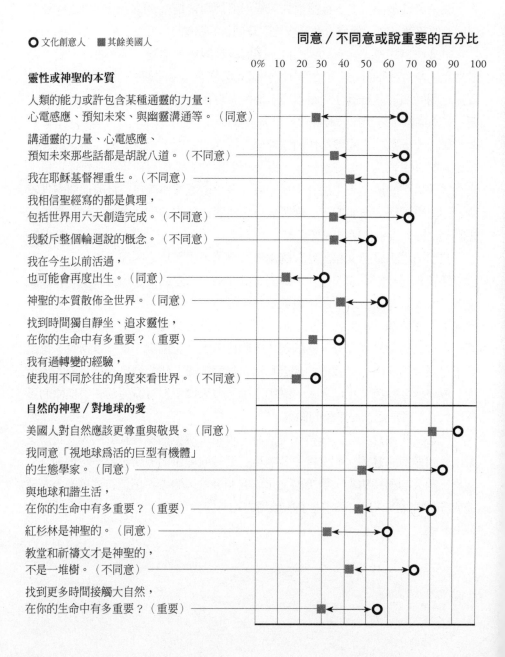

○ 文化創意人　■ 其餘美國人

同意／不同意或說重要的百分比

0%　10　20　30　40　50　60　70　80　90　100

靈性或神聖的本質

人類的能力或許包含某種通靈的力量：
心電感應、預知未來、與幽靈溝通等。（同意）

講通靈的力量、心電感應、
預知未來那些話都是胡說八道。（不同意）

我在耶穌基督裡重生。（不同意）

我相信聖經寫的都是真理，
包括世界用六天創造完成。（不同意）

我駁斥整個輪迴說的概念。（不同意）

我在今生以前活過，
也可能會再度出生。（同意）

神聖的本質散佈全世界。（同意）

找到時間獨自靜坐、追求靈性，
在你的生命中有多重要？（重要）

我有過轉變的經驗，
使我用不同於往的角度來看世界。（不同意）

自然的神聖／對地球的愛

美國人對自然應該更尊重與敬畏。（同意）

我同意「視地球為活的巨型有機體」
的生態學家。（同意）

與地球和諧生活，
在你的生命中有多重要？（重要）

紅杉林是神聖的。（同意）

教堂和祈禱文才是神聖的，
不是一堆樹。（不同意）

找到更多時間接觸大自然，
在你的生命中有多重要？（重要）

意識運動的價值觀與信仰

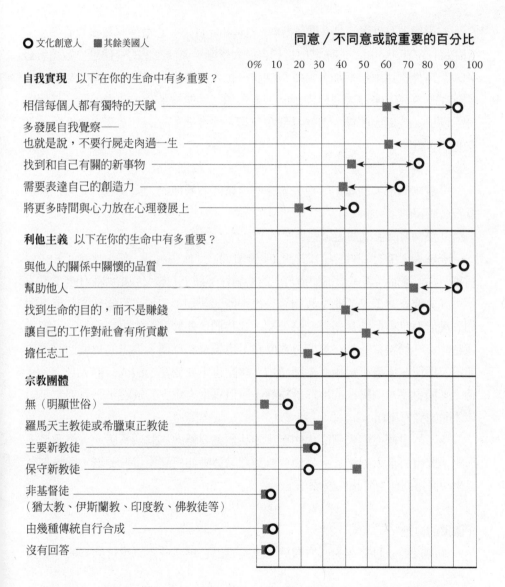

○ 文化創意人　■ 其餘美國人

同意／不同意或說重要的百分比

註：這張表對比文化創意人與其他所有人。其餘美國人不是全美國，而是現代派加傳統派。文化創意人的人數之多，當包含在全美國時，便提高了百分比，也較難看出他們在這些議題上是否比其他人抱持更強烈的立場。（來源：1995年整體文化調查及1999年環保署調查）

第二代的療癒

在醫學上有直覺的凱洛琳・梅斯（Caroline Myss）在著作《慧眼視心靈》（Anatomy of the Spirit）的序言中提到自己大學剛畢業後發生的一件事。她為暑假的一份工作抵達阿拉斯加，當時正探訪一位八十多歲的北美印地安老婦人。他們講了一會兒，老婦人隨口提到隔天要參加一場典禮，有一名男子要「準備離開人間」。老婦人解釋：那就是致贈典禮，他會把所有的財產都送給部落，然後他就會離開。

「這個人怎麼知道他要死了？他病了嗎？」梅斯問道。

「喔，」婦人回答，「他去看醫師。醫師看看他的元氣。他的元氣把身體狀況告訴醫師了。」

「這個醫師怎麼知道這些事？」

老婦人似乎對梅斯的無知詫異不已。她問：「妳告訴我，妳怎麼會不知道這種事？妳怎麼能活著，卻不知道自己的心靈好不好，心靈又在對妳說什麼？」[19]

「人究竟是怎麼活的？我們今天怎麼能活著卻不知道自己靈魂的狀態？我們怎麼能假定自己的身體與心靈分開，或我們自外於巨大的生命網絡？」意識運動的第一代幾乎一直在追問這些問題，也幾乎都以個人需求的角度回答這些問題。即使在療癒小組和祈禱團體裡，焦點也主要放在一個或一群人身上。有時，團體會為一個國家或地球祈禱靜坐。但思索文化上的解答，一直要到第二代才開始努力耕耘。

要了解這個從個人到文化的變化，我們就要轉向一個個案研究，主題是人稱的「健康與全人療法」。我們會看到意識運動如何到達這塊領域，那是長久以來一直遭到極力阻止的醫療法。

・僵硬的白袍

即使只瞄一眼當今的西方醫療，也能露出它正處於難以應付的窘態，支出

擴增、醫生與護士的訓練時數縮水、要求加快速度、減少貧戶與老人的資源。多數的醫生和護士都（也預料將）與健康維護組織（HMO）共事，但很多人都將該組織視爲民眾的頭號敵人。爲了上述種種原因，許多醫生如今都問：值得嗎[20]？

雖然多數醫生在數十年前便眞的將僵硬的白袍脫掉，但許多醫生似乎還穿著象徵性的白袍。一卡車的候補名單，雪上加霜的緊迫時間、資源、加上錢的壓力，讓希望成爲療癒師的人成了工作的機器人。不少研究顯示（即使不是多數，也有）許多病患厭倦了現代醫學一視同仁式的醫療法，那種療法對每個人——病患與護士及醫生——的健康都不好。1998年新英格蘭醫學中心的健康結果中心研究六千多位患者與患者的醫生。幾乎從每個尺度來看，該研究都發現：醫生與患者的關係對病患的健康安泰至爲關鍵。令人驚訝的結果之一是：醫生對於病患的家庭生活、健康理念、個人價值的了解，在改善病患的健康上，具有重要的影響力。加州大學戴維斯分校（University of California, Davis）醫學院的研究人員於同年完成的一項研究也有非常相似的報告結果[21]。

當看護沒有時間或精力給予生理外的照顧時，受苦的可不只有病患本身。醫生也面臨高度的情緒疲憊和工作壓力，他們一方面覺得受到健康維護組織的騷擾，另一方面則是醫療疏失的訴訟。令人震驚的是現今有三分之一的醫生說如果可以重來，他們會選擇不同的職業[22]。

·新治療師

療癒（to heal）的核心意義表示「使完整」。在最普遍的層次上，療癒表示「喚醒我們面對眞正的本性」。在個人的層次上，則代表體認身、心、靈、情緒爲一個完整體。在社區的層次上，代表體認互相依賴與修復破損。而在地球的層次上，療癒——希伯來文爲tikkkun——指召喚離鄉背井的人回家，爲我們的世界彌補並帶來和平。

現今，美國能見度最高的治療師都是明顯以從事治療身體爲職業的人。醫師如狄帕克·喬普拉（Deepak Chopra）、賴瑞·鐸西（Larry Dossey）、

瑞秋‧娜歐‧雷門（Rachel Naomi Remen）、克莉絲汀‧諾瑟普（Christiane Northrup）、伯尼‧西格爾（Bernie Siegel）及安德魯‧威爾（Andrew Weil），醫學研究員如喬安‧波利森科（Joan Borysenko）及凱洛琳‧梅斯（Caroline Myss）或許是意識運動中比多數靈性老師與心理治療師更知名的幾位。可能是因為對活在道地的物質文化裡的人而言，身體是我們對於真實的偉大試金石。能治療身體或不讓死亡近身的人必定是偉大權威人士的來源，有足以平息我們困惑與減輕我們焦慮的潛力。

處於意識運動的醫生、醫學研究員與其他治療師，多多少少都徹底脫離了當代的醫療模式。他們都在字面意義與象徵意義上，脫下了僵硬的白袍，盡力將我們破碎的部分與社會連接起來。有些人在一向分離的研究領域間架起橋樑。還有人為不同職業的人編織關係。而且所有人在診療室裡都歡迎現代西方醫學所放逐的現實面：內心、情緒，還有心靈、神祕與奇蹟。醫師兼作者賴瑞‧鐸西說我們正進入施行「第三時期醫療」的時代，治療師將結合生理與心靈、全人與傳統的西方生理及情緒治療法[23]。

位於加州波林納市的公益癌症協助計畫（Commonweal Cancer Help Program）的醫療主任瑞秋‧雷門闡釋這個概念。她說：健康不是操控身體，甚至不是操控心理或情緒，用來獲得最佳功能。「健康是一種手段。健康使我們得以實現生命的目的，但健康不是生命的目的。」她說：健康真正的問題不在治療的機制，而在於什麼給予我們的生活意義與目的。她不止是醫師，也是罹患克隆氏症數十年和動過無數大手術的病患，她以這雙重身分發言：疾病的過程有限制和苦痛與駭人的隔離，「喚醒了我們內在的尋者，那遠比科學要多得多。我們開始整理價值，什麼重要，什麼不重要。對於觀看生命的意義，我們變開放了，不只是對疼痛、個人疼痛的意義開放，而甚至是對整個生命本身的意義開放。」[24]

這個觀點──應該無所不包，我們的每個部分都不是可有可無或不受歡迎的──將療癒放在意識運動的中心。從這個脈絡，我們來看看三種將療癒帶入文化的不同方式。

·百分之九十五的同情心與常識

　　瑪瑞奇塔‧衛斯特（Mariquita West）在1998年退休之前，是史丹佛醫學中心的高人氣精神病學講師。年輕的住院醫師說她是一道清流，待人既坦誠又開放，那在當時似乎是項很缺乏的特質。她在心理學與社工的同事、史丹佛其他的護士與精神科醫師、對她最重要的人──她的病患──也都表示認同。我們耳聞她對另類療法有興趣，也研究過催眠及完形治療與各種靈修法，將部分所學與臨床執業整合。我們想知道這位開放、以人為中心的方法如何融入全美最有權威的醫學中心的教學裡。

　　我們在1996年秋天於舊金山與瑪瑞奇塔見面時，第一個問題就是關於她對醫療的遠見。她想改變醫師行醫的方式嗎？她大笑又搖搖頭，看起來有點難為情。她說她就像前總統老布希：「講到遠見就蠻悲觀的。」接著她繼續告訴我們她非常個人的行醫與造橋法。

　　「我到快三十歲才進學校，所以是被專業的傳統包裹著長大。」她說，在那個傳統裡，人學習做特定的事，讓他們在人生中賺到金錢與聲望。當然，要錢與聲望的不僅限於醫生，而是在富裕的社會中俯拾可見：「為了更高的職位，什麼花招都使得出來。從很早開始，我就有在那種手段裡屈居下風的感覺──要焦慮著一直保衛自己重要的職位，還有即使在自己的專業裡，也有很大的階級制度，要時常掛心自己相對於其他每個人的職位是如何。」她說，在她醫治病患的工作中，她從未像同儕一樣採取專業的立場。這給她的治療增添不少人性的作用。

　　在高科技的醫療機關內，一個人如何朝現代醫師的主流典範逆流而行？「我想我是這樣被帶大的：去感覺愛是最重要的東西。」瑪瑞奇塔告訴我們：「即使我還是十分害羞的醫學院學生，我也知道只要一開始用自己的方式扮演醫生，就能做出價值不斐的事情：對人有興趣、傾聽人的心聲、關心照顧人。就是那麼簡單。我們在醫學院學到的這一切東西也很重要，但那大約只占百分之五。那就是我教給學生的。是百分之九十五的同情心與常識，再加上百分之五的專業。你要花經年累月的時間設法獲得那百分之五，但聆聽和關懷才是最

重要的。我想那是很有幫助的教誨。」

　　瑪瑞奇塔的許多同事都佩服她在學術圈激烈的競爭下，施展柔道的能力。訪談即將結束時，我們問她是如何辦到的。「我想我一向都是我所謂的『橋樑人』。」她解釋：「我在傳統的醫學世界裡有安穩的職位，同時又探索比較新鮮、比較新的治療方法，而且我向來也能在工作和教學間整合這兩種方式。」她說這很有樂趣，製造這些連結治療了她人生中的裂痕。她告訴我們，這最好要有樂趣，因為如果沒有對自己做的事樂在其中，其他人也不會想陪你一起做。

・平凡的奇蹟

　　瑪瑞奇塔・衛斯特和學生、病患、同事一起搭建的橋樑，跨越了地位、角色、世界觀的橫溝。許多文化創意人也建造同類型的橋樑。還沒有為人所接受的是一腳踩在主流文化中間、另一腳踏入另類潮流的人所培養的文化。

　　另一種造橋的形式是在文化中創立新的團體和組織。講到療癒，許多最成功的橋樑都是由歷經過疾病的孤立或喪失或上癮的人開始的。他們自己的苦痛喚醒了他們面對他人的苦痛。如果他們受到幫忙，就想將那種協助延伸到他人身上。如果他們無法找到資源或朋友，要幫助他人的願望可能會更強烈。我們的下一個故事就是意識治療與創意回應。

　　1999年夏天，我們在一個朋友的生日宴會上認識莫琳・瑞鐸，當場有好些賓客都是護士與醫生及治療師。在一場講到另類療法的優點精彩對話中，有人用壓低的語調描述自己親眼目睹過的神奇治療。有雙靈活藍眼的灰髮婦人突然加入。「治療的奇蹟就在於那有多麼稀鬆平常。」她的語氣不是在胡說八道。「我們做得好像人一定要是什麼聖人或有什麼神祕才能醫好似的。可是那是天底下最自然不過的事情。」她暫停片刻，但是沒有人說話。她聲稱：「那也不因此就不算是奇蹟。」

　　我們自己也在壓低了聲音講話的人群裡，便急著想多聽些關於平凡治療的事。幾週後，我們坐在莫琳位於加州磨坊谷的客廳裡，喝茶眺望著由霧氣淡化

的綠色山丘。聊了一會兒後，莫琳告訴我們，她在1989年經診斷得了轉移性卵巢癌，是一種「統計數字很難看」的致命惡疾。她聽說了瑞秋・雷門（我們之前提過的醫師），便安排看診，期望會有直截了當的醫療諮詢。但瑞秋・雷門看診中發生的事，讓莫琳對於發生在自己身上的事以及要如何處置的想法改變了。這是她告訴我們的：

「在療程的某個時候，瑞秋問說：『失去健康的感覺還好嗎？』」

「我嚇一跳，反駁說：『我還沒有失去健康。』」

瑞秋用輕柔緩慢的聲音說：「好了，莫琳，妳現在坐在我前面，頭髮都禿光了，這是非常高度的化療，一點也不能做平常習慣的事。妳覺得是怎麼回事？」

莫琳暫停下來小啜一口茶，向外看著霧氣，霧似乎散開了。她說，她要我們了解：她強烈感覺到自己不會死於癌症。那只是她必須經歷一陣子的東西。她沒有對瑞秋提起這個，反而平靜地說：「我以為癌症會成為我很重要的老師。」

瑞秋很安靜，將兩手交叉放在頦下，緩緩地回答：「它可能是也可能不是妳的老師，可是妳要知道，這是一個有進度表的老師。」

「什麼進度表？」

「要殺妳的進度表。」

莫琳暫停下來，向外看著窗戶片刻。然後她直視我們。「從診斷出來後，我才第一次仔細想過自己在對抗什麼。」

隔年的過程中，莫琳必須做一個對自己格外困難的決定。「和瑞秋努力過一段時間後，我開始明白我必須百分之百回應我體內設法療癒的東西。我開始察覺的方式常常是徹夜不眠，在屋子裡亂走，寫詩或打鼓或畫圖。當時，我和男友住在一起，他是我的朋友也是我的伴侶。他住的地方在幾個月前燒毀了，所以他要搬到我那個蠻寬敞的家和我一起住，似乎也很理所當然。」

「當時我覺得我必須請他離開。跨出那一步是我這輩子非做不可、最困難的一件事。表面上，那看起來好像是最普通的行為。很多女人可以不痛不癢就做到。」

　　「但那對我而言似乎是絕對不可能開口的事。慢慢地，和瑞秋努力幾個月後，我開始了解自己的恐懼。我早年發生過嚴重的事，讓我深信如果我要求我需要的東西，就會有人重傷或去世。之後，我就盡量變得不可思議地獨立，獨立得連我需要什麼都不知道。那樣就容易多了，不用要求任何東西！

　　「當我體認到自己絕對需要回應癌症，對體內的治療過程要全程在場時，我就是找不到方法去實行，去回應另一個人普通的需要。我不是指我的朋友，而是我非做不可的事。那是我人生中的任務。

　　「我花了好幾個禮拜準備。我一定要把我要說的話寫下來。我心裡到現在都還能深深的感覺到，就像把家裡一條忠心耿耿的狗踢到明尼蘇達的大雪暴裡一樣。當我終於和他坐下來，開始告訴他，他必須離開，當我開始講出第一句話時，驚人的事情發生了。突然間，事情變得容易起來。我覺得自己好像母鳥，把最後一隻小雛鳥推出巢外，清楚知道牠飛得起來。其餘的對話很順利。幾個月後，當我告訴他那當初對我有多難時，他哭了。他說：『我都不曉得，因為那對我根本沒什麼大不了的。』」

　　那是一個轉捩點。莫琳告訴我們：「在挑戰重病時，有個非常核心的東西必須死去。從表面看可能很普通，但在我們內心深處，我們幾乎會盡一切力量，避免失去那個舊的自我。但如果我們找得到勇氣讓它就此發生，我們其實就可以進入意識中一個新的地方──無論是恢復健康或繼續面臨死期。」

・講故事的神聖空間

　　到了1999年，莫琳・瑞鐸已從癌症復原十年，她在歐美兩地創立了罹患（她稱之為）挑戰生命的疾病的病友圈。在名為「治療之聲」的非營利團體的保護傘下，這些圈內人聚會分享「真正的冒險故事，故事由診斷出即將威脅你和你生命中熱愛的一切開始」。在莫琳稱之為「故事圈的神聖空間」裡，身體與靈魂、感情與理智的旅程得以開展。不多久，人們學習傾聽疾病的個人意義，感受憤怒與恐懼與絕望，知道自己會熬過那一切。他們讓靈魂的畫面與能量及

智慧進入意識。她說：用這種方式，每一個人完整的生命便可以浮現。

我們聽說這些故事圈（是莫琳除了心理治療師的工作外，以志工身分所組織的團體）時，想到早期的女性意識覺醒團體。這些故事圈也是「聽到彼此心聲」的地方。當人們開始相信自己開口重新架構疾病及死亡的意義時，似乎也在採收早期兩代行動主義者與探險家的果實。那是一個更豐饒整合的過程，社會改革運動的第一代不可能做到，因為這個過程明顯包含了一種神聖感。

莫琳希望能透過這樣的團體而產生進展：「無論療癒是生理或意識轉變的層次，我都確定那是我們人人可以獲得的。就在大量的人分享療癒與康復的故事時，我們要相信它的自然與平凡，便容易多了。我們希望：一種集體的團體智慧能藉由聽到這些故事而發展進化。正當我們傾聽每個人獨特的故事時，到最後，我們聽到的是舉世共通的故事。」[25]

這是由團體與組織意識的創造力來築橋的承諾與可能：透過個人與獨特的質地達到舉世共通的原理。這是培養文化時，一種非常深入的形式。這種探索如今仍處於早期階段，但探索顯然已經開始了。

‧為了子孫

在聽到啓發人心的故事（特別是從中認出自己）一陣子後，就會染上一種奇怪的悲傷感。如果讓這種悲傷感碰觸你，問你有什麼不對嗎，你或許會發現一些核心文化創意人向我們描述的那種疲憊感。或者也可能是不耐煩，一種現在就需要的迫切感。並不是啓發人心的故事沒有幫助，而是對一些人而言，這些故事幾乎還不夠。他們說：應該繼續前進、邁向長期努力的程度了。這是轉變仲介的立場，也是我們現在轉而注意的觀點。

1992年，高齡七十好幾的神學家兼行動主義者湯瑪斯‧貝瑞帶領修女、學生、環保行動主義者的年度靜修會。靜修的第一晚，他看來特別疲累。演講結束時，他請大家發問。一位年輕人站起來。「湯瑪斯，您為什麼堅持要這麼努力工作？為什麼不休息呢？」

聽眾間響起一陣贊同的耳語。貝瑞回答:「我爲了子孫而做現在的事。我要爲我這一輩的人給地球帶來的創傷帶來痊癒。」令人感傷的是:我們以爲我們的表現還好,但其實是我們已經對地球造成不可挽回的破壞。

「我看待自己在做什麼的第二種方式是這樣:有個廣泛的轉變運動正在成形。我希望那是療癒運動。我希望我在幫忙建立一批忠貞的志士。」他停下來重複:「忠貞的志士。」聽眾間可聽到此起彼落的對和好。他繼續說:「我們現在需要一批忠貞的志士。工業時代已經結束。它還會再持續幾十年。石油會慢慢消失。我這一輩的人不會看到後果,但子孫們會看到。這個星球在我們的時代基本上已面臨了危急關頭,所以我是爲了子孫而做現在的事。」[26]

・尋找加倍聚衆的人

認識將畢生奉獻給療癒地球的人,著實令人感動。但平凡人如何孕育改變呢?其中一個答案是他們可以創立長期經營的機構,讓許多不同才華和技能的人得以發展出更偉大的事物,超過單一個人的努力。

你覺得自己受到召喚從事何種治療、又具備何等規模,都是非常個人的事。但在意識運動的第二代成熟時,他們也在尋找方法,創立可以持續不止短短幾季的課程、計畫和解決方案。他們說自己厭倦了必須一次又一次從地基打起。他們正尋覓創建新的機構,或改變舊的機構,而不只是一而再再而三啓動平常的架構。

核心文化創意人告訴我們,他們要讓行動對最大多數的人有效。他們說,他們要讓資源達到最大限度以獲得最大益處。他們一直用的字眼是加倍聚衆的人,讓我們回想起湯瑪斯・貝瑞的字眼忠貞的志士。他們告訴我們:我們要有足夠的人關心,而且願意投入,我們在行動上需要槓桿作用。

在療癒的領域裡,最有趣的努力之一是瑞秋・雷門工作的非營利健康與環境研究組織。公益組織(Commonweal)創建於1970年,已經近三十年,成爲我們眼中文化創意人機構的主要實例,融合了意識議題、環保行動主義與社會正義。

文化創意人工作時必備的標誌是銜接與整合,而這也正好是公益組織的招牌。

　　公益組織與醫生及其他專業健康人士合作,陳述我們之前提過的沮喪給醫生聽,為治療罹患威脅生命疾病的病患的醫師,提供了沈思與反省的靜修週末。公益組織的工作坊教導醫生使用一系列心理、情緒、心靈資源來支持生理治療。學員們在信件、電子郵件、電話及課程評量中,說靜修期很窩心、有轉變的能力、很有意義。最感動人心的是這些課程有很多「校友」繼續與公益的職員在他們自稱的「技術交易工作坊」裡教學,在美國、加拿大、紐西蘭訓練其他醫師與專業健康人士。根據該機構的文獻,多數校友「在全國的臨床教學、學術界、健康服務機構都具有領導職位」。換句話說,他們很有份量。如果在整合療法中訓練意見領袖及專業領袖,又如果課程很好,就會獲得所有轉變仲介尋找的加倍聚眾的人。

　　這個機構中加倍聚眾的人如何產生作用?工作坊半數的學員繼續為其他人提供訓練。當地的校友在每月的專題訓練研討會碰面,探索苦難、傾聽、自尊、神祕、希望、喜悅、恐懼、感激、恩惠等主題。每位醫師就選取的主題,從自己的個人生活中,帶來一則故事或一首詩,有些人甚至準備了練習,讓團體能更深入探索主題。最後,校友和職員教醫學院一、二年級的學生。加州大學舊金山分校醫學院的四十五位學生(一年級班的三分之一)在1999年學習全人醫療,其中包括一個單元叫「神祕的死亡」。

　　很難用寥寥幾句話涵蓋整合醫療課程的範圍和影響力。麥可・勒納(Michael Lerner)已經和公益組織上過一百多種課程和一百多次的靜修,他寫到讓他繼續長期致力其中的深度與持續性:「我們為什麼繼續開這些課程?大家為什麼繼續從美國各地前來上課?癌症協助計畫為什麼有一年的候補名單?……我相信〔課程中〕提供的,有很多是來自於學員經驗到他們和職員維持了十年以上的親密關係,也一起學到如何用非常深刻不尋常的方式,創立維持一個療癒的社群。重點是讓這種經驗強而有力的不是……技術,而是關係——這裡指的是和療癒社群的關係。」[27]

・堅持到最後

就在成熟時,意識運動中有許多是在學習重要的事:當你設法改變文化時,有毅力才能成功。正如洛基在為一場大賽訓練時說的:你要能堅持到最後。意識運動中,能不屈不撓十年、二十年、三十年的人,是可以對文化產生戲劇性衝擊的人──因為那才是有效行動真正的時間範圍。需要快速結果和立即感恩的人最好從事別的工作。若干核心文化創意人告訴我們,你必須享受這些人和這個過程,你也需要成熟的心態在長期的時間範圍內工作。

此時,意識運動仍在浮現。我們已經看見百年環境運動的想法如何幾乎被整個美國文化所接受。生態永續的生活方式尚未實施,卻已經是我們中心信仰體系的一部分,也幾乎是每個人想望的。但意識運動──充滿或深或淺的矛盾,與新的發展一起沸騰──卻仍在加速成長的階段。

今日,核心文化創意人正異常驚人地要求更多資源,餵養在意識上日益成長的興趣,他們也需要更基本的東西:能夠支持他們價值的機構,如此他們才不必一再為自己創造支撐架構。他們不只需要全人醫療的治療師和執業醫師,也需要訓練執業醫師的學院;不只是班級和課程;還要老師及培養老師的學校,以及他們可以修課的中心。有時需要的將不是治療師或老師,而是聚會的地方,讓有共同興趣的圈內人可以探索一些方式,分享自己的禮物與經驗,長時間進行實驗。

資金要從何而來?想彼此碰面的人又如何互相接觸?文化創意人要能找到彼此,需要透過雜誌和入口網站及電視頻道,提供中肯誠實的明鏡和接觸點。他們也需要願意訓練媒體新人的課堂和機構,願意支援新的節目編排的公司。簡而言之,他們需要的是一種新的文化鷹架。

---

1. [原註] 約翰・莫恩(John Moyne)與柯曼・巴克斯(Coleman Barks),《公開的秘密:魯米版》(Open Secret: Versions of Rumi)(佛蒙特州普特尼市:Threshold Books出版,1984年),第91首四行詩。

2. [原註] 伊麗莎白・賴瑟(Elizabeth Lesser),〈智與愚:新世紀成年了〉(Wisdom and Folly: The New Age Comes of Age),《新世紀期刊》(New Age Journal)(1997年一二月號)。更完整的闡述詳見其著作《新美國靈性》(The New American Spirituality)(紐約:藍燈書屋出版,1999年)。

3. [譯註] 指約翰・甘迺迪(John F. Kennedy, 1917-1963)。

4. ［譯註］日本二次大戰時期的首相與陸軍大臣，窮兵黷武，與希特勒、墨索里尼並列二次大戰的頭號戰犯。

5. ［譯註］Huston Smith，《人的宗教》（The Religions of Man），繁體中文版由立緒出版，2000年。

6. ［譯註］瓊安・陶利芙森（Joan Tollifson），《超簡單冥想》（Bare-Bones Meditation）（紐約：Bell Tower出版，1992年），第26-27頁。

7. ［原註］同上，第31頁。

8. ［原註］我們對伊莎蘭早年的敘述仰賴華特・楚耶・安德森（Walter Truett Anderson）的著作《湧泉：伊莎蘭與美國覺醒》（The Upstart Spring: Esalen and the American Awakening）（麻州Reading市：Addison-Wesley出版，1983年），以及我們在加州彌爾對麥可・墨菲的專訪。

9. ［原註］同上，第69頁。

10. ［原註］同上，第80頁。

11. ［原註］同上，第66頁。

12. ［原註］約翰・戴維斯（John Davis）是「鑽石途徑」的資深老師。上述引言見其著作《鑽石途徑：A.H. 阿瑪斯的教誨入門》（Diamond Approach: An Introduction to the Teachings of A. H. Almaas）序言。（波士頓：Shambhala出版，1999年），第xix-xxxii頁。

13. ［原註］《天然商務》（Natural Business），（1999年10月，no. 41）。

14. ［原註］藍斯・莫羅（Lance Morrow）語見賴瑟文章〈智與愚〉，第27頁。

15. ［原註］愛咪・赫茲（Amy Hertz）語見《出版人週刊》，1993年12月6日。

16. ［原註］創巴仁波切（Chogyam Trungpa Rinpoche），《切穿心靈的物質主義》（Cutting Through Spiritual Materialism）（波士頓：Shambhala出版，1987年）

17. ［原註］賴瑟，〈智與愚〉，第30頁。

18. ［原註］重視部分這些項目的人傾向於幾乎重視所有的項目（也就是說，統計上而言，這些項目具有相互密切的關連）。

19. ［原註］凱洛琳・梅斯（Caroline Myss），《慧眼視心靈》（Anatomy of the Spirit）（紐約：Harmony出版，1996年），第17頁。

20. ［原註］大衛・羅森保（David E. Rosenbaum），〈開立藥方的群聚風暴〉（The Gathering Storm over Prescription Drugs），《紐約時報》，1999年11月14日。

21. ［原註］齊夫・紐渥矢（Zeev E. Neuwirth），〈療者的無言之苦〉（The Silent Anguish of the Healers），《新聞週刊》，1999年11月13日。

22. ［原註］同上。

23. ［原註］賴瑞・鐸西（Larry Dossey），《意義與醫學：醫生突破與療癒的故事》（Meaning and Medicine: A Doctor's Tales of Breakthrough and Healing）（舊金山：HarperCollins出版，1992年）。

24. ［原註］瑞秋・娜歐・雷門（Rachel Naomi Remen），〈幫助治療全人及全世界〉研討會發表論文，1988年6月25日密西根卡拉馬祖（Kalamazoo）市；語見芭芭拉・麥克尼爾（Barbara McNeill）與卡蘿・歸昂（Carol Guion）合著《1980-1990年心智科學合輯：十年意識研究》（Noetic Sciences Collection, 1980-1990: Ten Years of Consciousness Research）（加州索沙利托市：心智科學中心出版，1991年），第60-65頁。

25. ［原註］詳情請寫信至治療之聲：voicesofhealing@infoasis.com，地址33 Millwood Avenue, Mill Valley, CA 94941, USA

26. ［原註］湯瑪斯・貝瑞在加州聖拉斐爾市「聖塔薩賓娜女修道院」的演講，1992年2月21-23日。

27. ［原註］見公益網站：www.commonweal.org

第七章
改變的洪流

　　想像北美洲有一百條河流一起流入大西洋，由太陽加熱，創造一股新的墨西哥灣流，一路流向歐洲。這股洪流表面上幾乎看不到，因為它不像河流，沒有看得見的邊界。但在其中，它支持一種和寬廣的海洋不同的生活。

　　我們相信這種事正在我們大的文化生活中發生。本章中，我們會檢視三種匯集。第一種是四十年來社會運動的變化：這些運動在手法及世界觀上已變得更類似，正在一些大型議題上共同努力，也朝意識運動前進。第二種會合是所有運動中共同的忠貞志士浮現：即文化創意人。第三種是一種新的文化發展，從一開始便包含了各種運動的匯集。正如墨西哥灣流的暖意調節歐洲的氣候，塑造全球的天氣，這幾股影響力的聚集對我們文明中的氣候變化，可能也已經有所貢獻。

匯集中的運動

　　最早發現意識運動與社會運動匯集的觀察家之一是一位拒絕入伍的人，名叫馬克・薩汀。薩汀在加拿大住了十二年後，於1978年寫道：「有一天，在蒙特婁的隆冬中，就著熱騰騰的可可亞看《紐約時報》時，我想到各種『邊緣』運動──女性、生態、心靈、人類潛能及其他──的想法和能量正如開始創造條理連貫的新政治，也開始用新的方式一起出現。可是我尋找表達新政治（而不是只是點滴片段）的群眾和團體時，卻一無所獲。」[1]

薩汀沒有找到自己尋找的目標，卻在自己排版的小冊子寫下來，在加拿大的家鄉販售。第二版由一位朋友出版，不到一年便賣出一萬本。薩汀在1978年接受特赦後，受邀到美國的一場集會中演講。他才剛回國，演講的前一晚因激動與恐懼而徹夜未眠。一個朋友在演講前陪他走了好幾個鐘頭，他不曉得是否有人想聽他要講的內容。但那場演講後來使觀眾起立鼓掌，而薩汀哭了。他的遠見顯然觸動了人心，遠見中提到什麼可能形成，還有其實已經在文化裡流傳的種種。他稱之為「美國政治中整體的第三勢力」，說它「代表這個國家全盛時期的樣貌：個人責任、自我依靠、選擇自由、信仰倫理價值與理想，對我們有些人選擇稱呼的上帝，展現無所不包的愛」。

二十年後，我們知道薩汀對新政治平台的希望並沒有具體成形。但長年在多倫多、蒙特婁、溫哥華島，他都看到也開始計畫普遍的運動，推動目前已成形的改變。今天他觀察的那些運動──「不只是全國聚光燈下的運動，還有社會邊緣的運動，而真正的開始、真正的改變往往發生於邊緣。」──不再被我們的知覺推到邊緣，它們在前方和中央，位於我們之間，而且我們大眾已經對其中許多展開擁抱。

薩汀住在加拿大這麼久，「設法不要去希望回到美國，換句話說，但願自己就在美國，」他對所有的社會運動在這個國家中發生的事密切注意。他閱讀自己找得到的文字，不只是報紙和書籍，還有社會運動的期刊、海報、會訊，以及各種運動中朋友的來信。他看到當時少數行動主義者看出來的事：每種新運動都屬於更大的整體運動。二十五年後，薩汀看到的匯集現象已紛紛在各地出現。

還有其他高瞻遠矚的人士。喬治・李納德的《蛻變》於1972年問世，幾乎比每個人搶先一步觀察到社會組織的文明轉變即將來臨[2]。到了1980年代，其他幾位觀察家也紛紛加入預測：瑪麗琳・弗格森（Marilyn Ferguson）的《寶瓶同謀》（The Aquqrian Conspiracy）、艾文・托佛勒（Alvin Toffler）的《第三波》（The Third Wave）、佛瑞提奧夫・卡普拉（Fritjof Capra）的《轉捩點》（The Turning Point）、海芝・韓德森（Hazel Henderson）的《太陽時代的政治》（

The Politics of the Solar Age）、西奧鐸·羅薩克（Theodore Roszak）的《人／星球》（Person/Planet）。這些作者就像薩汀，也援用軼事描述，並延伸到未來。但沒有人預見要多久的時間，意識轉變才會對我們的大文化造成衝擊。的確，整個1980年代與1990年代，許多行動主義者、藝術家與其他關心的人都和溫蒂·威瑟史坦一起問：「大家都到哪裡去了？」

·西雅圖的戰役

1999年世界貿易組織在西雅圖的會議又排成了呵欠連連的官僚會議，那是一群貿易代表與會的國際會議，不能用皮鞭和鐵鍊來逼出報告。那應該是可以放在報紙第27頁的內容，就在訃聞的對面。但它反而是1960年代的熟悉場景，團團的催淚瓦斯掛在空中，示威者唱頌著：「全世界都在看！全世界都在看！」佩有鎮暴裝備的警察和裹著黑衣的煽動份子就在電視攝影機前扭打。在某些方面，西雅圖的戰役感覺就像1960年代黑人自由運動及反戰運動的抗議。但抗議者已熟練地用網路來動員，他們設法將抗議帶到另一個八度音階，藉由融合荒唐可笑的慶祝活動引起媒體的注意。利益與組織的匯集幾乎讓每個人都吃了一驚。

穿著海龜和帝王蝶、死神頭與暴力受害者的服裝，五萬名行動主義者從世界各地出現。生態學家與女性主義者、穿著英國國旗的卡車司機與煉鋼工人、女巫與修女、消費者與提倡健康的人士、原住民、人權行動主義者，以及反對跨國公司與全球化的人都有備而來，投入大型的儀式劇場──遊行與大喊口號，臂挽臂擋住街道和建築物，被逮捕或變癱，最後被拖著進監獄。但警察不願意玩這種四十年的遊戲。他們還沒受到挑釁，就用辣椒噴霧器往靜坐的示威者臉上噴，用警棍打他們，向人群發射催淚瓦斯和橡皮子彈。他們一般不會逮捕任何人，甚至連打劫電器行和打破星巴克玻璃的人也不例外。他們的任務似乎是把所有人趕走，好讓貿易代表能到達世界貿易組織會場，協商一些新的貿易協議。

五天的抗議運動裡，各方互相丟出激烈的言詞，貿易會談瓦解了。即使沒有抗議者，第三世界國家的貿易代表也大有可能上演出走，來瓦解會談。最後，每個人都氣得回家了。上百個抗議組織由西雅圖撤離，慶祝勝利，宣稱自

己扮演強有力的角色，中斷世界貿易組織的會談，將新議題強行加入未來的全球貿易行程表中。

示威者有一項明顯的特色是：抗議者似乎多半都知道該怎麼做。他們在遊行與示威中匯入一種和平的秩序，無論他們代表什麼組織或運動或來自哪個國家。除了幾十個煽動份子設法招惹暴力外，其他幾萬人都採取最初由甘地發展而成的非暴力文明違抗的文化。根據網路的說法，為抗議者提供基礎架構的「直接行動聯盟」（DAN, Direct Action Network）努力了數個月，協調後勤、住宿、非暴力訓練、法律備案，以及第一天在世界貿易組織的「人民匯集」。他們也在那幾個月與警察合作，保證抗議會採取非暴力形式。

・西雅圖究竟發生了什麼？

與生氣的貿易代表和遊說議案人的說詞相反，抗議者其實的確知道自己在做什麼，而且也同意——就算目的不同——他們反對的人與事。雖然他們代表特定利益的各種不同團體，但他們有共同的價值，對超大型企業與全球化也有相似的看法。

那些示威有個簡單、大家也都同意的目的——讓每個人都看到世界貿易組織協議的壞處，並打斷過程——卻沒有中央發佈命令的架構或總部在運作。團體間的協調很廣泛，包括在抗議之前與之間同意策略、後勤、資訊。在網路、傳真、手機之間，比以往任何示威活動更大量使用科技。當直接行動聯盟的通訊系統被當權者關閉時，另一個團體立即買來無線電話，成為當天其他時間的策略通訊小組。

面對警察暴力時，保持控制與維持焦點的能力也有賴於上百個小「親密團體」堅強的共識過程。這些團體一起接受非暴力策略訓練，也在自己特定的示威部分密切合作。整體而言，示威活動形成一種有創意的自我組織系統，展現出大量的集體智慧，讓停止或中斷示威活動變得困難得多。

就在會議失敗後，經濟評論家羅伯・辜特南（Robert Kuttner）在《商業週刊》的專欄裡寫道：「全球貿易政治在西雅圖後絕對大不相同。這是頭一遭將

此議題明確列入：在全球經濟體系中，人權是否該準備好與財產權並列？」他說：透過如世界貿易組織及國際貨幣基金會等機構，「全世界的投資人都想重建強盜貴族的資本主義時代──全球特許的財產權執照，而非人權。」[3]

抗議人士不反對這樣的交易。他們反對規則由企業所有（設計規則），由企業所治（控制決定），利潤由企業所享。他們反對世界貿易組織的過程，那在他們看來是反民主的：代表已開發國家與超大型企業的菁英俱樂部所召開的祕密會議，而政府和那些企業又有溫馨良好的關係。他們也反對會議的結果，那結果代表剝削第三世界的勞工與兒童、侵蝕西方的藍領工資、損害健康與環境、物種滅絕、生物工程產品（威脅上述多數對象）、大企業對小國家與原住民的威脅、以及違反人權。所有的抗議團體都害怕競相比爛，使國家被迫競爭，耗損環境與社會防護。

．新的鏡片

當週結束時，那次抗議的深遠結果多半是佫大範圍的社會運動與非政府組織聯手出擊，根據共同的世界觀與價值觀建立共通的理想。加州大學聖塔芭芭拉分校的社會學家理查‧佛萊克曾協助成立1960年代激烈的反越戰團體「民主社會學生聯盟」，他告訴《聖荷西水星報》：「這是有歷史意義、走在時代尖端的……以往聯盟團體──如勞工與環境聯盟──之間鮮有的聯繫，在美國史上的社會運動中是真正的突破。」佛萊克繼續說，抗議世界貿易組織的群眾正「輕輕推動社會大眾用新的鏡片來看全球經濟，與女性運動強迫重新思索選美，及核能發電廠的鄰居在原子能量與公共安全間交易而響起了警鈴，有著異曲同工之妙」[4]。

當佛萊克講到「新的鏡片」時，指的是我們在前一章看到的重新架構與挑戰規範的經典行動。他是指像抗議世界貿易組織會議的團體在全球皆逐漸茁壯的政治匯集。這在政治過程中仍屬早期，所以這些政治聯盟仍不簡單。但也正如我們所見，這些運動的文化側翼在二十年來已長得愈來愈為相似。政治匯集在西方文化的改變洪流中才是遲來的一方。

社會與意識運合流

第一張「運動匯集」的圖表顯示社會運動與意識運動已合流爲一股文化改變的洪流。彷彿北美洲所有的河流是社會運動合流，南美洲所有的河流是意識運動合流，而那些浮現的河流正聚集在墨西哥灣流裡。

下一頁圖表是第一張的「X光透視圖」，顯示運動的文化如何在這段時間與公眾的觀點匯集。同時，運動的公衆側翼——社會行動側翼與意識運動的公共面向——似乎已相當鮮明。

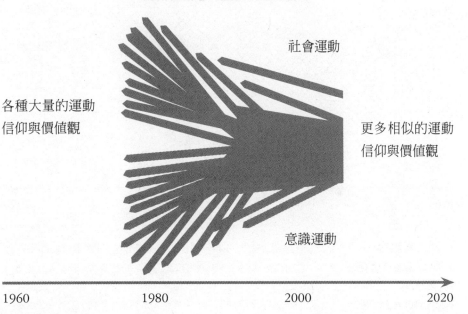

對文化創意人重要的運動匯集

社會運動挑戰體制。傳統的政治與經濟範圍內的直接行動聚焦於改變「外在」世界的行動與政策。
意識運動改變生活與文化。透過直接的個人行動與「內在」變化，改變個人心靈、文化、世界觀、生活方式。改變傾向於私人且非關政治。

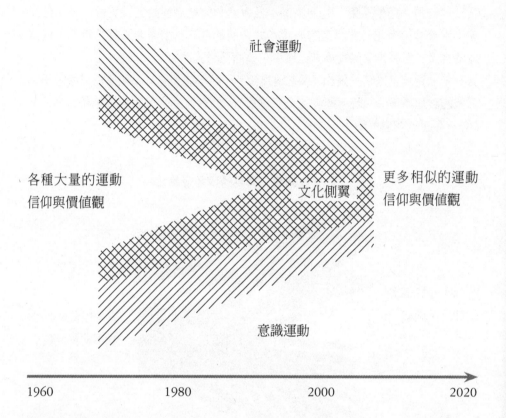

對文化創意人重要的運動匯集
X光透視圖

社會運動

各種大量的運動
信仰與價值觀

文化側翼

更多相似的運動
信仰與價值觀

意識運動

| 1960 | 1980 | 2000 | 2020 |

社會運動挑戰體制。傳統的政治與經濟範圍內的直接行動聚焦於改變「外在」世界的行動與政策。
運動的文化面挑戰規範。直接行動改變生活的許多範圍，超越「正常的政治」，試圖教育道德大眾、改變規則、改變世界觀與典範。
意識運動改變生活與文化。透過直接的個人行動與「內在」變化，改變個人心靈、文化、世界觀、生活方式。改變傾向於私人且非關政治。

政治運動的舊模式在1960年代明顯建築在反對與衝突之上。有些觀察家仍在講抗議運動，彷彿定義運動的要素就是反對什麼事。幾乎在每個社會運動中，你都藉由知道自己反對什麼或痛恨什麼，而知道自己是誰，而你也知道誰是朋友和同盟。

漸漸地，集體身分的基礎已經由抗議轉變為正面的議程與對未來的遠見。花了十年或二十年的時間，反戰運動才能重新定義為和平運動，婦女運動也才能超越責怪、甚至仇恨、男人，然後決定自己的定位。這項改變中一股至關重要的影響是意識運動。心靈與心理學帶來新的思考方式：行動主義者對過程和目的的想法開始改變，關係與社群也變成重要得多。這種改變的一個重要部分來自女性。

就從西雅圖的世界貿易組織示威活動中舉個例子：當威卡教領袖兼作者星鷹（Starhawk，又譯絲塔霍克）與其他抗議群眾被逮捕時，她對關係、社群、社會改變的關注是顯而易見的。在網路的一封公開信中，星鷹描述自己在獄中的經驗：「我們唱歌、說故事、分享冥思、學習墜落、號召元素[5]。我們在拘留所等待傳訊時，約有五十人舉行了一場即興儀式，之後我們跳螺旋舞。我們練習『以意志改變意識的藝術』──而且很有效。警衛、威脅、暴力、混凝土都不能阻擋我們共享的愛、承諾和真心的喜悅。和我一起在獄中的女性多半年輕，卻驚人地堅強、關懷、細心、聰明，而且具有政治覺察。還有較年長女性閃耀的火花，她們的勇氣與幽默對我們是靈感的泉源。」

回想自己的感覺時，星鷹將清晰的連結帶入抗議的個人、心靈與社群面：「我在很多時候都又餓、又病、又疲憊、又痛苦──但我對自己的地步，沒有一刻不開心。反而我經驗到的幾乎是洋溢著幸福的深度，像湍急的河中一股純粹的清流，在我精神開始低靡時，便可以輕輕探入。我會閉上眼睛，看到祖先和我們一起在河間遊行，翻轉這股潮流。我也能在體內感受到一股自己不知道的力量。那幾乎是我體驗過最有力量的開示。」[6]

在資訊時代的脈絡中，想想這次意識與社會運動匯集的力量。星鷹從獄中寫的信連接道德見證的長遠歷史，以往信件要花數月甚至數年才能抵達目的地。年輕的德國牧師潘霍華於1942至1945年間面臨納粹的審判時，從獄中寄出審查過的信給父母與朋友，信件遲至他遭處決多年後的1970年才公諸社會大眾。馬丁‧路德‧金恩在1963年在市監獄寫的信，寄給八位白人神職人員，他們批評該市的抗議示威活動「既不智也不合時宜」。一個月後，金恩的信到了支持他的群眾手裡，最後才是更廣大的社會大眾。另一方面，星鷹的公開信將政治良心寄到網際網路，信件直接而不受審查，便能像電光石火般溜進大眾的覺察。其散播不受當權人士與新聞編輯的管束，前線的個人見證，可在幾個小時內到達百萬民眾的眼前。

‧證據與迫切性無所不在

資訊時代中，運動的匯集由問題的本質來驅動是最有力的。當你深入誠實地檢視今日真正的問題，就會看到那屬於一籮筐的問題：未解決的問題既深且遠地進入龐大的體系。在歷史的這個時期中，那個龐大的體系就是這整個地球。

部隊在不尋常的地方如東帝汶、科索沃、車臣殘殺百姓，突然間，全世界都武裝起義。歐洲人不讓土耳其加入歐盟，除非該國停止殺戮及壓迫庫德人。三十年前，這種事世界幾乎不會注意到，只有幾個非政府組織會抱怨。今天，壓力卻加諸於國家政府，有時候，這些壓力也很有效。

這是怎麼回事？各種議題比以往更全面也更互為關連。我們有更多更好的資訊，而每個實際的問題都與其他數種問題相關。二次大戰後，約有兩百個非政府組織處理人權議題，今日則有十萬多個。每個機構都保有自己的首要焦點，例如：難民、飢餓、兒童、婦女、同志、原住民族、殘障人士、老年人。但每個團體都在學習與他人合作，使努力達到加倍相乘的效果。這使得非政府組織在有惡行時能非常成功地獲得民眾的注意力。長久以來，世界的道德良心終於慢慢被喚醒，面對不是自己部落或國家的人民。

　　和平與人權運動映證了今日創造出來的活躍互連的網絡。這兩股運動都約從三百年的貴格教派（Quaker，又稱教友派）與門諾教派（Mennonite）的傳統演化而來。現代的和平運動始於示威，敦促在歐美「禁用原子彈」。到了1960年代，呼聲變成反對越戰的「不退不退，我們不退！」這兩股運動會合時，他們將焦點放在解除核武上，特別是在美國輸掉越戰後尤其明顯。接著他們繼續加入努力終止地雷與生化戰爭。關心人權使運動將焦點放在東歐前共產國家虐待政治戰犯，並擴及第三極權世界的囚犯與失蹤人口。這個關注點再度擴大到包括難民與因地雷而成殘的人民。

　　正當國際非政府組織激增之時，他們也學習一再學習新的獨立經驗。他們一抓到人權問題，就看到問題狂亂地蔓延。幾次這樣的順序後，沒有一個運動能想像自己是最好或唯一的解答。全亞洲的兒童性交易就是這種錯綜急迫的例子之一。

　　當近百萬的婦女及兒童在印度妓院當徹底的奴隸時，人權團體、婦女團體、和平團體都發現：要有效果便彼此需要。第一個英勇的回應是試圖解救婦女及兒童，調整犯罪幫派的行為。這個議題似乎清楚顯示為女權問題。但紙上的規章卻遠遠不足。這個荒蕪的原因在於婦女貧窮，貧瘠的經濟立足點、高文盲率、負債為奴、惡劣的工作狀況及傳統與法律的雙重歧視。田野考察人員進一步追蹤，發現這種悲劇在鄉村地區有其根源，伐木與生態破壞正迫使人民陷入更深的貧困。無論是舉家逃至城市或留在鄉間，都有些人賣女為奴，有時也販賣男孩。到此時，發展人員與生態學家投入，設法解決潛在的問題，各種運動與非政府組織又多了若干交集。

　　愛滋病在全亞洲與非洲已經成為性產業的大型定時炸彈，因為愛滋病要透過嫖妓才能大量蔓延。這種流行傳染病已經在十多個國家失去控制，幾乎沒有人願意採取行動，甚至提起這件事。公共健康議題與人權議題完全糾纏不清。尼泊爾的一位雅努納‧游培提醫師描述故事的糾葛。替印度妓院招募成員的人來到尼泊爾，假裝為少女提供工作或婚約。她們一窮二白的鄉村家庭面臨「為

女兒的將來付一大筆嫁妝」或「立刻收到錢」的選擇。收下錢的家庭可能會懷疑自己正在賣女為淫，卻時常絕望得顧不了那麼多。「這些問題愈來愈嚴重，因為他們賣女孩的年齡正在下降當中。他們帶走愈來愈年輕的女孩。因為有愛滋病，所以他們需要新鮮的肉，現在年齡層已經降到六歲了，愈來愈多的孩子失蹤，男孩也是。」[7]

・交織無所不在

　　當我們可以歡呼這些運動已首度向外互相接觸時，卻沒有時間慶祝。在這些運動為自己的工作尋找更令人心服口服的基本理由時，迫在眉睫的解決方案又喚起他們進一步交織合作。他們合作時，也變得更相似——不在於他們的計畫方案，而是他們的語言、對問題的診斷、對潛在原因的假定。匯集的證據幾乎無所不在：

- 女性運動連接全球的人權團體，但也變為靈性、心理、家庭導向的人類潛能運動及生態女性主義的生態運動。
- 人類潛能運動與新靈性、另類保健、女性運動接軌，也已就工作場所的生活品質，承擔組織心理學的議題。
- 全人健康運動和心理發展具有連結，卻也丟棄純個人姿態，反對醫療機構的若干立場。全人健康運動正與有機與天然食品產生極為重要的關連，反對生物科技公司在農業與醫學中扮演基因操控的角色。
- 黑人自由運動承擔工作與社會正義的議題，接著是環境正義的議題，從都市內部開始，再向外擴展到鄉間與其他國家。該運動與女性及國際人權運動也有自己的環節。
- 環境運動轉為生態運動，開始承擔現代世界的工業成長機器。它加入聯合運動，堅持剝削勞工與剝削環境有關，只要看很多企業在許多第三世界國家運作的方式就知道了。而生態運動則與上述每一項運動都有交集。

· 西方文化中的普遍運動

我們感覺文化中有一股普遍的運動，一位參加社會運動的資深社會學家也支持這種感覺。羅夫・透納主張有一股大型的普遍運動已經在近三十年來於西歐展開，包含了所有社會運動關注的議題。它包括這些運動中採取道德與實務立場的道德大眾。透納相信在所有新運動下潛藏的信念是「一種個人價值感、生命中的意義，是根本的人權必須受到社會機構所保護」[8]。他解釋這個信念如何在每個案例中付諸實踐。特別是生態學家強調人類需要在自然秩序中就定位，「而非衝離和衝出自然。」和平與反核戰運動及各式各樣「緩慢成長」的運動也擁抱這種觀點。婦女運動本身主動關切自我實現的機會與人類尊嚴，這不只是為女性，而是為所有人，再加上學生運動早期詳述個人價值與意義，透納的結論是：「文化中有股令人印象深刻的普遍運動欲求改變。」

位於中心的文化創意家

或許這不用說也知道，但我們還是把它說清楚。我們的研究指出：文化創意家就位於普遍改革運動的中心。他們是社會與意識運動中的忠貞志士。幾乎我們訪問的每個人都告訴我們，他們在好幾種運動中都很活躍，而且對其他幾種運動的議題與文獻也極有興趣。我們這麼經常聽到，才開始明白這是常態。這些年來，文化創意人已經將自己所學的內容，從一個運動帶到另一個運動。就像傳統女性一度分享食譜與模式，傳統男性分享農耕及打漁技術般，文化創意家分享自己相信、自己感覺、自己閱讀和思考的種種，但最重要的是他們自己的道德關注。

對每一個人而言，這一向代表大量信奉與大量閱讀、思考、與關心同樣議題的其他人互動。這也代表重新思考舊的立場與意見，與重新詮釋父母、老師、整個社會的傳統智慧。雖然有人可能會想到要密集投入幾種這些運動，而不改變自己的價值與生活方式，但這種事不太可能。

我們的調查支持這些印象。我們觀察五種主要運動的同情者與支持者，即道德大眾：

- 生態運動（有別於傳統的環境主義）
- 女性主義
- 另類保健（用前一年的數據）。
- 自我實現心理學。
- 心靈與心理（而非傳統宗教）焦點。

你可以看219頁的「道德大眾」圖表，文化創意人大約是其他可能投入這些運動的兩倍人數[9]。而且他們的投入不僅限於這五種運動。例如：1999年環保署的調查中，我們發現67%的文化創意人是工作與社會正義運動的道德大眾，60%支持生態永續。所以社會正義運動同樣也有與其他運動重疊的傾向，而文化創意人再一次位於核心。

社會運動的道德大眾：道德大眾所屬次文化的數量

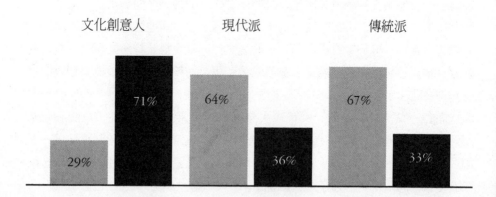

·文化黏膠

另一項關鍵證據指向運動的匯集。雖然這些運動一度分離，然而今天的道德大眾——生活的優先順序因這些運動而改變的龐大人口——是重疊的[10]。我們檢視的這五種運動中，每一種都有40%至80%的支持者（兼具同情者與行動主義者）也參加其他任一種運動。當這些運動有共通的人口，那個人口在比例上就包含遠比預料中更多的文化創意人。文化創意人站在這些運動的交會口，在成效上，他們提供將這些運動維繫起來的文化黏膠。

我們來看這是怎麼發揮作用的。220頁的「價值觀與信仰」表中可看出連結的模式。一步一步地，更多文化創意人有別於現代派或傳統派，對每種價值觀都表示同意。注意生態議題對每個人幾乎都很重要，而意識議題對文化創意人尤其首要。當代的意識運動比以往更新，也尚未深入探進文化。文化創意人在說自己想投入引發社會改革的人數上，也可能是其他美國人的兩倍。

這一切代表什麼？是文化創意人塑造了運動，還是運動塑造了文化創意人？兩者皆是。我們看到的不是馬車和馬的直線因果關係，而是整個體系在改變，有正面的回饋迴路反映出成千個互相強化的因果關係。這些運動向來最倚重文化創意家，將他們視為形成道德大眾的同一批人。四十多年來。文化創意家的多重參與也塑造出這些運動的價值觀與見解。

如果這些新運動沒有一起出現的基礎，便很難想像文化創意人如何能以這麼絕對的次文化浮現。而如果沒有文化創意家，也不會有這麼一股跨運動的匯集潮流與策略。想想1960與1970年代。倡導和平的人與綠色人士沒有關係，綠色人士又遠離女性主義者，女性主義與另類保健、靈性、或各種人本與轉化心理學也沒有關連。我們今天仍可以看到分離的倡導，每種倡導都自以為特別，獨有資格為明日的世界解決一個特定的重要問題。運動之間的衝突層面可能會很高，每個新運動都會進一步促成晚期現代主義的分化。

匯集中的運動之價值與信仰

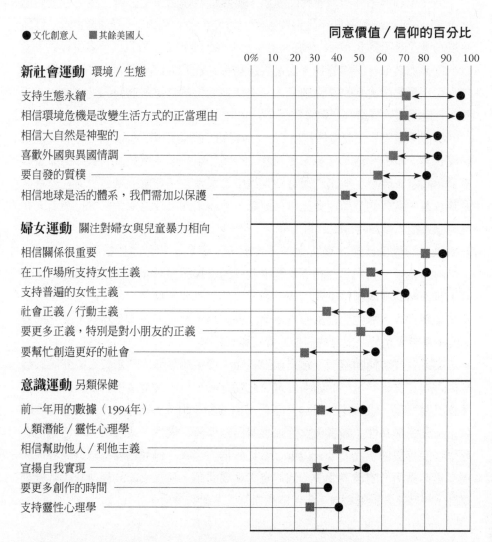

● 文化創意人　■ 其餘美國人　　　　　　　　同意價值／信仰的百分比

註：這張表對比文化創意人與其他所有人。其餘美國人不是全美國，而是現代派加傳統派。文化創意人的人數之多，當包含在全美國時，便提高了百分比，也較難看出他們在這些議題上是否比其他人抱持更強烈的立場。（來源：1995年整體文化調查及1999年環保署調查）

一種新型運動

到目前為止，我們已看到兩種匯集都指向欲求改變的普遍運動：這些運動變得愈來愈相似，並就相同的大議題並肩合作，而文化創意家則是這些運動共通的忠誠擁護者。現在還有另一個重要的因素，就是一種新型運動的發展。這種新型運動的成員都視匯集為理所當然，因為他們身上就帶著匯集的成果。

要明白這看起來是什麼樣子，我們就要轉向健康研究員麥可・勒納所描述的新興「環境健康」運動[11]。

環境健康這個名字有雙重意義。它意指環境對人類健康的影響，也指人類對環境健康的影響。但是塑造這個運動的互為相關連的議題，範圍甚至更廣，再一次顯露出問題根本是過於龐大，無法用狹窄的解決方案奏效。想想創造環境健康運動的基本事實：

- 我們住在七萬五千種人造化學品的海洋裡，其中對人類健康的影響多半未經測試。有些應為我們這個時代癌症流行的程度負部分責任，有些中斷了胚胎發展，影響智力、繁殖力與健康。
- 臭氧層的洞導致惡性黑素瘤快速上升及人類免疫系統減弱，對其他物種也有惡劣的效果。
- 氣候變化中斷氣候型態，影響所有的物種，也影響了人類，有更大的暴風雨、水患、乾旱、改變傳染病的模式、融化極圈的冰蓋、提高海洋的水平面。
- 歐、美、亞、非洲混亂的生態體系正釋放新的傳染疾病，同時人類的免疫系統也因有毒化學物質與臭氧消耗而減弱。

你要站在何處才有足夠寬廣與足夠真實的視野來容納這一切？有十多種立場，每一種皆提供驚鴻的一瞥，有如透過鑽石切面，對整體給予清晰卻相異的觀點。其中一種立場是對所有生命的整體展現深入的心靈覺察。無論如越南的一行禪師所稱呼的「相即」（InterBeing），或如許多美國人所說的「生命的大

網」,或「蓋亞」,都是地球互相依存的整體觀點。

另一種看法來自在文化上塑造新世界觀的社會運動與意識運動主導人。這個觀點可以是嚴格的環境主義,也可能由另類健康運動衍生而來;它可能來自工會或其他關心職業健康的人,或者(在此列舉幾種可能)婦女團體、民權團體、靈性團體。

另一個不同的觀點由關心社會正義的人所持。他們看到環境損害疾病的重擔幾乎一律落在窮人、第三世界國家、農夫、住在毒廢棄物附近的居民、買不起有機水果及蔬菜,或無法取得淨水的人身上。

另一個不同的觀點由有意識的商人及政治人物所持。他們關心(或需要顯出關心)生態與健康災害,會意圖以對健康的許諾,抓住大好商機或贏得選戰。

最後,平常人的立場是接受危險時最基本、最共通的立場。他們體認出目前發生的事會傷害他們自己和家人與朋友以及子子孫孫,而這種觀點或許才是最有力的。

橋接差距。現在此時,這一切觀點尚未以統一的勢力出現。但新社會運動的潛力令人印象深刻。麥可・勒納問:「一般人的生命時常受到生物圈損害後的致命傷害,當他們明白自己的傷時常與地球的傷息息相關時,會發生什麼事?」[12]也就是說:當個人與地球間的平常差距瓦解時,會發生什麼事?當我自己的乳癌、兄弟的黑素瘤、女兒的學習障礙、朋友的免疫系統失調等個人密切的現實,和魚的不孕、鳥的性別錯亂、蛙與鳴鳥的消失都有關時,又會如何呢?

勒納說,這些變化的潛在模式「可能正在告訴我們一個也是我們自己的故事的故事……講地球上所有的生命在當下的確是驚人而具體地相關。我們怎麼對付田裡的老鼠和森林裡的鳥,終究也會在當下對付我們自己和家人」。他下了結論:「我不相信我們還能隱瞞這種事多久,它就處於我們這個時代最重要的事情裡。」[13]

要大部分記者寫環環相扣的關係怎麼會這麼難?為什麼社會大眾不堅持討論那些關係?有兩個原因。一個是我們沒有指標性先例可以給我們基礎,預料

那些分散的線索就是這個模式中的一部分。現代派與傳統派沒有看到自己也是地球社群中互相依存的成員。但少了這份理解，我們怎能問這些危急關頭的重要問題？我們又如何能找到未來可以引導我們的故事？現代派文化的故事不夠眞實，而傳統派文化的故事又無法講述我們這個世界面臨的環環相扣的大規模問題。新興的環境健康運動可能就是一些新故事的溫床。

第二個原因是這些環節不在企業利益的討論下。報導新聞時，大型媒體已變得極爲依賴企業與公關公司的新聞稿，而不是自己從事調查工作。例如：記者通常無法分辨生物科技公司的花招與合法的研究發現之間的不同。正如一位評論家所言：媒體已經宣稱，近十種醫療突破中有一百種突破。而特定的企業是大廣告商，也影響人創造謬誤討喜的故事、省略眞實負面的報導。新聞媒體的獨立雜誌《布瑞爾說法》（Brills Content）便於1998至1999年間，報導攻擊型企業鎭壓不投他們所好的無數案例。

要道出新的內情，有個關鍵面是以事情的眞名來稱呼，而這也就是新興的環境健康運動中一小部分自稱爲「乳癌行動」團體的目標。

·單邊乳房娘子軍

非裔美國作家兼行動主義者奧菊·羅德於1992年死於乳癌，她想像一群單邊乳房娘子軍突襲國會，要求對乳癌的成因與治療進行更多研究。不到十年，這隻軍隊似乎已然成形。但它不止突襲美國國會，而是散佈整個洲際，也到達澳洲及歐洲。她們看來比較不像軍團士兵，而像多臂的印度女神手上的手指，打開了久遠以前封鎖的門，找到路直驅一度禁止進入的密室。

舊金山灣區的團體「乳癌行動」（Breast Cancer Action, 簡稱BCA）就是其中的一根手指。該團始於1990年夏天，當時一位名叫愛蓮諾·普瑞德（Elenore Pred）的女性厭倦了努力想找到精確易懂的資料，了解這種疾病，再過幾年她就要死於轉移性乳癌了。她沒有放棄，反而在憤怒之下組織了乳癌倖存人與支持者的草根活動。到了2000年，這個組織便將成長至五千名會員，連接光是在美

國境內就有的其他三百個草根團體。

乳癌行動體現了環境健康運動目前如何成形。乳癌行動內的恐懼程度很密集。每個投入的人都罹患癌症，或認識得到癌症的患者。這二十年來，美國婦女死於乳癌的人數，比在兩次世界大戰、韓戰、越戰中罹難的總數還要多[14]。若女性單獨面對乳癌，她們的無助感與憂慮簡直就是耗損心志，但是如果一起作伴，就會變成一股奮鬥的力量。她們直接挑戰那個說癌症讓人成為受害者的規範，而成為抗議與遊行者；針對社區團體的團體領隊與陳述實情的人及演講人；向立法機關呼籲保健與環境議題的倡導人；媒體觀察員；研究人員。每年十月，她們藉著自己所稱的「全國癌症工業月」之時機，舉行市民公聽會，這至少可說是個牢固的架構，建構了大家所知的「全國乳癌月」。

十月就是各地女性聽到「去照乳房Ｘ光」與「及早發現就是最好的防護」的訊息之時。乳癌行動的成員與美國、加拿大的乳癌行動主義者，都拒絕乖乖女的框架。（妳該做的做了嗎？那就沒問題了。）她們說把焦點放在早期發現的個人責任上，轉移了大家對研究的注意力，乳癌研究的證據顯示乳癌的成因有生活形態和環境兩者，而研究環境的環節又只有少得驚人的資金或注意力。她們在問：那環境與乳癌的關係呢？對此我們該怎麼辦？

乳癌行動為了將焦點放在這些問題上，透過企業的連結，追蹤錢的足跡，到達她們所稱的「癌症股份有限公司」。她們說，如果認不出那些保管賭本的人，指名道姓講出來，教育社會大眾，就不可能追蹤到疾病的成因。她們堅持：智慧的開端是以事情的真名加以稱呼[15]。

她們循著一條足跡遠遠來到阿斯特捷利康（AstroZeneca）公司，這是以英國為總部的跨國企業，製造非類固醇抗雌激素（Tamoxifen）的癌症藥物，同時也是包括致癌物質乙草胺在內的殺菌劑與除草劑生產者。該公司在俄亥俄州的化學廠是美國境內潛在致癌污染的第三大來源，1996年釋放出五萬三千磅叫得出名稱的致癌物質到空氣裡。該公司於1985年發起「全國乳癌月」，當時這家公司由擁有數十億美金營業額的殺蟲劑、紙類、塑膠製品的製造商所有。1990

年該公司於經檢舉，遭州立及聯邦環保署控告，將滴滴涕（DDT）與多氯聯苯（PCB）倒入洛杉磯與長堤港。

阿斯特捷利康仍是「全國乳癌月」的首要贊助商。女性行動主義者問：在光鮮的活動宣傳下，沒有人提到致癌的化學物品是否也不足爲奇了？接著她們指向阿斯特捷利康下一個攀升的轉變：1997年購得薩立克（Salick）癌症連鎖治療中心。伊利諾大學公共衛生學院的職業與環境醫療教授山繆爾·艾波斯坦博士稱此舉爲「美國醫療界中，史無前例的利益衝突」。他解釋：「現在有一家全球數一數二的大公司，專門製造致癌化學物，他們控制了乳癌的治療，他們控制了化學預防（研究），如今他們控制了十一個癌症治療中心——顯然那些癌症中心就要開出他們製造的藥品處方。」[16]

還有其他幾家公司與這家製造乳癌藥物及殺蟲劑的公司接軌。乳癌行動主義者循著這些足跡，同也在研究成果中增加其他怪異、值得提高警覺的合作夥伴。在此只列舉幾個：

- 加州柏克萊大學與全球最大的化學公司之一諾華有一種新的「公私合夥關係」，而諾華也製造致癌物質及乳癌藥物。該公司以捐贈五千萬美元作爲交換，將派代表加入大學委員會，協商加州大學天然資源學院發現、申請的專利權。

- 哈佛公共衛生學院的健康政策與管理系創始人當中，包括若干大型化學與藥品製造商。那些女性問：這與1997年的「哈佛癌症預防報告」有關嗎？該項報告著重個人預防癌症的責任，堅持多數與癌症相關的環境因素皆爲行爲因素（如吸菸），卻絕口不提企業或政府對於癌症事件的責任。

- 女性正鑽研醫學研究，提出若干根本的問題：乳癌的領域中，什麼可以研究？誰來直接或間接支付研究工作？誰從這些研究中獲益？一個衍生的問題是：醫療與科學評論家寫評時，由誰支付他們的研究？舉個最近的例子：《新英格蘭醫學雜誌》（New England Journal of Medicine）刊登一篇書評，將史坦葛蘿柏（Sandra Steingraber）的著作《住在河下游——生態學者

看環境與癌症》（Living Downstream: An Ecological Look at Cancer and the Environment）斥為無稽。評論者署名為醫學博士暨公共醫學碩士傑瑞・柏克（Jerry H. Berke），他說史坦葛蘿柏著魔地認定環境污染是癌症的起因。結果，柏克是化學製藥商格雷斯（W. R. Grace）的資深幹部，該廠商被環保署強迫支付六千九百萬美金，協助清除麻州瓦本市的污染水井。（這也是電影與書《法網邊緣》的故事背景。）[17]化學公司的攻擊事件與駁斥瑞秋・卡森的著作《寂靜的春天》類似，使得許多閱讀書寫該事件的人都記憶猶新。

快車道上的靈性。乳癌行動執行長芭芭拉・布蘭娜於1994年經診斷罹患乳癌。她寫信給《舊金山紀事報》抱怨一篇重要文章〈乳癌研究不需要更多經費〉之後，便投入行動。她告訴我們：「加入在根本上採取政治行動的團體對我來說很有道理。我母親在我十歲時，帶我去巴爾的摩參加民權遊行。我也參加過反戰運動。乳癌行動講的是我認為真實的議題。所以它現在是我的工作，也是我的熱情。」

她告訴我們：有上百個乳癌團體，其中多數是非關政治而關乎心靈與心理的焦點。我們想到莫琳・瑞鐸的故事團體與瑞雀・雷門與其他醫師在公益的工作（第六章曾討論過）。我們問：難道乳癌行動的許多政治行動主義者也踏上了心靈的路徑？芭芭拉在火速的回應中停頓下來，我們便明白這是個幼稚的問題。她終於說：「你們看，沒有什麼能像威脅生命的病，馬上讓你抓住什麼東西才重要。罹患乳癌的婦女中，很多人確實都踏上心靈的路徑。而其他人，像我本人就沒有。但我們都決心要盡我們所能，找到最誠實的答案，知道如何去利用這份經驗。和乳癌共存是一種極端的經驗，把我們所有人帶到生命中最重要的問題根源。而我們每個人都用自己最好的方式追尋那些問題的答案。」

奧菊・羅德一定會同意：根源的問題一定要大聲清楚地提出來。她寫下：「我最遺憾的是自己的沈默。我害怕過什麼？……我將不久於人世，這是遲早的事，無論我是否為自己發言都不會改變。我的沈默未能保護我。妳的沈默也不會

保護妳。讓我們固定不動的不是差異，而是沈默。有這麼多沈默需要打破。」[18]

·我們為什麼看不見？

正當我們看著運動匯集產生的不同模式時，一個主題產生了：相互依存的主題。每一次我們追循到一個匯集點——這些運動間的匯集、文化創意家本身的存在、新型運動固有的匯集特徵——我們就看到打結的問題需要互相交織的解決方案。採取下一步並不難：問題和解決方案會出現，是因為我們住在連結的網絡裡。英國詩人布雷克（William Blake）說：摘一朵野花，便打擾了一顆星。詩人和神祕主義者一向知道這點，但如今我們都活出這種道理。有人稱之為快車道上的靈性。

我們知道這點——但我們也不知道。身為個體，我們知道自己是生命體系的一部分，我們對那個體系的一部分所做的事遲早會影響到我們全體。但身為一個社會，我們並不知道。因為我們還沒有引領我們的故事，將我們放在與地球之間關係的脈絡中。而我們的機關團體與平常的思維又有本質上的盲點，讓我們看不到彼此的關連。且舉幾個項目：

照常營業。現代官僚要求照常營業，機關團體的曲線圖可能經過重整而精瘦刻薄，新科技可能已經就定位，個別的演員可能來來去去——經理、政治人物、政治程序、個別公司——但以機器化的邏輯卻可能不會遭到質疑。那三大——大政府、大企業、大媒體——在處理不能與其他議題孤立、不能以手邊工具解決的議題上，已經感到捉襟見肘[19]。

盲點不僅是官僚政策一事。雇來的專家（包括在公司上班的科學家與公關專家及律師）藉由縮小與對準焦點，已經無往不利，但他們對大範圍的系統效果或體系間互相依靠的部分，都鮮少或無法產生興趣。他們已學會擅於將每個議題切成薄薄的蒜味香腸片。要反其道而行便像許多俗話所說，是打開潘朵拉的盒子、攪動大黃蜂的窩、打開一整罐的蟲子——總之，就是踏入一灘黏答答、互相牽連、具政治爆炸性的問題。有誰會想淌那灘渾水？

電影《驚爆內幕》（The Insider）就是講一則眞實的故事，敘述CBS新聞《六十分鐘》的幕後人員、密告人傑佛瑞・華肯），與菸草公司布朗威廉遜的三方衝突。菸草公司威脅，如果《六十分鐘》播出華肯博士的訪談，就要興起一場決裂的高額訴訟官司。華肯是該公司的前任研究部副總，知道煙草公司如何隱藏菸草容易成癮、操控香菸傳送尼古丁的速度讓威力更「猛」的內幕。

在CBS即將被買下時，播出那次訪談可能會延遲、甚至毀了那筆交易。影片中顯示CBS新聞的主管與《六十分鐘》的明星邁克・華勒士（Mike Wallace）以「現實」之名向CBS企業主管認輸，扼殺了那場訪談。儘管他們長久以來堅持CBS新聞（特別是《六十分鐘》）的最高品質便是新聞獨立與正直清廉，卻仍封鎖了那場訪談。

新聞主管在影片中解釋：面對企業的壓力時，要識時務者爲俊傑。這句話在生活中是事實。要在立法政治及各種商業與全球政府官僚下成爲識時務者，表示要進行交易，要「虛與蛇委」。這表示要表現得像每個大問題都能從其他問題中孤立出來、包裝好、再處理得乾淨俐落。這表示不要「扯進大的價值觀」，而要包含問題，在問題周圍設下邊界，再用現存政策小小的延伸部分加以處理。識時務者用「反映政治交易及現有權力安排」的舊框架，來認識新的問題。在極權的體系下，每個人都必須成爲識時務者，否則就要嚐到苦頭。體系愈是強硬，識時務者便愈是又咬牙又感到憤世嫉俗。

在面對前所未有的新要求時，多數官僚與務實的政治人物會想辦法避免容納新要求：他們辯駁自己沒有主權行動、沒有預算、沒有法律基礎、沒有建立好的聯盟、沒有備用的研究可證明行動有理、相爭的政黨之間沒有共識、企業與第一世界政府的權力集團之間沒有協議，而且如果符合新的要求，可能會面臨上司們批評的浪潮。

自稱爲識時務者的人說自己根本別無選擇。事情因排山倒海的種種原因而成定局，任誰也無可奈何。事實上，二次大戰後，自馬歇爾計畫以來的西方史，便盡是一系列這種兵敗如山倒的立場。儘管有一切根深柢固的反對聲浪，但稱之

為「不可能」的改變，無論如何也已經出現：核武競賽已然結束，環境法規已經通過，工作場所已經更安全健康，而人權議題的整道彩虹也已經過闡釋。

新聞媒體的盲點。想想什麼會讓一件事引起大眾的注意力。不就是戲劇或什麼急迫的事嗎？某種震驚或充滿衝突，會響起我們「要打還是要逃」的警覺心的事？新聞（特別是資訊娛樂）媒體幾乎都播報急迫或震驚的事件，多數的廣告與其他不管什麼試圖捕捉我們注意力的東西也是如此。媒體那些游移、不耐煩的眼睛通常會顯示不連續、不相關的戲劇——彷如青蛙的眼睛，唯一能偵察的就是會動的東西。非但如此，新聞記者也像現代科學家與其他專家，都受到縮小焦聚的訓練。若今天的示威是四萬九千人，而上個月的示威是五萬人，那麼今天的示威便「不是新聞」，除非它能在其他方面讓故事有所進展。記者的訓練不是要尋找更大的重要性，更別提大格局，因為沒有編輯上的規定引導他們朝這種方向前進。新聞學的決定規則已經有五十至一百年，在任何體系成為確鑿的焦點之前便已制訂。

事件的內情萬一具有明智的全觀，使用大類別與抽象概念，則記者通常會用經典的新聞用語「混淆視聽」（MEGO）來表示不信任也不予採用。無論主題有多麼重要，都可能被人忽略到為時已晚的地步。我們需要好的方式，用有人性、適切、具象徵意義的詞語，傳達大型的抽象概念。

運動的盲點。最後，就像那三大——政府、企業、媒體——許多具政治基礎的社會運動本身也仍陷於狹窄、專業的觀點中。許多運動仍以小雜貨店的方式運作，彷彿只賣給街坊鄰居：培養忠貞的志士、磨出他們切身的議題、在募款信與其他文宣中強調自己有多麼獨特。他們採取這種行為的部分原因是：每個機構都傾向於相信自己在與其他所有團體競爭，爭取有限的志工、經費，甚至媒體報導。行動主義者是現代主義的小孩，也相信自己必須成為專家。

有些行動主義者似乎只要抗議便滿足、停滯不前，而不繼續從事經濟分析或政治協商。然而文化創意家說抗議還不夠，還需要建立新的機構將他們開始行動前的問題連根拔起，又說除非社運團體有實際因應未來的行程表，否則他

們不會支持任何團體。

　　最後，那些運動也可能過分強調反對的事物，因爲有些行動主義者仍相信政治抗議在改變社會上眞的有用。他們深信運動眞正的目的在於有媒體點綴、得來不易的政治成就。他們小看了改變的洪流運行的力量，那是透過運動的文化側翼而啓動的。

・啓程前往新領域

　　我們已看到普遍的轉變運動現在正如何成長，貫穿十多種社會議題，影響上千萬民衆，而不只是文化創意人。各種不同的社會運動本身也基於共通的主題而匯集起來，擁有無數個重疊的忠貞志士。忠貞的志士與走在運動尖端的人士多爲文化創意人。在這兩個因素（普遍運動與文化創意人）中加入已具有匯集特徵的新運動，就有強勁的氣勢改變文化。我們還會看到另一個動態的因素必須加入這個混合物：過渡期。當改變的勢力進入內在不穩定的時代時，潛在的槓桿作用力的確很大。

　　目前需要的是新領域的地圖。在第三部中，我們會看到這些以許多形式出現：情節、歷史、科學模型、個人經歷、遠古神話、旅程的儀式。沒有一個方向明確指示該何去何從，而是在眼前的道路通往一片黑暗的樹林、而未來感覺惶惑不定時，該如何前進的圖像。

1. ［原註］馬克・薩汀（Mark Satin），《新世紀政治》（New Age Politics）（紐約：Delta出版，1978年），序言。

2. ［原註］喬治・李納德（George Leonard），《蛻變》（The Transformation）（紐約：Delacorte出版，1972年），第1-3頁。

3. ［原註］羅伯・辜特南（Robert Kuttner），〈西雅圖抗議群眾做對了〉（The Seattle Protesters Got It Right），《商業週刊》，1999年12月20日。

4. ［原註］愛爾莎・雅內特（Elsa C. Arnett），〈西雅圖抗議上演新行動主義〉（Seattle Protests Put a New Activism in Play），《聖荷西水星報》，1999年12月3日。

5. ［編註］文中提及墜落與元素等應是與宗教儀式相關，威卡教（Wicca）是個以巫術為基礎的宗教，有其特殊的儀式與靈氣治療。女巫史研究者星鷹曾表示，藉由大地之母的能量，通過女性身體的經驗，能為女性運動提供更多的內在連結性與自覺性。

6. ［原註］星鷹在網路上的公開信，1999年12月10日。獨立媒體中心製作的網路錄影帶與貝絲・桑德斯（Beth Sanders）即將問世的〈這就是民主看起來的樣子〉（This Is What Democracy Looks Like），見www.indymedia.org。

7. ［原註］雅努納・游培提（Aruna Uprety）語見奇娜・嘉蘭（China Galland），《女女相繫》（The Bond Between Women）（紐約：Riverhead Books出版，1998年），第28頁。

8. ［原註］羅夫・透納（Ralph H. Turner），〈社會主義後的意識型態與烏托邦〉（Ideology and Utopia After Socialism），拉瑞納（Enrique Larana）、強斯頓（Hank Johnston）、葛斯飛（Joseph R. Gusfield）編，《新社會運動》（New Social Movements）（費城：Temple University Press出版，1994年），第77-81, 89-97頁。

9. ［原註］針對這項分析，我們將每個人列為同意一項特定的運動、中立（無論如何都無所謂）、不同意那項運動。接著我們在這五項運動中，數多少項是他們大致同意的。如此便給我們指標，看他們屬於多少道德大眾。（我們沒有全部二十項運動的證據，但指標顯示重疊處幾乎相同。）萬一你有疑問，在此解釋，此處測量的變數沒有一個是用來決定誰屬於文化創意家族裔。那是根據完全不同的測量群。

10. ［原註］但一個運動的核心行動主義者只有偶而成為其他幾項運動的核心行動主義者。

11. ［原註］麥可・勒納（Michael Lerner），〈滅絕的時代與新興的環境健康運動〉（The Age of Extinction and the Emerging Environmental Health Movement），未出版論文，公益機構，加州波林納市，1999年3月12日。全文見www.commonweal.org。引言經作者同意使用。

12. ［原註］同上，第5頁。

13. ［原註］同上。

14. ［原註］〈第二項審查：化學企業得自乳癌的利潤〉（#2 Censored: Chemical Corporations Profit Off Breast Cancer），彼得・菲立普（Peter Phillips）與審查計畫，《1999年審查》（Censored 1999）（紐約：Seven Stories Press出版，1999年），第35頁。

15. ［原註］芭芭拉・布蘭娜（Barbara Brenner），〈看清我們的利益：向錢走II〉（Seeing Our Interests Clearly: Follow the Money II），乳癌行動（1998年），全文見www.bcaction.org

16. ［原註］山繆爾・艾波斯坦（Samuel Epstein）語見雪倫・拜特（Sharon Batt）與莉颯・葛羅斯（Liza Gross），〈癌症股份有限公司〉（Cancer, Inc），《山巒》雜誌（Sierra, 1999年9-10月）。

17. ［原註］同上。另見芭芭拉・布蘭娜的文章〈現金與癌症：不神聖的聯盟〉（Cash and Cancer: An Unholy Alliance）及〈新英格蘭企業雜誌？〉（New England Journal of Industry?），乳癌行動（1997年），全文見www.bcaction.org

18. ［原註］奧菊・羅德（Audre Lorde），《局外人姊妹》（Sister Outsider）（加州自由市：Crossing Press出版，1984年）

19. ［原註］政治科學家查理・林柏嵐（Charles Lindblom）名之為「脫臼的增值主義」。

第三部・旅行地圖

part three

map for the journey

第三部　旅行地圖

　　經濟歷史學家卡爾・博蘭尼名爲《鉅變》[1]一書[2]，是對現代、都市化及工業化世界的出現，做了最佳闡述的著作之一。用在我們的時代也同樣是個很好的稱號。證據顯示我們正進入一個需要改變的時期——如何生活及工作，如何看待自己，以及怎麼去引導政治、經濟和科技等基本結構的改變。如果好好地，或夠好地經歷這些改造，人類便能繼續存活在這個星球上而不破壞環境，我們的子孫則能有一個值得活著的未來。

　　達到這樣一個結果，意謂的不僅僅是走過重大的過渡時期，而是自始至終協商我們通過的方法。本書第三部分著重於：走到新的、永續的融合，以及在過渡期間我們必然歷經的地圖、模式及隱喻。《製圖者之夢》爲詹姆士・可溫對地圖的深思，書中主角佛拉・毛若是十六世紀威尼斯的宮廷製圖師，書中描述製圖家的角色，刻劃商人、旅人、學者、傳教士及大使，這群人告訴他在他個人的經驗之外還有個更遼闊的世界。「我們在凳子上面對面坐著，」他寫道，「亞得里亞海吹來的一陣微風，讓我們的臉在炎炎夏日中涼快了起來。我們凝視著由我們的眼睛在彼此心中勾勒出來的地圖。製圖師和探險家爭論著距離和路線，同時又默認這些眞的只是細微末節，因爲我們是在努力了解各異其趣的知識。我們就像槳和槳架，試圖精確丈量彼此的槓桿作用，即便我們承認我們或許是朝同一個方向前進亦然。」[3]

　　如今我們默想眼前的路時，這也將是我們的景況。文化創意人就坐在我們對面，這些二十一世紀的冒險家已經從現代主義脫離。但我們還會從遠近各地召來其他線民：就是在我們都尙未出生前，便已越過過渡期的史學家和科

學家、藝術家與商人、旅人等。 我們當然不會對他們的意見不予置評，也會對他們的觀察小心分析。但因爲我們現在都成了琴‧休斯頓所謂的「括號裡的人」，我們定要掙脫受限的世界觀，走出我們的路，進入新領域。

第八章
進入過渡期

　　「我們正活在括弧裡的時代，兩個紀元的時代之間。」約翰‧奈思比於1984年，在最暢銷的書《大趨勢》中聲言。 他說，我們並沒有完全將過去的美國拋在腦後——那是中央集權、工業化、經濟自足的舊世界，我們仰賴制度，建立階級，尋求短暫的解決之道；但我們也沒有完全擁抱未來。現在我們做的是「人類的事：緊抓著已知的過去，害怕不可知的未來」[4]。

　　近二十年過去了，情況依然如此。我們比以往更活在過渡地帶，在兩個紀元的時代之間。兩個紀元間的通道可能相當長。雖然新的千禧年來臨可能會使我們許多人嘗試全新的事物，但過渡期不是由千禧年造成的。過渡期是兩種世界觀、價值觀及生活方式的中間時期；是兩種情況之間的時代。奈思比對這轉變的時期下了一個結論：「一個偉大的發酵期，充滿了機會。」但他又補充說明，這種情況也要靠兩個關鍵條件：如果我們能「和不確定為友」，及「只要對前途方的道路有清楚的意識，明確的概念和清晰的洞察力」[5]。

　　這不是自相矛盾嗎？如果我們能看清前方的道路，為什麼還需要與不確定為伍？何不往前走就好了？答案是你前方的路穿過一座幽暗森林，進入未來的入口點本身就不明確。起點的指示牌寫著「此路不詳」。跨出下一步保證讓你覺得無力、困惑，甚至像個白癡。 這正是你需要和不確定友善交好的時候了。

　　假使你拒絕走進前方幽暗的森林或沼澤或混亂未知的地域，你就會停在原地。要不，假使你決心向前進攻，就很可能像唐吉訶德一樣跨上坐騎，立刻到處橫衝直撞。 劇作家娜歐蜜‧紐曼筆下年長睿智的角色瑞芙卡無疑會補上一句

：「別裝作你知道自己要去哪裡。因爲如果你知道你要去哪裡，那表示你已經去過了，最後你只會回到原來出發的地方！」[6]

對前方的路有清晰的洞察力或許是個更偏向意識的問題，而非資訊的問題。我們面臨的不只是奈思比預料的「偉大的發酵期，充滿了機會」，而是文明與地球上一個危險驚人的尖端。我們要找到度過的路徑，這種需要是我們時代最迫切也最重要的問題。藝評家蘇西‧蓋伯利克簡潔地表示：「問題不再是我們怎麼會走到這個地步，爲什麼會在這裡？而是，我們能夠往哪兒去？怎麼去？」[7]第一個答案，到我們能到之處，是朝向一種永續的新文化。第二個答案，怎麼到達那裡，是我們現在開始要探究的事。我們就像長久以來的古航海家一樣，著手開始爲即將展開的旅程搜集地圖。我們的地圖是源於未來的宏圖概觀，以及對歷史大規模的環視洞悉，也來自科學、文化及神話模式，這些模式列出了在過渡期等待我們的危險和機會的本質。

凝視過渡期

我們站在這裡，凝視著現代主義尾聲的過渡期。如果我們把眼光移開，將焦點放在絕對道德上，諸如基本主義或正統宗教之類，我們就會被拉向傳統派的力場。我們會相信在長期的道德滑落之後，末日果報和審判近了，他們是抱持這種看法的。如果我們把眼光轉向世俗的現代主義，我們的注意力就會被不同的說法吸引，像是未來學家彼得‧舒瓦茲所述的「長期榮景」，一連串「大規模的經濟拓展，將極有助於解決看似棘手（如貧窮）的問題，舒緩全世界的緊繃。我們會去做，而不揭發環境的內幕」[8]。但如果我們像許多文化創意人一樣，也擁護深層生態學[9]，我們便會看到地球的命運處於重大的分水嶺，端賴於我們所做的選擇。

當我們試圖對未來得到更清楚的視野，相抗衡的力量便左右拉扯著我們，好比我們站在火星中的多重磁區，緊抓著指南針猛試著找出眞正的北方。指南

針的指針瘋狂打轉。要決定我們要去哪裡，一定要知道我們要從何開始。這是什麼時代？是混亂的時期？還是物種成長的過渡期？死亡？或新生的孕育期？這些全有賴於我們如何解讀徵兆，和我們想要——或能忍受——看到的有多少。文化史學家威廉‧厄文‧湯普森（William Irwin Thompson）或許為它取了最恰當的名稱。他說，我們正活在「歷史的邊緣」。

‧三種情境

當你考量一個超越自身經驗的世界，又需要步出內心固定的框架時，你可以從感興趣的前提發展情境開始。架構情境的重點並不是要成為算命師，而是成為深海潛水夫，潛入顯見的外表，看看可能的選擇與各種選擇的意涵。

情境只有在成串時才有用。其概念是問「如果……會如何」，然後檢視幾種未來，每一種未來截然不同。如此將有助於對出乎意料的結果準備妥善。我們會利用三種全球未來可能的情境，來思考過渡期的應許及危險。我們會對文化創意人的貢獻特別感興趣。

情境1：瓦解 本情境著重於地球的脆弱、全球經濟市場強大的力量，及跨國企業的強勢。它假設社會運動和意識運動的聚合（我們在第七章討論過）沒有什麼衝擊，文化創意人也沒有意識到自己有變成次文化的可能。

在這個不幸又遭到誤導的世界，現代制度緊緊著二十世紀。全球大多數人被排除在經濟利益之外，其剝奪感又被西方電視強化。於是他們開啟爭戰及革命。全球化以貨運火車的氣勢，快速駛過每個人的生活中，當它終於遇到急彎時，便偏離了軌道。同時，核子、化學和生物武器的激增造成損害傷亡。結果生態問題完全如預料般嚴重。人口過剩導致人在戰爭、飢荒中大量死亡，也導致由污染和疾病所帶來的健康危機。第一世界國家因為優越的武裝得以持續居上風一陣子。長期下來，情勢崩解；民主和人權成了早一步的祭品，而文明瓦解則是末了的下場。

情境2：高度適應的世界 第二種情境假設重大的改變潮流造成改變，文化創意人變得意識到彼此的存在且對世界發揮作用。這種情境假設大家通力合作，對即將出現的問題先發制人，發展生態永續，並避免二十世紀典型的衝突。一些現代派變成了文化創意人，其他現代派則願意和文化創意人及傳統派一起合作，找到新的解決之道。傳統派和文化創意人也基於共有的道德價值，在一些合作計劃中共事。

在這情境中，一股運用科技及企業的力量來邁向更高效益的行動會找出方法，徹底改變成更進一步的永續生產。其轉變可能很昂貴，卻相當順利。正如上網的人數從1995年的一小撮人，到2000年幾乎佔美國三分之一的成年人口，企業在這個情境下，一旦看到未來，便快速採取行動。人權和社會正義借助於更有效的交流，也遍及世界。全球的整合持續發展，同時人們對特有個人及文化的獨特性感興趣。因此，傳統的智慧倍受推崇，全世界各地的音樂家、舞者及具有表達力之藝術家的貢獻也含有高度的價值。

全球各地並非同時改變。社會階級、種族族群、區域及宗教間的衝突依舊是一大問題，但新價值的普及使得衝突必較容易處理。這是一個對未來帶有希望的世界。在這個幸運的世界裡，最惡劣的生態問題到最後也得以控管。

上述二種情景都是「沒有驚喜」的未來，分別呼應當代評論家所提出的最糟糕和最樂觀的局面。然而，我們不太可能像第一個情景那麼不幸愚昧，也不會如第二個情景般幸運睿智。如此便把我們帶到了第三種情境。

情境3：誤打誤撞達成轉變 假設文化創意人真的一起落實行動，改變的洪流也對社會施加許多壓力，而採取新的生活方式。但在整個已開發世界裡，現代財政機關及大型企業獲得政府的大力支持，決定盡全力來抵抗改變。傳統派也利用他們所有的資源對抗愈來愈具威脅的文化發展定局。這是個文化衝突和變化崎嶇的世界。

在社會某些部分，文化創意人不但受歡迎，甚至還帶頭邁向積極正面的文

化改變。有些企業，特別是視生態永續及資訊革命爲最大利潤來源的企業，判定文化創意人就是他們的天然市場[10]而與他們結盟。視文化創意人爲自然選民的政治人物也跟著隨之而來。

在這些範疇中，文化和經濟功能建立，爲未來提供了很多潛力。但是這些領軍的範疇不一定會勝出。社會上其他一些區塊頑強地與主流文化及政治變遷對立：不只是因爲自身的利益，也是因爲多數人都抗拒新的模範和世界觀，即使對他們的經濟或政治利益都沒有好處，他們依舊抵抗不誤。隨著這種種對立，文化衝突也愈趨惡化。

同時，生態繼續遭到破壞，人口過剩在全球許多地區付出重大的代價，軍事衝突在窮人和富人之間激化。世界愈來愈不穩定，產生許多紛亂的機會。結果，全球可能集體「跌落進洞」：另一個經濟大蕭條，或局部生態浩劫，引發世界上一些地區飢荒和數百萬人死亡，或因極度不均及種族衝突而觸發一連串勞民傷財的戰爭。雨林的破壞及／或氣候改變觸發新的瘟疫。無論這個洞是什麼類型，痛苦和死亡都可能極爲慘痛。

接下來發生的也許是這個情境中最令人驚訝的面向：即歷史學家阿諾・湯恩比所稱的「挑戰和回應」。當社會陷入困境，少數具有創造力的人（在此情境中爲文化創意人）發展出迥異的信念及生活方式。既然已經跌落洞裡，我們的資源及文化恢復力大到足以使我們馬上彈回去——或彈到一個新的地方。適應良好的反應可能遍及全世界，因爲全球社會及身處其中的文化創意人，已經由交流網絡及非政府組織而緊密相連了。

在這個情境下，世界倚賴一大群人知道如何重整旗鼓和發展新的文化解決之道的人。更多人傾聽，冒險建立新的未來。同時，若干舊權力失去了信用，一些富人及掌權者喪失了地位及權勢。在這過程中，我們改變了社會結構。文化在陷入困境時候，可能會非常創新，特別是大量種子人口在其中從事有創意的改變時尤然。全世界許多文化可能從局部的災難中艱困地爬出一條路，而對自身的潛力有所覺醒。這是社會以辛苦的方式學習，但至少它可以學習。

猜猜看，這個情境或許有差不多一半的機會會實現，因為它假設人類既非幸運而有智慧，也非不幸又愚蠢。這一路是混戰的中間路線，其中有許多加分與扣分的組合能導出相似的結果。這個情境說我們都跌下去了，但我們隨即又回到上頭。這個情境說我們從過去中學習，但學習速度卻不如我們所願。最重要的是，這個情境說我們的創意少數族群現在已經大到足以有機會向我們這時代的挑戰做出適當的回應──如果，我們不再如往常一樣，使事情發生失誤，然後互相指責、否認對方的指控，我們就能持續和未來接軌。

·危險的年代，應許的時代

在千禧年之交，我們與結尾及動亂的洪流掙扎時，《鐵達尼號》的故事也不斷重覆。故事似乎從我們集體無意識的深海中再度浮出水面。電影一看再看，書也閱讀或翻閱過後許久，不斷回到我們夢裡和思緒的片段卻是船上乘客的反應。他們就像我們一樣，不能理解正在發生的事情規模有多大。他們就像我們一樣，趕造否認的厚牆來抵擋恐懼。即使在他們感受到冰山的低悶巨響之後，事情還是如常進行。「這艘船穩如泰山；半個多星期以來一直是他們的家。銀行家還急著回到紐約的辦公室，繼續計劃接下來的生意。教授從休假年返回，還在思忖著課程安排。」[11] 許多上層甲板的乘客寧可和船共存亡，而不願意步下救生艇到冰冷的水中。統艙裡的乘客沒有救生艇。到最後，有沒有救生艇也沒有太大的差別。

乘客像無頭蒼蠅般的騷動在今天看來很熟悉，這也可能掌控了我們之間的任何一人。無論我們等待的是傳統派墮落的悲劇，或現代派的循序漸進，或文化創意人的大轉變，許多改變都在我們前方，還有許多選擇等著我們決定。從事實當中區分異想天開的想法和慘不忍睹的期望是極為困難的事。模稜兩可──還有對任何事都無法確定的無力感──能使我們麻木消極。我們就像晚餐吃太多的人，覺得發懶、愛睏，需要回到座椅上靠著休息，在電視上看一部溫馨的娛樂電影。「專家們無法達成共識，」我們聳聳肩，「就讓他們爭個明白，再回

來告訴我們吧。」這就是何以原本可以避免的危機會變爲已成氣候的大災難——因爲可以防止、也應該防止危機的人卻坐視不管，只是當純看戲的觀衆。

‧無論好壞

現今我們面對的重大變化，雖然也令我們大吃一驚，卻不像毀滅鐵達尼號的冰山。差別在於我們自己不愼啓動了這些事件，其中好壞兼備。好的方面是我們經常慶祝科技上奇蹟式的進展，從消費產品的量產到汽車及飛機的發明，收音機和電視，電腦及網路，抗生素和科學醫學，重新塑造我們日常生活的新興金屬和材料，更豐富的農產量，太空探索及看待宇宙的全新觀點。史上最多人過著中產階級生活的時期。我們有更好的教育，好的健康，好的營養，舒適的住屋，人身安全，還有爲孩子承諾的美好未來。工作上我們較少從事體力勞動，而且和現代時期初的人比起來，我們的壽命幾乎是二倍長。這些都是好的資源，在未來的時代裡也需要。

壞的方面也是類似的科技發展，其副作用紛紛跑出來：汽車擁塞，空氣污染，鄉間的破壞（無計劃的擴展）；電視就像廣告怪物，使政治倚賴愈來愈多的競選獻金；伐木、化學製品、濫補魚類、空氣和水污染造成環境的大規模破壞；許多種微生物重現，產生了抗生素抗藥性；熱帶森林遭到毀壞，釋放出新的微生物及病毒；大量生產大規模破壞的武裝設備使全世界瀕臨危險；裝載核子彈頭的火箭可使我們陷入核武之冬；全球人口爆炸使我們遠遠超出地球的承載力。管理顧問瑪格莉特‧惠特利這麼解釋：當我們嘗試，盡最大努力，使世界依循一套特定的方法運作時，我們便看不見這些冰山事件的表層下有什麼東西。我們不知道這些問題現在會跑到我們身上，比一開始我們所想像的一切更大更猛[12]。

這些發展，和其他我們根本不知道的發展，帶給未來嚴重的危險。我們知道這一點，即使不是一清二楚，也一定會在我們看早報和夜晚想辦法睡著的心底浮現。所以我們恐懼過渡期。舊的解決方法不再奏效，不會讓我們更難以信任尚未發現的解決方法。無怪乎我們這麼多人對困難的抉擇感到癱軟無力。

‧豐饒的開闊

過渡期的危險不應該遮掩了其他值得注意的特質——魅力。尚未探索的事物的誘惑，能喚起我們最有創意、探究、渴望的天性。科學家、藝術家、數學家，以及各種探險家都了解，揭開覆蓋著他們所愛的那層面紗時，有多麼地美妙喜悅。我們所知的這種經驗，好比神秘浪漫詩篇的芬芳，詩中的戀人渴望全然了解愛人，但這些愉悅，等著那些追求奧秘、渴望了解奧秘的人來體會。探索可以是寫詩，或到無人造訪過的山頭滑雪；搭建橋樑或拆解全新的電腦；雕刻面具或在河上航行。

這種經驗也可能是花生米。有人曾問過喬治‧華盛頓‧卡佛[13]怎麼會發現花生有這麼多不同的用途。偉大的發明家答道：「無論你愛的是什麼，它都會向你敞開自身的秘密。」或模式。讓發展生物學家克莉絲汀‧紐絲蘭—渥赫德對自己的斑馬魚研究最激動興奮的不是研究成果應用在醫學上，令人印象深刻，而是在推敲出魚能告訴她有何整體發展上之時，並「從中找到彼此之間足夠的片段和足夠的關連，辨識出完整的圖像。」[14]

探索或追隨一個憧憬的好奇心，是既有趣又豐富。這份好奇心用愛滋養——渴望更了解你所愛的，甚至沒想過和它分離，直到揭開每個秘密為止。要達這種境界是一段動人、奢華的戀愛。過渡期的觀點也是個入口，通往全人類活躍及原創性的努力。要陳舊思想投降，便是生命的綠色生長點，九百年前，賓根的希德格[15]稱之為viriditas，意思是指歡樂、濕潤的綠是上帝在世上創意的存在[16]。

‧生死不離

過渡期怎麼會同時是豐饒的開闊又是死亡的空間呢？要揣摩這點，我們必須先拋棄貫來將生與死分開的觀點。對舊的生活方式不再感到自在，卻尚未建立新的生活方式，我們處於矛盾之中。如果讓它將我們闊展開來，便能抓住時代的奧秘：生是我們所知的過去之死，死是我們尚未進入的未來之生[17]。而過渡期，包含所有的危險和希望，便是我們目前的所在位置。

西方世界對死亡與而再生的意象感到不自在，除非這個意象發生在二千年前。我們日常生活習慣繞著美好的意象而形成。財經報刊頌揚新的生物科技業展現驚人的希望，所有的新興網路商業，約莫數月便可致富。每份新的計劃書都保證銷售及獲利曲線會順利躍升到美味可口的高點。同時，成功的企業家也在每個機場和超市裡陳列的雜誌上朝我們微笑。

幾乎沒有人討論任何向成功上揚的弧線中，大約在中途便出現的大衰退。想想汽車工業、電腦，或農產業好了，每一百家起步的公司裡，就有八、九十家關門大吉。早期的工業往往在另一種新工業問世前，必然會先衰退。所有錯誤的開始，失望的科學家與工程師和投機資產家，破產的企業鉅子，混亂及不確定，天花亂墜的宣傳和願景，將遺漏在史書之外——不僅因為歷史是由贏家所撰寫的，也因為寫成的歷史中好像只有贏家。夢想成功的人不想聽到死伴隨著生。

結果，留下來讓我們面對的不只是一兩種工業的興起或殞落，還有每五百或千年才會出現一次的那種劇變。我們再清楚不過了，它讓我們沒有前方時代的操作手冊。工業革命中，任何廣為流傳的口述都描寫著發展的行進，必然是從一次的勝利向前轉到下一個勝利。現今大型企業的公關允諾我們的未來也具有閃亮的可能性，許多創意的空間，以及足夠的資源給（幾乎）所有相關的人士。這是我們之前看過的美好情境的一種變相，現代主義者的變體。或許我們會有那種好事，但是那不太可能。

如果我們將進入一個如工業革命般重大的改變根本期，那麼我們最好更仔細讀歷史。工業化的過程對多數涉及工業化的工人而言，都具有毀滅性。該過程反映出對人類生活的草率，也對自然世界的破壞缺乏關懷。今天幾乎沒有人會認為這樣的無意識是可接受的。我們從那時起，便有很多道德上的進展及人民的民主教育。在這時期前後，我們需要對社會轉變投注更多的智慧和關心。

·找出第三條路

當你面對矛盾時，肯定行不通的反應就是選邊站。現今過渡期中，有創意

的答案將是連結差異,用新的觀點連根拔起問題的舊陳述。已成為協商專家的人類學家威廉‧尤利,在全球各地的衝突中找出新觀點,作為自身的事業。他質疑衝突的「必要」,挑戰與回應的模式已經在過去數百年間佔據了國家和帝國。他在新作《第三方》[18]裡,指出了發展「第三邊」的效力:三贏解決法超越了黨派之爭也涵蓋了社會。他為這套解決法提供了一些例子,從降低波士頓青少年謀殺率,到消弭南非對立並和平走向多數族群治國等。

尤利根據自己的研究,說人類史上的前百分之九十九裡,我們的祖先都沿襲這樣的模式:「其迷思在於:人類自存在以來,大部分的時間都在互相殺害——這是我們的基本本質,如果你劃破文明的粉飾,就會得到一個波士尼亞或盧安達。」[19] 但我們一直「毀謗祖先」,他說:「倒不是說他們不用暴力,而是他們很努力防止和解決衝突——並且找到方法防止和解決衝突。」

尤利說,有些相當迷人的事正在發生,使我們全球社會像人類史上農業社會之前一樣。我們從固定資源(如土地)轉變到可擴張的資源——資訊。金字塔的權力和權威消失成自我組織,合作網路也發展起來。在愈來愈相互依賴的世界裡,我們具有「萬年來最有希望的機會,能開創一個共存、合作、有建設性衝突的共同文化」。雖然尤利預料衝突會因互相依賴而增加,但他深信我們對衝突後果愈來愈無力擔待,會刺激我們找到非暴力的解決方法。

‧挑戰與回應

二十世紀的生活循著「挑戰與回應」模式的一種特定變相,這種模式,阿諾‧湯恩比為通盤有記載的歷史文化描述為:暴力衝突模式。上個世紀,國與國之間的戰爭規模及破壞,比起他們對資源和照顧的貢獻,更形貪得無厭。似乎除了困在你死我活的遊戲中就別無選擇了。不是殺人,就是被殺,不是防衛邊境,就是遭到接手或破壞。這三個世紀以來,這種現象尤隨著殖民帝國及其引起的部落征服而來。

西方世界的許多主要公共制度——工業、政府、軍事——是為了在不斷的戰

爭中「灑熱血和拋財富」而建立的。許多已開發世界的身分認同與這些帝國戰役牢不可分。一次又一次，西方世界發現自己處於「聖戰」中。我們知道自己的身分，因為我們是「反他們」，而他們是令人憎惡和害怕的「其他人」。這種衝突模式也形成該世紀其他重大的趨勢。許多科技並沒有自主權，而是擔任戰爭機器。經濟大蕭條之後，為戰爭動員才重建了工業的基礎。直到1989年柏林圍牆倒下，美國和同盟國家沒有其他帝國可攻打，主流的公眾注意力才直接轉為向來受到忽略或擱置的生態、家庭、社區毀壞等問題。

此刻，有可能推出另一種挑戰與回應的模式。暴力衝突使文化頓時陷入為戰爭而動員，而社會能發展出全新模式的回應。威廉‧尤利的「第三邊」是其中一種答案：將較大社區的影響力及關懷帶進較小規模的衝突裡。現在西方面對其他挑戰包括慢慢升高的人口，全球的經濟及生態壓力，以及國家和城市的經濟及生態壓力。這類挑戰的回應，正是湯恩比看到的創意少數族群所具有的重要影響力。他在巨作《歷史研究》[20]中描述怎樣發明新的解決之道，才能批判性地重組和用心經營新的社會結構。面臨累積的壓力，創意的少數族群不會瓦解文化，而是有助於創造一種新的文化。

在二十一世紀，一個挑戰與回應的新紀元正在控制局勢。文化創意人或許正以直指治療及整合、而非交戰的回應是在引領我們。這些回應要對創造新文化有所貢獻，民間的行動主義和社會運動則勢必發展成新的機構。這是文化改變中標準的美式食譜，也可能流傳開來。機構的優點在於能對文化願意察覺並採取行動的問題理出回應。此外，新社會運動是短暫的，而機構則能將這些運動的能量導入日常行動中。一個主要的問題在於文化創意人能否有助於創造這樣的機構，因應我們現今所面對的決定性挑戰。

‧橫掃歷史的地圖

向過去學習的一種方法，或許也是最好的方法，便是審視重大的歷史波動，找出想了解的模式。哈佛的社會學家暨學者皮帝里姆‧索羅金專攻這種掃視

觀點，我們也能暫時藉他之力，一窺何時、何以類似過渡期的時期曾出現過。

　　索羅金因完成社會改變中做最大量徹底的實證研究，而於二次大戰前後得到實至名歸的名聲。他檢視近三千年的西方史，大量分析各異的歷史趨勢，其中包括戰爭、經濟、哲學、法律、科學、科技、藝術及宗教。他發現，文化的各層面在歷經時日下，會大致移在一起，而且有更多的唯物主義紀元和更多的宗教紀元交替出現。兩個紀元不同之處取決於人認為什麼才是真的。今天現代派相信的，和兩千年前羅馬人一樣，都是真相以物質為根本。中世紀基督教、印度婆羅門教、道教，及其他古文明則相信真相主要是宗教性的，由無所不在的上帝掌控。這個基礎的信仰幾乎影響了主流文化的其他各種觀點。

　　對我們而言，最有趣的是索羅金對於唯物主義和宗教意識形態間重大替換時期的觀察。跨越的時代極為變幻莫測，人們對兩種現實觀做出有創意的綜合體，則會產生一片榮景；如果人類除了刀劍和生存之外，其餘都欠思量，就可能留下一片廢墟。在轉變期，黑暗時期也可能是文藝復興時期。

· 再訪索羅金

　　索羅金的結語是我們過熟的現代文化將於二十世紀畫下句點[21]。在稍早我們看過的一種悲觀情境的變體中，他期望的不是文明的摧毀，而是一團瓦解的混亂，其中唯物主義將鬆開箝制，改變我們對真相的觀點。索羅金主張，本紀元最大的致命弱點就是拒絕承認本身的極限。他可以拿生態學家的「成長極限」理論，當作進一步的徵兆，顯示這個紀元絕對呈下坡趨勢。目前政治和其他制度的亂象也是他所預見的結果。但是全球化、社會不平等的惡化現象，全球大量人口的生計受威脅的規模，都比他所預期的要大多了。

　　相較於已經證實的事件，索羅金對西方史的短期進程更是悲觀。經過六十年後，先進國家的中低階層比他在1940年左右所形容的要更富裕。他描述典型典型唯物主義文化衰落的特徵，即暴力、混亂的崩壞還沒有開始──總有一天會開始。但有許多跡象是他預料中的流行文化和藝術的墮落。顯然，他低估了科

技的角色,卓越的大型企業及市場,以及將現代性成功散播到世界其他各地。截至目前為止,雖然許多悲觀人士會辯稱我們不過是延緩索羅金所言的災難,但這還算是一個和的轉變。

對我們而言最重要的是索羅金發現:在轉換期間,人們以為是真的內容,會一再地被顛覆。以世紀為時間的比例尺來看,這種逆轉似乎在進行了。二十世紀末的科學運動遠離了鋒芒畢露的物理世界,進入了更不確定的量子物理學,便是這種改變的一個徵兆;以DNA及基因密碼來計畫生命也是,即將來臨的資訊時代皆然。如果在宗教和世俗時期間有綜合的新紀元即將出現,文化創意人的價值和信念正呼應了 索羅金的預言。按索羅金的推論,接著應該是宗教和藝術上的創意覺醒,以及每每為回應重大困難,更理想的社會制度便會產生的發展。

冀望我們的轉變期是文藝復興時代而非黑暗時代,冀望我們能創造出新的綜合體和整合文化,這些切合實際的嗎?索羅金對文化的解讀表示,如果一個新紀元的希望開端能持續成長,而且如果我們就像在三種情境中看到的,擁有智慧和很多好運,那麼這些期望都切合實際。

過渡期表面下地圖繪製

稍早提到,有時危機能引起十分合適、十分新鮮、原創又適合所需的答案產生,使整體文化能彈回甚至躍到新的運作層級。但我們沒有說那是怎麼發生的,只說有時候創意的少數族群會提供跳板。話雖如此,光是想到那種事可能會發生就覺得古怪。你跌落洞裡,然後不知怎麼著又彈上來或彈出來?

我們需要了解這個過程,因為我們必定會在過渡期遭遇許多坑洞。我們從最先進的進化論裡抽出一個方法來檢視這個過程。

・演化的改變

在《抉擇:演化或絕種?》及《演化:通論》中,系統理論家厄文・拉胥

羅認為緊接在棘手的大缺口之後，成功的進化波濤便可能達到更高的層級[22]。化石記錄和歷史記載都顯示出長時間的穩定期，暗示環境處於均衡環境。但接著來了一個標點符號，也就是系統從一個水平跳到另一個的驟然轉變。當系統理論家看到這樣的改變，便認出混亂過程的存在。看似不連續的大型跳躍，在遠離均衡的生命系統中是正常的。任何生命系統──包括人類和社會──都能夠造就這種跳躍，也確實造就了這種跳躍。

「紀元與紀元間的人類演化」圖表顯示跳躍可能看似跨越了三種文明：古代農業帝國，現代都會工業世界，以及新浮現的文化。在改變的階梯中，文化變得更錯綜複雜、有彈性、有創意、有效率，對資訊的利用也更有效果。同時，每個文化都不情願改變。它以自我防衛的舉動，保持長久建立的架構和模式完好無缺。結果，每個層次中都有一種均衡。這不意味著沒有半點改變，而是系統儘可能自我修正。就像我們生意的循環，時尚的週期，及華盛頓政府自由、保守之交替，每個紀元的循環也是如此在穩定的生活方式內游移、調整。

紀元與紀元間的人類演化

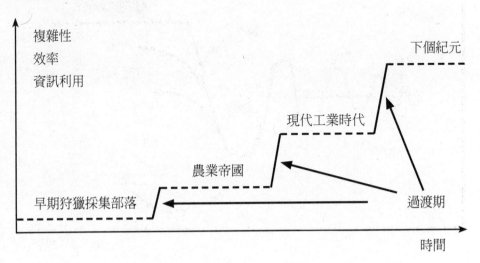

·過渡期

　　但那些過渡期，那些文化轉變階梯上的豎板又是怎麼回事？自我修正系統究竟如何成長改變？下一張圖表「單一紀元的動力」，是拉胥羅用以顯示大規模轉變如何發生的特寫圖。當系統偏離均衡愈來愈遠時，會開始發生混亂又不可預期的波動。這不只是隨機的變化，也不是週期性的變化。它們是真正的混亂——它其中一個後果是迷人的基礎動力，系統分析家稱之為「獵尋」。這些波動似乎在獵尋新的可能，彷彿整體系統都在找尋新的演化層級——不只是任何一種新層級，而是一個比先前更成功的生活方式。

　　細胞及阿米巴蟲等無意識系統可能要試上千萬次，甚至數百萬次，才能達到下一個更高的層級。一旦找到那個層級，系統便加以保留。更多的意識系統，如人類社會，或許只要幾十次或幾百次的嘗試，便能到達新的層級。每一

單一紀元的動力

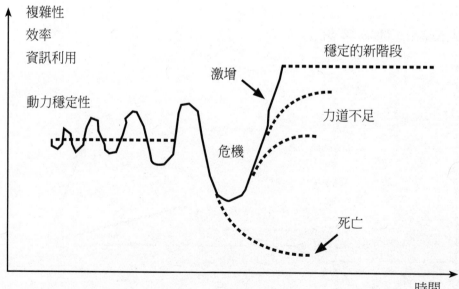

種生命系統中，進化的躍進可能都先經過亂無章法的摸索，與失足跌進在舊層級中無法解決的危機。這個系統實際上已經掉進坑洞了。從圖表上看得出來，有一種可能是系統會死在波谷的洞裡，也可能找不到穩定的新層級，或帶著局部失敗達到不完全的轉變。生命系統的演化真的就是這麼不確定。但人類賦有相當重要的進化優勢，因為我們能從自己的錯誤中學習，甚至預先計劃——只要我們能理解現在發生了什麼事。

・全球的過渡儀式

　　幾乎在我們之前的每個時代裡，相對穩定的社會都會提供成員方法，信任人類生命中深奧的過渡期。荷蘭人類學家阿諾・凡・根納普（Arnold van Gennep）給這些儀式取了最廣泛使用的名稱：對個人和社區而言可能是大變動的改變，與生命的結構交織，好讓每一個改變都有意義且息息相關。土著民族創造了神聖步驟，讓人民度過出生、青春期、婚姻、變成長輩，進入死亡；並帶著部族走過戰爭、飢餓及其他危機。

　　我們今天如果有這種事會如何呢？——即支持我們走過改變的步驟，幫助我們堅持到底的引導故事，和幾張指引迷津的好地圖。文化史提供一些模式，而現代系統理論也提供一些模式，過渡儀式本身即為模範，根據古人在日常周圍所見的生物進程而建立。毛毛蟲從蠕動的蟲轉變成蝴蝶是新生命，熊在死寂的冬天消失，在春天重生也是新生命。我們的祖先被自然的改變所圍繞，了解改變就是事物的神聖秩序。

　　現今，我們的文化沒有提供這樣的儀式，儘管如此，我們還是沈浸於儀式中。著有《西方心靈的激情》[23]的文化史學家理查・塔那斯主張西方文化正處於集體過渡儀式。他說，整條現代文明的路正背負著人類和地球走上這條軌道。我們已歷經了分離階段，如今在最關鍵的死而重生的奧秘階段，卻在此時「遭逢全球規模的道德問題——首先是核能危機，接著是生態危機」，而被拋離了軌道。塔那斯說，這個遭遇不再是個人而是全球的，而且還帶領我們進入「集體的靈魂

暗夜」[24]。從傳統角度來看，造成這段旅程如此關鍵的原因，是我們幾乎在毫無引導的情況下經歷這段旅程。期待中能引領我們走過旅程的睿智前輩，自己也陷在危機裡。這個過程既劃時代又史無前例，超乎了我們所有人的能耐。

　　塔那斯相信目前的過渡儀式是要轉變到另一個新世界觀，一種新的宇宙視野，而我們也置身於這個宇宙中。他推斷：現在正在打造的是一種高度自治的人類，能夠參與有意義的宇宙。未來學家芭芭拉·馬克斯·胡巴德持有相似甚至更樂觀的展望。她提到，我們正處於孕育的過程中，假使我們能從全球的觀點來看自己，便能認清「我們的危機是誕生」[25]。其他許多細心的觀察家預見一種「全球性的心靈改變」，一個覺醒、浮現或轉變的紀元。他們相信西方世界，正處於關鍵的過渡期，尾隨進入過渡期的，會是地球本身。

過渡儀式為拉胥羅演化通論中的特別案例

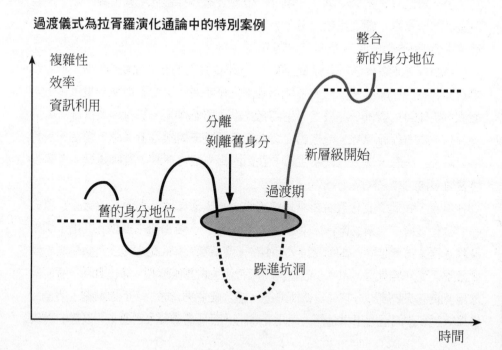

　　儘管這些轉變觀點的細節有出入，但整體的透視圖直接對應到過渡儀式各個階段：分離、過渡和整合。如果我們在初步過程——前兩個階段顯示我們可正處於初步過程——那麼這過程應該會帶我們通往更成熟且更負責的人類圈。這是該進程的邏輯，只要這個過程能順其自然地進行。

　　欲了解過渡儀式階段何以能成為進化的一步，就要看上方的「過渡儀式」圖表。首先，在分離階段，系統從舊制度的支持和社會符碼中歷經了愈來愈大的背離。以全球規模來看，我們能預料財富、資產、人口、效率和組織效能的大量喪失，還有舊形式的崩解：或許是民族國家，或跨國企業，或大型都市，或與生態之間的剝削關係，或是我們向貧窮第三世界的壓榨。同時，過新生活方式的潛力也正在展望、構思、發展中。

　　在下一階段，也就是過渡期，系統歷經不明的巨大危機。這個星球，或星球上重大的部分，掉進坑洞裡了。在傳統的過渡儀式中，這是閾界時期，新進者舊有的身分及穩當的地位會消失，變成了「無名小卒」，非彼非此，模稜兩可。不再是以前的樣子，也還不是將來會變成的樣子。如果沒有為這個階段有所準備，感覺就會像死亡，即使對湧入的風氣有所準備並敞開接納，感覺還是像死亡。我們祖先共同的過渡儀式從狩獵、採集到農業，或是〈出埃及記〉裡在沙漠中流浪的猶太人，這也是一段開放未知的時期。在我們的時代裡，這個閾界階段可能是全球的過渡期，如詩人艾略特所言：「為了到達你不知道的事，你必須走上一無所知的路。」[26]

　　拉胥羅的模式正像我們走過過渡期的地圖，告訴我們跌進洞裡不是必然的災難，也不是理所當然到達整合層級的跳板，而是我們尋求更具適應力、更成功的人類社會的關鍵機會。正如我們所見，有意識的系統「獵尋」到穩定的新層級，要比無意識系統快得多。問題是，我們社會系統有哪些方面會支援我們一次躍入新的演化層級，而不是力道不足或分崩離析？

　　為使這個過程能夠成功，很多能力或許都必須建立，即在危機階段不至於過度嚴重削弱得能力。這些能力或許包括我們共同的記憶、智慧，及實際操作

的技術；我們的同情、慷慨、想像、聰明、學習意願、耐力及勇氣。過渡儀式
應該提高我們的集體自我中，這些具有適應力的面向。

　　如果文化創意人能意識到自我是一種次文化，那他們的出現和新的世界觀
或許會是這種成長的能力的一部分。另一股支持的來源或許是消極的能力，用律
師的說法就是對過去「放棄永久保管權」。中世紀末，北歐及西歐國家清除教會
及封建貴族的力量，邁向城市工業紀元。東歐沒有跟進，便被拋在後面了。

　　另一個讓我們走過過渡期的超重要因素在過渡儀式和演化模式中是隱含不
明的。那就是我們要共同展望積極的未來。未來的視野能激勵文化投入其中，
以供應更好、更可行的世界。無論我們鑽研多少地圖，研究多少模式，都是為
了給後代生活更美好的深刻承諾，而喚起建立新的未來所必需的想像力及堅定
意志。沒有什麼能如故事般深入我們集體的想像，告訴我們需要得知的真相。

指導性的故事

　　丹尼爾‧昆恩的新小說《大猩猩對話錄》裡，憤憤不平的學生一度抗議，
表示放掉文化中的現實觀點簡直太難了。「人不能就這麼放棄故事，」他抱怨
說：「這是一九六、七〇年代的孩子想做的。他們想辦法不再像掠奪者一樣活
著，卻沒有其他方式讓他們活下去。他們失敗是因為不能不置身於故事裡，而
必須進駐在另一個故事裡。」

　　他的老師以實瑪利問道：「那要是有這麼一個故事，人家會聽嗎?」

　　「會啊，應該會啊。」

　　「你認為他們想聽嗎？」

　　「不知道。我認為你要先知道有一個東西存在，才會開始想要這個東西。」[27]

　　就我們現在所知，「一九六、七〇年代的孩子」並沒有失敗，他們只是花
了近四十年的努力，才開始融入我們的主文化。但他們試圖遺忘的故事，正是
現今所有的文化創意人及其他許多人正要拋下的部分故事。為了不再處於故事

裡，你需要另一個故事，另一個架構；否則，舊的故事還是緊抓著你不放。而且或許就像那個學生說的，大部分的人並不指望有另一個故事，除非發現那個故事存在。以文化的精神層面來看，對未來的憧憬，真的可以激勵創造出一種新的生活方式。

這股憧憬力量的最佳範例之一來自三千年前的故事：西方經典故事之一〈出埃及記〉。今天我們所有的資源中——特有的和全球的，神話的及科學的，百年之久或新如昨夜夢境的——這個故事對我們現在特別有用，因為這是整個民族在兩則故事間所做的轉變，一五一十地描述十二個桀驁不馴的奴隸部落，真正從舊故事中出走，開創了新的故事。〈出埃及記〉是對文化轉變警醒的故事，是一本解放手冊，記載世代遭到奴役的人如何突破令人窒息處境的情節。

世界各地的猶太人，在春季的踰越節儀式中重述〈出埃及記〉的故事，也是美國南方的非洲奴隸的指引，提醒他們解放是可能的，千萬不要氣餒。偉大的「地下鐵道」領導人海麗特·塔布曼[28]帶著族人穿過沼澤及樹林，投向自由時，都習慣唱以色列人離開埃及的歌。她以這句話而聞名：「如果人知道自己是奴隸的話，我應該會解放更多人自由。」[29]此外，〈出埃及記〉也和這一代或前一代多數的美國移民有關聯，因為他們曾越過浩瀚的海洋，以色列人則在希伯來奴隸逃離法老王軍隊時跨越紅海，逃離了集體屠殺；或愛爾蘭移民躲過了馬鈴薯飢荒，而希伯來奴隸逃過法老王軍隊派的暗殺隊[30]。

有很多方法來理解〈出埃及記〉的隱喻[31]。在下一段，我們想像這些人自己會用什麼看法，來重述這個故事。故事中穿插了猶太教祭司雪法·郭德一些周詳的評論，雪法是猶太教復興運動的領袖，是現今在美國振興宗教信仰的新生代神職人員暨祭司之一。我們在1997年秋天和她會面時，她對我們說，當該對古老的文化故事鬆手時，〈出埃及記〉便是適合這種旅程的地圖。這個故事道出了當前方的一切都不熟悉時會發生什麼事，你會一心一意只想返回老舊熟悉的奴隸窟裡。

· 從族人的觀點重述〈出埃及記〉

故事始於我們是埃及的奴隸或許並非巧合。畢竟，還有什麼能說服我們，一個多如天上繁星的民族，會為了荒野而離開我們所熟悉的一切？儘管老法老王想殺害我們的長子，甚至新王即位，拒絕給我們工作上用來造磚的稻草，讓我們的生活過不下去，但我們作夢也想不到會離開。雖然每晚抱怨主人的殘酷，抱怨辛苦窮困的日子，但我們想像不出有什麼別的出路。我們知道的就是這個：尼羅河畔有生機；荒野中則是死路。

最後，是災禍辦到的。只有在尼羅河的水變成血水，死魚臭氣熏天，我們不能再喝這些水後；只有在青蛙湧進爐灶、搏麵盆和床榻，虱子尾隨青蛙而來，一大批蟲子尾隨虱子而來後；只有在瘟疫害埃及人的馬、驢子、駱駝、牛群和羊群，而粉塵使活口長起了皰的瘡後；只有在雷、冰雹、火摧毀原野上的樹、破壞作物、打垮所有戶外的東西後；而最終，最為可怕的是，只有在死亡天使擊殺埃及土地上從法老王到女奴的所有長子——只到那時，我們才終於準備好要離開。

神送給我們的災禍必然和送給法老王的災難一樣多。為了引起我們的注意；為了讓我們頭腦鬆開束縛，那束縛讓我們愚笨，對自己的潛能感到無知；為了讓我們對某些不敢說出來的東西感到心痛；為了讓我們渴慕自己的土地和新的生活方式，而讓我們挨餓。或許要經歷九種災禍，再加上最可怕的最後一難，叫夜裡的驚叫聲觸動了我們心中替孩子擔憂的恐懼。恐懼著如果我們不願離開的話，不知道明天還會發生什麼事。

摩西的人一次次到訪我們村落，說我們是一個民族，而不只是十二個部落——但我們大部分的人都揣測不出其中的意思。使者們不斷地說：「有另一個地方要給我們住，可讓我們過更好的生活方式。就算不能讓你們心動，你們也要準備離開，以拯救你們的孩子吧。」我們害怕，但為了孩子，我們面對恐懼。雖然如此，還是十分困難。誰能放棄熟悉的一切而不後悔嗎？我們的家園。趾間的尼羅河軟泥。小黃瓜和甜瓜。菜、洋蔥和大蒜。我們知道該做什麼，又該怎麼做。

第一階段：離開埃及 「首先，要離開埃及，」雪法告訴我們：「代表你意識到自己被困住了。然後你聽到呼喚。有個東西把你推出去，喚醒你，讓你了解什麼是奴役。」她解釋說，自己長期研究〈出埃及記〉的故事，從離開猶太祭司學校那年開始探索靜修技巧。行至佛教中心和天主教修道院求法，學習其他傳統如何從時間中創造靜默和深思的時間，她在尋求猶太人可以套用的模式。

「我一直回頭看〈出埃及記〉，」她告訴我們，「當作是獲得自由經歷的過程。」不久她發現自己拿著筆和一張張的大紙，詳細描繪出三千年前的故事，並劃成幾個階段。雪法的階段性的詮釋在此對我們似乎有所幫助，因為我們每每在尋找如何覺醒、變通、開放時，我們的文化挑戰就如許久以前那些頑強的遊牧者所遇到的挑戰一樣。

終於，法老王迫不及待要擺脫我們。而我們也終於準備前往沒有任何人看過的應許之地。我們逃離，源源不絕的難民將土地覆蓋成黑壓壓的一片，直到地平線。突然，法老王的軍隊隆隆在後。但我們仍像奴役般頑強移動，我們一大群人蜂湧向紅海，死亡在我們前後夾擊，要有強大的信心才能繼續。無論牧師後來說了什麼故事，都是逃脫的神蹟。

第二階段：越過 「第二個時期是越過，實際上是越過紅海，」雪法說道，「埃及軍隊在奴隸的後面，紅海在他們前面，除了走進海裡之外，已經無路可走了。沒有人想踏進海裡。」一個猶太祭司的解經書「米大示」解釋這一刻發生了什麼：一個名叫拿奇遜的男子走進海裡，直到海水淹到了鼻子，紅海的水才分開。雪法講這個故事給我們聽時，我們咯咯笑著。拿奇遜和他的鼻子，有種很好笑的感覺。高挺的大鼻子嗎？我們很好奇。朝天鼻嗎？雪法笑了，說他的鼻子長什麼樣並不重要。重要的是他的信心，她說，「還有知道此外已無計可施了。」當舊生活的軍隊在後面，而大海在前面，除非有人開始走，否則水永遠不會分開。正如喬治亞的一位基督教福音牧師這麼解釋，「如果你一步都不走，上帝無法指引你的腳步。」

第三階段：流浪　「第三個階段是流浪，」雪法說，「這是走向未知，走過淨化的過程。整個流浪的階段都是有關深沈的抱怨一股湧上，為什麼必須有淨化，旅程才能繼續。」這個階段的一個故事是強烈的口渴折磨著流浪者。「最後，他們到了水邊，感到如釋重負。『喔，終於有我們所需的東西了。』然後他們一嚐，水是苦的。他們喝不下去，直到摩西擲了一片木頭到水裡，水才變為甘甜。」

雪法深思這個故事。她說，痛苦的轉化必然發生在你流浪的某一刻，不管你是個人閉關靜修，或民族尋找新的生活方式。沒有這一步，你的心還是冷酷無情，找不到得以繼續的精神。

一切都發生在曠野。我們要停止當奴隸並變成民族的那一切。就如同男孩初為男人，或是女孩變成女人，總得進入空無之地，學習新生活方式中最深奧的秘密。我們也是如此。我們必須在西奈流浪，才開始形成一個民族的初部階段。

你們或許聽說了很多有關我們多怎固執，怎麼反抗摩西和祭司的。不然，你們還想怎樣？我們需要成長，放棄奴隸的習慣，但是我們不知道該怎麼辦。我們在曠野中孤伶伶地漂泊，沒有舊的支援方式。願意接受幾乎無風的砂礫地帶，接受失去一切，接受上帝。

我們天天抱怨。有些人慫恿其他人回到我們主人那裡，回到我們的奴役，回到已知和可想而知。好過死在曠野，我們咕噥著。好過每一天都得吃嗎哪[32]，我們悲嘆著。好過不知道明天會如何。

但坦白說，沒有半個人會回去。我們不可能單獨回去。要歷經西奈的危險，我們就要聯合起來尋求安全和支助。廚子、偵察兵，以及聽得到「平靜微小的聲音」[33]的人；母親、孩子和老人；獵人、治療師及熟練的木工——我們每一個人在曠野中都有存在的必要。過不了多久，我們就了解這一點了。

但是我們花了多久的時間才明白沒有必要著急？很長的時間。肯定是很長的時間，我們才明白那些必須發生的事將會發生在我們處境下——否則什麼事也不會發生。首先，我們有人心裡自認為是法老王的奴隸，這些人必須消滅。

因為我們正接受引領，到達一個全新的生活方式。我們自認為被老舊堅硬的殼包覆著，以及我們確信無法辦到的——這層硬殼必須先在沙土中粉碎，新的方式才能在我們身上徹底成型。

我們承認自己需要許多徵兆和奇蹟。灌木叢起火燃燒卻沒有耗損。一大片雲彩盤旋在一座巨山頂，四十個晝夜沒有移動，直到寫下律法之後。你們可能知道些神蹟。其他還有許多：學習互信，即使是其他十一個部族的人而非我族人，也要互相信任。分享祖母的祕方食譜，彼此輕聲唸出神聖的醫病咒語。米利暗（Miriam）——女先知！——教我們舞蹈，我們互相教授唱新歌。我們學著繪製地圖，走在曠野的夜裡。我們互相安慰對抗未知，並傾聽彼此的故事。慢慢地，似乎經過一段漫長的時日，我們才發展出必要的特質，支撐我們渡過廣闊可怕的沙漠。

最後階段「第四階段是接受天啟，」雪法告訴我們：「也就是來到西奈山，行過空無，掏空到足以能接受被再造。」她說根據〈出埃及記〉的各階段，為自己設計了一次閉關靜修，待在位於新墨西哥州基督聖血山上一間有黃松環繞的小茅屋裡，待了五天。靜修的最後一天，她了解對她而言〈出埃及記〉的最後階段不是進入迦南這塊應許之地，而是在她心中建立一個永遠不會與神聖失去連結的地方。

對於這個難題的解答，她向來無解的。「在〈出埃及記〉裡，足足有三分之一是關於建立一個庇護所[34]，當你閱讀《摩西五經》[35]時，裡面盡說些無聊透頂的細節。有時候我想跳過。很無趣，全都是這種細目，就是建立避難所的計劃。那些測量、顏色、哪種木頭、表皮，諸如此類的東西。但在我閉關結束時，我意識到我的生命職責就是建立一個庇護所，建立一個讓上帝住在我生命中的地方。」

我們在沙漠裡的啟蒙，將我們從奴隸改造為自由人——這是我們在埃及時甚至不敢提及的夢想。而且不只如此：它將我們從不受約束的人轉變成神聖的

共同體。有個古老的名詞說明這一切。我們一路在曠野中做的就是建立「庇護所」。英文把這個字譯成tabernacle（帳幕）。我們當然是以皂莢木內外覆蓋純金，打造出華麗的約櫃，兩側各有金桿以便搬運。在約櫃周圍，我們以細撚的藍、紫及朱紅色細麻線編織成庇護所。所有這些都完成了，甚至超乎原本的要求。另一個奇蹟：為了全體族人的利益，我們給神職人員的全部材料，都是從私人財產拿出來的。

但是當我們的雕刻師、金匠、織布工及工，在搭建這個實體的庇護所，讓神聖的上帝居住時，我們每個人也都在心裡蓋了一個住處。這就是庇護所真正的涵義：神的居所。而當我們每個人都各自蓋了庇護所，讓我們喜悅、滿足得無法言喻的是，我們的社會本身也變成神的居所。

後來有些人會說這是上帝陰柔的一面，住在庇護所裡得「舍金納」[36]，我們不管流浪到哪裡，都會帶著一起走。人家說舍金納是陰性的，白天化為雲彩，夜晚化為火柱，引領著我們，穿過空曠無水的土地。我們還不確定。我們真正知道到的是不只摩西得到天啟，連我們自己也形成一個民族，和神立定新的誓約。我們收到新的律法，遵為生活準則。我們是親身做到的人，而不只是神職人員做到了。當最後我們從曠野中浮現時，每一個人都自由了。我們每個人和上帝、家庭、族人都有了一種新的關係。舊有的集體記憶和情感，瓦解成新生命的泉源。第一次我們變成一整個民族──一個有新的視野和新的生活方式的民族。

花了我們多少時間呢？有人說是四十年，但那是神職人員對「時間成熟」的說法。四和十是圓滿的神奇數字，所以四乘十意思是「久到足以成熟」。

・建造的細節很重要

雪法說，在靜修日的最後一天，她了解到這些有關建造的細節都有意義。在你離開了一切，跨越、流浪過，在放開所有使你冷酷的舊日苦毒後，你必須建立一些真正的東西，才能完成到新國度的旅程。她說，「你怎麼建造它是很重要的，有什麼用意，以及在這個建築物中能喚起何種的慷慨。注意細節是非

常重要的。」她告訴我們，當你花時間打造一個新生活的架構，你就會永遠擁有這個架構。

「我了解要在各種不同的階段建造庇護所。在我的心中建造。而當我和另一個人在一起時，是介於我們之間，架構在吸引上帝親臨的關係上。然後是我的社區這一層，接下來是整個世界。突然，在猶太祭司學校的那幾年，那些建造庇護所相關的枯燥細節，對我而言都有意義了。我感覺像是帶著清楚的人生使命離開靜修，而且我了解〈出埃及記〉在講什麼。在那一天之前，我不知道我的自由有什麼用。現在我知道自由意指連結，即與上帝的關係，而這種關係能流入你的社區以及所有的人際關係中。」

> 嚴冬已逝，
> 雨季已停。
> 地上百花盛開；
> 百鳥鳴叫的時候已來臨。
> 田野間可以聽見斑鳩的聲音；
> 無花果樹的果子漸漸成熟，
> 葡萄樹開花香。

雅歌2：12-13

當你能自由地置身你所愛的關係中，你就能發展出血脈和架構來支撐這道關係，你所到之處皆為應許之地。雪法向我們保證，不只閉關靜修才算數。它會全然貫徹穿你的生命。因此每年春季，祖先為奴的民族憶起了〈出埃及記〉，又把這個故事講給孩子們聽。我們所有已經聽過故事的，或才剛聽過的人，也都可以講這個故事了。這是為了幫助我們記得一整個民族能離開一種摧毀他們愛的生活方式，還能找到方法到達一個新的國度。雖不容易，但是有可能辦到。

1. [原註] 卡爾・博蘭尼（Karl Polanyi），《鉅變》（The Great Transfomation）（波士頓：Beacon Press出版，1944年）。

2. [譯註] 《鉅變》繁體中文版由遠流出版，2002年。

3. [原註] 詹姆士・可溫（James Cowan），《製圖者之夢》（A Mapmaker's Dream）（波士頓：Shambhala出版，1996年），6-7頁。

4. [原註] 約翰・奈思比（John Naisbitt），《大趨勢》（Megatrends）（紐約：Warner Books出版，1984年），第249-50頁。

5. [原註] 同上，第250頁。

6. [原註] 娜歐蜜・紐曼（Naomi Newman）的角色，出自和瑪莎・貝辛（Martha Boesing）所著的《蛇論：來自聖母的緊急信息》（Snake Talk：Urgent messages from God the Mother）（猶太巡迴劇場，舊金山，1988年）。

7. [原註] 蘇西・蓋伯利克（Suzi Gablik），《藝術的魅力重生》（The Reenchantment of Art）（倫敦：Thames & Hudson出版，1992年），第3頁。

8. [原註] 彼得・舒瓦茲（Peter Schwartz），〈遠見的藝術〉（The Art of the Long View），《有線》雜誌（Wired）1997年七月號。

9. [譯註] deeep ecology，由挪威著名哲學家爾恩・納斯（Arne Naess）所創，突破了淺層生態學（Shallow Ecology）認爲自然爲人所用的觀點，而是人和自然結合爲一的現代環境倫理學新論。

10. [譯註] natural market，意指市場標的物的其中一部分，和該企業有共同獨特的特性，此標的物則爲該企業之自然市場。在這裡指的是，文化創意人和以生態永續創造利潤的企業，因生態永續這一個特性，造就文化創意人成爲這些企業之自然市場。

11. [原註] 布魯斯・華勒斯（Bruce Wallace），〈一員之觀點〉（One Member's Views），發表於大學論壇，博雅教育（Liberal Education），維吉尼亞理工大學，Blacksburg, VA，1990年六月；語見萊斯特・布朗（Lester R. Brown）及其他人合著之《拯救星球》（Saving the Planet）（紐約：Norton出版，1991年），第17-18頁。

12. [原註] 瑪格莉特・惠特利（Margaret J.Wheatley），〈我曾盲目過，而今識看清了：千禧年的恩典〉（I Once Was Blind But Now I See：The Amazing Grace of Y2K），無付梓手稿，1999年。

13. [原註] [編註] George Washington Carver，1864-1943，是美國著名的黑人農業化學專家，致力普及黑人教育及特別研究花生的改良及工業應用，其研究對農業發展具有重大貢獻，促進了美國南方的經濟革命。

14. [原註] 克莉絲汀・紐絲蘭-渥赫德（Christine N?sslein-Volhard）訪談，《紐約時報週日雜誌》（1997年10月12日），第45頁。

15. [譯註] Hildegard of Bingen，1098-1179，中世紀的德國修女、詩人、作曲家。

16. [原註] 建議參閱如馬修・福克斯（Matthew Fox）所著之《賓跟的希德格之啓發》（Illuminations of Hildegard of Bingen）（聖塔菲：Bear & Co.出版，1985年）。

17. [原註] 此概念是受瑪瑞安・伍德曼（Marion Woodman）對生與再生的描述所激發的，《懷孕的聖母》（The Pregnant Virgin）（多倫多：Inner City Books出版，1998年），第14頁。

18. [譯註] 《第三方》（Getting to Peace）繁體中文版由高寶國際出版，2001年。

19. [原註] 威廉・尤利（William Ury）引述珍・蘭普曼（Jane Lampman）的文章〈挑戰衝突之必要〉（Challenging the 'Necessity' of Conflict），出自網路日報《基督科學監測》（Christian Science Monitor），2000年1月20日，第15頁。

20. [原註] 阿諾‧湯恩比（Arnold Toynbee），《歷史研究》（紐約：牛津大學出版，1972年）。[譯註]《歷史研究》（A Study of History）繁體中文版由遠流出版，1987年。

21. [原註] 皮帝里姆‧索羅金（Pitirim A. Sorokin），《社會與文化的動態》（Social and Cultural Dynamics）1-4冊（紐約：Bedminster Press出版，1937-41年）。很不幸，索羅金的研究在1950-60年代不受歡迎。許多學者憎恨它，因為它說到他們所關注的事物。社會學家說索羅金想得太大而不夠嚴謹，除外，他對他們研究方法的價值顯得毫不客氣。但那些年間，所有的社會科學都對現代主義的計劃以及它的物質見解和俗世的進步忠誠不二，索羅金絲毫沒有這樣的息氣。他和他所處年代格格不入。（他認為現今社會學忙於瑣事，回顧起來，他說得沒錯。很難說哪一件事比較冒犯他同事：他後來的寫下的「社會科學一時的流行和怪癖」，或是他其後的研究有關「無私的愛的方法和力量」）現在他或許是人人崇拜的英雄了。

22. [原註] 厄文‧拉胥羅（Ervin Laszlo），《抉擇：演化或絕種？》（The Choice：Evolution or Extinction？）（紐約：Tarcher出版，1994年）；《演化：通論》（Evolution：The General Theory）（紐澤西州奎斯基爾：Hampton Press出版，1996年）。

23. [譯註]《西方心靈的激情》（The Passion of the Western Mind）繁體中文版由正中書局出版，1995年。

24. [原註] 理查‧塔那斯（Richard Tarnas），〈大啓蒙〉（The Great Initiation），文出自《心智科學》（Noetic Sciences Review），第47期（1998年），第57頁。

25. [原註] 芭芭拉‧馬克斯‧胡巴德（Barbara Marx Hubbard），《有意識的演化》（Conscious Evolution）（舊金山：New World Library出版，1997年）。
[譯註] 本書全名為《你正在改變世界：有意識的演化》（Conscious evolution : awakening the power of our social potential）繁體中文版由方智出版，2001年。

26. [原註] 艾略特（T.S. Eliot），〈祖居〉（East Coker）《四首四重奏》（Four Quartets）（紐約：Harcourt Brace Jovanovich出版，1971年），II。第138-39頁。

27. [原註] 丹尼爾‧昆恩，《大猩猩對話錄》（紐約：Bantam出版，1995年），第214頁。

28. [譯註] Harriet Tubman，1820-1913，非洲裔美國人，廢奴主義者，本身即為逃跑的奴隸，也協助了許多和她相同命運的人逃往加拿大。

29. [原註] 1995年九月，北京非政府組織論壇，婦女歌唱團體「搖滾蜂蜜」（Sweet Honey in the Rock）在教唱〈涉水〉（Wade in the Water）時，曾引述塔布曼這段話。芙朗‧皮威（Fran Peavey）及托娃‧葛林（Tova Green）於1996年《螃蟹草》（Crabgrass）（1996年）通訊刊物中引用過。

30. [原註] 猶太人以他們的女兒，詩人艾瑪‧拉札羅斯（Emma Lazarus）為榮，她所寫的「渴望自由呼吸」（yearning to breathe free）文字刻在自由女神像的基座上，代表歡迎移民的象徵。

31. [原註] 現今，許多方式描述這個故事，包括伯納（E.M.Broner）所著的《述說》（The Telling）（舊金山：HarperSanFrancisco出版，1994年），有關猶太婦女在各個社區中透過各種典禮慶祝踰越節；茱蒂絲‧普拉斯科（Judith Plaskow）的經典之作《再度站上西奈山》（Standing Again at Sinai）（舊金山：HarperSanFranciscotj出版，1990年）。

32. [譯註] manna，根據聖經，嗎哪為猶太人流浪時從天而降的食物。

33. [譯註] Still Small Voice，指上帝的聲音。

34. [譯註] mishkan，希伯來人流浪時期所搭建的帳幕，可拆卸攜帶的神聖處所。

35. [譯註]《摩西五經》（Torah），包括〈創世紀〉、〈出埃及記〉、〈利未記〉、〈民數記〉及〈申命記〉。

36. [譯註] Shekhinah，指神的顯現。

第九章
毛蟲、蝶蛹、蝴蝶

過渡儀式能描述整體文化轉往新生活方式的關鍵過程，同時——更普遍的是——也是明確的轉變過程，用來使啓蒙新人深層遭遇最黑暗的生存面時，帶領他們經過。這個過程始於脫離舊有的生活方式。接著啓蒙新人被領進闖界時期，通常也是停滯處，在此剝除不斷進行，直到舊身分消解爲止。這是豐富的空無，也是死而重生之處。一位卡瑞布族的愛斯基摩巫師，訴說自己年輕的啓蒙過程時回憶道：「那三十天內，我死了好幾次；但是我學到和找到惟獨在靜默中、遠離人群、在深處才能找到和學到的東西。我聽到大自然的聲音親自對我說話，像溫和的慈母般掛念關愛的聲音。那聲音有時聽起來像孩童的聲音，或有時也像降雪，它說的是：『不要害怕這個宇宙。[1]』」

過渡儀式的目的是帶著啓蒙新人到達絕對的內在安全感。目的是開啓一種沒有人能取走的認知。確定有這個認知便能「栽培」生手，促成過渡儀式的第三和最後階段有可能會：回歸，帶著智慧的各種禮物及更深的責任感給族人。

幾乎在我們之前的每個時期，少男變成男人，少女變成女人，青年變成戰士、巫師或醫療師，各行各業的生手，這些都經過引導，經歷一段時期的崩解，才能變得更成熟。我們的文化沒有提供年青人這種啓蒙階段，代表我們的成人及前輩也沒有受到啓蒙。然而，儘管沒有正式的過渡儀式，但啓蒙過程仍然發生在我們的四周圍。

本章我們會循著三位文化創意人的生活故事，以過渡儀式作爲我們的嚮

導。在這三個故事裡，明顯可以看出現今缺乏正式的過渡儀式，特別是前兩段成人的經歷。我們將看到，沒有啓蒙，每個人就必須把自己從現代主義中脫離、轉變、整合到日常作息的各種元素拼湊起來。

我們選出這些獨特的故事，不是因爲它們是常見的典型，而是因爲它們具有示範作用。在一個時代裡，文化改變缺乏有結構的啓蒙，那麼有些詳實的例子來說明該過程的樣貌會很有用。當然，並非所有的文化創意人，都像我們描述的那兩段成人經歷，走過個人破裂的改變或在社交上重大的改變。但每個文化創意人都會從這些故事中認出一些（也或許有很多）的元素，是他們部分的親身體驗。

我們希望這些故事能支持那些正在以自己的方法改變自身的文化創意人。每個人的路都獨一無二，但眞實的故事能成爲旅程上一些主要地標的地圖，以及羅盤定位。

‧改變的形成

個人轉化旅程的終極典範是從毛蟲到蝶蛹至蝴蝶的蛻變。這些改變勾勒出最神秘的發展形式。毛蟲消失進入半透明的殼或灰濁濁的繭，一年半載都毫無動靜。然後有一天，很奇怪、很難料想的事發生了，只有孩子的聲音才能眞正捕捉到那份驚奇：一種有翅膀的東西出現了，無力地休息著，直到翅膀變乾了才開始飛。容格派分析師瑪莉恩‧伍德曼給我們孩子的眼光來看待這件事：

「我三歲的時候，完成了人生中最重大的心理發現。我發現一種生物，遵循自己的內在法則，行經成長、死亡的週期，又重生爲新的生物。」

「某天，我『抽』著玉米梗泡泡煙斗，一邊在花園裡幫爸爸，我向來喜愛幫忙他，因爲他了解蟲和花，也知道風從哪裡來。我發現一個蛹包黏在樹枝上，爸爸解釋說凱薩琳毛毛蟲爲自己做了一個蛹，我們要拿進去別在廚房的窗簾上，等有一天，蝴蝶就會從這個蛹包裡鑽出來。」

「嗯，我在父親的花園裡看過神奇的事，這種事簡直超越了我的想像力。我們把大別針小心刺穿過窗簾，然後我每天早上抓著洋娃娃和煙斗跑下樓，要給他們看蝴蝶。沒有蝴蝶！爸爸告訴我一定要有耐心。蛹看起來好像死了。不凡的變化正在裡面發生。毛蟲和蝴蝶的生命大不相同，而且需要很不一樣的身體。毛蟲嚼結實的葉子；蝴蝶喝液態的花蜜。毛蟲沒有性別，幾乎看不見，而且是陸行生物；蝴蝶會產卵，看得見也飛得起來。毛蟲大部分的器官都會溶解，而汁液會幫助發育中蝴蝶的小翅膀、眼睛、肌肉和頭腦成長。但這是非常艱難的工作，難到只要還在進行中，這傢伙就不能做別的事了。小蝴蝶得待在保護殼裡。」

「我等著這個好吃懶做的毛蟲變成嬌弱的蝴蝶，但我背地裡想會不會是爸爸弄錯了。後來有一天早晨，我和洋娃娃正在吃碎麥片時，我感覺廚房裡不止我一個人。我動也不動，感覺窗簾上有個小精靈，它就在那裡，翅膀還在伸展，在半透明的光下閃閃發亮——會飛的天使。蛹空了。廚房窗簾上的奧秘是我第一次遇到死亡和重生。」[2]

蝴蝶和空蛹是傳統過渡儀式的雛型，也是今日四處可見的比喻，在夢中、在畫作裡，也是文明處在重要分水嶺邊緣的象徵。繭裡的蛹是否夢想以發光的翅膀高飛，正如文化創意人展望一個更完全、更和諧的生活方式？夢想是成為的第一步。夢想未來的時代，就是歡迎包裹於內在的事實，我們渴望這種事實，卻還沒有加以實現。夢想不只是希望的舉動，也是鼓舞的行為。

接下來的故事，我們會聽到進化生物學家依莎貝特・沙陶利斯第一次如何夢想，然後住進深植於生命早期的問題裡。她的故事就像那些古老的過渡儀式，有清楚劃分的階段性。但這也是現代的過渡之旅，因為依莎貝單從舊生活中劃分出來，找到方法進入過渡期，經過幾年的時間，其中多半是獨自拼湊出自己的回歸。這種進程很在今天普遍，因為真實生活的過渡儀式中，微妙的轉變蜿蜒纏過「分離」、「過渡」、「整合」三階段。果子結得很慢，而這位啟蒙新人也找到方法回歸世界、回歸新的社區及新的工作類型。

繁星和浮游生物中間的地帶

依莎貝特・沙陶利斯多次到中南美洲旅行，某次回程，我們安排在她女兒位於北加州的家中和她會面。我們已數度耳聞一位坦率、白髮的生物學家居住在希臘的一座島上時「愛上了地球」。我們知道現在她在歐、美旅遊，將系統理論和進化生物的學術語言，以清楚、簡單的散文體表達於著作及公開演說中。「依莎貝特有種令人不安的能力，可以談論每個專家都知道，卻幾乎無人談論的事，」一位未來學家朋友一臉贊同地告訴我們，「而且她堅持問一些棘手的問題，我們多數人連想都不去想那些問題。」

我們終於在1998年春的一個傍晚和依莎貝特坐下來聊，她的開場白正是告訴我們這個蝴蝶蛻變的故事。她說，這是她常說的故事，因為那是我們現今所處的進化過程中很好的進入點。我們想到瑪莉恩・伍德曼的「廚房窗簾上的奧秘」，想知道科學家的版本會是怎樣。

「生物學的故事是毛蟲每天吃下數倍於體重的東西，然後結成蛹時，便進入靜止狀態。」依莎貝特以她一貫的連珠炮說話速度告訴我們，「在這一刻，稱為器官芽的前細胞質開始成形。器官芽還不是發育完全的細胞，所以第一次出現時，免疫系統其實會消滅它們。只要這些芽體獨立分離出來，就會被當成外來體般扼殺殆盡。但蛻變繼續進行，愈來愈多的芽體產生，不久就開始出現得愈來愈迅速，群聚在一起，然後免疫系統就招架不住了。這時候，毛蟲的身體開始變成糊狀的養料，滋養這些芽體長成發育完全的細胞。這些細胞發展成蝴蝶的身體。」依莎貝特停了一來，向後靠著沙發，朝我們微笑。「這是一種真正的化學變化，」她下了結論：「一種自然的力量。」

依莎貝特在回顧中給了我們一幅地圖，追溯她自己生命中的改變。播下這個演變的種籽，是從她最早頑強拒絕把自己的問題和行為打包裝進她所謂的「個別的小範疇」裡。她告訴我們，打從她小時候在紐約州哈德遜河谷長大，「我總是在提問些大哉問，還有跨越阻礙。」她的母親是園藝家及愛好自然的

人士，讓她在林子裡沿著河堤自由奔跑，活在今天的世界裡，她將這種經驗視為無價之寶。「爬那些通常不准爬的樹，跨過那些寫著『禁止進入』的籬笆，走在（所有人都）教你走在天使也不敢走的薄冰上。」她以肯定的態度宣稱。

跑進樹林探險時，她研究死蛇，與高樹上的啄木鳥交談。到她近十歲時，依莎貝特知道自然世界「是個美妙的世界，對孩子很友好」，而且她有強烈的好奇心要探索這個世界。她十六歲從高中畢業時，也對另一件事感到同樣地確定：該離開家了。她坐上往紐約的公車，在一所領有四年全額獎學金的大學註冊入學，訂下婚約準備結婚，一切都在一年之內完成。

到了1969年，她埋首於美國自然歷史博物館，在進化比較研究上從事博士後研究。有人或許會認為，她的好位置能讓她平順攀上科學生涯的梯子，除非她有什麼放不下的問題。「我的大問題是──我們人類是誰？從哪裡來？在這裡做什麼？要往哪裡去？──還是無解。科學不能回答這些大哉問讓我很沮喪。似乎沒有人想以國際觀或宇宙觀來看人類這個物種。」

還有其他更切近事實的困惑。「我在曼哈頓時，看到有人被趕到街上，無家可歸的人睡在公園裡，每個人呼吸渾濁的空氣。」依莎貝特告訴我們。在一件重大的小插曲上，她質疑博物館，要館方解釋一項她認為說不過去的矛盾，即館方高度宣傳所費不貲的污染主題展，卻又「排放噴過北曼哈頓的黑煙，臭得連婦人都無法曬衣服」不久後，她的政治活動頻繁起來，也離開了剛萌芽的學術生涯。

・分離

到了1971年，依莎貝特已經離婚並扶養兩個孩子，同時在波士頓當研究員。表面上一切正常，一個中產階級單親母親的忙碌都會生活。她告訴我們，「生活繞著工作打轉，使得能獲得和維持所有無以名狀的東西──真的是滿坑滿谷的東西──堆積如山而且變得很難放棄，還得重建舊屋子。」和朋友一起消磨時間「也會引起輕微的罪惡感，當時間花在──天理難容的──純思考上，喔

……簡直難以想像」。

但就像安靜的溪流聚集了小樹枝和葉子，然後有一天，溪水堵塞了，所以依莎貝特──不完全是靜靜的溪流──在她最小的孩子從高中畢竟的那一天，知道自己過夠了錯亂的步調。當時，一種十足誘人的想法進入她的心裡：「我可以放棄這一切，搬到希臘的小島上。」讓她的家人、朋友、同事驚訝不已的是，她真的搬過去了。

她說，最困難的是清除八個房間內「滿坑滿谷」的東西，一個滿是傢俱和電器的地下室、一輛車、一台彩色電視、裝滿食物和衣物的櫥櫃、數不清的書本和檔案、一頂帳篷、一艘獨木舟、一台大型的打字機、孩子的舊玩具和遊戲及腳踏車。她的描述是任一個平常的美國人都知道的：「我永遠不會忘記那個悶熱的夏天，坐在地板中間，被半打包好的箱子和成堆的東西圍住，對什麼東西該怎麼處理做出無窮盡的困難決定。要賣掉嗎？放到倉庫裡？帶過去？送出去？送到哪兒？送給誰？這些我弄得完嗎？」

但她對這個熟悉的煩惱所做的回應，和我們大多數人不一樣。「真的很困難也很痛苦，我當下當場發誓，以後不再受這種罪。我再也不要有房子，再不要把房間堆滿東西，再也不必去清理──而且我認真得不得了。」我們採訪時，已是約二十年後了，依莎貝特告訴我們，她信守誓約。（然而，她還是在一件小事上努力掙扎：「滿坑滿谷的紙張！那些紙到處跟著我，無論怎麼努力都躲不了。」）

伊莎貝特信誓旦旦要清除生活中「滿坑滿谷的東西」，是過渡儀式第一階段的特質──雖然多數人不會像伊莎貝特一樣堅持幾十年。許多文化創意人經歷過這時期，從舊生活型態和價值中脫離。他們清空衣櫃，分送一堆又一堆「東西」，也可能拋下對他們不再有意義的關係、職業或工作。

一位前教授告訴我們，她將每個書架上的東西，還有檔案櫃裡塞滿的小心保留了十多年的期刊文章，都扔進幾十個硬紙箱裡。她拖著這些紙箱到辦公室外面的走廊上，心滿意足地，用黑色的麥克筆草草寫著「林林總總，一切自

便。拿了就是你的！」一位知名的藝術家花了幾個月送出自己的雕塑、畫作、美術書籍、畫筆、油彩及畫布，只保留一些雕刻的小工具給自己。她說：「這是完全的解脫，可以關掉畫室，開車離開到山上去。」

　　人類學家維多・透納描述，現今在每個年齡及土著文化中，啓蒙新人如何開始從放棄地位、財產、表示身分的衣飾、世俗的衣物、階級和社域及家庭中的地位等為過渡期做準備。他說，他們一無所有，因為他們正準備成為「未加工原料」，政治、法律的世界及其他文化定義的狀態是看不見他們的。透納斷定說，這「正是神聖貧窮的原型」，準備讓新手進入無限永恆的國度[3]。當然，並不一定是這種方法。許多過渡儀式都發生在沒有任何人離開家庭、工作或家庭的情況下。表面上，沒有改變。但在最私密的程度上，啓蒙總是代表丟下老舊的身分。

・過渡

　　當伊莎貝特抵達希臘時，她告訴自己只是要寫本小說，過個一兩年就回美國。事實上，她待了十三年。一方面，她學著撿柴和砍薪柴，用手洗衣服，簡單烹調，享受音樂和人情的希臘社交生活。但她也學習了更複雜的一課，她稱之為學習「卸除清教徒與物質主義結合的倫理觀，那在我生命中曾是一種殘酷的奴役驅動器」，換成「坐著無所事事的精緻希臘藝術」。她說，她有很長一段時間是侷促不安地經歷這些教誨，但終於能長時間花在靜默或沉思上，而「不帶一絲罪惡感」。

　　正式的過渡儀式中，過渡期的時間具雙重意義。那是死亡的空間，啓蒙新人的老舊自我意識感會卸下消失。而那也是富裕豐饒的開放，老舊的自我元素會轉化成新的樣式。傳統上，過渡期通常發生在一般人認為是墳墓兼具子宮的茅屋裡。啓蒙新人有時是赤裸的，同時像屍體也像新生兒。這種對立的巧合湊成單一整體，表現出過渡期特殊的單一性，是「既非此也非彼，而是二者皆然。」[4]

　　所以這就是伊莎貝特在希臘的情況。一方面，她「名不見經傳」，住在小

漁村裡，歷經一種非常和的剝離過程。「和不知道什麼叫博士的人在一起，我經歷了身分被剝除的完整經驗，而且反正你也沒辦法告訴他們，因為這個語言你說得不夠好，不足以描繪那種事情。這是一個重大的過渡儀式。我有兩把刷子是因為會做好吃的餅乾。我的新朋友到我家看到我的書會說：『妳那些東西要幹嘛？』」

同時，她發現了所謂的「活在流動中」，因為她讓愛琴海和希臘將她拉回到自己孩提時喜愛的自然世界。一日，當她漫步於島上的林間，一隻爬動的竹節蟲落在她的手臂上，淚水因這位從童年起失去已久的朋友而湧進眼裡。碼頭上，一隻被魚叉射中的墨魚看著她的眼，噴出死前最後一大口墨，她再度流淚，感受到她和進化先祖的連結。

接近第二年底，伊莎貝特嫁給一位希臘漁民。她開始和他及他的朋友出海，在船上幫忙及準備餐點。起初，她用所有的空閒時間閱讀。但漸漸地，她發現自己忙碌的心能被搖動的波浪撫平：「有時在夜裡，漁民像貓似的癱睡在甲板上，而我在硬梆梆的木板上找不到一個舒服的位置。我就會坐起來，思忖自己的位置，介於星星和海裡發光的浮游生物之間，也介於宏觀的宇宙和微觀的宇宙之間。」

與無盡的海天平靜為伍，伊莎貝特發現自己還是對「相同的老問題」感到疑惑。她告訴我們，她想知道在自然界的關係中，人類是誰，而且她想得科學對自然的解釋，是比她在研究所學到的要好得多的解釋。這段期間她開始寫詩，然後是幾篇論說文，接下來她著手令人驚訝的工作，將地球及人類進化寫成一小本書。她愉快地向我們保證，只有真正的失心瘋才會承攬這種任務。第一個版本叫做《大藍大理石》，是為五歲小朋友寫的。她終於也為成人寫了一本。她稱之為《地球舞會》。書中描述星球的進化就像一場即興舞蹈，人類最近才以尚未成熟的新物種之姿加入[5]。

她渴望將自己的科學訓練和對自然界的愛好結合，這種渴望引導到她到她自認為意識最清醒的心靈實踐：「我能仰望繁星密佈的夜空，向天空展開雙

臂,非常誠心地央求:『使用我!』我總相信有一個更大的智慧,聽到我願效一已之力,無論我有什麼樣的天分,能用在任何需要我之處,我都願意。」

·回歸及整合

到了1987年,在伊莎貝特驟然離開紐約十年後,她在希臘以外的地方旅行,以表達承諾。她開始將注意力轉移到美洲──不只是美國,還有哥斯大黎加、墨西哥和南美也似乎在召喚她。在幾次探勘旅行後,她發現自己訂下愈來愈多和原住民一起工作的約定。她視原住民為關鍵的環節,連接了現代科學世界觀和她在希臘重新進入的真實自然界:「我得到的結論是,我們人類必須快速學習,才能在大型的地球生命系統下,以生命系統的原理自我組織起來,否則我們就會種。我清楚了解到原住民文化遠比西方工業文化更知道這一點。」

當她愈來愈廣泛演說這些結論時,她不得不開始承認自己在希臘的時間已經進入尾聲了。她最後兩年大多花在一座小小的希卓島上,過著近似隱居的生活。有時她整夜在月光下漫步,思索要面臨的會是什麼。但正如傳統的過渡儀式會以謹慎且有時相當漫長的重新整合期做結束,伊莎貝特的回歸也同樣花了數年的時間。回憶起這個時期,她寫道:「重新進入的衝擊!比預期得更加困難,比進入希臘文化更加困難。我感到像俗語說的『如魚離水』那樣不自在──以我對大海的渴望,有時候這句話字面上的意義便很貼切。」[6]

訪問結束時,我們問伊莎貝特現在是否會和二十年前一樣,做出同樣的決定?她毫不猶豫地報以繽紛的微笑。「結果這變成一種燦爛的靈感,將我投入到一種完全的生命轉換,這種轉換現在已經在進行,而且還會更吸引人。」這表示旅程還沒結束嗎?「截至目前的部分都只是開始,」她以一種不容我們置疑的語氣表示,「當我瘋狂過六十歲生日時,我對生命的激動變得更強烈。這是一個轉變如此快速的時代,我們一生都能過很多輩子。」她告訴我們,她已經學會擱置任何不順的工作,以順暢的工作加以替代。1998年,她出版兩本關於改變中的進化科學故事的新書,接著幾乎不間斷的旅行與發表演說[7]。

我們正收拾錄音設備道別時，她補充最後一個想法。「有一種更大的智慧系統圍繞著我們，為我們工作——無論你怎麼稱呼——只要我們承認它，讓它引導我們。」她告訴我們：「所以我仍舊尋求著自己保持心胸開放，同時我也是個侍者。雖然我不擅接受人的命令，但是接受聖靈的引導求之不得，因為生命從沒有比在祂的庇護下更美好。」連同這點，她對如此充滿轉變的生命做了總結，表示毛蟲的蛻變故事似乎美妙地符合她自己得來不易的成就。

‧進行中的工作

所有文化創意人都改變了價值觀。許多人也改變了生活型態。但是將改變整合到日常生活是未來重要的一大步，實實在在是一座完全彎曲的階梯。對每個人而言，這是進行中的工作。當依莎貝特‧沙陶利斯向我們保證她的生活轉變尚未結束時，她可能是為所有的文化創意人發聲——在這四十年間已經進去又出來蝶蛹的人，以及昨天才進去的人。在我們造訪她時，就在她描述毛蟲免疫系統崩潰後，依莎貝特一度沈思地說：「你們知道，文化創意人為逐步成型的新文化，擔任器官芽的作用。他們能夠轉變成蝴蝶。」

她說得可能沒錯。當文化創意人在生活中走出新的整合時，便可能是集體過渡儀式的一部分，正超越現代主義，邁向一股新的文化。如我們在第二部分中所見，二十世紀後半葉，有一股強大的改變趨勢朝這個方向建立。同時，個體也在改變，每個人以獨特的方式對全體的改變運動有所貢獻。沒有正式的儀式，也沒有任何傳統人士會認為是半調子的準備，數百萬當代的北美人正從一度限定他們的文化價值中脫離，踏進了過渡期。有些人像依莎貝特，出走對自己而言不再是可接受的生活。其他人也是信步離開，但沒有面對面的搏鬥。

現在我們要看得是另一位科學家的故事，是一位以鬥士之姿開始的物理學家。始於行動主義者的故事會深入成為覺醒的旅程，正如威爾‧奇平一路循著核心文化創意人的軌道，而到達新的開始。

信任未知

當核子物理學家的兒子威爾・奇平決定在大學主修物理和數學時，沒有人會感到意外。一九五○年代成長於羅沙拉摩斯的威爾差不多像和任何人一樣，愛上了「科學力量具有的遠大前途，幾乎就像一觸可及的陶醉感。」不到十五年，科學家從發現核裂變到成就核聚變，再到發明氫彈。他回憶說：「有種感覺彷彿是雖然從沒有說破，但就是免除對上帝的依賴，因為人類多少已經篡奪那股權力了。隨之而來的是一種科學潛力的傲慢。並非妄自尊大，只是對未來合理的推測。」

威爾乘著這種承諾，過了大學，進了研究所，鑽研量子理論和量子力學，以及新混沌理論。1981年，手中握有閃耀新出爐的數學物理學博士學位，他前往位於奧地利的國際應用系統分析研究院（IIASA）。這個有聲望的智庫，方才著手有史以來最重大的全球能源問題研究。

能源計劃浩大的程度是很驚人的。一項七年計畫，140多位來自二十個國家的科學家參與，擁有六千五百萬美元以上的研究預算，IIASA的研究目標是為世界的能源問題提出決策性的答案。它聲稱綜括全球，其中包含的重大研究結果從宏觀經濟到石油蘊藏研究，再到進階電腦模擬等兼而有之。兩次石油禁運後，隨之而來的研究終於在1981年公佈，其方案被當作西方世界的預測指標而大加宣傳。此舉對能源政策的影響極鉅。這項研究推斷：世界能源在其後五十年間將出現戲劇性的消耗，燃料和核能產生迫切的需要。它聲稱單單為了滿足全球的需求，接下來五十年間，每四到六天就必須建造一座新的核能電廠。

・潛入

威爾到達後便急欲探究偉大的能源典範，卻幾乎在獲取定量結果所使用的分析和方法上，立刻遇到了問題。他愈鑽研愈糟糕。刊登出來的結論似乎「只是科學化的猜測」，他告訴我們，「雖然這個假設被人動了手腳、玩弄過，但

這個模式本質上說的是你叫它說的話，有點像《綠野仙蹤》。有人在槓桿上拉扯，大肆張揚，但這場秀是由幕後的小傢伙所決定的。」

威爾衝進地雷區。IIASA能源模型對核能工業的政治和經濟再重要不過了。行動主義者和監視機構對核能的花費和安全提出重大質疑，使得核能工業的日子很難捱。面對比預期中更高的花費，電力事業撤銷核能發電廠的訂單。而核能工業本身，擔心和未來擦身而過，便苦苦尋找需要大復甦的根由。IIASA模式填補了這種需求，這正是核能工業所期待的。

「對我而言這是主要的危機，」威爾回憶著，「因為我很快就變成不受歡迎的人。我感到非常迷茫，徹底孤立。研究院有三百名科學家，只有三、四個贊成我的觀點，但大部分的人認為我根本是荒謬到極點。我怎麼敢批評這個完善健全、在科學上又通過檢視的工程？因此，一切都在奉科學真理的名義下，有這股不可置信的壓力要遵從這項計畫。」

是什麼讓他不屈服？「我經歷無法想像的混亂和自我懷疑，」威爾坦率直言，「因為這項研究的作者都是居領導地位的科學家。但我跟他們一樣，也有數理博士學位，有些事情我知道。胡扯的事我看了就知道，而我也相信我的計算。事情不合情理我也會知道。他們如果在資格考試想耍些花招，是會被當掉的。所以我知道那是錯的。」

但是確信自己所知道的，並不能讓威爾倖免於隨時隨地包圍他的那股焦慮，也就是那股非難的強大力場。幾個月的折磨之後，他勉強寫了一封辭呈放在包包裡。但就在此時，一位名叫布萊恩・恩的英國科學家出現了，帶來一紙為期兩年的合約，研究科學政治學。恩透過地下科學八卦，耳聞能源模型的問題，卻還找不到一個願意談的內部人士。直到他遇見威爾才為之改觀。

・內部人士

「我們有一場會晤，是生命中最重要的時刻之一，因為布萊恩完全明白我在說什麼，」威爾告訴我們，然後率直地補充，「他當我是會走漏消息、又

帶點可信度和技術權威的人。」數月之後，恩僱用了威爾。六週之內，威爾草擬了一份對能源模型的評論。然後他們透過研究院的部門電子郵件將其廣為流傳，不出所料，「這地方開始騷動起來，引起軒然大波。然後布萊恩說：『我要做的就是在這間研究院把兩年的研究計劃焦點放在科學和政治的關係上。我要研究這所研究院對威爾針對院內工作的評論有何反應。』」威爾告訴我們，董事會所害怕的事，正是恩所做的。

當恩開始勘測研究院反應下的社會學，威爾開始細部證實自己在初步報告中的聲明：即那份吹噓的能源研究大多是一廂情願的想法和存有偏見的猜測，而且數學基礎之脆弱，即便些微變化就能大幅改變結論。IIASA的主任和能源計劃的主事者極度苦惱，幾乎每個人都顫抖暴怒。威爾告訴我們說：「有種不可置信的否認，我開始受到威脅。」

此事攸關許多工程師及物理學家的長期生涯抉擇。如果這偉大的能源模式的確名副其實，就能提出充分的理由，興建成千上萬個核能發電廠，擁有數不盡的新工作和不斷精益求精的核能技術。但如果這個模式是胡謅的，這個領域則會停滯或甚至衰退，成千上萬人就必須找尋新的事業。大部分的科學家同事都完全避著他的那兩年之間，威爾耐心憑努力直搗能源模式的本質。同時，他也處於混亂中。他告訴我們：「我嚇死了，而且有時疑慮會蜂擁而來，讓我不知所措。」

1984年，威爾變成斯德哥爾摩的瑞典皇家科學院的研究學者，在那裡完成了能源研究的工作。那年十二月，奇平和恩以審慎嚴謹的高科技語言發表評論，刊登於聲譽卓著的《自然》科學期刊[8]，顯示了IIASA擁護核能及製造石化燃料能源設備的的模式和方案，明顯存有偏見；原來的研究員隱瞞了這個模式既不穩定也無根據的事實；更過分的是，研究員聲稱自己一切都依循有效的程序，其實也從來沒有用過。簡而言之，這是樁醜聞。

評論幾乎在一刊載出來，威爾便開始得到工作機會。這和他害怕變成過街老鼠大為不同，一些國家的機構和大學希望他去調查其他可疑的科學計畫。有

一陣子，他拒絕所有的提議。「我想用生命做些有建設性和創造性的東西，」他解釋說：「我已經在最頂尖的期刊中，揭露一樁令人心寒的以政治偽裝成科學的個案。我親眼看到政治和科學在最高層病態地暗通款曲。我想退出。」他再三強調地告訴我們，他不想變成「揭露偽科學的職業數學兇手」。

但他差不多就是變成「職業的數學兇手」。然而這種描述太輕微了，威爾與全球環保人士的通力合作，對核子工業無疑有巨大的影響。作為普林斯頓的研究員，然後是洛磯山研究機構及能源基金會（EnergyFoundation）的研究學者，他對全球暖化及再生能源的研究，有助於成就歐盟、澳洲及美國等能源政策思辯。

如果這是故事的結局，就會變成一則很棒的告發奇譚：誠實年輕的大衛遇到了歌利亞雙胞胎[9]，攸關人類福祉的大能源和大科學。在電視上看到這個故事，我們不會意外，連好萊塢也可能會拍成電影。但是威爾循的是一條不同的路，一條在IIASA孤立的歲月裡便開始的路，同時他也進入了過渡期。

‧被拋進過渡期

一旦看到舊文化故事中的謊言，你就有一些選項。你可以閉上眼睛，窩回到棉被底下，忘了自己曾經看過。換言之，你可以解除自我權威。或是你可以繼續看，閉上嘴巴，不把自己知道的告訴任何人，但也不忘記自己知道的內幕。你可以孤立自己，也可以離開。但你也能做到威爾‧奇平所做的：持續張開眼睛並開始發問，拒絕沈默，直到舊謊言被揭露。如果做了這個選擇，你幾乎一定會發現自己被拋出舊的安樂窩，進入了過渡期。

從外表看來，過渡期不會讓你有什麼不同。的確，為了能源方案及模式，探查一行行的論證及證據時，威爾在工作上比以往更一絲不苟。然而，於其內在卻還有其他的情境正在發生：一種無所知的感覺，那感覺像開闊的接受，又像苦惱的空虛——或兩者兼具。無論哪一種情況，舊有的肯定都已煙消雲散。

過渡期是未知的領域，也是個缺口，介於一度值得信賴的事物，和在頗長

遠的未來可能再度值得信賴的事物之間。世界各文化的神話裡，過渡期都是波濤下或是天空上的王國，如有任何眞正的改變即將發生，其領域必須再議。這段時間，就像神話學者約瑟夫‧坎伯所言，是一個人的「心靈重心」必要從舊的生活範圍轉換到新的生活疆界之際[10]。

「有一刻我眞正開始我的心靈工作，」威爾告訴我們。他寫好了辭呈給IIASA，然後開始看一本克里希那穆提的書《人生中不可不想的事》[11]。他身爲科學家，卻被這位名思想家的主張所吸引，「眞理是一塊沒有途徑的大地……你無法用任何宗教、任何宗派加以接近」，只能自己走進內在的權威來源。威爾解釋，「這是一種自我探索的認識論，和科學的世界觀是一致的，爲自己去充分檢驗事物。這一點，我能接受。」他還看了愛默生的文章〈自立〉，這篇文章幫助他在數百名科學家同事「都說我錯了，然後（施）壓在我身上，要我贊同漫天大謊」時，說出他自己的眞理。

沈默的伙伴。這些作家連同其他人都是威爾最早期的支持者。在缺乏社群或是睿智的長者時，他們引導他走向自我內在的權威。書能做到這點。你自己的次文化不斷重複一套邏輯，但書在這套邏輯之外提供了另一種邏輯。你對所發生的事不明白時，書籍便能提供地圖或是密碼。作家安妮‧迪勒記得自己在「敵人後方」從背誦的詩中想起一些語句，幫助自己熬過童年時期令人窒息的學校環境。那些詞句說：「這個世界，天外有天。」[12]

書本是垂手可得、沈默的伙伴。每當你有空，就可造訪書的世界，當不只一個人對我們吐露想法時，他們就不會洩露你的心聲。美國原住民行動主義者丘克西‧阿荷荷，描述自己十五歲時偷帶一本書到教會學校，當作「存活的路徑」。那一本是休斯頓‧史密斯的《人的宗教》：「跪在冰冷、堅硬的大理石地板，我的背盡可能地挺直，我用學校毛衣垂在肩上，像布幕一樣，好暗藏這本紅色小書。我唸到『有一種美妙、完美的本質……所有的生命來自這種本質，而且我在股力量中歡欣雀躍！』」[13]

許多文化創意人都告訴我們，當他們的生活開始徹底改變時，他們所做的

第一件事幾乎都是去書店或圖書館，然後抱著一大推書出來。他們渴求一種新的觀點，一種能用言語來表達他們難以理解的經驗的依據。許多人面臨指責和敵意時，也試圖穩住自我的價值感。威爾‧奇平也是倚靠書本內隱藏的友誼。他告訴我們：「當我認清（在IIASA）有些事錯得離譜，而開始探索心靈的工作時，我覺得我得暗地裡做，不能告訴任何人。」

堅固的窩。另一個支持來源是位於蘇格蘭北端的心靈社區，叫做芬德角（Findhorn）。該社區創立於1962年，因其驚人的菜園而聞名，當地的植物在多沙的石礫上茂盛成長，暴露於北海上呼嘯的強烈乾燥的風中。然而在1980年代早期，威爾開始到訪時，芬德角已成長為一座擁有數百名成員的國際社區，觸及工藝工作室、表演藝術及出版業等領域工作。芬德角抱著為地球全面關切服務的想法，提供生態議題、心理和性靈的座談會。對一位剛從IIASA全副武裝的制度政治中而來的 年輕科學家而言，這個經驗用他的話來說，就是「模型破裂」。IIASA及芬德角皆有其狂熱的支持者，但對威爾來說，這兩者的不同之處才是關鍵。他說，在芬德角，他最爭議性的問題都受到歡迎。幾年間，他經常回去，不只是為了所謂的「世界觀粉碎的經驗」，而是為了分享心靈社區的理想。

威爾從IIASA離開，終於從曾經自認為如此美好高尚的紀律中脫離，幾乎花了整個八○年代的十年時間才完成。在後見之明中，看到威爾如何小心架構完整的一連串容器，容納他走過混亂的過渡進程，實在很棒——即使他不是有意識的計劃去做也無妨。儘管如此，那段時間他選擇的活動、找到的社區以及鑽研的書籍，在今天看來都像是隻聰明的鳥爸爸選的草和線，為羽翼未豐的雛鳥構築堅固的巢。包括佛瑞提奧夫‧卡普拉的《物理之道》（Tao of Physics）以及修馬克的《小即是美》[14]在內的這些書，為多數無跡可循的物理學家提供了地圖和另類邏輯。

芬德角之後，威爾也找到其他社區。他開始在維也納的一個禪修中心學靜坐以及其他的專注平靜方法，以便能足夠放鬆且專注在持續的自我探索上。當他了解自己「非常封閉，在某些方面有我自己不想變成的無意識狀態」時，他

接受深度心理治療，與史坦尼斯拉弗・葛羅夫[15]一起從事三年訓練計劃，並加入加州整合研究學院（California Institute of Integral Studies），從事進一步的研究工作。不久，他便同時做從事心理治療及心靈工作，「徹底把我的整個世界觀吹得大開」。

當尚未經歷過渡期的讀者相當敏感地嘀咕：「這種事會好嗎？」這個故事的重點就來了。的確，威爾的許多同事和朋友常常擔心地說他「把自己的事業完全搞砸是為了什麼？」

威爾告訴我們：「我想重點是，就是走過這些時期，比起逃避，終究還算是帶來最刻骨銘心的禮物。」他強調，「讓你繼續受困，扼殺你的靈魂的就是逃避。」他告訴我們，幫助他渡過的、在今天繼續支撐他的，便是他那有紀律的內在工作，這種內在工作是他生命中的核心。

・文化核心的改變

你可能會被一場威脅生命的病痛或一種失去而拉進過渡期。也可以像威爾，是因制度或是社群對原則失去信心而受迫。或者你可以自行進入，因渴求一種遠比你所經歷過更深刻的事物。要緊的是讓這進程在屬於自己的時機展開。我們在1997年十二月和威爾交談時，他差不多已正式離開核子物理家的工作十年，並完成心理學和心靈工作的課業，他有了新的職業，是社會改造行動主義者。他告訴我們「我現在做的工作，完全是基於信念。」他強調完全。他所歷經的危機「通向一個我怎麼也猜想不到的全新禮物。發展出一種對未知信任的特性」。

起初，他注意到自己的作風和科學研究顧問不同。他告訴我們，當他坐在太陽能源政策委員會時，他沒有採取自己熟悉的激烈抗爭姿態，而依然是生態健全政策的倡導人，但他開始將關注延伸到所有衝突團體關切的事物上。他解釋：「某個程度上，你堅持特定的立場，但在更深的層面上，你想讓每個人都有雙贏的解決方法。」

　　如同依莎貝特・沙陶利斯，威爾也回歸為積極分子，將生命投注給世界；他同樣也像依莎貝特，發現整合會花上好一段時間。1996年，他和兩位同僚成立今天的夏瓦諾研究院（Shavano Institute），訓練一種新的社會改造仲介。威爾深信，下一個真正推動社會的改變，將不只專注於生態的議題或社會症狀，而是在基本的文化價值上。他說：「我們現下需要的是文化轉型，而關鍵在於那些能促進改變文化核心的領袖。能做到這點的，將會是已經自我轉化心境的人。下個世紀真正的領袖，」他下結論說，「將是已經做好深層的心靈工作及俗世的工作，且又能夠合併這兩者的人。」

　　威爾的洞察，精確符合我們這四十年來，在覺醒運動和新社會運動強大的匯集中所觀察的結果。當覺醒激發社會正義感，文化的影響是很深遠的。這股巨大的改變潮流流經更廣大的文化，威爾・奇平獨特的生命伸展，已反映出這股改變潮流了。至少對威爾而言，這顯然是不間斷的創意發展。

　　現在我們將要說到的故事，是在我們的時代中非常罕見的經驗：引導一名年輕女性經歷過渡儀式。故事中，引導人並非傳統的長輩，而是決心扭轉現代文化影響的父母。他們如何辦到，又如何與和大家庭及朋友共同設計一段為期一年的探險，對我們而言似乎是文化創造發揮極致創意的例子。

防止奧菲莉亞

　　現今的美國是摧毀女孩的地方。到處都鼓勵女孩犧牲真正的自我。她們的父母可能會奮力保護她們，但是能力有限。許多女孩喪失與真實自我的接觸，而當她們果真接觸到真實的自我時又變得格外容易受傷，因為這個文化為了自身的目的，非常樂於利用她們。

瑪莉・派佛，《拯救奧菲莉亞》[16]

　　八月一個安靜的星期天午後，我們和蘿爾・凱茲及他的雙親，愛麗絲・郭

德和史提夫‧凱茲坐在一起。一年多前，蘿爾完成她的啓蒙之旅，這一家人也相當有興趣和我們聊這件事。他們想反思發生過的事，也想聽聽彼此的意見。在灑滿陽光的廚房裡，坐在柔軟的椅子上，我們喝著茶，看著鷗鳥盤旋在窗外遠處的潟湖上，輕鬆靠在沙發背上聆聽事情的經過。

愛麗絲先開口。「蘿爾差不多十歲的時候，我看了一篇哈佛發表的報告，說那些在三、四年級時站著舉手發言、超前男孩子的女孩，到了九、十年級之時，就看得出聰明其實並不酷。她們只是坐在教室後面，安安靜靜的，試圖打扮自己變漂亮。後來蘿爾大約十二歲時，我讀了《拯救奧菲莉亞》後就非常苦惱。我拿給史提夫和蘿爾看，我們眞的強烈覺得如果我們可以阻止的話，就不要讓蘿爾變成奧菲莉亞。」

莎士比亞的《哈姆雷特》中的一角奧菲莉亞，爲心理學家瑪莉‧派佛的書設置了主題背景，一九九〇年代中期及之後的一段時間裡，此書引起的震驚浪潮遍及全國家庭。奧菲莉亞小時候快樂又自在，卻在青春期愛上了哈姆雷特王子。從此，她喪失了自我價值的意識，活著只爲了他和父親的肯定。當哈姆雷特將她一腳踢開時，她在悲傷中發瘋。雅致的衣服壓迫著她，溺斃在佈滿花朵的溪流裡。

這個故事，一直發展到高級的服飾，派佛用以揭發所謂的「毒害女孩的文化」，這麼做對許多父母來說都造成了影響。舉例來說，一項健康局的調查顯示，她家鄉堪薩斯州的托皮卡，一年內便有百分之四十的女孩考慮過自殺，而她也以私人執業中一則又一則的故事詳加說明。她說，青少年時期向來苦澀，但由於近十年間的文化改變，使現在比以往更加難過。因爲媒體，「所有的女孩子都住在一座大城鎮裡──庸俗、危險、華而不實的城鎮，充斥許多酒精商店和少許的保護空間。」當女人被文化「性慾化及工具化」時，她們的身體「用來銷售牽引機和牙膏，曖昧或露骨的色情刊物到處都是」，派佛說，女孩子比以往更容易受到傷害。她下結論說，新舊壓迫的結合毀了我們的年輕女性[17]。

史提夫‧凱茲告訴我們，「當我們讀到這麼多十、十一歲的女孩，從充滿

創造力和歡樂洋溢的一群，卻在某種意義上變成了心理殘廢、扭曲時，我們感到很脆弱。並非蘿爾表現出任何變成奧菲莉亞的徵兆，而是因為書中有這麼多故事起初讓孩子看起來像十足的贏家，然後生命中卻出現一蹶不振的轉變。我們不能裝作這種轉變不會發生在我們身上。我們很想知道這個階段能做些什麼？」

他們開始思考蘿爾這年紀的孩子的啟蒙儀式，並且很快下了定論，史提夫這麼說，「啟蒙對多數的孩子而言，愈來愈多時間是在購物中心。」蘿爾是個可愛的小女人，有張清新的臉蛋，當父親顯然觸及熟悉的話題時，她突然咯咯笑了起來。史提夫也笑了，但是他有話要說。「對到達青春期的女孩子來說，的確有股動力，同儕間的壓力也繼續不斷。我們意識到，我們真的能善加利用這段時間——但時間並不多。猶太教的女兒誡命日[18]是很好的標的日，可以朝這個節日來努力。」

蘿爾已經確定自己要參加女兒誡命儀式。當我們和她說話時，顯然可以看出她對猶太人的愛，也欣賞自己所擁有的傳統。但是史提夫和愛麗絲的期待不止於此。史提夫相當坦白形容自己「對蘿爾離開過渡儀式走進文化——甚至走進猶太文化本身，都有一種不信任感」。其中一部分來自他對自己的猶太教男孩誡命式體驗極為失望。他的大家族為了這個重大的活動而到紐約，但星期六早上當史提夫被受召唱猶太經文《妥拉經》時，他們卻僅有少數人來到教堂。「打擊我最大的，莫過於我的表兄弟及大家庭後來還參加當天的派對，卻沒有到場聽我唱一段經文。他們錯過了那一年我來每星期得搭五趟地鐵的目的。要不是為了宴飲，他們根本不會出席的。我記得十三歲的我想的是：『這是一群混帳！』」

他的笑中帶著一股短暫的爆怒。顯然對這段記憶餘怒未消。「所以即使對我而言，做好超級充分的準備似乎還不夠。我和愛麗絲接觸過許許多多有價值的事，啟發了我們也豐富了我們的生活，我們真的覺得非要確保能和蘿爾分享這些事不可。」

·一年的挑戰

設計一份新的「潛能清單」的靈感也是來自愛麗絲。她身爲針灸師，診所的業務又忙，但她很擅長周旋於看診、擔任母職（照顧大學年齡的艾瑞安娜及蘿爾）、持家、偶爾找到時間做自己喜愛的園藝等事情。但某天她就這麼停下來納悶，「如果我的孩子長大了，卻都沒學過我想教她們的事該怎麼辦？即使是縫紉也好。任何從父母身上學來的事，日後都會有深遠的意義。有一天我希望她們能說：『我母親教我怎麼做這個』或『我父親教我怎麼做那個』。」

蘿爾在此時跳進來，顯然很想接續這個話題。「他們大概拿了二十種選項來找我，」她解釋道，「然後說我能選十二項。他們把每一想都弄得眞的很好玩，很有趣，所以我做不做根本都不是問題。他們很興奮又很樂觀，而且眞心希望我去做，所以我就說好。」

蘿爾的挑戰之年始於1996年五月，確切地說，是從梯子開始。我們在第一個計劃的背後聽得出史提夫的整脊師專業。他解釋，他們在設計一個實體的構造，象徵那一年其餘時間的支架。蘿爾做了約百分之九十五的工作。她操作電動工具、測量所有的尺寸，當梯子完成時，她把梯子漆成巧克力棕色，再用珠子及心形圖案裝飾。（訪談結束後，我們走到車庫去看梯子。那梯子是棕色的，有裝飾，而且眞的很堅固。）

六月時，蘿爾和父母在附近的靜修中心參加青少年冥想。包括早上一個印第安淨身禮[19]，席地冥想，然後擊鼓。我們問蘿爾喜不喜歡。蘿爾說：「我搞不清楚自己是不是在冥想，我試驗這整個概念，有點像坐在那裡想接下來會發生什麼事。很有趣，特別是能一窺父母親更多的世界。」七月，蘿爾的姐姐艾瑞安娜從史丹佛開車回去，加入家人的泰馬爾帕斯山夜行攻頂之行。他們一起爬了七哩陡峭的路，貓頭鷹及土狼的叫聲在黑暗中穿梭。「我想我們到山頂時大約清晨兩點，然後睡在山頂上差不多兩個鐘頭。接著我們起來看日出！」蘿爾描述時，欣喜之情溢於言表。「這座山很難爬，但是我從不怕黑，所以晚上這個部分眞的很有趣。最後我要忍受起水泡，然後我姐姐就唱歌給我聽，我們還

說故事。我們成功辦到了，還讓彼此都很快樂。」

其他九項「挑戰」隨之而來，有些相當困難，有些非常新鮮有趣。有一個月，蘿爾和愛麗絲參加了婦女自衛班。另一段時間裡，蘿爾學到一些猶太婦女傳統的技藝：麵團雞湯以及烘焙安息日晚宴所用的白麵包。一年中的某段時間，蘿爾學習如何幫助他人和接受別人的按摩。「因此她開始學到一些施與受的快樂。」愛麗絲解釋著。大約在耶誕節時，蘿爾計畫為期三週，每天花一小時在遊民收容所工作，陪小朋友從事藝術工作。但她太樂在其中，所以又繼續了一年半。

猶太贖罪日時，蘿爾、史提夫和愛麗絲不只禁食，還保持緘默。「我不聽音樂也不看電視，而且我們不能講話，」蘿爾敬畏地回想著。「非常安靜。非常美好。我們沒有花力氣交談，而只是非常放鬆。」正如其他每一天，許多省察也進到沈默日。「贖罪日的理念，就是在某種程度上要拒絕平常的樂趣，最大的焦點在拒絕食物。但那些只是我們用真正的內在傾聽，也就是虔誠禱告中的一部分。以我的瑜珈背景，我強烈感到自己要加進一段靜默及獨處的時間，否則你大可以一邊禁食，同時還可亂說話、抱怨一整天。」

整整一年的星期二下午，指導人和學生的身份互換。愛麗絲想在誡命儀式上陪蘿爾唸那段經文，但她不會讀古文，也不想只是死背。所以蘿爾每星期一次的教母親唸希伯來文。愛麗絲說：「這有點改變我們的關係，因為她是老師，幫我準備我必須去做的一些事。」

等到我們聽了這一整年的故事，才開始了解這是如何周到的安排。「挑戰」顯然有累計的效果，當蘿爾的自信和獨立逐漸發展時，挑戰就變得更吃力。「這一年我們一起完成真的很重要，」史提夫解釋，「每一天都是挑戰，卻是有支持的挑戰。這個構想就是和支持一起伸展。這很像是瑜珈的伸展動作。你到一個境地覺得不舒服，卻發現你可以處理它，可以做到。但這不一定是你一開始就認為自己可以做得到的事。」

那年尾聲，蘿爾為乳癌研究而健騎腳踏車九十哩。愛麗絲表示，自己和

史提夫「比支援小組還賣力」。史提夫眉開眼笑地說：「看到她的動力真是美妙，蘿爾常常如此——或許開始不怎麼確定，但後來她讓自己開始真正去體驗一些事物，專心投入在上面，然後她的活力就發展出來了。她慢慢、謹慎地開始，然後找到這股力量。第二天，她就飛了！飛了！遠達沙加緬度，經過佛森水壩，再回到沙加緬度。她就是持續傾力去做。」當史提夫描述時，蘿爾開心地笑。他停頓了一下，然後輕聲說：「我以她為榮。」蘿爾騎車募集到鉅額2,500美金時，愛麗絲和史提夫安排她前往舊金山，提交所有的支票給該基金的執行主任。

蘿爾的啟蒙年最後階段，就是在家人陪同下和平安追尋者教會的會眾一起，成為成年禮女孩，成為族人的女兒，一位令人尊敬的年輕女性，並為自己的社區帶來榮耀。

·跨越中間地帶

這一年的成就如何評斷？人能評估過渡儀式的價值嗎？

在訪談的結尾，愛麗絲問蘿爾是否看出「挑戰年」有任何成效。蘿爾停下來思考，她說：「我認為每個實質的小經驗並沒有多大影響，但是我認為你們栽培我、愛我、想要傳承東西給我的這個事實——這點塑造了我。我只覺得你們好在乎我，也好愛我。」

她難過地告訴我們，許多她最親密的朋友在過去一年「走下坡」，而且「走進惡劣的局面」，她沒有細說，而史提夫只補充說這些女孩「基本上正在扮演奧菲莉亞」。蘿爾告訴我們，「我也有很多機會使壞，但我從這一年得到的大事之一，就是我覺得我虧欠家人一些東西。我不能這樣讓他們失望。我覺得好像我們有種實實在在的好東西在延續，而我不想當破壞那東西的原因。」

過渡期對走完這段過程的人提供了有力的課程。無論是為了新領域而出發，展開一次長途旅行，或是被引領歷經悉心支援的挑戰年，完成這個過程意味著做了本身根本的改變。你不再是你過去認為的你。當你回歸日常生活時，會需

要一段時間整合。如我們所見，依莎貝特・沙陶利斯和威爾・奇平花了幾年時間，方能實現所學。依莎貝特・沙陶利斯變成演說家及作家，而威爾則繼續擴充發展他的社會行動主義者訓練班。蘿爾也是，她正在挑戰年的課程中成長。

我們能以傳統的名字「整合」來稱呼過渡儀式的最終階段，或者也稱作「回歸」。但也不妨稱之為「智慧收割」諸如此類的名稱。因為最後步驟是代謝了過渡期的經驗，完全將所學體現於你的頭腦、內心和肚子。啟蒙新人收割的並非淺薄的精神領會，而是從奧秘的核心獲取而來的智慧、知識。愈是開闊的人，愈有深厚的潛質體驗這個真理。對生命更多的利他行為，更深的憐憫，更完全的信任，似乎是經歷過這個過程的人所結的果實。

傳統上，「回歸」是帶著啟蒙的贈禮回到社群的時間。這個階段就像稍早的階段，也是在社會守護的智者（即長輩）的引導下運作。但在我們的年代，文化本身就在過渡期的邊緣，我們上哪裡尋找智慧，引領我們到達新的整合？我們即將看到，當文化創意人為我們時代的新神話發展地位和時機時，回答此問也是他們探索的一部分。

1. ［原註］最初於1920年代，由愛斯基摩卡瑞布族人（Caribou Eskimo）伊鳩嘎久克（Igjugarjuk）向學者暨專家坎德‧洛斯米森（Kund Rasmussen）?述，此引文出自理查‧塔那斯於《心智科學》所發表的〈大啓蒙〉，第47期（1998年）。

2. ［原註］瑪莉恩‧伍德曼，《懷孕的聖母》（多倫多：Inner City Books出版，1988年），第13頁。

3. ［原註］維多‧透納（Victor Turner），語見〈模稜兩可和過渡期〉（Betwixt and Between：The Liminal Period in Rites of Passage），於路易斯‧卡如斯‧馬蒂（Louise Carus Mahdi），史提夫‧佛斯特（Steven Foster）及瑪芮斯‧力特（Meredith Little）合編的《模稜兩可和過渡期：男性與女性的啓蒙模式》（Betwixt and Between：Patterns of Masculine and Feminine Initiation）（伊利諾州拉薩爾：Open Court出版，1987年），第8頁。

4. ［原註］同上，第9頁。

5. ［原註］依莎貝特‧沙陶利斯（Elisabet Sahtouris），《地球舞會》（Earthdance：Living Systems in Evolution）（加州阿拉米達：Metalog Books出版，n.d.。此書可從她的網站下載，www.ratical.org/lifeweb。

6. ［原註］參閱www.ratical.org/lifeweb。

7. ［原註］沙陶利斯1998年出版的書，《走過時代》（A Walk Through Time: From Stardust to Us），與西尼‧李比斯（Sidney Liebes）及布萊恩‧史威姆（Brian Swimme）共同著作（紐約：Wiley出版）；以及與威利‧哈曼合著的《修正生物學》（Biology Revisioned）（加州柏克萊：North Atlantic Books出版）。

8. ［原註］威爾‧奇平（Will Keepin）及布萊恩‧恩（Brian Wynne），〈IIASA能源方案之技術分析〉（Technical Analysis of IIASA Energy Scenarios），《自然》第312期（1984年12月20-27日），第691-95頁。

9. ［譯註］出自《聖經‧撒母耳記》，大衛勢單力薄打倒巨人歌利亞的故事。

10. ［原註］約瑟夫‧坎伯（Joseph Campbell），《千面英雄》（The Hero with a Thousand Faces）（新澤西州普林斯頓：Princeton University Press出版，1972年），第58頁。

11. ［譯註］克里希那穆提，1895-1986，《人生中不可不想的事》（Think on These Things），繁體中文版由方智出版，2002年。

12. ［原註］安妮‧迪勒（Annie Dillard），《美國童年》（American Childhood）（紐約：HarperCollins出版，1998年），第243頁。

13. ［原註］雪莉‧露絲‧安德森及派翠西亞‧霍普金斯（Patricia Hopkins），《神的女性面貌》（The Feminine Face of God）（紐約：Bantam出版，1992年），第148-49頁。

14. ［譯註］E‧F‧Schumacher，《小即是美》（Small Is Beautiful），繁體中文版由立緒出版，2000年。

15. ［譯註］Stanislav Grof，爲捷克裔美國心理學家，在1960年代提出所謂超個人心理學理論（Transpersonal Psychology）。

16. ［原註］瑪莉‧派佛（Mary Pipher），《拯救奧菲莉亞》（Reviving Ophelia）（紐約：Putnam出版，1994年），第44頁。［譯註］《拯救奧菲莉亞》（Reviving Ophelia）繁體中文版由平安文化出版，1997年。

17. ［原註］同上，第27-28頁。

18. [譯註] 猶太女孩成人禮（bat mitzvah），在年齡達十二歲時舉行，在此儀式中，行禮的女孩必須朗讀《摩西五經》及《先知書》。

19. [譯註] 美洲原住民的淨身棚屋（Indian sweat lodge），通常選在林間的茅屋中進行，茅屋的作用類似蒸氣室，燒紅的石頭被置於屋子中間，再澆上藥草和水，儀式中伴隨著鼓聲和吟唱。原住民視該儀式為神聖、宗教的作用。

第十章
因應當代的智慧

　　一天，土狼沿著路，心裡只想著食物。距上次吃東西已經是幾天前的事了，他爲自己難過得掩面而泣。肚子像滾開水咕嚕咕嚕地叫，腦袋瓜子痛了起來。這時候，就在漆樹的附近，他看到一叢叢看起來美味可口的紅莓！土狼非常興奮，跑過去想一把抓起。就在他手碰到莓果時，他心裡記起了一段和智慧老人的談話。他們交談過許多次，有一回，土狼問：「老人家，您告訴我，我們怎麼會有這塊土地？是祖先給我們的嗎？」智慧老人答説：「土狼，當然不是。是從我們的曾曾曾曾曾孫那裡借來的。我們必須好好照料，因爲這是屬於他們的。爲了提醒我們這點，未來的孩子擺了一堆堆的紅莓在漆樹附近。那這些莓果是他們的，所以不管你有多餓，也永遠不能吃。它們只是要提醒你，土地是屬於尚未出世的子孫。」

　　「老人家，如果我們真的吃了會怎樣？」土狼問。

　　智慧老人回答他：「很抱歉，土狼，如果你吃了，屁股就會爛掉。」

　　這是土狼的手碰到莓果時所想起來的。他停下來想了片刻。汗水從臉上滑落，然後他對自己説：「我早就知道智慧老人是笨蛋。他懂什麼？只不過是想把莓果都佔爲己有罷了。還有，甚至還不在這裡的人，我怎麼會欠他們東西呢？」

　　因此土狼就把莓果吃了。他盡可能吃得又多又快。土狼覺得舒服多了！他看看後面，屁股沒爛。他哈哈大笑，然後蹦蹦跳跳跑下這條路。沒走多遠，他的胃就開始痛得厲害。他開始拉肚子，起初是一點點，然後便是狂瀉。土狼病了，從來沒有病得這麼嚴重！土狼覺得很糟！他想到還沒有出世的孩子，然後想起了

智慧老人，覺得很難爲情。土狼慢慢走到河邊喝了一口水，然後到灌木林深處躲起來。他不想讓任何人知道他忘了還沒出世的後代，而且，他的屁股也爛了！[1]

　　賊土狼！他問了我們最糟糕的問題，也反映出我們最低微、最愚昧的自我。他相信智慧老人想把好吃的紅莓都留給自己。對土狼而言是多麼困難——對我們也是——要了解智慧老人有尚未降生的子孫之見。但無疑的是，我們現在需要那種智慧。

　　我們搬出土狼是因爲：大家都知道，他爲自己引發災難，也爲週遭和他一樣沒有意識的人招來災難。我們人類的表現常常像土狼，想法也太常跟他一樣。但文化經不起這種做法，因爲我們幾乎快碰壁了。千禧年時，全球人口有六十億——至少是地球長期能維持的人口數的兩倍或三倍。拿第三世界的人口年齡結構來看，人口要到八十至八十五億才可能平穩下來，也可能要到一百或一百一十億才能持平。在百億時，地球的自然區域可能已經破壞殆盡了，而僅存的生態系統將供人類耕作。因此屆時將有許多動植物的種類逐漸消失，預言生態及人口的崩潰是很合理的。幾十億的人相繼死去，剩下的也將是廢墟的世界。

　　過度消耗地球資源，正顯示人類目前的消耗量有多麼無以爲繼。長期下來，全世界的生態足跡[2]需要兩、三個地球方能支撐，而美國的生態足跡是世界資源佔有率的十倍[3]。此時，我們已經超過成長的限制了。如果在二十一世紀的前幾十年不完全改變方式，我們將坐在前排座位目睹大災難發生。

　　這個問題不足以理智解決。我們得進一步超越事實，接納我們所知的實情所引的情感衝擊。爲此，我們不但要連結我們的心和理智，也不能忽略我們貪婪的「土狼」自我，因爲我們已經在消耗子孫的未來了。

　　這一章，我們要看文化創意人目前求助的三種傳統智慧資源：前輩、社群、神話。因爲過去有許多資源已經喪失，或對現在不再適用，所以文化創意人正召喚當代所需的長輩、說書人、傳遞智慧的信差，在某些案例中，他們自己也變成了這些角色。

長輩的形成

我們之前的年代，及現今的一些土著文化中，智慧由長輩加以承傳。他們引導啓蒙，講述有意義及和生活相關的故事。因爲他們年長，所以了解創造美善的事物要花多少時間，呵護成長又需要多麼小心。長輩有長遠寬廣的眼光，不只關心他們自己的孩子和孫子，也關心所有人的子孫。他們知道智慧不只是資訊。雖然老人家不一定都有智慧，但是智慧是年齡和經驗的勢力範圍。

但我們的世代又如何呢？

穆坦伯‧帕尼亞（Mutombo Mpanya）是薩伊來的教授，是風度翩翩禮貌周到的一位男士。他告訴我們，他四十來歲時，開始在美國尋找長輩。「自從我到了這個國家，有機會我都會接觸老人。『對不起，』我說。『能請教您一個問題嗎？我們國家的老人都受到尊敬，而且我知道您活了這麼多歲數，一定有什麼事情能夠教導我。您的孫子或許會問這個問題，但我想知道您怎麼回答。假設您的孫子問說：『奶奶，這個世界眞複雜。每天都要做困難的選擇。妳從人生中學了這麼多，能不能告訴我，妳怎麼決定什麼才是最重要的？』」

穆坦伯停頓了一下，摘下眼鏡。眼睛閃爍著，說：「他們告訴我兩件事。第一，一定會有答覆，類似這樣的說法：『我的孫子絕對不會問我這種問題。』顯然從來沒有人指望他們傳承智慧，讓他們感到非常難過。然後他們會開始告訴我一些獨特的事，是他們在生命中親身經歷的事，我認爲那些事都很深奧必要。」他緩緩地搖搖頭，對自己描述的怪事感到困惑。他不能理解西方怎麼想像沒有長輩，社會還能明智地運作。

他說得當然沒錯。長輩的傳統作用是結合憐憫和智慧，但我們的文化不擅此道。現代文化是具備生產力的成人設立的——而且是經濟生產力。我們只要看看四周，就能看到老人在我們社會如何受到貶低，他們對社會走向的貢獻又是如何渺小。現今我們沒有強有力的文化故事來告訴我們老化的價值。我們有的是局部的神話，片段的英雄故事，或者較近代稍微經過修正的女英雄故事。

老化就是跌到故事之外，變成隱形。娜歐蜜・紐曼《蛇論》裡的老太太怒斥：「要長多少根白髮你就不當他們是人了？」[4]

・沒有支架，沒有藍圖

為了後代子孫的福祉，我們需要長輩。我們需要給年輕人長輩，因為年輕人需要啓蒙。我們也需要給成年人前輩，因為想像自己走投無路的成年人過了半輩子，不是停滯在中年，就是設法像內心感受到的少年般生疏青澀。一位四十來歲的女士告訴我們：「我的生活需要長輩——我都叫她們『阿嬤』。她們幫了我很多她們不知道的忙。每個人都以自己的方式對我說：繼續下去。不要放棄。妳走的路沒有錯。我們需要妳去說、去教、去寫。」她說，中年人需要長輩的鼓勵，「好讓我們知道最深處的自我必須進入每天的生活。但現今真正的長輩其實寥寥可數。」

但如果我們都需要長輩，那些現下正步入老年的人要怎麼辦？誰來啓發他們？有長輩的長輩嗎？

「今天，要成為長輩既沒有支架，也沒有藍圖。」瑪莉蓮・金斯堡在她六十二歲生日前夕告訴我們，「我們這群年過六十的人有很多話要說，有了不起的精神。但我們不知道用什麼形式獻出。好比每個人都在各自的繭裡，不了解展露出來的是什麼。我們正處於生育薄膜的過程，用來包住新生的長輩。我們頭一次經歷，正成功走向一種我們多數人從未看過的老化成熟的新方式。」

她說，老年人要甘於不知道一切會是什麼樣子。要敞開心胸。實際上，就是走進過渡期。「炫目的廣告上銷售高爾夫球場上的房屋，快樂的銀髮伴侶穿著網球裝，底下卻是對墳墓的恐懼，」瑪莉蓮告訴我們，「變成老人？繼續成熟進入高齡？算了吧！我們覺得像失敗者，像笨蛋。要是我們以前能多吃維他命、多做運動、少花點時間曬太陽，或不吃紅肉，那我們現在還能迅速恢復精力、健強、沒有皺紋，最重要的是：還能保持年輕。」

她對文化中缺乏真誠的支持忿忿不已。「都是些用年輕、活力、生產力把

我們淹沒的垃圾，都是些對權力和財富過度的讚美……你到哪裡去找到勇氣，實際面對日益下降的功能，誠實面對自己的記憶減退，聽力有問題，賺不到以前能賺取的東西，這是預料中令人害怕的無助和無用，這種事誰想要講？」

‧生產新長輩

部分問題在於現代主義從年老和死亡發出倉促的班機。不逃跑，反而正視自己以往視為自我本質的東西已然喪失的事實，正如同艾略特所寫，「當探險家／……進入另一種力道／……一個更深的交流。」[5]老化是生命提供的過渡期。每個活到老、又能忍受意識清醒地經歷這段過程的人都會老化。老化啟蒙了長輩，所以他們才有智慧去引導其他人走過過渡期，並引領他們的社群。

當長輩自己沒有啟蒙，便只有極薄弱的基礎去信任改變的過程。他們還未找到甚或體驗到那個告訴卡瑞布愛斯基摩巫醫「不要害怕這個宇宙」的絕對內在的安全點，或是依莎貝特‧沙陶利斯告知我們的「有一種更大的智慧系統圍繞著我們，為我們工作」。沒有來自內在或奧秘的支持，沒有來自文化的支架支撐或設計藍圖，幾乎不可能信任老化的過程。所以今天我們真正的長老為數稀少，一點也不令人意外。

但我們對老化和死亡的恐懼只是問題的一部分。事實上，老一輩人對陌生人小心翼翼、記得創傷和打擊他們的敵人，這種過去的智慧不是我們所需的智慧。我們這個時代的工作是要發掘自己的智慧，和培養能肩負這種智慧的長輩。

新的長輩從何而來呢？從過渡儀式的邏輯看來，答案很清楚：將是那些歷經過渡期，然後回歸幫助族人的人。以這個邏輯而言，依莎貝特‧沙陶利斯現下已經是長老了，她對全球的視野是她的啟蒙過程的結果。威爾‧奇平也上路了，在他歷經過過渡期之後，他和同事一起訓練有意識的行動主義人士。還有威利‧哈曼[6]、喬‧克瑞斯[7]、珊卓拉‧瑪迪珍[8]、貝蒂‧傅瑞丹[9]、文森‧哈定[10]、愛德安‧瑞琪[11]、湯瑪斯‧貝瑞[12]，還有像威廉‧肯特[13]、瑞秋‧卡森[14]、約翰‧繆爾[15]這些「祖先」，以及馬丁‧路得‧金恩[16]，經過他們自己個人的過渡儀

式，藉由經歷過而開創了新的道路，他們都成了長老。對於每個我們提到名字的人來說，成千上萬，或數百萬人正在獨自找尋他自己的路，或經由朋友的協助走過自己的轉化旅程。但這並不理想。和朋友並肩同行不同於長輩相伴，他們在你之前已經走過這趟旅程，能給你引導和支援。

·一位長輩的觀點

截至目前為止，我們藉由啓蒙新人的心聲，講述大部分的故事。這些啓蒙新人離開舊有的生活方式，經歷了過渡期，漸漸找到方法，將禮物帶給需要的人。我們還沒有從長老的觀點來說故事，因為那陌生得多，也更得來不易。但是當愈來愈多文化創意人經歷過自我的過渡期時，這也是他們學習發展的觀點。

變成長輩的方法之一就是藉由啓蒙。全國上下的文化創意人都在招募親朋好友加入新式啓蒙，也有人請求他們加入。一群在緬因州波特蘭市的年輕及中年婦女，徵求其中一位成員在滿五十六歲時變成長輩。「我不知道怎麼當長輩。」這位女士反對。「那就學啊！」她的朋友們堅持道。

另一個例子發生在蘿爾·凱茲身上，我們在第九章已描述過她為期一年的啓蒙。這個啓蒙有一部分是蘿爾和母親愛麗絲邀請十五位女性親友參與一場智慧儀式。如同我們聽到的每個故事，類似這樣種的邀請會繼續延伸，但這個故事最令人意外的結果是：引領者本身也受到啓蒙。

·女性智慧圈

1997春，一個涼爽的傍晚，這些女性多半正越過加州繆爾海灘的沙地，前往參加一個全新的活動，有些人有點急躁。最年輕的是蘿爾的姊姊艾瑞安娜，她七年前滿十三歲時，也參加過類似的圈子。最年長的是愛麗絲的兩個將近六十歲的表姊，從曼哈頓來。每個人帶了一件小禮物，還有一個故事。

活動從一位女性在鼓上敲打出緩慢的節奏開始。曼哈頓來的表姊慈祥微笑著，她們歷經艾瑞安娜的圈子後，已是老經驗了。有些加州人看來不太自在。

擊鼓的女性要求圈子裡的人叫出自己母親和女兒的名字，以及蘿爾的親族——那些愛著蘿爾，想見證她成為女人的祖先及朋友。叫喚熟悉的名字這種事，能喚起可靠的關係，確立過程，讓每個人都放鬆。當鼓聲繼續時，這些人開始講自己的故事。有些人說自己身為女人學到些什麼；另外一些人說蘿爾小時候的軼事。有些讀詩或唸出最喜歡的書裡的段落。細節似乎沒什麼關係。這些女人後來說，歡迎一位女孩進入她們的行列似乎就是那麼自然的事。蘿爾一會兒泛著光采，一會兒又害羞，沉浸在這份歡迎裡。

日落時，蘿爾匆匆脫下衣服，爬進保溫潛水服，奮力跳下冰冷的海裡。她停了一會兒，然後潛下去，浮出水面，再潛進波浪，然後高舉著雙手浮出水面，像奧運選手通過終線般勝利而笑。這些女士一躍而起，拍手叫好。蘿爾從海波中躍出回到圈圈內，她的母親用白色的大毛巾將她裹住。

之後，用紙杯喝義式濃縮咖啡和吃迷你水果塔時，這些女士都同意有兩個啓蒙發生。其中一個當然是蘿爾的。但另一個，出乎她們意外的這個，是她們自己的啓蒙，就是……女人？長輩？她們不確定要給取什麼名字。但是她們知道自己已踏進一種新的自我重要感。她們以為這一切都以蘿爾為主，以為必須援引自己也不確定有沒有的智慧，幫助蘿爾進到生命的下一步，但她們發現的卻是別的東西——一份包圍的愛和溫柔，不只是給蘿爾，也是給自己的女兒及孫女，及各地即將成為女人的每個少女。她們也發現自己是有禮物可以分享的熟女，而對自我有一種新的賞識。當她們想到這點，便想起自己的母親、祖母、阿姨以及師長，感受到自己的家系延伸得有多麼遙遠。

她們互相輕聲交談這些事。她們和蘿爾一樣，幾乎是帶著羞怯，說著私密及真實的事。離去時，她們許多人都說想為自己的孩子及朋友設計這樣的活動。她們說，因為每個啓蒙都是雙重的祝福。祝福接收的人，也祝福付出的人。啓蒙意味著踏入全然的成熟——無論是十三歲，或三十歲，還是六十歲——讓每個人都看著妳圓滿。無所隱藏。無須裝出自己還有所不足。啓蒙指的是像蘿爾一樣站在圈圈中，其他人非常樂於當妳的見證，沉浸在那樣的歡迎裡。這些女人得到結論：這是祝福，一種很稀有的祝福。

· 文化中的坑洞

　　每個時期的長輩對文化都有一項基本的任務要做。他們的工作是背負智慧的作用：為它發聲，保護它，保存它，將它傳向未來的世代。如果沒有人認定長輩有智慧，或是如果沒有長輩願意站出來，文化便喪失智慧的功能，有了名副其實的坑洞。

　　現代主義和坑洞共同生活，那洞原本應該是智慧。我們知道這一點。我們知道自己還沒趕上科技的速度，沒趕上我們發明的天賦。我們拿笑話加以調侃。《紐約客》有一則漫畫畫出兩位在山峰上盤腿而坐的瑜珈行者，顯然在靜坐時被一架飛過的七四七客機打斷了。年長的那位就跟年輕的說：「啊，他們已經知道該怎麼做（know-how），但他們知道為什麼（know-why）要做嗎？」

　　看到子孫沒有我們年輕時所擁有的清新空氣或淨水，我們便知道自己的文化缺乏智慧。瑪麗‧福特告訴我們，當她告訴兒子丹尼爾，過去有成千上萬的小沙蟹住在馬里蘭東岸，現在卻沒有了時，她的兒子突然哭起來，叫嚷著：「不公平！我永遠都看不到那些小沙蟹！」

　　我們需要有長輩，願意關懷丹尼爾和沙蟹以及海洋和沙灘，願意為了子子孫孫而提出長遠難解的大哉問。引導決策者的切羅基[17]的問題引導它的決策者——「這到第七代還會是好的嗎？」——到今天已和另一個問題結合：「這對星球好嗎？」若是沒有提出這些問題的長輩，沒有聽從他們、努力發展出答案的族群，我們便缺乏智慧。

　　和全國各地人士合作的作家兼說書人麥克‧米達憂心：缺乏長輩及啟蒙過程，對年輕男女而言意味著什麼。「如果我們不製造長輩，真正擁有內在資源和威信的長輩，我們將喪失即將來臨的下一代，以及再下一代。」但製造長輩是很困難的，他也承認。這表示能培養出「可與失望和解，知道如何哀痛，學會如何傾聽」的人。他坦白說自己也想要像這樣，「但慣性的反應不斷把我拉回舊有的習性：強硬、憤世嫉俗、什麼都有。你去哪裡才能找到讓英雄喪命、好讓長輩出生的勇氣呢？」[18]

　　每當生活遭逢阻礙或走到死胡同，每當人們陷溺或被悲傷和失敗撕裂時，

米達便視之為缺乏長輩的證據。當過渡儀式消失,再浮上社會台面時,便成了「以誤導、誤報來改變人生的企圖。過渡儀式變成誤傳的意義,悲劇的行為,或空洞的形式。」[19]他說。有些心理學家和社福人員也贊同。他們研究貧民區和獄中幫派,及購物中心的青少年,他們在研究中表示:年輕人渴望啓蒙,而假冒的啓蒙並不能奏效。有位觀察家把過度擁擠的監獄稱之為「失敗的啓蒙之家」[20]。

缺乏長輩老和獄中可憐的年輕人數量增加,這兩者之間的關聯對希薇亞‧馬瑞克來說並不意外,她是摩霍克族[21]的長老。她的族人從石製藥輪[22]上可追溯親屬關係。長輩位於青少年的正對面。她解釋道:「當輪子的一部分有了麻煩或是在文化中不受尊重時,你知道它的對面很快也會垮掉。」她說,當老一輩的人在我們現代世界中不受尊重,很快地,年輕人就會遭遇困境。如果不補救,在長輩或年輕人之中的任一部分,就會開始失去作用。這還包括了所有的部分:小孩和祖父母,以及青壯年成人。「一定不能讓這種事發生,」她警告說,「輪上的每個部分都取決於其他部分才能生存。」[23]

早期的睿智文化有一項特色出現在摩霍克的解釋裡:相互承擔義務和關愛的網絡是生存系統的一部分。如果這個結構有任一部分受損,一切都將同蒙其害。但反之亦然:如果這個網絡的任一部分痊癒,則一切都將同蒙其惠。

‧獲取智慧的心

我們一生的時日是七十歲,
若是強壯可以到八十歲
但其中所矜誇的不過是勞苦愁煩
轉眼成空,我們便如飛而去……
求你指教我們怎樣數算自己的日子,
好叫我們得著智慧的心。

詩篇 90:10-12

　　道明會的蜜里安・麥基莉修女在新澤西州的考德威爾鎮成立了「創世紀農場」，她知道在晦暗的時代裡提供希望和遠見的故事，具有不凡的價值。她說：我們現在經歷的是「地球脫離遙控的故事」，從人類無從參與創造的五十億年中脫離而出。而且在這個故事中，我們就像青少年，「擁有非凡的能力，卻沒有生活經驗來整合這些力量，成為更大的連結脈絡。」她所提的問題是：「我們有達到任何接近成熟的地步，做出使生命永續的決定嗎？」

　　要找尋這個成熟度，不能只從知道事實來著手。如果我們不能找到彼此的連結，以及和更廣大的地球生命的連結，我們便不知道事實的意義。我們只是自以為己知道，但這完全是兩碼子事。喬安娜・梅西在1978年發現到這點。

　　喬安娜在研究所期間，三個大學年齡的孩子邀她參與一項由庫斯托協會（Cousteau Society）贊助的生物圈全天研討會，她當時還是個研究所學生。她告訴我們，雖然當天她並沒有學到什麼新知，但累積的影響是很具毀滅性的。「大家都在講武器競賽或原油滲漏，還有雨林破壞。下午的某個時刻，我才恍然大悟，再這樣下去可能真的會讓我們都完蛋了。我很清楚看到這個事實，我不知道自己怎麼能忍受得了。」讓她受到衝擊的不是那些資訊，而是這些訊息對她所愛的每一件事物都有濃烈的弦外之音。

　　「第二年，我活得很絕望。在家裡的書桌前工作時，我會突然發現自己在地上捲曲如胎兒般的一直發顫。在公司我比較能控制，但即使在一開始，白鷺在沼澤邊一閃的畫面，或是附近傳來的巴哈琴聲，都會不經意刺痛我的心，我會想那美麗的片段在永遠消逝之前，還能維持多久。」

　　經過那一年，喬安娜歷經了劇烈的啟蒙。她度過無助和震怒和放手的感覺，再讓下一層感覺流過再放開，為了發生在我們全體身上的事，她獨自黯然神傷。她事後會說，要等到能讓痛苦進入，才能不再痲痺癱瘓。「你害怕恐懼、悲傷、後悔的感覺，不能採取下一步。你感受不到自己對這個世界、對其他人類或自己的痛苦。但如果有什麼事發生讓心靈的麻木解開，自我最深的回答就會破冰而出。人性的感覺能自由流露，你便讓自己甦醒了。」

沒有長輩在場支持這段經過。喬安娜在宗教研究所的教授們對她強烈的情緒感到大惑不解。有些人似乎覺得很尷尬，而且有人建議她或許需要心理學家的輔導。她的確有看精神醫師，但醫生也同樣困惑。「妳有很好的孩子，很棒的丈夫，美滿的家庭，爲什麼還快樂不起來？」她問道。

那是三十年前的事，在第七章我們談到的覺醒和社運主義匯聚之前。當時，神聖不應該和情緒有關，神聖與情緒和社運主義也沒什麼關聯。但現今，在核心文化創意人之中，對地球的命運表達深刻的情緒反應，無疑是適切聰明的，或許是融入世界的必要基礎。

喬安娜是體悟這點的先驅之一。如她所說，事實不能停留在「只是資訊而已」，事實與她所愛的每件事物和期待的每件事物都相關。當這些事實兜在一塊時，便打破了引導她生活的故事線。「我們是喪失未來確定感的第一代。」喬安娜告訴作家史蒂芬‧巴弟安。「縱觀有紀錄的歷史，〔每〕個世代帶著假定而活，就是假定其他世代會延續下去，而且他們的雙手、頭腦、心靈的成果，將由他們的孩子以及孩子的孩子加以傳承。這種假定給予他們的生命意義及延續感。失敗、痛苦，甚至個人死亡，都更是包含在更廣泛的必然延續性中。」[24]

喬安娜繼續各時代的啓蒙者所做過的事：爲其他的後繼者準備一個方法。她開設一些名叫「核子時代的絕望和得力」的工作坊。很多人都納悶，「怎麼會有人想去做這樣的事呢？誰想要感受絕望？」但不久美國人，然後是加拿大人、德國人、法國人、澳洲人和其他世界各地的人，在幾乎沒有抵抗絕望，又厭倦活在否認的情況下，找到了門路參加這些工作坊。在那裡他們訴說個人心靈層面的故事，這些故事他們從未向任何人說起，因爲他們懷疑自己能否承受說出內心的感受——也因爲他們無法想像有人會聽。

歷經自我的痛楚，喬安娜能幫助其他人。第一個步驟是跨越她所謂的「最嚴重的危機」——麻木的心。她在週末的工作坊帶領練習和冥想，幫助人們表達和度過他們自認爲無法忍受的事。之後她將相關的過程著作成書，好讓任何想引導這個進程的人，都能按指示同樣操作[25]。

即使今天，除非經歷過這段過程或類似深度的事件，否則很難揣想已經有上萬人經歷過這個過程，以及進一步的發展，和素未謀面的人共度一個下午或一天，一起走進過渡期。不告訴自己要忘了這些事，繼續生活，而是剖開心理的麻痺，邁向心的智慧。這似乎在在令人驚嘆，但喬安娜強調這沒什麼好驚嘆的。悲傷和恐懼不只是私事，而是對發生在我們所有人身上的事發出敏銳的反應。了解自己忍受的痛是共有的痛苦的一部分，發現自己期待有更好的世界也是共同的希望——這使一切都改觀了。自己必須獨自走過那段旅程才沒道理，就像現今許多文化創意人都是獨行俠一樣。

發生在喬安娜的工作坊和研討會中的修訂及重新規劃的過程，要花上數年才能完成。沒有單一種的儀式，也沒有單一的絕望和得力工作坊，足以幫助一個人渡過這段過程。每一個人走的路都是獨一無二的。隨之而來的是更多的揭曉與發現。但重要的是在文化脈絡下的開端。因為喬安娜和同事們正協助這個開端，我們相信他們正為我們的時代做長輩的工作。這個工作有一部分是為每一個人提供這種文化過渡儀式的協助及指導。另一部分則是喚起現在要說和要聽的故事。這些故事是走向一個領域的地圖，幾乎每個人都以為這些地圖會朝偏離世界的邊緣走，進入絕望的深淵。但事實上，這些故事賦予了生命，引領人們超越舊故事的界線，致力於創造不同的未來而去。

編織新神話

1982年，一個酷寒的十一月天，在神話學者約瑟夫‧坎伯位於蒙特婁的旅館房間裡，我們坐著喝咖啡。我們為加拿大廣播公司（CBC）準備一個有關典範變革的記錄片，我們認為這種改變開始在西方發生了。我們希望坎伯能給我們一個文化走向的概觀，或許舉一兩個神話故事當背景。訪談一開始，他從公事包裡拿出他在《外交期刊》上所看到的文章〈大眾神話的照顧和修護〉[26]。作者主張，沒有共同神話的社會，便無法連貫運作。沒有一套眾人接納的民族及

宇宙信仰，社會就會崩潰。坎伯同意這個前提，但是他說這篇文章遺漏了兩個部分，是他認為攸關我們的文化所必須面對的部分。他說：「除非有個端倪讓你進入超越性，否則就不會有神話。神話的第一個功能是向宇宙間生命的純粹奧秘敞開心胸。」這篇文章遺漏這個部分，坎伯認為是大錯特錯。他說，如果我們不能承認宇宙、民族和我們自己是「所有生命根本奧秘」的表現形式，我們便沒有真正能夠信任的東西了。

坎伯認為第二個缺漏的部分是「神話的教育作用：教化個人，從嬰兒期到成熟和自我負責，再到最後走過終點，都對生命的各階段給予提示。如果沒有帶你一路走過這些階段，」他用粗啞的男中音告訴我們，「神話就沒用了。」

我們從來沒聽過這些見解，便和這位卓越又極有耐性的教授激辯。就文化來看，顯然我們不再有這種神話，但他怎麼能斷言神話對社會的連貫性這麼重要？我們說，當然是因為沒有引導的故事可以帶著我們這個世代走過生命的各階段，開啟我們神性的連結。

「這正是重點。」他和藹地贊同。

「那麼，我們要上哪兒去找？」我們想知道。

「所有的可能性都已經是不可能編出神話了，」他平靜地宣佈：「個人就只能走在沒有經驗傳承之中。你只能追尋自我內在的生命，試著忠於這點。」

「那沒有多大幫助。」

「我不能導正世界，」他答道：「我能告訴你什麼是神話，但是你問我：我們要怎麼弄到新的神話，還真是考倒我了。」說罷他一把靠向椅背，興味盎然地笑著。

· **內在的真實**

神話承載著文化在靈魂層面上的真理。當真理開始變化，我們便渴望有新的故事和圖像：不僅幫助我們明白改變的意義（儘管那極為重要），也能幫助我們找到彼此的連結，和自然世界的連結，以及和我們過去未來的連結。沒

有這些故事和圖像，我們就會失去連結。就好像隨著破碎的世界，我們也被剁成碎片，有形物質從想像中脫離。容格派的分析師瑪莉恩・伍德曼告訴我們，「在那個時候，我們缺乏完整的體系，讓我們和天地間的事實保持聯繫。沒有了故事，我們在個人的世界瓦解時，就無法回想起我們自己的身分。」[27]

是這樣嗎？我們現代的分離感，缺乏和過去的連貫性，以及缺少對未來的責任感，會是緣於少了一個故事？甚至是更令人無法置信的神話？任一個小學生都會告訴你神話是不真實的故事。但正如說書人艾瑞卡・米達所言，神話是內在真實的故事。而且揭示文化內在的真理，是說書人的工作[28]。這是文化創意人想要及重視的東西裡，很自然的一部分：一種記得自己並不孤立的方法，一個將新的花色編織到社會結構、紡出連接世代的生命線的方法。

・成為新的說書人

過去時代裡，長輩是說書人，正因為他們是智慧的傳人。傳遞智慧的意思是講述事情以往都怎麼做、為什麼那麼做，然後幫助人在生命的每個階段了解自己在社群裡的角色及責任。如坎伯強有力地說：現代主義沒有共同的神話給予連貫性，沒有指導性的故事在生命的各階段教育個人，將社會共同體建置於生命偉大的奧秘中。我們就如他所說，正走在沒有經驗傳承的路上。

然而，有另一種方法來看待這個情況。不只是我們失去了故事，而是我們必須失去，因為每個時代都需要屬於自己的智慧。墨守古老的故事不僅危險愚蠢，還讓文化了無新意，缺乏想像力。因為我們活在過渡時期，所以不敢被哄著一再傾聽古老的故事。而這意味著為我們的時代傳遞智慧的人，不能單單是說書人，也必須是故事的聽眾、故事的召喚人、藝術家、教師等每一種能喚起我們現在所需的故事的人。

容格在二次大戰戰火的餘波下觀察到，當個體失去故事時，會產生混亂及迷失方向，但是當民族失去故事時，整個文化便會遭受莫名的病狀[29]。我們已經活在這種喪失的陰影中幾個世紀了。在新的千禧年的開始，我們的景色仍像森

林火災後的第一季。但灰燼之外，生氣蓬勃的綠芽到處冒出，在變黑的殘枝間成長。

我們時代的奇蹟之一正是這種前所未見的新成長。繼納粹德意志帝國及廣島、長崎的大摧毀，以及南、北美原住民的悲劇後，許多智慧的傳統皆遭到破壞。但封建制度的枯枝、教會及農業帝國的絕對權力也被燒得精光。在我們所有慘重的損失及幸運的解脫中，已經為革新和創意清出一塊空間。

文化創意人便是在這塊沃土上工作，為新文化作準備。新的成長，正如我們所見的，新的成長包括過去四十年來廣大的社會及覺醒運動。但這個故事也包含人類社會生活最古老有力的形態之一：神話。其的成果是故事和圖像，視覺和表演藝術，戲劇和歌曲，音樂、象徵及儀式。今天，各式各樣的藝術家和實驗者的耕耘，讓神話的新型態湧現。此外，現代人以新的方式理解古老的教誨時，一種音樂和故事的世界文化正在成長[30]。有新神話的先驅出現的地方，便有文化創意人在舖路。

・生命線

「我對一向待在核心外的人所寫的劇本感到興趣，」導演喬治・沃爾夫（George C. Wolfe）談到湯尼・庫許納（Tony Kushner）的百老匯劇《美國天使》（Angels in America）。「有些人必須和自我力量持續聯繫，必須走上自省的旅程，因為我常喜歡這麼說，沒有人邀請他們來赴宴（我對這些人有興趣）。所以他們必須不斷和一整串的真相和力道聯繫，宴會裡的人則不必，因為他們是屬於力量的基礎。」沃爾夫說，這些人和他們的故事，不只是了解我們是誰、又將何去何從的見證及來源，也是生命線[31]。

有種生命線有些是來自夢中。女人發現神聖的經文裡充滿了空白頁，等著記上新的故事，小孩啟蒙長輩，因為他們需要長輩，但是老人不懂新的方法。前所未見的事物拍成了照片，但沖洗底片的藥水尚未發明。新軟體寫好放在倉庫裡，等硬體架好來執行。

這些夜間的想像，訴說著超越傳統角色、規則以及權力階級的必要。他們建議，要像水柔軟而不是像鋼般強硬。保持有彈性又具好奇心，不為戰鬥而武裝或被恐懼而嚇呆。人家說，不必害怕不知道。因為在新手的心裡有上千種可能性。在專家心裡只有幾種可能。

・家鄉星球

各地的人都背負著新神話的斷簡殘編，帶著印象和及記憶，洞察力及隱喻。在所有這些寶物及碎片中，有一組圖像似乎對現在的我們有種特別的魅力。那就是從外太空拍的地球照片。未來學家芭芭拉・馬克斯・胡巴德（Barbara Marx Hubbard）給了一個解釋：她說，我們認為這些照片很迷人，因為是我們的第一組嬰兒照。

每張從太空拍攝的地球照片，以及每個實際進入太空旅遊的男女的故事，把我們拋進太空人拉斯蒂・施威卡特（Rusty Schweickart）所稱的「體驗一種席捲而來的新關係」中。施威卡特說，這種不必科學分析或費力的過程，即是「明亮多彩的家和無窮盡的漆黑之間」劇力萬鈞的對比，以及「突然領悟到，一生與這個令人驚嘆的星球……地球，我們的家之間，有著不可避免又令人敬畏的私人關係。」

這層領會加快了許多創意創新的行動。其中之一是出版一本基於經濟及政治因素，而使專家們認為而不可能問世的書。一開始是因為一個名叫凱文・凱利（Kevin W. Kelley）的人，心中對於從太空中拍攝的地球照念念不忘；也無法忘懷美國和蘇俄太空人藉由太空旅行而轉變的故事。幾年來思量將那些描繪成冊的經驗能否轉變他人，又懷疑自己的能力能否創造這麼一本書後，他決定放手嘗試；在三年多複雜的協商，以及太空探索家協會，加州知性科學研究院，莫斯科的和平出版社，艾迪森衛斯理出版社，及一大群譯者間異常的合作關係後，凱利出版了《家鄉星球》（The Home Planet）。此書同時以英文和俄文發行，是有史以來出版過最大規模的地球太空照收藏，伴有太空探索家以母語寫

成的話，包括了阿拉伯文、中文、越南文、北印度文、蒙古文。「一顆星球，我們的家」是無法免除的意識。

我們談過要像水而不是像鋼，是對向我們描繪的一些夢想所給予的忠告。但我們在1999年見到凱文‧凱利時，水的影像並沒有從心裡冒出來。他是個說話直率的肌肉男，讓我們想起堅韌的舊皮革，是個能忍受生命困難挫折的人，如果願意，他也可能有靈活的手腕，足以使浩大的工程完工。凱文告訴我們，出版一本壯觀的書，喚起地球從太空看起來的樣子，是他生命中最做的事。

我們問：為什麼有看見地球的這股熱情？你認為這會有什麼不同嗎？他告訴我們概觀非常重要，還引述天文學家弗瑞德‧霍尹爾（Fred Hoyle）的話：「1946年，我出生的那年，霍尹爾說當第一張從太空照地球的照片展示出來，就會改變世界。」這是凱文真正想要的：給世界新的照片來改變這個世界。他解釋說，當你視這地球為一個整體，沒有人類的界線劃分，區分成國與國時，就能打開一個不同的觀念，說明你是誰。「我想創造更清晰的圖片，更可靠的照片，解析度更高的地球影像，我想也提出這個當作人類意識的脈絡，我認為世界需要這個東西。」他頓了一下，「迫切需要。」

但是這個宏觀的願景有一個問題。「瞧，我是個三十八歲的打雜工，沒啥過什麼書，」凱文解釋著，「我當過造船工、承包商、菰米農夫、漁夫等，每次到計劃末尾，我就會跟自己說：『這不是我後半輩子想做的事。』我覺得好像浪費了我這一生，像用鍊子拴住的狗，鍊子磨禿了地。」他說，實際上沒有人會相信一個從沒來上過大學、從來沒當過編輯、從來沒做過任何轟轟烈烈的事的人，能出版一本涉及幾百萬美元的書，還要與蘇聯及美國的出版商、太空總署，及世界超級強權最著名的英雄通力合作。

他說對了。幾乎沒有人相信。凱文被很多人拒絕過很多次，一些最親密的朋友勸他徹底打消這個計劃。他的堅忍不拔——批評他的人必然會稱之為頑固或更不堪——超乎常人。如果有人曾因徹底執行自己的信念，傾注了全力而變堅強的話，那就是凱文‧凱利。他不只學習到新的事物，而且在他的自我中，使

他難堪的那些部分，他他認爲使他太常遭受麻煩的那些部分，都出其不意變成優勢。對於如何成書，他很有趣，也非常誠懇：

「經歷了寫這本書的過程，我很擔心自己不是出這本書的理想人選。我覺得自己似乎太鹵莽、太暴躁、太衝動。有個太空人一度想把書從我這裡拿走。他說：『我們爲什麼不乾脆到外面找個正規的編輯，找個以前做過這種書的人？』當一切都結束時，我們的律師說：『凱文，正常的編輯不會做這本書。遇到前一兩個困難後，就會說什麼鬼東西，然後閃人了。』」

「有時我覺得自己像石器時代的人，拿著斧頭，想辦法動現代手術，卻沒有解剖刀。但我不會放棄。每個阻撓這本書完成，手段又使得漂亮的人，只是落得筋疲力竭，因爲我不會放棄的。」

到了訪問的尾聲，我們道再見時，凱文說：「告訴大家不要放棄。如果我辦得到，誰都能辦到。」我們寫這本書時常常想起他的話。他的話提醒我們一些最重要的事：普通人之所以能造就不同，不過來自於堅持自己的信念。許多趕上社會運動和覺醒運動的人都知道這點：從黑人自由運動成員，到和平示威者及婦女和生態運動成員，到一路在心靈路上長期冥想和的旅行的人。不只是他們的持久和堅定影響了文化，經過時間的洗禮後，他們個人也受到了影響。如果有些文化創意人似乎超凡過人，那他們會告訴你那是過程使然，不是天生如此。他們開始就像其他人一樣。

如中世紀這句格言所說：「堅持愚蠢的傻子將會變睿智。」慣例上視爲愚昧的事，對遵循的人而言，往往才是眞正的智慧。將非暴力策略教給早期黑人自由運動領袖的吉姆・羅森（Jim Lawson）略有不同的解釋。他告訴學生：「當你用良心行動時，你就會被改造。」而他們也時常被改造了。

眞實的故事多半沒有結局，但這個故事有，至少對凱文・凱利及愛上這本由他和太空探索家協會及許多搭檔所出版的精美書的人而言，是有結局的。手裡拿著這本書，看著我們的星球幾乎無可測度的美，你就會了解凱文堅持的決心已經結出了優越的果實。

在社群的脈絡中

該怎麼講述沒有說過的故事呢？對許多文化創意人而言，是發展出故事會受歡迎的地方及時機。意指建立新的部落營火，讓人們能圍坐，說出自己所見的事實，個人經歷的實情，及真相的意義。向在場貼心的聽眾說故事一度在長輩的引領下於社區實行。這是一個分享贈禮的方式，分享截至目前為止你所學的，以及整合新領域的發現。文化創意人需要這種整合，所以他們在可能的地方創造環境。

寫作圈是新的故事線能交織在一起的地方。一位婦女問道：「當官方歷史充滿了坑洞和扭曲，而你還是渴望真相，該怎麼辦呢？」對一些人而言，答案是圍坐一圈然後寫作。拿掉在眾人面前所戴的面具，往下挖到一個地方，讓你能說當時就是這麼回事，這件事真正發生過。然後傾聽其他人怎麼說，或許你會找到勇氣大聲唸出自己寫下的東西。這個過程中你可能改變自己信任什麼、如何信任的方式。真誠變得很重要，還有每個人的經驗中獨特的特點，以及任何奇特、新鮮、驚險或意想不到的事。

有些聚會場所是給面臨病痛、死亡、喪失，而無法忍受獨處的人。罹患生命危險疾病的病患所組成的故事圈（詳述於第六章）是一個例子，還有十二步驟計劃，以及各種協助團體。有些「聚會場所」其實是書籍、故事集或詩集，或照片──見證那些無法很快說出，但在一段時間後必須慢慢湊起來的事。

查爾斯‧加菲爾的《我心時而麻木：愛滋時代下的愛與看護》，就是長輩們圍著火分享智慧的諮商會。其中一名長者是名叫艾瑞克‧席弗勒的看護，當他解釋自己為什麼是看護時，可能心裡掛念著容格的文化病理學註釋。他說：「真正的病理學是累積的悲痛。」[32]。這就是為什麼你得進入悲傷，把悲傷攤開來，找出其中的意義。「因為打從這場傳染病一開始，我就在裡面了，有時我覺得自己像活資料庫。像部落的長老。」他藉由說故事證實已經失去和仍然存活的事物。「納粹大屠殺的報告中，你聽說人們說要活下來才能說出這段故

事。我現在有這種種的些記憶,這種種的故事,我幫助愛滋病患及他們的家人、朋友、愛人活下去說他們的故事。」[33]

一些最重要的聚會場所,不只有文字的力量,還有聲音的力量。瑞格‧甘斯,東尼獎得獎賣座劇《放客大放送》(Bring in'da Noise, Bring in'da Funk)的共同作家之一,談到人們向陌生人朗讀詩詞的意願增加。但直到甘斯聽到詩人威利‧帕若莫(Willie Peromo)在新紐約詩人咖啡館的朗讀,他說,他才意識到「我是多麼無聲」[34]。這是其中的一部分:不只表達你所知道、所記得、所渴望的東西,還要找出你從未說過及從不相信有人會想聽的東西。

當然,在成千上萬或幾百萬個能讓人說出自己故事和找到自己的聲音的地方和時機中,這些只是少數幾個例子。令人印象深刻的是,從文化觀點來看,這種施與受不只是關乎個人,而是關於共同的社群(community);拉丁文的cum及munis意指,「一起給予」。真正的社群裡,人們分享個人生活經驗。它並不是公共關係的轉義,好比「農企業綜合體」或「製藥社體」,或自稱為「社區」的新開發住宅區,但裡面的左鄰右舍卻互不相識。

如果我們實際上正在經歷一個大規模的文化過渡儀式,那麼共同社群就再重要不過了。當一個民族走出過渡期時,社群是回歸的基本步驟發生的地方。也是認可和歡迎這趟旅途的禮物的地方。如果這些禮物沒有發送之處,再次融合的過程可能就會停頓。對個人將是重大的損失,但對共同社群會更嚴重。它將無法從新的學習中受惠,回歸的人所散發的新鮮活力和靈感也不能恢復其生氣。

‧開創自己想住的天地

和許多文化創意人一樣,希莉亞‧湯普森—托品(Celia Thompson-Taupin)正在拼湊自己所需要的內容,而在這過程中,形成了一種新文化的元素。她以社區為背景,為即興創作及神話劇創造出一個環境。她喜歡人家叫她希莉亞T-T,她扮演橋樑的角色,是獨樹一格的人,發展屬於自己的混合風,以便維持自己的清醒及完整。她的童年在俄亥俄州的鄉間度過,在舊金山擁有一間工作

室，她是中西部人和加州藝術家的混合體。她愛用雙手打造東西，對虛假的忍耐度微乎其微。她勉爲其難地承認，自己活像個女祭司，爲音樂慶宴設計地點和場合。

這些地方看起來怎麼樣？看你什麼時候來參觀而定。在舊金山，十六年來，幾乎每個星期四晚上，如果你開車南下市場街，到凱撒查維斯大道交叉處，然後停在一個前工廠變身爲藝術家工作室的前面，你可以跟著鼓、笛子、鐘在即興沉醉的嗡嗡聲響中，來到一個叫「湯加麵包」的聚會。你會在二十到四十位玩票性質的音樂家、計程車司機、治療師、多媒體藝術家和其他路過湊熱鬧的人中找到希莉亞。

「我喜歡製造即興的音樂和聲音，」希莉亞告訴我們，解釋這個每週的盛會是怎麼開始的，「我從帶一籃樂器去聚會開始，希望能找到一小群人出來到洗衣間或什麼地方，跟我一起吹奏。我像帶有一堆玩具的小孩。我想更常這麼做，所以就寄給每個人一封信，說：『每個星期四晚上我都會辦，而且會提供湯和麵包。你們可以帶任何你們想要的東西過來，就在這裡聚會。不要打電話給我。如果你們要來就來，但不要打來問不是有辦。一定有。』」

希莉亞直截了當的調調和她渴望有玩伴的想法混合地恰到好處。但讓我們印象深刻的是持續性。「湯加麵包」變成了一個機構。希莉亞不在時，其他人就接手。大家帶著父母、孩子、情人、和朋友來。有些人每星期來。有些人每隔幾個月會現身，還有些人每幾年來一次。一位八十歲的先生從聖塔克魯茲開車上來，還有許多中年藝術家開車從柏克萊過橋到這裡。「他們之中有很多人即使不做藝術家的工作，腦袋裡也都是藝術家，」希莉亞解釋說，「有個忠實的成員，就住在這個走廊底。他是計程車司機，但內心是音樂家及藝術家。我們不去惹那些成功的藝術家。」

這裡的男人比女人多。希莉亞說，他們都很古怪。「沒有音樂的話，這整件事就沒搞頭了。一起創作音樂，一起跳舞的過程中，有些閒聊也這沒什麼關係。但我們不必非要分享對事情、對政治、對任何事的看法。所以是音樂和音樂慶宴把我們黏在一塊兒的。」

·這是一種文化

有些來自「湯加麵包」的人想更徹底進一步探索自我的內在經驗，作為彼此的見證，於是希莉亞設計一個新的架構，名字就叫「即興藝術週末」。如果你到這每半年舉辦一次的盛會，就會發現一些有創意的戲劇混合了戲劇和神聖的儀式，全部都由社團成員為自己而設計的。一名長期成員告訴我們：「希莉亞在創造架構上是十足的高手，像這個案子就得花上其他人許多氣力，但這個組織同時也提供一個非常營養、溫和又有點輕鬆的氣氛。」週末先以創造獨創性的藝術作品開始，透過自然流露的文字、歌唱或舞蹈等蘊含儀式的豐富表達，呈現給團體。高潮通常在星期六晚上，每個人會創作出一段戲劇呈現。

聽希莉亞和團體一些其他成員描述這些週末，我們被組織和自發的組合打動了。準備這些涉及二、三十人參與的週末，有許多計劃和會議要進行，通常由一個四到六人的義工團來執行。同時，這個過程是自由流動的，重複基本的主題，再以驚人的方式轉彎。某個週末的開始，每個人將自己的一位祖先做成大人偶。演出的晚上，祖先人偶與製偶人相互對話，每個人用自己的聲音說話，然後學祖先的嗓音說。這個晚上的尾聲，這群人在集體的先人面前，有了激發敬畏的體驗。希莉亞告訴我們，對於所有這些先走一步而又給予他們生命的人，對於體驗到先人宛在的善意，他們無不感受到延續及感恩。

在這個舉辦超過十年認真、嬉鬧、無所事事的聚會中，這些人到底在這裡做什麼？一位婦人稱這種週末是「深度和趣味的絕妙混合」，她這麼解釋：「這是一種文化，」她說：「有經驗的人把文化傳遞給新人，而新人學到的不只是戲劇效果，還有彼此友好、溫暖，及認真看待事情的重要性。但是也不要太嚴肅。」

我們想起史考特·派克（Scott Peck）發表過的評論，大意是說心理治療是我們文化中最奇怪的發明之一。他說，你把一個人自社群抽離，放到一個房間裡和一些專家在一起，期望這樣會有治癒效果，是多麼奇怪啊。在千禧年，治療已經在社群的脈絡中進行。有這麼多治療和真正的樂趣發生在「即興藝術」和「湯加麵包」的脈絡中並不教人意外。

·火蜥蜴營會

驅車走下自矽谷到太平洋蜿蜒的17號公路，就到了希莉亞T-T創設的場地中最驚人的一處。右轉一個急彎後再開個一、二哩，把車停在丘頂。朝西向一片遼闊的綠色草坪走個幾碼，迎面便看見一幅看似某個中世紀故事書裡的景象。三大座圓形帳棚式的建物，飄著旗幟，坐落在一處空地上，帳棚間彼此有一小段距離。設有欄杆的雅致木造露天平台，圍著每座建物，以沿道蒔花的小徑彼此連結。你將發現，這就是「火蜥蜴營會」，希莉亞和夥伴留這塊十英畝的土地，作爲費用極其低廉的一處靜修場所，給想探索新形式創意聚會的藝術家及其他愛嘗新的冒險團體。

我們到達的第一個週末，一個愛好地球的威卡團體住在這裡，正擊鼓吟唱著。第二次，有大約十五位年長婦女，有些從附近的城鎮來，有些從國內其他地方飛來。遠方的成員能負擔得起飛行，她們解釋：遠方的成員付得起機票，是因爲靜修所的費用非常低。這些建物仿蒙古的圓形帳蓬，叫做圓頂蓬，我們到用餐的圓頂蓬加入這群長者時，還聽到她們讚嘆自己的置身之處。她們說，不只土地美，連設計也充滿了美感，從集會棚裡翹起的舞池地板，到裝滿樂器的籃子，到澡堂裡掛著剛洗好的有趣二手浴袍，一股豐富又慷慨的氣氛彌漫在營地裡。

「好像有人爲我們準備了很久，」一位婦人說：「眞的考慮到我們需要和我們會喜歡的東西。」

另一位補充說：「比我們期待得多很多，這種種的美和原始就這麼守候著我們。」

看到希莉亞T-T和朋友所創設的和不斷在創新的東西，深深感動了我們。它證明了文化創意人運用想像力和毅力所可能做到的。許多人有夢想，但眞正給憧憬一個美麗可以親近的形式則是另一回事。同樣重要的是瑪格麗特·米德（Margaret Mead）所謂的「整體過程」：一路盯著夢想直到完成，再進入新的開始。事情怎麼完成也很重要：建立和塑造新形式的過程。最後結果出現了──這

些聚會場所，或週末盛事，或每個星期四晚上的音樂演奏。我們問希莉亞，妳是怎麼辦到的？

她解釋，其實就是做出一個她自己想去的地方，希望有人會邀請她去的那種聚會。她說，設計「火蜥蜴營會」是個有機的過程，是社群的事情，就像演奏即興音樂一樣。「從一道基準線開始，了解主要的構成要素，然後每個人都帶來自己的工具來，建造這個已經在他們心中的建築物。」包商、負責棚帳和土地的工人，加上幾十個朋友「就成了藝術家團隊」，她說著便笑開了，「這就是爲什麼火蜥蜴營會這麼漂亮。」

接下來她給我們的似乎是一切的秘訣：「我盡量創造出我想住的世界。」她簡單地說。

連結的智慧

長輩和故事和社群──如果你浸淫在其中一項，也會從另一項有所得。而且，沒有一項存在是不透過聖靈的眞相將彼此相繫在一起的。雖然彼此交織不一定明顯，但文化創意人經營這些智慧功能的其中一種時，免不了也要對其他項目下功夫。然而，在藝術家維佳莉·漢米爾頓的工作裡，混合及交織是一清二楚的。1987年，她夢想雕刻石頭，用足以環抱地球的大圈圈創造社區儀式。從那時起，她從馬里布上的峭壁旅行到死海的岸邊，再到中國的大型國家公園，再往更遠去，勾勒出一張連結世界各地的巨大網絡。

·進入過渡期

當我在這地球上散步時，如果當下有任何智慧流竄過我的生命，那便是來自於在無比寧靜中傾聽石頭、樹木、空間、野生動物，傾聽所有生命的脈動，如同我自己的心跳一般。

維佳莉·漢米爾頓，選自《生之原》[35]

如維佳莉所稱的「在無比寧靜中傾聽」是指從1982至1987年實際於波尼山獨居的那五年時間。該山爲聖塔摩尼卡山脈從太平洋向東綿延的最高山脊。她在體驗過一段強烈的心靈覺醒，出現一股印度神秘主義中詳加描述的靈量（kundalini）後，便在近乎絕望中到了那裡。

從十四歲直到滿二十五歲，維佳莉一直住在南加州的一處印度女修道院。她是北美最年輕的吠檀多派女尼，她進入修道院時，是對她祈求一處平靜及靈修所的回覆。但她離開之際，卻非常渴望投入俗世。「在這裡我不允許犯錯，」她向導師普拉巴哈凡南達尊者（Swami Prabhavananda）抱怨，「而且我沒有成長。」她想上大學修藝術。她去了蒙特婁，因爲她的才華在此贏得了全額獎學金。

三年後她返回加州，結了婚，成爲繼母和全職藝術家。從此，她便在主辦藝術展，詩歌朗讀及一直過著名藝術家的生活之中周旋，然後每件事都變了：「一個安靜的夜晚，當我暫住朋友處，聽著音樂時，一股緩緩的熱氣從我心裡開始上升。沿著脊椎一直向上延燒，然後繼續到頭頂外，將一切融化到一大片光海中。」

在這之後，改變席捲了維佳莉的生活。她能看到「沒有邊界或界線。好像我的心裡在很久以前編造過以邊界分開物體的故事，但那個故事是騙人的。眞正的故事是有一種無邊無際的光輝能量隨時流經萬物。這種能量在物質內，在事物內，也在空間內，你能隨時調過去，就像改變廣播調頻的頻率。這個本質和我們之間沒有距離。它不是空想的，而是就在這裡，比我們自己的肉體更貼近」。

晝夜隨時都有能量和強烈的光噴出她的身體，令人十分困惑。雖然傳統印度教誨說，經過瑜珈或其他心靈訓練，會慢慢喚起這種能量釋放，但對維佳莉而言，這一點也不循序漸進。最後，爲了努力融合及穩定自己的經驗和發現，於是她到波尼山尋求慰藉。

那是深度學習的時機，而她的生活也呈現一種新的簡樸。她的作息和日出日落的節奏同步，每天早晨，她在拖車屋附近的一處高地迎接太陽，傍晚再回來

向它告別。當每個動作都變成儀式，運水到外頭沐浴，採集野生植物當沙拉，鼠尾草當茶時，她告訴我們，她學到「隨處都可以是聖地，而不是只有祖先指定的地方，也不只是一些加添力量的特別景點才是。我們可以用虔誠的方式做簡單的動作，進入一個地方的靈，藉此創造神聖的空間，就像我在山上一樣」。

她在波尼山的數年，是一段幾乎不斷的喜樂。「有時候我會在黑暗中坐上好幾個小時，」她說，「然後我感受到一種泉從心中湧出來，進入宇宙，暫待之後再回來進入我，然後再出去一次。有束狀、矩陣狀、晶格狀的光，必定是某種宇宙的模式。有時候看得到，有時候看不到。但是當你放鬆時，它就像連接一切的巨網般存在著。感覺好像一直都在那裡。」[36]

·回歸

如我們所見，沒有長輩引領的過渡期，幾乎讓每個人都很難回歸。對維佳莉而言也是很棘手，她花了好幾年「才搞清楚怎麼帶著自己的認知走下去，我的認知是我知道我真的是這意識和光明的瀚海的一部分」。但到了第五年尾聲，召她回俗世的夢境開始出現了。有一個夢別具說服力。「我看到自己在世界各地雕刻著巨大的曼陀羅，我和一群人在一起，他們說著我沒聽過的語言，有著我沒見過的不尋常面孔。我們正一起努力創立社區及建立儀式。」

她決定要創立一個「地球劇場」。在每個新的國家，她希望找到一個洞穴或一部分崖壁、一座山，或甚至地球本身，即地靈呼喊她的地方。如果當地民眾有興趣開創一種和地球有關連的儀式，維佳莉則計劃安頓在那裡幾個月，幫忙為整個社區創建儀式。

但是她能從何開始呢？人怎麼能召喚特屬於每個地方及每個社區的神話，特別是她還是個陌生人？維佳莉的解決方法簡單明瞭。她所到之處，都會問三個問題：住在這裡的人是哪些人？你為了什麼苦惱？什麼東西能治療你？答案能引導工作，展現每個社區故事的本質。至於背景設置，她會在雕刻石頭時，傾聽每個地方的靈。

　　如果計劃的藝術家很富有，或人面很廣，或者除了英文之外還能說幾種語言，這一切聽起來可能也不怎麼行得通。但維佳莉什麼都不是。她那些憂心衝仲的加州朋友力勸她留在家裡。但這就是過渡期中真正權威的經驗所散發出的力量：信任你直接認識的真相。維佳莉告訴我們，她想「以我自己的優先考量而不是以社會的」回歸到俗世。她說，坐在石頭上，由她來感受相互間的連繫，似乎不夠了。她想要世界各地的人都認識地球的神聖。這是她的優先考量，簡直是讓她勢不可擋。接下來的七年，她開始到世界各地，在一個接一個的社區中創作美麗動人的表演儀式。

·世界之輪

　　她從家裡附近的馬里布開始，那是建築師法蘭克·洛伊·萊特（Frank Lloyd Wright）的孫子們所提供的土地。從那裡起，世界之輪轉到位於紐約州北部塞尼加印第安保留區，接著是地中海岸的西班牙阿利坎特，然後是義大利古比奧外圍的翁布里亞山林。這個轉輪不斷向前經過了希臘的蒂諾斯島，然後到以色列和巴勒斯坦的死海堤岸。在西孟加拉一個極小的村落裡，集全村的協助，維佳莉蓋了一個共同社區房舍，在西藏拉薩東北部的一處洞穴裡，她刻了一座精緻的女性虹彩菩薩，從社區儀式中雕刻的巨大山壁仍留在中國昆明的西山國家公園裡。之後，她在西伯利亞的貝加爾湖岸舉行演出，最後，1993年10月，世界之輪於日本古老的神道神社劃下終點。

　　世界成了維加莉的工作室。而且如她所夢想的，藝術成了一個鮮活、共同、神聖的努力。在幾乎沒有錢也沒有「關係」的情況下，她到處創作出關係來。1998年，我們在她繞完地球回返後定居的猶他州城堡谷和她談話。她告訴我們，經由在地球上創作雕塑、新舞蹈、音樂及儀式，世界之輪的社區「為我們的時代開創了一則新神話。我們總是回到一個國家能找到的最早期儀式，但用近代關切的事物的方式加以轉變。不只是停留在傳統上，而是用傳統作為根，讓我們這個時代的新神話能挺身而出。」每一處的工作都集中在一個週

末，附近村子的朋友、鄰居、家人都受邀演出自己的故事。這些神話是為了居民和土地，為了祖先和未來的子孫，而從人身上喚起的。

但編織巨大的複雜體和技巧並沒有就此結束。維佳莉從世界之輪的每一處到每個新地點，都帶著土壤，也帶了故事和居民的照片，以及他們一起做的雕塑品。維佳莉說，那是一種在地球與社區的聲音之間的交談，在祖先的傳統和今天人類環境、社會問題之間的交談。但那也是不同國家人與人之間的會談，「因此這過程有機會成熟，是孤立的個人單靠思想或經歷什麼儀式所達不到的方式。」現在交談仍繼續著，因為維佳莉開始在厄瓜多爾的奧塔瓦洛谷第二次轉動世界之輪，她稱這個世界之輪為「地球曼陀羅」。

維佳莉告訴我們，在每個國家，人們都渴望和地球各地的人連結。在希臘蒂諾斯小島上發生的是很好的例子。雅典的朋友力勸她不必「費心去那座小島，因為那裡的人都是鄉下人。沒有飛機會停在那裡。那些人只會上教堂和參加教會慶典」。但是維佳莉果真去了蒂諾斯島，而且很喜愛。她和島民及其他藝術家一起工作了數個月，創立了一個儀式。她告訴我們，每個人都來了。市長來了，失和多年的希臘東正教祭司和天主教神父也來了。「典禮過後，人們非常感動。淚水濡溼了臉頰。然後他們為我設計另一個典禮，來表達感謝之意。他們寫詩、跳舞。他們說，教他們最感動的是，現在他們是星球連結的一部分，是全球大家庭的一分子。」

當有人問越南禪意詩人一行禪師「我們需要做什麼才能拯救世界」時，發問的期待他會為社會及環保活動的策略有所確認。但他回答：「我們最需要做的，是以內心聆聽地球哭泣的聲音。」[37]當加拿大遺傳學者大衛·鈴木會見卓然的生物學家E.O.威爾森（E.O. Wilson）碰面時，他有個大哉問要問他：「我們能做什麼來遏阻世界各地正在上演的災難性絕種？」威爾森的回答讓這位年輕人吃了一驚，「我們必須發現自己的親族，」他簡單地說。「我們必須發現自己的親人，和在DNA上與我們相關的其他動植物。因為認識我們的親屬，就是去愛他們和珍惜他們。」

　　現在，百分之七十以上的世界人口確信，對於被危機虎視眈眈的地球，還有些嚴正的事必須去做。目前的狀況正是來個大轉彎的好時機，轉向威爾森及一行禪師等長者所建議的方向。多數人類想知道如何改變。這是個引爆點的時代，事情在此刻可能有不可置信的快速改變——一旦居領導地位的改變出現了，便有機會開始進行。

　　如同我們所見，這無關擁有更靈通的消息或正確的政治手腕，而在於道德想像力，在於心的智慧。這是許多文化創意人現在努力的方向，直接進入我們這個共同世界的問題核心。

---

1. ［原註］作者不詳的美國原住民故事，路·哈里森（Lou Harrison）的《一張肖像》（Lou Harrison: A Portrait）光碟封底裡講到該故事（Uni/London Classics，1997）。〈三則土狼的故事〉（Three Coyote Stories），故事三的正文出現在哈里森的第四號交響曲〈最終交響曲〉中。

2. ［譯註］ecological footprint，最初於1992年由加拿大生態學家教授威廉·瑞茲提出，其論點是假設一地區人口所需之土地及水量方能維持所需並吸收其廢棄物。現今已廣泛應用於全球，為生態永續的指標。

3. ［原註］威廉·瑞斯（William Rees）及馬希斯·威克那格（Mathis Wackernagel），《生態足跡》（Our Ecological Footprint）（布列顛哥倫比亞加布里奧拉島：New Society出版，1995年）。

4. ［原註］娜歐蜜·紐曼和瑪莎·貝辛合著的《蛇論：來自聖母的緊急信息》（1986年），猶太巡迴劇場，舊金山。

5. ［原註］艾略特，〈祖居〉，《四首四重奏》（紐約：New York：Harvest/HBJ出版，1971年），第202-206行。

6. ［譯註］Willis Harman，早期任教於哈佛大學，因參加了長成課程而體認到心靈成長的快樂，改變往後人生。

7. ［譯註］Joe Kresse，為地球社區基金會（Foundation for Global Community）之志工，致力於企業及永續經營。

8. ［譯註］Sandra Mardigian，身為生態行動（Ecology Action）顧問團一員，協助肯亞改善土壤及作物。

9. ［譯註］Betty Friedan，女性主義先驅，婦運之母。

10. ［譯註］Vincent Harding，活躍於黑人民權運動。

11. ［譯註］Adrienne Rich，美國女性主義、詩人、教師。

12. ［譯註］Thomas Berry，天主教神父，以其對歷史的深刻了解，引領人們如何看待生態環境及宇宙萬物。

13. ［譯註］William Kent，1685-1748，英國建築師暨林園造景大師。

14. ［譯註］Rachel Carson，1907-1964，美國動物學家暨海洋生物學者。

15. ［譯註］John Muir，1838-1914，早期環保運動領袖。

16. ［原註］確有長者感念馬丁·路德·金恩博士（Martin Luther King, Jr.），同時對他直言無諱，也有些長者批評他並勸導其他人勿追隨他，但沒有人比他更勇於接受挑戰，除了早他一百年的世代。那樣的人比今天還多，但我們不知道那些人師法的長者是誰。

17. ［譯註］Cherokee，北美原住民族之一。

18. ［原註］麥克‧米達（Michael Meade），於北加州一場研討會，1967。

19. ［原註］麥克‧米達語見路易斯‧卡如斯‧馬蒂‧史提夫‧佛斯特、瑪芮迪斯‧力特所合編的《模稜兩可和過渡期：男性與女性的啓蒙模式》（伊利諾州拉薩爾：Open Court出版，1987年），第29頁。

20. ［原註］路易斯‧卡如斯‧馬蒂引言，同上。

21. ［譯註］Mohawk，北美印第安部落。

22. ［譯註］medicine wheel，爲北美印第安人古老的天文台，用於判定星座。

23. ［原註］希薇亞‧馬瑞克（Sylvia Maracle），於多倫多演講，1996年。

24. ［原註］喬安娜‧梅西（Joanna Macy），由史蒂芬‧巴弟安（Stephan Bodian）專訪，〈和平星球的憧憬〉（Visions of a Peaceful Planet），在他所著的《永恆憧憬，治療之聲》（Timeless Visions，Healing Voices）（加州自由：Crossing Press出版，1991年），第9頁。

25. ［原註］喬安娜形容這本最早期的書是「比任何我曾做過的事物都要更難」，書名叫《核子時代的?望和個人力量》（Despair and Personal Power in the Nuclear Age）（費城：New Society Publishers出版，1983年）。喬安娜與莫莉‧楊‧布朗（Molly Young Brown）合著的《回歸生活》（Coming Back to Life）（布列顛哥倫比亞加布里奧拉島：New Society出版，1998年）其中一段，指導者被告知說：「在想要幫助其他人之前，先確定你已經對自己的?望功課好好做了一番。」以過渡儀式的名詞來翻譯這段話的意思，是說：你還沒有通過自己的啓蒙之前，就不會是個長老。

26. ［原註］威廉‧麥克尼爾（William MacNeill），〈大眾神話的照顧和修護〉（The Care and Repair of Public Myth），《外交期刊》（Foreign Affairs）第61期，1982年秋季刊，第1-13頁。

27. ［原註］瑪莉恩‧伍德曼（Marion Woodman），作者於1985年在多倫多的訪談。

28. ［原註］艾瑞卡‧海默‧米達，《隨心訴說》（Tell It by Heart）（伊利諾州拉薩爾：Open Court出版，1995年）。

29. ［原註］湯瑪斯‧貝瑞，於位在加州聖拉斐爾的聖塔沙賓娜修道院發表演講，1992年2月22日。

30. ［原註］參閱索邦甫‧索梅（Sobonfu Som?）的《親密的靈魂》（The Spirit of Intimacy）（紐約：William Morrow出版，1997年），及瑪里多瑪‧派崔斯‧索梅（Malidoma Patrice Som）的《儀式》（Ritual）（奧勒崗州波特蘭：Swan / Raven & Co.出版，1993年），看二種對這些相互連結的一番深奧及詳盡討論。

31. ［原註］喬治‧沃爾夫（George Wolfe），1995年公共電視訪問。感謝德爾克‧維頓（Dirk Velten）提供此參考。

32. ［原註］查爾斯‧加菲爾（Charles Garfield）、辛蒂‧史普林（Cindy Spring）及桃樂絲‧歐博（Doris Ober）合著的《我心時而麻木》（Sometimes My Heart Goes Numb）（舊金山：Jossey-Bass出版，1995年），第24頁。

33. ［原註］同上，第15-16頁。

34. ［原註］瑞格‧甘斯（Reg E. Gains）引述於麥克‧馬瑞歐特（Michel Marriott）的〈從饒舌歌的節奏，到詩歌的重整〉（From Rap's Rhythms，a Retooling of Poetry），《紐約時報》，1996年9月29日。

35. ［原註］維佳莉‧漢米爾頓（Vijali Hamilton），《生之原》（In the Fields of Life）（猶他州城堡山谷：Earth Mandala Press出版，1999年），序言。同時參閱www.rocvision.com/vijali.htm。

36. ［原註］維佳莉‧漢米爾頓（Vijali Hamilton），由雪莉‧安德森及派翠西亞‧霍普金斯於1987在波尼山的專訪。

37. ［原註］一行禪師（Thich Nhat Hanh），引用於梅西及布朗合著的《回歸生活》，第91頁。

第十一章
創造新文化

西方歷史上每隔幾百年就會出現一次急劇的轉變。短短幾十年中，社會——其世界觀、基本價值、社會和政治架構、藝術、主要制度——會自我重新排列。當時出生的人甚至無法想像祖父母活在什麼樣的世界，或進入親生父母生下來的世界。我們現在正活在這樣的轉變中。

彼得·杜拉克《後資本主義社會》

看著跨過第一個千禧年之前那些潮濕陰鬱的中世紀城鎮，誰能料到高聳的哥德式教堂會在那個時代的尾聲出現？1705年，看著風車磨坊或甚至紐科門（Newcomen）[1] 發明的第一台在礦坑抽水的蒸汽引擎，誰會預見幾代之後的工業革命？1890年，紐約市最嚴重的公共健康問題來自大約一百萬匹運輸用的馬所產生馬糞時，誰能預知汽車的到來，引起都市空洞化而利於郊區發展，州際高速公路系統，大量空污，或是過於依賴進口石油，以致於我們要打仗去保護石油的來源？1960年，當大型電腦是重達數噸的怪物，塞滿幾個樓層，而且還用打孔資料卡讀取時，沒有人夢想到網際網路、廣大的全球商業及通訊網路，會在2000年產生於個人電腦和電話的結合。

這些例子都是社會加上技術的發明創造，帶著文化往不可逆料的方向去。它們以趨勢為根基，再啓動更多的趨勢。但比起趨勢，它們更有變化。挑戰人口、生態及科技上的趨勢，能產生開創新文化的回應。許多這類的改變已經在運轉。在本章中，我們會看到一些文化創意人所涉及的大趨勢，以及回應那些

趨勢時所創造的一些驚人的發展。

　　當累積足夠的趨勢影響，壓力也充分增加了，社會轉變便發生。轉變這個字，表示在社會結構和文化信念上的改變。當人們在壓力下變得有創意，他們往往創造了新的社群及新的交流（如網路）、新的政治，或是新的政治制度（像把十三個英國殖民地變爲美國）。科技進步或許應用在令人驚奇的新方向，如太空探索，即使幾十年前也沒人想過。而新的文化意義、象徵和世界觀，特別是藝術及文學上的重生時期，或許在一生中就變得無可指認了。我們在歷史上處於獨一無二的時期，在這期間人類面對一整串遍及世界的危機，對於這個嚴重性，我們必須以更多聰明及慈悲的辦法創造出改變。這就是社會轉變。

　　對創意的需求，立即將我們丟進了未知的領域。接下來會發生的不是拿把尺放在曲線圖上，將一條線進一步延伸到未來這麼機械式可預測的。每個階段，未來都很難預料，因爲還沒有創造出來。我們可視之爲畏途，或當是過渡期裡冒險的一部分。事實上，我們在本章所引用的大部分正面發展，對懷著標準的現代派期望的人而言，都會是莫大的驚奇。

　　在二十一世紀，一個新的紀元正在確立。最大的挑戰是保存和維護地球上的生命，並找到新的方法超越現代生活中勢不可擋的心靈與心理的空虛。雖然這些爭論已經發展了一世紀，但西方世界現在才鼓起勇氣公開細想。文化創意人以創造新的文化來回應這些排山倒海而來的挑戰。他們帶著直接針對治療與融合而的回應，而非衝突及交戰，也許正在其頭帶路。

　　在這些挑戰的中心是成長的議題。過去兩百年來，經濟和科技的成長被視爲百利而無一害，是現代經濟和商業的中心教義。而成長是我們所面對的問題的一大部分。不只是成長的規模大小而已，成長率才是問題。華爾街金融家要求每年獲利高於百分之十或更多，還會把無法達到產能的經理撑走。但在物質世界裡，沒有一種東西能長久跟得上這種成長率——它們就是無法維持。

　　現代主義相信人的數量和金錢的總額就是社交或經濟生活的全貌。成長趨勢的討論出現在每種刊物上，好像成長是日常生活中最迷人、最眞實的一面。

這番討論的背後是強大的假設，假設而通常未經看出社會結構會大部分維持不變。假想我們長大的這個世界反正會延續大部分熟悉的樣子，是很欣慰的事。但這種事幾乎確定不會出現。

　　某些趨勢正全然通向新結構。如我們所寫到的，網路商業在在顯示徵兆，要取代普通的實體店家交易。當鈔票花在網路上時，現存的商店將消失。你的城鎮的生活特質可能將大大改變，就像獨立經營的五金行和書店消失。這可能很難想像，但鄰近且熟悉的——當地的商店和咖啡店，以及在這些地方聚集的人——可能會被遙遠抽象的趨勢所抹滅。

　　同理，醫學和生物科技的進步保證在三十年內給我們更長的壽命。但是活到百歲的人瑞會成為屏弱的公民，一定得由縮減的勞動人口來扶養嗎？還是這些長輩會過著健康且具生產力的生活，直到八、九十歲還沒退出勞動力——或許妨礙了較年輕的人接替他們的位置？我們會成為一個老不死的社會，就像強納森‧斯威夫特在《格列佛遊記》中描寫的人一樣，過去的遺毒就只是活得更長，更討厭，而人在設有警衛柵欄的社區中更加貪婪、貪得無厭？或者，只是有這個可能，文化創意人將引領一種智慧文化形成，人口龐大的智慧長者對於進入第七世代所需用的東西，能在文化中堅持新的價值及較長遠的眼光。

挑戰文明的重大趨勢

　　當代最值得注意的趨勢中，有些可能引起社會壓力和開放機會的雙重影響，特別是科技的改變、全球化、生態危機、文化戰爭，以及現代化日益削弱的正當性。當然，其他還有許多的趨勢，但這些是文化創意人可能涉及的趨勢。科技不斷的發展有了革命的含意，遠比多數社運人士——以及多數專家——所意識到的更充滿希望。對於許多全球問題，新科技如果是在合作、有建設性價值的背景下催生，便可能給我們解決辦法。同樣地，雖然全球化鞏固了大企業、大媒體及大財團的力量和財富，並威脅地區性經濟和全球原住民的生存，

但如果全球的人類開始在生態和其他合作的價值上意見一致，則全球化也可以是充滿希望的發展。同樣地，問題在於這些新的價值觀制度化。

目前，過去的成長趨勢可能會繼續。當社會的壓力升高，對現代文化的辯護將會變得更加扭曲。許多現代技術或企業對下一個文化或許頗有助益，但它們必須為僕役，而非主人。如果文化創意人在新文化的形成上扮演主角，那麼科技和經濟將會為清淨生態、降低不平等、資助社區融合及全球融合而效勞。

如果現代主義變成不合理，那麼三種次文化的組成就會改變。傳統派人口會穩定縮減，因為他們的年輕人被召募到現代派或文化創意人之中，年長的成員相繼死去而無人替代。雖然現代派會從傳統派召募新成員，但他們會喪失更多年長的成員變成文化創意人。淨效應會是現代派的數量會更明顯縮減，正因為現代主義看起來不再像個贏家。文化的希望將會轉移到文化創意人身上，他們的數量及影響力也會繼續增加。

如果這股趨勢繼續，結果可能會如何？有些新的動向已經開始了。（我們將這些動向當作已完成來加以凸顯。）

未來數十年的挑戰與機會

科技的變化在五個領域上持續加速——
資訊科技，通訊設備，材料技術，生物科技，奈米科技——邁向：
- 資訊社會，有遍及全球更好的通訊設備
- 提高市場全球化並威脅許多原住民的經濟
- 文明物質基礎的改變：
  解決許多全球問題的新方案更容易發明
  空前規模的工業科技災難有發生的潛力

大企業、大媒體、大財團之全球化

- 市場接收；市場及自利；排除對企業的限制
- 大媒體、大企業、大財團的力量增長，兼具大政府的減縮
- 更顯著大量的所得不均

生態危機，即將超越地球的承載力

- 遍佈全球的環境破壞及物種滅絕
- 全球氣候變化
- 人類健康及生態系統的損害，來自人造的化學製品
- 較貧窮國家人口過剩，較富有的國家則過度消耗

傳統派及現代派之間激烈的文化戰爭

- 為反應現代主義，新傳統主義及基本教義主義因而強化
- 傳統主義的可信度在廣大文化中喪失
- 守舊者企圖延遲新社會運動的趨勢，特別是社會安全網、人權、女性主義及新靈修
- 復興種族國家主義，以反對全球化文化

主流的現代文化愈來愈難合理化

- 全球生態及物種的破壞
- 貧富不均的現象增加，到處皆然
- 世俗化、疏離感、犬儒主義的增長

· 文化創意人的出現

文化創意人的可見度提高將是遍及西方世界的結果。他們明白自己的觀點和其他數百萬人相同，便會以更爲正常合理的角度看待那些觀點。其他人會知道文化創意人的確存在，對文化也有正面的意向。有些人或許會反對，有些人或許會加入。將有大量的企業創建來服務文化創意人，也有公民協會成立或改變，來反應他們的觀點及關心的事，政治家無疑會找出他們作爲支持選民。藝術家創作文學、非小說類散文、大眾傳播媒體，還有其他傳統、新鮮的形式可能會開始表達文化創意人的價值和象徵。或許有創意的表達及反應會不斷快速攀升發展。對更永續的生活方式的需求，以及開發支持更深度的精神層面，都可能變重要。但是文化創意人的影響不會停在那裡。

在西方，任何重大的文化趨勢起飛都可能以光速湧出橫越全球。因此文化創意人的價值觀、關切的議題及覺察，將會散播全球各地，形同全球通訊網路出現一樣。女性在世界的舞台上可能更有機會亮相，非政府組織也將很重要。運動組織以政治手腕搭建大營帳來協調他彼此間的努力，便能得到廣大的支持。如果這個廣大的基礎設立起來，我們便可能看到組織網路絡，然後是帶有文化創意人的價值的公民協會。

· 主流及同化

英國國教教會，在莎莉·賓罕牧師的領導之下，於1999年 在舊金山及洛杉磯推動使所有隸屬的教會及會眾都採用「綠色能源」。「因爲關心全球氣候變化及對未來世代的共同責任，（他們）現在購買乾淨、可更新的電力。倚賴精神價值引導購買電力的決定，是破天荒的事。教會正學習要如何教育成員關於產生、傳送、分配、消耗電力等複雜的事，並在過程中，再次檢視自己在現代社會中的角色。」同時，美國國家教協（National Council of Churches）設立了一系列針對全球暖化的生態正義工作小組[2]。

宗教環境論把環境倫理及文化上的神聖信仰系統固定在一起。現今基督新

教教會及傳統的福音教會兩種主流教會，以及基本教義教會，都在尋求行動的基礎，以便能更適切地實踐信仰。全國福音協會及美國天主教聯盟雙雙為環境議題背書。保守的教派和有關環境論的法人機關分道揚鑣。絕大部分的文化創意人和其他美國人一樣，都是傳統宗教派別的一員。在環境的議題上，他們居於要位已有三十多年——要得到結果就要付出這種代價。

有些宗教團體走向心理諮商、冥想及關心內在生活，對特別強調個人救贖不予重視。混合體很容易發展，結合傳統的禮拜儀式和教義，以及一度遭人譴責的「新世紀」（New Age）運動——因為這是人們想要的。空前龐大的精神和心理複雜狀態，前所未有地涵蓋各行各業，這種情況可能已經引進了。舊的教義有可能向新的文化現實屈服，而非決裂。

在我們的眼中，現代主義可能改變「消耗及成功導向」的文化，向現今核心文化創意人的價值觀和世界觀靠攏。關懷地球、生態及精神層面將變得普通而「自然」，人人都能認同。而且在過程中，西方文化的宗教面有許多都可能會改變。

文化混血兒

文化創意人的憧憬、關切、價值真的能變成社會生活中長久、平常、理所當然的一部分嗎——換言之，能變成新的文化嗎？

或許改變不會急劇轉換成新的價值。而是文化的混血兒即將出現，這些混合體以二十世紀的觀點而言是奇怪且顛覆的，既非公家也非私人，而是沒見過的賺錢與職業的混合體，能混合各式各樣互無關連的社會及覺醒運動。許多混合體會是彼得·杜拉克所稱的「社會部門」的一部分，結合了教會、慈善、非營利事業及非政府組織的服務導向，也結合了少量創業色彩。其他則可能是全球性的宣導團體以及信仰團體，會找出新的賺錢之道。

·自然步驟

假設科學家對環境問題的根源達成共識的一天到臨了，他們為人類的生存定下了「不協商條件」，列舉出必須採取的行動種類。教育宣導的郵包送到全國各校及每戶人家來解釋其觀點。最熱門的名流及藝術家上電視宣傳這種努力，國家元首也背書贊同。數十個跨國企業便採用該計劃。

這聽起來像是做夢嗎？如果不是，那麼就不要在門口露出驚訝的表情了，因為這種事已經發生。這個計劃叫「自然步驟」，始於1989年的瑞典，是一種新的教育改革運動，幾乎已傳遍世界的每個先進工業國家，包括美國。卡爾-漢瑞克·羅伯特是醫生兼科學家，他在瑞典是重要的癌症研究員，也是「自然步驟」[3]的創立人。

羅伯特醫生像是描述不可能的障礙，來解釋這計劃是怎麼開始的：基於能引導社會「邁向合理永續的未來」[4]的原則，他得到科學家的贊同。他說，很多環境上的爭論，就像是「在一棵快死的樹上，猴子在乾枯的葉間吱吱叫——這些葉子表示特定、孤立的問題」。人們太狹隘地聚焦在這些孤立的問題上，例如催化轉化器對空氣有利或是威脅，還有，經濟成長是否本身就有害，還是對解決環境的問題有其必要。

羅伯特說，怎樣能奏效，就是要看整體系統：「這棵環境樹的樹幹和樹根在惡化是由過程所引起，有關這點是少有或沒有爭議的。造成這個惡化的原因，近半世紀以來一向有基本的科學共識，」他提到，「而且，在這科學的共識中，應該可能下關鍵的決定來影響社會。我們必須學習以系統層級來處理環境問題，如果我們治好樹幹和樹枝，對樹葉的好處將會水到渠成。」[5]

羅伯特醫生首先在瑞典、然後在其他工業國家說服人們看整體系統，而不只是細節。他使他們同意初步的原理，讓一般市民能用來當作行為準則。他想將場內零的知識整合為一體，然後尋求讓大家贊同「破壞地球未來的能量來維持生命是錯的之道德洞見」。

堅持加上心思巧妙，羅伯特以連續送出二十一個版本的原則供批評指教，

耐心在科學界的同僚中建立起共識。然後他說服瑞典的企業和社區領導人，一起來看生態系統想存活下去的四項原則。這四項原則首度成為界定未來共同目標的基礎。出乎每個人的意外，市民團體、工商組織、政府以及科學家都能夠利用這些原則充分討論，而不會在各種專長的或政治意識上的爭論中，糾結成一團亂。

這四項條件減化成以下事項。如果我們要讓生命在地球上延續：（1）我們必須循環利用所有地殼之下的礦物及化石燃料，或是將使用減至零。（2）我們必須對所有長效的「非自然」人造物質也持相同作法。（3）我們必須停止讓大自然惡化，無論是由於魚類或森林枯竭，或污染，或沙漠化，或引起其他物種滅絕的惡化皆然。（4）並且我們必須確保以上三項合乎：（a）在使用資源上更有效能；（b）為地球上所有人類發揚公義。（參閱324頁相關資訊）

羅伯特認為，如果人類無法一起達到這些條件，那麼地球上的生命則會消失。現代工業進程，會繼續破壞活機體群落所提供的生活結構。我們會變得貧瘠，最後像物種般走向滅絕。羅伯特直言無諱的話：「既然（這些條件）不可協商，那麼只有兩種選擇：我們可以選擇以昂首自豪的姿態，關閉社會上的物質循環，或日後跪爬在地上爬著做也行。但我們還是得去做。」[6]

自然步驟的關鍵在於堅持每一點廢棄物都需成為其他進程的「食物」，除了企業之外，沒有人能做到這點。「自然步驟」不像許多環保團體般反企業。第一家簽署的美國公司，是地毯公司「界面」，其領導者雷‧安德森我們在第一章看到過。（目前為止，歐洲企業遙遙領先美國。）公司行號加入，是因為他們說自己已經看得到自己的工業即將遇上瓶頸的徵兆，卻沒有好的方法聚焦在問題上。這些原則是他們起步所需要的助動啟動。

羅伯特提出論點說，不能期望第三世界國家靠自己在新科技上迎頭趕上。少數幾個先進工業國家必須發展出恰當的技術。否則「中國人和印度人會像我們一樣開始污染，雨林將遭破壞，便會毀了存活的可能」，他說：「工業得從捍衛自己當英雄的角色離開，領先其他所有人，為明日的市場和科技而戰。十年之內，市場將除了永續之外沒別的了。」

科學一致認同之四項「系統條件」

- 自然界禁不起有系統的累積從地表上開採的物質（如：礦物、油、煤等）
  因為：它們傷害大自然，提煉或是普及的速度千萬不能像廢棄物般，比慢慢重新儲存、再整合到地殼裡的速度快。否則，地球上那些物質的水準最終一定會到達──通常是未知的──極限，造成不可逆轉的損害。這不只威脅我們的繁榮，也威脅著眾生。

- 自然界禁不起有系統的發展人造持久性化合物（如：多氯聯苯）
  因為：這對所有的生物都傷害太大了。我們生產人造物質的速度，不能比分解和回收或吸收到地殼的速度快。要不然，地球上持久性非自然物質的數量及濃度必然終究會到達──通常是未知的──極限，造成不可逆轉的損害。這不只威脅我們的繁榮，也威脅著眾生。

- 自然界無法承受恢復能力有系統的惡化（如：漁獲快過於重新補足，或將沃土轉變為沙漠）
  因為：我們的健康和繁榮有賴於自然的能力，透過回收一切的各種過程，將廢棄物轉變成新的資源，而不是讓自然惡化。我們拖愈久才開始更新，就會愈痛苦，代價也會愈高，而且如果無法糾正惡化，則意謂著我們的死亡及其他無數物種的死亡。

- 因此，如果我們想要生命能繼續，我們必須：（a）在使用資源上更有效能；以及（b）發揚公義。
  因為：人類與地球上的眾生都需要合乎前三項系統狀態的資源代謝。要及時達成我們所需要的改變，社會安定和社會合作兩者皆有必要。無視於貧瘠會導致貧瘠，為了短期的生存，而破壞我們都需要藉以長期生存的資源（如：雨林）。

資料出自：自然步驟[7]

　　「這就是我們正在教育工業的東西，」他解釋著，「而且他們接受了。藉由說明熱電學，建立架構，這架構怎麼成為我們的經濟基礎，拆除這個結構怎麼使經濟退化，我們給他們一個水晶球看清楚。我們也以實際的措詞告訴他們這些代價怎麼產生，然後他們一致同意──那些代價他們已經都看到了。」

　　當保險業懷著真正的恐懼，開始堅決認為這一行將躲不過隨著全球暖化而來的天氣損害（現在許多人都這麼說）時，現代派顯然必須改變自己的方式。1999年《哈佛商業評論》刊登了一篇重要的文章，談如何使工業生產永續。許多大公司已經一致同意：真正大的跨國公司像伊萊克斯（Electrolux）、艾波比（ABB）、三菱電機（Mitsubishi Electric）都屬於自然步驟，也已深信他們必須改變，否則將撞上那堵牆而死。所以他們正朝永續的運作改變[8]。

　　我們注意到如果以自衛之名來為企業設計，他們都會接受比較明智的觀點。長期下來，整個體系的好處成了新的注意焦點的主要部分，但他們最終的動力是出於私利：一種更實際可行的新方式，找到持續不斷的利益，避免不穩定。有關社會及地球的現代知識在這三十年來已經增加，我們發現從所有的物力論和收益性來看，現代化是極不牢靠的改變浪潮。從老一輩的智慧觀點而言，純粹專注於股市及企業的短期利潤，而犧牲其他所有事物為代價，對我們後代的未來不會有好處。而當企業更注意到現下整個星球的情勢時，便迅速察覺到這個短期焦點也在許多開發中國家快速散播著毀滅。今天緊密連結的全球市場及往來交流，意謂著「無論散播什麼，都會繞回來」──不可思議的快速環繞地球──馬上回到已開發國家。採用「自然步驟」的企業，已接受這些原則為新的全球實際結構，並跟進調整。

・自然資本主義

　　1999年，一本叫做《綠色資本主義》[9]驚人的書籍出版了，這部作品注定要樹立二十一世紀企業革新的榜樣。它著重的焦點和自然步驟的議題相同，卻列出如何重新設計每個企業流程，以在生態上有效能，並保護生物圈──而企業仍

然有利可圖。作者說，許多科技和企業趨勢已經啟動，準備依樣施行，而這一切所需要的，就是把它們放在單一聯貫的系統中。作者艾默立‧B‧羅文斯及L‧杭特‧羅文斯以節能效益策略著稱；在前幾章裡，我們描述了羅文斯在超級汽車上的成果及新銀行的設計。另一位作者保羅‧霍肯創立了史密斯暨霍肯高品質園藝工具公司，並撰寫《商業生態學》，聯結了生態原則和企業長期致勝的關係。

作者一開場便說「有個概念說，世界經濟正從強調人類生產力轉移到資源生產力」，自然資源的使用效能將達到四倍、十倍、甚至百倍。他們列出了一系列已經這麼做的驚人發明，都是「真實、可行、慎重、有文件可茲證實的」。這些發明包括了車用氫燃料電池，取代我們今日所用的汽油引擎；同種類的燃料電池也能插接到發電機，用於家家戶戶及街坊鄰里的用電上。「製造氧、太陽能，甚至飲用水的建物已經存在了。」藉由搭上使用纖維的創新方法，加上新種類的紙張及墨水，「我們能在約為愛荷華州大小的地區，種植出世界木材及紙漿的供應量。雜草能產出有效的藥品；纖維素基的（相對於石油基底的）塑膠顯得強韌、可再利用和可堆肥化；奢華的地毯能從垃圾掩埋場中的破爛做出來。屋頂和窗子，甚至道路，因為太陽能集電器而能發揮雙重職責，設計出有效率的無車城，那麼男男女女不必再為日常生活的商品及服務，曠日費時地開車取得。」[10]

四大策略是保持世界適合居住的關鍵，拯救生態，並生意興隆等等一切都同時進行。

激進的資源生產力 這意謂著促使企業流程及大部分在建築物及運輸上所發生的產量增加為四倍到百倍不等，主要是根據更好的設計原則，使用已經存在的科技。激進的資源生產力會減緩資源枯竭，降低污染，提供增加就業的基礎，以及減少企業成本。現今的科學家和工程師真正在談論實踐這一切改變。

生物擬態 當今，有太多物質及太多能源用在維持人類活動。美國企業所做的有94%都是浪費。我們加工處理的僅有6%有產品結果。而我們所做的只有1%

是耐久產品。關鍵在消除這個浪費觀念；取而代之的是，我們所用的物質用完時，應該在其他地方再利用。它應該是另一種進程的「食物」。這表示不製造或使用有毒物化學製品，也意謂著使用過程要模仿大自然。競爭壓力已經促使企業開始實施生物擬態，但如果我們把隱藏的補貼也拿去浪費掉，那麼成本上的改變將急劇加速轉變。

服務及流動經濟 在這種經濟結構中，企業並不出售物體；它出租物體的使用權。待客人用畢，取回物件，或是當它耗盡之後再回收。這種經濟結構，是基於這樣的概念，例如，人們本身並不眞的重視電視機，只是它們所給的服務——像提供電視節目。你能爲了車子的運輸服務租而一輛車子，而實質的車子本身是製造商的責任。這種轉變到服務上，將會對電視及車子的製造上有相當不同的刺激。它符合浮現中的文化，以及文化創意人的價值：不講求商品上豐富的形態，而是渴望某種程度的生活品質及福祉。當我們減少依附「東西」，生態永續就會變得更容易。有些企業已經開始走上這條路，所有使用自然資本主義的企業也會跟進。

投資自然資本 這種投資是「經由重新投資於維持、修復及擴展」整個生活世界，「翻轉普世對地球的破壞」。從企業的角度來看，自然資本就是生產一切我們擁有的服務及資源的環境所呈現的面向。

令人訝異的是，《綠色資本主義》爲這類主題列出了解決辦法，像重新發明汽車，擺脫工業廢棄物，重新設計住宅，使整個系統臻於完美而非只是部分完美，將纖維更有效利用在布、紙等東西上，改善我們種植食物的方法，解決水問題。書上甚至概述實際可行的方法，使經濟市場的運作更爲良好。簡而言之，就企業方面看來，本書是永續發展的實用手冊。想否認環保問題的企業被告誡這麼做會危及財政生存力。慣於將所有商業認爲敵人的環保人士現在也必須將許多企業視爲潛在的盟友。

對終其一生聽聞環保問題的多數人而言，開創生態永續所具備的一切科技和商業途徑已經存在，這個概念聽起來好得令人無法相信是眞的。「我們怎麼

會創造出這種經濟體系，告訴我們毀掉地球、耗盡人的精力，要比養育地球與人民輕鬆？」作者群問道。他們回答，我們現行的經濟是基於粗劣的設計法及過時的推論。他們認為，「要使人民富裕，不需要新的理論，只需要常識。基於簡單的論點就是評估所有的資本……如果對於怎麼估算一棵七百年老樹的價值有所疑慮的話，可問問重新種一棵樹要耗費多少。或是新的大氣層，或者新的文化。」

・另一個混合物：覺醒商業

　　這裡有一個例子說明商業如何能與意識成功地混合。在1998和1999年最熱賣的電影錄影帶《獅子王》，銷售量竟被另一類的錄影帶超越──清一色教授瑜珈的教學錄影帶。這種特定的帶子賣出一百萬支以上。事實上，在那兩年間，亞馬遜網站銷售量最好的前十名錄影帶中，還有另外兩支瑜珈錄影帶。這是現代企業所重視的那種商業成就。但是製作和販賣那些錄影帶的人並非現代派。他們躋身於具有理想色彩的新形態公司，這些公司由文化創意人創辦，其通盤的商業策略都建立在銷售給文化創意人之上。錄影帶由「生活藝術」（Living Arts）製作，當生活藝術的母公司，蓋恩（GAIAM）售出股票時，曾向華爾街聲稱該公司的目標是「商業上的覺醒」。

　　這個例子不僅是關於一家成功的公司。它發展的方式為瑜珈的商機與心靈練習互為交錯，並彼此促進雙方成長。在1950和1960年代，瑜珈是「沒有人注意的東西……『健康迷』是個貶意詞」，《瑜珈期刊》的菲爾・卡塔爾福說。主流人士視瑜珈為一時的風潮。現在，北美幾乎每個城市每天早上六點都有瑜珈節目在電視上播出，許多的書籍、雜誌、錄影帶，當然還有課程等可供利用。甚至還有訓練中心提供教師檢定課程，外加至少有一門課叫「瑜珈事業：以教學謀生」。瑜珈在健身房、健康俱樂部、社區中心都有開課，瑜珈被視為是日常健康的活動，是許多人生活方式的一部分──這些人多半是文化創意人。經過三十年平穩普通的成長後，在1990年瑜珈約有四百萬名學員，在1994年有

六百萬。然後成長的曲線在1998年飆高到一千八百萬。到了2002年，預計會有二千八百學員[11]。

覺醒事業的成長，其速率幾乎超越今日經濟的其他各種事物，或許只有電腦和網際網路例外。結果對能提供產品及服務的企業而言，文化創意人變成愈來愈有吸引力的潛在顧客，一些觀察家如此稱之爲「新自然消費者」。相對於對粗糙的營利主義糟蹋每樣東西而抱怨連連（有些眞的所言不虛），覺醒運動和商業的匯流旋成一個反饋迴路，驅動了雙方的成長。此外，在多數的案例中，結果似乎就是高標準的品質。

自1970年代起，企業支持「健康永續的生活方式」成長茁壯多少，從一項指標中可以看出。對此事業一項大規模的研究發現了總結在以下框格裡的結果[12]。

美國新「樂活」企業

樂活（LOHAS）
代表的是健康與永續的生活方式（Lifestyles of Health and Sustainability）

數據段	2000年銷售金額
永續經濟	$765億美元
環保生活方式	$812億美元
健康生活	$320億美元
另類健康保健	$307億美元
個人發展	$106億美元
總計	$2300億美元
	（估計全球有$5000億美元）

資料出自：自然事業

　　這類的數字在1960年代必定都小多了。這裡有個小插曲：只有一項代表企業對企業的銷售，那就是「永續經濟」。其他四種代表的是消費者銷售。把這些資料放在一起的分析師，顯然視文化創意人為1545億商品及服務的主要市場。這些數字決非是文化改變的完美指標，因為它們真正符合消費者商品和服務的需求。但當我們把這個圖表放在美國人實際的信仰、價值及生活方式旁時，我們看到它傳達了類似的事。正如我們可能期待的，美國人的物質文化正朝信仰轉移，但會有時差[13]。新方式以非常成功的商業文化滲入透美國生活中，且成長得很快。這股邁向健康永續的生活方式的改變，在大眾報刊中廣受低估，以致於多數人不知道這種生活方式所及的範圍。

　　1990年代，「健康生活」類當中的多數事業（自然、有機、健康產品，包括食物、維他命及個人保健產品在內），每年以20％以上的速度成長，約比國家經濟成長快了五倍，呈現平穩加速的曲線[14]。對自然及健康生活的興趣絕非侷限於美國。1999年，自然、有機產品及健康食品的全球市場是650億——其中36％在美國，另外31％在歐洲，還有16％在日本。

　　至於「另類健康保健」類，根據兩篇哈佛研究，美國人造訪另類健康保健的供應商顯示成長的比例，從1990年的六千一百萬人（占成人總數的33.8％），到1997年的八千三百萬人（占成人總數的42.1％）。他們造訪的次數從四億二千七百萬增加到六億二千九百萬，花費從146億到212億，代表經過了七年，在造訪次數上增加了47.3％，在花費上增加了45.2％，年成長率略超出5％。這聽起來似乎不多，但等你聽到同期到醫療院所造訪的總數，竟然從三億八千八百萬衰退到三億八千六百萬，就覺得多了。標準的醫療模式出現嚴重的競爭。

　　截至1997年，有85％的美國人在二十三種經研究的另類健康保健中，用過一種或一種以上的保健法。對真正的健康保健新有種新的要求在此浮現，不只是要求疾病導向的醫學：半數以上的另類療法，用意不在治療疾病，而是預防發生。此外，美國人並沒有以另類健康保健來取代標準醫療保健，而是使用一

種，再加上另一種[15]。這不像一些現代派醫師專家意欲聲明的，把科學醫藥當成拒絕往來戶，而是對健康的尋求。如同我們之前所說的，文化創意人比另外二種次文化更可能是另類健康保健的使用人及供應商。

當「環保生活方式」類型中有許多和環保消費者產品相關，一個日漸重要的新領域便是生態旅遊，它是1990年代的一項發展，企圖改正西方觀光客剝削原住民和土地的舊模式。其型式是具自然暨文化基礎的特色旅遊，由國際生態旅遊協會（The Ecotourism Society, 簡稱TES）定義為「到保存自然環境、維護當地居民福祉的自然地區，從事負責任的旅遊」。「美國生活調查機構」於1996年對經常度假旅行的人做了一次調查。其中有25％的人想從事生態旅遊假期，但更戲劇性的是，文化創意人中有64％想從事生態旅遊假期；事實上，在所有的生態旅遊度假遊客中，文化創意人佔大多數，為53％[16]。

想從事生態旅遊的旅客，希望在自己的一些（並非全部）假期中，能有下列種類的度假活動：

大自然及露營	69％
個人／心靈成長	65％
異國地區／活動	61％
健康、身體保養、運動	54％
極簡主義者（少做事／少花費）	53％
強烈體驗	51％

生態旅遊是典型由文化創意人為文化創意人所做的事業。你可以聽聽次文化的聲音，生態旅遊業者威爾‧韋伯對自己的工作這麼描述：「這是個很棒的事業。我們懷著善意及具同理心的精神，有幸將聰明、好奇、有愛心的遊客，和友善、負責的當地主人聯繫在一起。我們對目的地的文化和自然棲息地介紹得愈確實，遊客就會愈珍惜重視這經驗。我想像不出還有什麼行業有更多潛

能，有助於環境保護和跨文化的了解。」[17]

這些趨勢說明消費者的消費成長，也顯示出生活方式的成長，相形之下，消費成長比較沒什麼看頭。你在個人電腦的使用上看到向上急升的成長曲線，生態旅遊也有。但儘管成長非常快速，規模也愈趨龐大，生態旅遊的趨勢在報章中的報導偏低，即使商業報刊也不例外。

現代派商業對文化創意人的感興往往在於市場，而可能不在人。但他們感到非常挫敗，因為這些現代派屢試不爽的廣告和銷售技巧，對大部分這一族群並不管用。此外，當文化創意人更是興致勃勃試著使生活運作得更好之際，現代派企業也試著向他們兜售「東西」，即抽象的消費性物品。

「健康永續的生活方式」這一行的成長來自於文化創意人及其他人對產品及服務的需求。但成長也來自於供應端。許多文化創意人發展商業，讓生意超越謀生到過著「正確的生活」。有些人以佛教用語明白闡述，另一些人則稱之為「言出必行」，就像我們稍早看到的社運活動成員一樣。他們想用一種方式來謀生，而這種方式能支持他們更大的目的感及基本價值，這促使他們的工作朝向真正的使命方向前進。我們看到，許多技術純熟的專業人士在這些企業工作，獻出收入中相當的金額去做對他們而言更重要的事。有很多例子看出，他們試著將工作場所造就成更有愛心的地方。

「星期一科技解決公司」（Monday Technology Solutions）的史派克‧安德森，是矽谷的獵才專家。他這麼描述他遇過的求職者：我和找工作的人談過，幾乎每個人都寧可有個有意義又具利他目的的工作，而不是沒有這些條件但薪水較多的工作。他們甚至會做一些犧牲，一些，不多。如果他們能找到一些自覺得能發揮益處的目標，他們就會往那裡去。

‧原則衝突

當你冒險進入過渡期，許多舊的路標消失不見，還留下來的路標也可能失去了舊的意義。這裡有了新的路標，是發現或開闢新路徑的偵察隊設立的。每

個遊經這個沒有繪製地圖的土地都能聽到各種意見：哪些路值得走，哪些不值得，哪些「應該行得通」，而哪些甚至連考慮也不必了。然而每個人在此都是遊客，全都為了新的生活方式而離開了舊文化。

這就是文化創意人現在的處境。他們分享一套共同的價值觀及世界觀，但對於實踐價值觀並沒有一致的意見。就像猶太人從埃及出走，尋找走出沙漠的路，文化創意人舊有的類型及範例相互衝突。對一個民族來說，在文化遭逢重大改變之際，這是必然的現象。真正的革新一定是引發強烈的反應，其中一些無疑會是負面的。

文化混合在處理綠色產品及服務方面，並沒有太多衝突。只要那些公司沒有偽造（以環保為幌子），大多數美國人就算不是特別興奮，也會視之為正派企業。衛生紙、清潔劑、再生紙產品以及濾水器，這些都沒問題。相較之下，「覺醒商業」中的每件事幾乎都迸發出爭議。

「覺醒商業」是以販售經驗為出發點，產品及服務則是次要，涵蓋了從度假旅行到心理治療及週末研討會，從出版書籍到製作錄音帶及錄影帶，到雨後春筍般冒出來的網路公司。這種新商業尋求提昇靈魂，教育心靈，撫慰或探索情緒，喚醒你內在的藝術細胞（或孩子），然後啟蒙你的意識，有時候全都擠在一個天花亂墜的週末裡。

·覺醒商業的陰影及陷阱

美國文化擅長做生意，所以當覺醒運動缺乏組織機構的支持時，商業便是創造力的來源，剛好流進去填補這個洞。當覺醒商業開始發展時，沒有人有做好準備。重大的文化改變中真正的愛恨交織問題從此開始。

如同我們所見，這股商業和覺醒匯流的趨勢讓許多人不悅。這股趨勢激怒了左派人士，他們相信商業必定是貪婪又憤世嫉俗；也激怒了右派人士，他們憎惡新型態出現，而且希望把「那一派反文化份子」留在原地就好。它也惹

惱了不想經營企業卻從事冥想、瑜珈及保健的人士，也招惹了時下實在的反文化嬉皮，他們只想要天然食物合作社。他們現在得做些惹人厭的事像廣告、促銷、記帳，還有雇用、解聘人員。但是當我們進行革新時，幾乎在人類文化的各方面，我們都會不自覺把許多舊習慣帶進去，當作「事情就是這麼辦」。

傳統上，修道院的牆隔開了追求心靈的人和市集裡的喧囂，但今天我們大部分的牆都已拆掉了。現在物質主義當道，覺醒，可說是最令人困惑的，身體和靈魂的再造是個沉痛的心願。

舉例來說，想想每天的郵件。許多文化創意人每天打開信箱回來後，就有保證能讓你滿足的型錄，從自然纖維的衣服和配件，到第三世界製作的禮物，還有小冊子承諾能揭示世界精神傳統最具深度的真相，只要你願意買十二集帶子或報名參加週末討論會。（額外優惠是「免費擁有，無須承擔任何責任」）。這些精神上和心理上所提供的東西，到底有什麼真正不同於每個月也會送來幾十份的流行服飾及禮品目錄？覺醒商業甚至利用同樣華而不實的圖表及推銷法。麥迪遜大道稱其為「讓你為之嚮往的廣告」。這個陷阱是讓物質主義做心靈的事業。這是覺醒商業走向成功的陰影。

另一個問題也同樣在污染社區之井。當成功的文化創意主事者或演講者致力於國家認可，找機會集結人民時，他們轉而尋求郵購直銷的行銷學、公共關係或廣告等「專家」。他們甚至可能會拍一段資訊型廣告在有線電視台播放，為什麼？因為他們感到無助。因為他們就像現代主義的小孩，把事情交給專家去處理，這些人說，「事情就是這樣做的。你想要推給一大票人嗎？那麼就照這麼辦。」此刻，現代文化的自動機制便接手了。這個進程是無意識的形態，在軌道上行進然後循標準程序。

這種事如何影響收到廣告郵件的文化創意人呢？從1970年代起，當全國公益事業發送廣告郵件給他們懇求捐助時，他們已經受同樣的方式所影響了。太多來自於公益單位的廣告郵件，發出一股隱約叛離的味道。無論最初的連結

或關注是什麼，他們都感到漸漸削弱，還有他們所在乎的對方能據實以告的希望，也同時減少了。真正的連結已經喪失，他們感受不到自己被視為同一社區的一分子。

‧利他或是利己？

當一些文化創意人穿過舊界限、打造新生活方式時，可能會引起激憤。創造新的文化難處在於，從那些伴你成長、一堆無意識假設的糾結中脫困。實際上，你了解革新是新文化的專利，即便你無法決定喜歡或討厭它。這種愛恨交織反應的產生，不只是因為有些你不喜歡的東西摻雜在喜歡的事物裡，而是因為創造也讓你舊有的類型及典範一團亂。真正的文化革新必然會引起一些強烈的負面反應。

新的文化網路囊括的可能不只是在另類健康、覺醒訓練等方面的專家，也不只是心靈導師及心靈追求者，而是有經理人幫助人們步上軌道，確定這些組織是自給自足的。網際網路將可能主導這些向外拓展的努力。帶一點商業模式的牟利成分，幾乎是無法避免的，一些公／私立混合成體雖然不像我們所知的企業那樣，但他們會變成標準形式，兼具商業及社區服務，與顧客維護堅固的關係。

許多與教會相關的社區團體已經結合在一起，幫助小型支援團體，例如像老人長青團體、青少年團體、濫用酒精藥物團體，以及提供工作發展及支助的團體，還有威脅生命疾病的支援。許多非教會團體也投入相同的工作。未來他們或許會由成員支付一部分，由教會或政府補助一部分。新的機構可能一方面綜合研究和訓練計劃，另一方面則結合各種不同的社區及支援團體。天主教公益報的計劃便是依循這個模式。網際網路將以公開傳播的新形式，帶著參與的面向，取代二十世紀大眾傳播的錄製節目。

利用商業模式及經理人有可能激發不滿。有點感覺是道德上的妥協──但這是指什麼？假使你期待一個新協會是基金會資助的非政府組織下舊式「討錢」文化的一部分，但它反而賺起自己的錢，有些利他和利己的混合。或許它是營

利及非營利團體網絡的一分子，這些團體會彼此互相幫助。你想知道，這是個什麼樣的公司？有利益衝突嗎？而這些人的正直會安協嗎？

或許就是一種天職，是一世紀之前，世俗的現代主義所嗤之以鼻的舊觀念。天職指的是追隨職業中崇高的使命，同時在世界上大力運作。它既自利也利他，而且兩者無法鬆脫。在十九世紀時，現今許多小鎮依然如此，律師、牙醫、醫生及建築師等完全嵌在社區中，必須和每個人做出彼此互利的事及交易。現在以城市的背景來看，同樣的行止卻常遭專業協會譴責為私下交易或利益衝突。當然，在一個小鎮環境中，除了嵌入模式可行之外，沒有別的辦法，因為那是對專家信任的整體基礎。假設我們成功地帶回社區模式，或是成功地建立結合公益服務及私營獲利的組織。或許已知的專業標準可行，但也可能行不通。這個主意聽起來不錯，可是我們熟悉的類型卻可能會被毀掉。有人因而苦惱，有人因而被告。

舊的區分將會混沌不清或是混在一起，像是公立和私營，宗教和世俗，教會和企業，左派和右翼，靈修和心理療法。這些每個案例中，現代主義說應該有一道清楚的分界線才是。模糊了那條線會造成混亂及迷失方向。

但在公立及私營之間的缺口，眾多各式各樣的非營利團體及非政府組織，實際上既非公立也非私人，而且一直都有第三種身分。假設它們變成了「社會部門」，被賦予公眾責任及公家經費，那麼從事政府無法勝任的服務，也因該事業太營利取向而不便執行。界線將會抹去，特別如果有些團體隸屬於教會，必然會有人抱怨商業面，而且它是宗教（或非宗教）嗎？現在憂心四起。

此刻，比起支持其中一方，更多人拒絕被貼上左派或右派的標籤。左派塗上紅色，而右翼成了藍色。但正在浮現的新政治方向，並不想和舊的左、右派劃分法有任何瓜葛，而選擇塗成綠色。報社記者或治政人物想知道，「你們是自由主義或保守派，還是就在含糊的中間地帶？」他們的回答還是：「不！」假設一個強有力的綠黨出現了。記者堅持把它的黨綱政策當作自由主義或保守派，喊著黨綱反覆無常，綠黨黨員有充分理由罵他們嗎？

對於既修行又從事心靈諮商的精神治療醫師，我們能怎麼辦？保險公司應該拒絕給付嗎？靈修傳統準備妥協了嗎？以科學爲基礎的諮詢是十足的騙局嗎？美國心理協會的其他會員應該抱怨嗎？

另一個沮喪的來源可能是這些革新者，在大眾眼中看起來很外行，而且似乎還沒聯手行動。但新的事物眞的很難做到。很多時候還沒眞正走到黃金時段之前，新手是不練習的。這相當於把表演跳過紐哈芬市的試演，直接搬上了百老匯（而且還沒有機會重寫半本劇本）。很多時候台上的菜鳥看起來也不像電影或電視明星，只是外觀滿是缺陷的普通人。媒體應該拿他們當演出者評分嗎？

· 值得尊敬的行動

協會至少在兩個世紀的美國生活中做了公民社會的工作。協會是指家庭、鄰里、社區、友好團體、工會、教會及各種非營利組織等，在商業和政府之間的模糊地帶運作。正如1835年托克維爾（de Tocqueville）所指出，協會是美國人爲了把事情搞定而創建的，取代依靠一批菁英或政府去做。但今天許多值得尊敬的民間社團，剛開始時也頗具爭議，類似我們在第二部分所描述的那些活動。現今許多文化創意人將衷心的渴求，覆蓋具體組織的肉身，像另類健康保健診所、瑜珈練習室、環保諮商公司、新政治團體，及新非政府組織等。這些團體由能夠長存的組織支持，得到長期撐下去的勇氣，以及不高估短期間能做什麼的智慧。這或許是預告未來的徵兆。

一個多世紀以來，民間協會將公民的涉入，從偶爾參加社會運動的示威及集會轉爲每天生活中規律的一部分：遊說團體、政治團體、市民社團、智庫、學會、基金會、慈善團體、工會、診所以及教會等。其中有些協會夠成功，得以繼續成爲美國生活中的機構，這暗指包含了一切的好處及陷阱等。他們的創新便成爲新主流的一部分，往往使社會更自覺地多元。

許多左派激進分子，錯誤地相信創立協會及機構是一種收編，一種出賣。

實際上，創立協會凝結了暫時的變動，並提供續性，避免社會運動志工彈盡援絕。許多協會帶著前衛人士推行的文化改變，進入中產階級的日常生活。民間協會擅長維持過去的收穫——在面對保守的反彈，試圖擊退各種運動上的收穫，例如婦女運動、民權運動、和平運動、環保運動、同性戀解放運動，以及有機天然食物及另類健康保健等運動時，這便是一項重大的成就。

第二代覺醒運動提出了一個似乎存在的矛盾：立意良善的非營利及非政府組織的狀況繼續募款不一定是民之所欲的結果。天然食物及另類健康保健運動直接邁向商業和職業。任何利用市場獲利的事都會引起許多左翼激進分子極度猜疑。使社會覺醒的商業可能具有理想主義色彩，但這種商業一定不是「力量歸於人民」。有趣的是，右翼人士應料想這些運動沒有一個能有什麼好作為，而對這些企業無甚好感。事實上，美國對商業的強烈傾向在「覺醒商業」趨勢中已詳述，一位文化創意人的公司即稱呼這種貿易為「覺醒商業」。

慢慢地，教訓隨著一個又一個的運動組織漂來。直到反對一些負面東西的聲音逐漸平息下來，它們必能代表正面的價值，即對擁護者提出重要的服務。

· 現在我們怎麼辦？

好耶，我們深獲民心！

先別急著慶祝……我的天啊，現在我們怎麼辦呢？

甚至最為強烈主張環保生態的聲明，也擁有百分之七十到九十的人口支持，環境保護暨生態運動在贏取西方世界民心的戰役中，獲取勝利。但現在他們必須面對一個困難的事實，告訴人們事情有多糟，或是喚起體認都不足以應付了。不只是大家已經知道這回事了，而且還相當贊成該運動的觀點。現在，意見一致必須變成行動上的實踐。

我們的研究顯示出絕大多數的美國人，想要生態意識的「綠色」產品和服務，但大部分不願意付高價得到一開始應該還不會破壞環境的商品。同樣地，他

們希望企業能停止加深環境的損害，而且相信只要能更擅用科技可以不破壞經濟而奏效。（如同《綠色資本主義》一書所論，他們是對的。）他們希望實際的領導階層，以及來自政府各階層洞燭機先的主動出擊，不會為了錢出賣給大企業。而且他們希望有對於如何改變行為及生活方式的實際提案。但沒有人傳達。

　　當然，大資金及一些大企業（石油、瓦斯、煤、核能、公共事業、化學製品、汽車、農業綜合企業）利用他們對大型媒體及大政府的控制，癱瘓了具體行動的企圖。但那只是部分問題而已。此外，並沒有設置機構將大眾贊同生態永續的意見轉化為實際行動（包括集合所有的菁英和權力團體及對抗金融家）。關懷生態的行動主義者只習慣喚起體認，還沒有建立這些制度機構。

　　我們認識一位堅決贊成環保的科學家在重量級的公共事業公司服務。他參與許多和工業、政府及環境保護者有關的委員會，而一直被這個問題所擾。「我多年來試著使這些團體達成意見一致，而最後終於要成功了。許多企業一度退縮不去坦承行動的必要，現在也願意採納生態學者的政見。但是你們猜怎麼著？在這節骨眼上，環保團體打退堂鼓，怕了。他們怕萬一企業只是說：『你們說得對。那現在要怎麼辦？』他們似乎覺得只要企業接替他們的位置，他們的運動就結束了。我怕的是生態學者沒有準備就緒，繼續推動企業採取下一個步驟——因為下一個步驟，涉及詳細分析企業經營上實際有哪些能奏效，還有對民眾的生活方式做出重大的改變。特定企業怎麼運作，他們毫無頭緒，對於新的生活方式，也不知道怎麼製造和銷售產品，而且也還沒想到（生態永續）怎麼改變文化。」

　　生態永續和商業即使多年來一直彼此為敵，但是雙方必須和解，如同環保事業常見的。意識上的改變有其必要，所以「覺醒商業」可以是實際存在的事物，使內在和外在連成一體。但是知道怎麼做生意的往往是那些奚落覺醒的人，而那些知道怎麼運作覺醒的人則迴避試算表和利潤。誰會信任商人是誠實，或生態學者會切合實際呢？所有各方各派，必須學習在具有新意社區中建立信任。

·新的線上社群

　　網際網路是全球資訊社會的現象，創造遍及全世界的連接。媒體公司爲了商業和娛樂的目的而加以推銷，但它創造線上社群及教育的潛力也幾乎開展得一樣快速。透過網際網路，很快我們便能看見彼此的臉和聽到自己的聲音，而不只是傳送文字和靜止的圖片。網路上人際關係的品質會直線上升，因爲更多具細微差別的個人連結都是有可能的。

　　網際網路的潛力對全球整合很顯著。一旦這些連結就位（通常利用衛星），所有圖書館有價值的資訊便能在世界各地使用，不但便宜，而且幾分鐘之內便可取得。一般民衆的那種人與人的直接連繫，不爲當局及專家所控制。其結果幾乎無法想像。

　　這一切的發展有賴於飛快的電纜數據機，及其他高速、高承載的網路連結，接通世界或以衛星連結全世界將是二十一世紀的重大計劃之一。當所有人類視其他人類爲眞正的人，而不是像危險的鬼魅或無形的密碼時，下一個紀元就要開始了。如果我們把連結加入衝突協商技巧的傳播和健康生態的解決方法，那麼許多的不平等及舊有的敵意便會愈來愈難繼續。

　　不久的將來，這個連結看起來會是什麼樣子呢？想像一個網路入口是線上社群也是企業，提供了研討會及工作坊，掃描全球資訊網以便分享資訊。它也具有商業區域，擁有各種電子商業「店面」，分享該社群的價值及世界觀。爲能獲利，商業必須釋放訊息、服務，及支援任何進到這網站入口的人，還有他們的顧客。值得這麼去做，是因爲「店面」想買下社群成員的忠誠度。

　　這種情況是商業或是社群，營利或是非營利，自利或是利他？以上皆是。這些舊區別又再次瓦解。2000年1月，約有十幾個網址及入口網站正處於不同的計劃和發展階段，希望合乎上述的描述，一些實體雜誌和有線頻道亦然。全部的設計都有文化創意人的心思。他們都想同時提倡社群及商業，並支持社會運動和覺醒運動所引來的改變。有些將胎死腹中，另一些則無疑會變成有商業缺陷。但一些很有可能會成功。以電子基礎建立起社群不會取代面對面溝通的

社群，但要朝向讓文化創意人注意到彼此，可能還有一長段路要走。

如果未來的文化創意人來自完全的線上社群，那麼新的政策便不能落後太多。或許會有教育改革運動。你還能想到什麼？

· **正面的未來意象**

偉大的未來學家佛瑞德·波雷克（Fred Polak）於1955年寫道：我們是開創未來的人類。我們的未來不只是發生在我們身上的事情，而是我們參與創造的事物。如果我們有意識地參與，則能開創一個運作良好的世界。有了一幅正面的未來意象，我們會在後代的教育和扶養上投資，興建學校、道路、港口、橋樑、下水道、水源、瓦斯、電力，以及通訊線路，創立新企業及新機構。即使我們發現想像的細節相當謬誤，結果也仍會相當正面。

波雷克在一套兩冊的權威調查中，以一千五百年前西方對未來的信念，說明文化未來意象的力量。他表示社會想像的未來，是一種自我實現的預言，也有助開啟未來研究學的大門。他龐大又刻苦的研究不只是學術研習。波雷克是荷蘭猶太人，整個戰爭時期都耗在躲離納粹。他的工作是和我們時代最需要、最迫切的問題角力的結果：人類如何開創更好的未來？

波雷克表示，如果文化缺乏對未來正面的憧憬，創造力便會開始衰退，而該文化本身也會停滯，最終滅絕。負面印象甚至更具破壞性，導向絕望、無助，無濟於對未來作準備。集體的悲觀造成「終局」行為，在全軍覆沒之前，大家你爭我奪，為自己弄到些什麼。這種行為帶來他們所恐懼的崩解。

如今，我們被全球的問題包圍，風險是我們要用的正是波雷克公開譴責的悲觀及不事生產的作風，來處理這些問題。我們是真的能被自己未來衰敗的景象嚇壞。對未來正面的夢想，據作家暨哲學家大衛·史班格勒所言：「果敢地挑戰文化，對改變敞開心胸，接受創造力的精神，便能改變這個結構。」[18]

我們所擁有的現代社會生活類型，沒有什麼是必然的，置於我們前方的未來是什麼樣的，也沒有所謂的必然。文化創意人相當清楚，他們不想活在與社

會疏離，互不相干的世界裡。他們指引性的景象一再論及整體的觀念。他們說我們每個人都是活的體系，在另一個更大的活體系內，互相連結的方面比我們能領會得更多。如果我們專注於這種整體性，便能開始想像一種能治癒我們時代的破碎及毀滅的文化。我們說，文化創意人的出現，代表了一種希望，即有創意的未來視野正在生成。它是為了更進步的文明而行動的希望、想像力、意願的復甦。朝向重新整合與設計新文化的工作，在我們集體的想像力中能發揮強大的力量。讓我們的所求所選都能塑造我們的未來。

1. ［編註］Thomas Newcomen，1663-1729，英國工程師和發明家，製造出世界上第一部蒸汽機，被成功運用在礦區、油田，其蒸汽機發明後來成爲瓦特蒸汽機的前身。

2. ［原註］彼得・艾茲默思（Peter Asmus），《地球光》（EarthLight）（1999秋季刊），第8-10頁。

3. ［編註］此一國際性非營利組織，針對企業界提供環境系統教育，強調對環境友善所帶來的競爭力，致力於確保生態持續發展的方式。

4. ［原註］《自然步驟新聞》（The Natural Step News），第一期，1996冬季刊。

5. ［原註］卡爾-漢瑞克・羅伯特（Karl-Henrik Robért），〈教育國家：自然步驟〉（Educating a Nation：The Natural Step），《背景》（In Context），第28期（無標示日期）。

6. ［原註］卡爾-漢瑞克・羅伯特，專訪，《背景》，第28期（無標示日期）。

7. ［原註］自然步驟（The Natural Step），組織分部「梭羅永續性中心」（Thoreau Center for Sustainability）地址：P.O. Box 29372，San Francisco, CA 94129-0372。

8. ［原註］艾默立・B・羅文斯（Amory B. Lovins），杭特・L・羅文斯（L. Hunter Lovins），及保羅・霍肯（Paul Hawken）合撰的〈自然資本主義之路道圖〉（A Road Map for Natural Capitalism），《哈佛商業評倫》（Harvard Business Review），1999年五月／六月刊。

9. ［譯註］《綠色資本主義》（Natural Capitalism），繁體中文版由天下雜誌出版，2002年。

10. ［原註］保羅・霍肯、艾默立・B・羅文斯、杭特・L・羅文斯合著的《綠色資本主義》（Natural Capitalism：Creating the Next Industrial Revolution）（波士頓：Little，Brown出版，1999年），第20頁。

11. ［原註］數字出自於《瑜珈期刊》（Yoga Journal）。這些原始資料來自《瑜珈期刊》由洛普史達奇市調公司（Roper Starch）在一項1990年和1994年所做的研究；《華爾街日報》／?國家廣播公司（NBC）民調普查於1998年6月的調查；以及1999年「心越傳媒」（Mind Over Media）的研究，包括了訪問、名冊分析及趨勢分析。

12. ［原註］「樂活族」（Lifestyle of health and sustainability）一詞是由自然事業情報公司（Natural Business Communications, Inc.）及蓋恩公司（GAIAM，Inc.）所發展出來的，它似乎受到華爾街分析師熱切地接受。

「永續經濟」包括：
● 環境管理解決辦法、審核及服務。
● 可更新能源——太陽、風力及地熱。
● 能源保護產品及服務，包含節能商品及另類能源製造法。
● 永續的製程。
● 回收並以回收物質製造物品（紙張、紡織品、塑膠、橡膠、玻璃及金屬）。
● 相關資訊服務：爲消費者及企業雙方服務的網站、CD、錄影帶。
● 相關書籍，錄音帶、手冊：需要使用者花時間及金錢的教育工具。

「環保生活方式」包括：
● 自然及環保產品：向消費者及企業（如：飯店）雙方提供對環境友善之清潔用品，花圃及草地維護管理，以自然無毒的物質製造非食物類產品以及環保器具。
● 生態觀光：到自然地區從事負責任的旅遊，該處保存了自然環境，並維護當地居民福祉——約佔所有觀光事業7%，由文化創意人牽先。
● 相關資訊服務：爲消費者及企業雙方服務的網站、CD、錄影帶。
● 相關書籍，錄音帶、手冊：需要花時間及金錢的教育工具。
「健康生活」包括：

- 自然產品：自然有機食物，膳食補充品，個人身體保健產品。
- 相關資訊服務：網站、CD、錄影帶。
- 相關書籍，錄音帶、手冊：需要使用者花時間及金錢的教育工具。

「另類健康保健」包括：
- 身心健康解決之道：空氣及水的濾清，風扇，暖器，空氣清淨機，增溼機，背部照護產品，視力改善法，傷害治療等，都是另類健康保健的措施。
- 自然保健服務：另類非侵略性治療：按摩，脊椎按摩療法，針炙，指壓，生物反饋療法，芳香療法等等。估計於1997年有270億。參閱大衛‧因森堡（David Eisenberg）等人所發表的〈美國另類醫學使用之趨勢1990-1997〉（Trends in Alternative Medicine Use in the U.S.，1990-1997），《美國醫學學會雜誌》（Journal of the American Medical Association）280，第18期，（1998年11月11日），第1569-75頁。
- 相關資訊服務：網站、CD、錄影帶。
- 相關書籍，錄音帶、手冊：需要使用者花時間及金錢的教育工具。
注意：這一類別較關心完整個人的健康，對重大傷病是加以預防和治療，而不是只是介入。調查資料顯示出大部分另類健康保健的使用者，使用該法還加上其他醫藥治療，而並非是取而代之。（資料來源：因森堡，〈趨勢〉；保羅‧H‧睿，整體文化調查，心智科學協會，1996年。）

「個人發展」包括：
- 範圍廣大的個人經驗、解決方法、產品、資訊，和心靈、身體、精神發展相關的服務，例如：瑜珈，冥想，放鬆，靈修及了解人類潛能。
- 設備、工具及衣物。
- 工作室及俱樂部。
- 授課、指導及研討會。
- 相關資訊服務：網站、CD、錄影帶
- 相關書籍，錄音帶、手冊：需要使用者花時間及金錢的教育工具。

13. [原註] 這種時間落差通常是企業無力做好工作以符合人們需求所致，而不是缺乏改變。

14. [原註]《天然食物商暨自然事業第41期》（Natural Foods Merchandiser and Natural Business#41），1999年10月。天然商品事業居21%年成長率（價格已按通膨調整計算），從1991年約50億到1997年150億。同樣地，有機產品銷售以22%年成長率，自1991年的12億到1998年的48億（相同的加速曲線）。自然個人保健銷售，年成長率為28%，從1991年8億到1998年42億（相同的加速曲線）。膳食補充品「只」年成長13.3%。

15. [原註] 因森堡，〈趨勢〉。

16. [原註] 抽樣數量為753。只有21%現代派想要有生態旅遊，傳統派34%。現代派有60%的經常度假旅行者，文化創意人是30%，傳統派只有10%。即使如此，想從事生態旅遊的53%是文化創意人。

17. [原註] 威爾‧韋伯（Will Weber），《旅行》（Journeys），在生態觀光協會的網站上特別強調這點：www.ecotourism.com。

18. [原註] 大衛‧史班格勒（David Spangler），《顯露：神聖事物之重生》（Emergence：The Rebirth of the Sacred）（紐約：Delta出版，1984年），第9-13頁。

後記
一萬面鏡子

偉大的太陽女神「天照大神」(Amaterasu Omikami)，把自己藏在天洞深處拒絕出來，現今沒有人記得那個時代了。但知道這故事的人，每一面鏡子都是一次提醒，曾經有一度，所有生物的精靈齊聚，把生命帶回地球。

在那些非常早期的年代，所有生物的精靈稱之爲該物的「神」(kami)。山神形長而淡紫。樹神是高大綠色的。動物之神光滑如絲。石頭和河川之神靜默如月。這些神的力量從天照大神湧出，爲了她，種植及收成季節的偉大模式便編排出來了。

一日，天照大神因弟弟須佐之男命(Susanowo)的嫉妒行爲而使她陷入絕望。有人說他背叛了天照大神，醉酒暴怒狂奔過稻田，直到每一塊田上的每株作物都壞死爲止。另一些人記得的是，須佐之男命向天上織户的窗子扔進一頭小牛，砸爛了織布機，毁了連結每個生物之間神聖的線。雖有人這麼說，有人那麼說，但所有人對接下來發生的事看法一致。

天照大神逃到天洞，把自己鎖在裡面。沒有她的光，天上和地上所有的國度陷入一片黑暗。稻神枯萎了。鳥、動物、山、樹、魚等神，變成虛弱蒼白的幽靈。大地及地上萬物都開始死去。

最後，算不上太快，這些神聚在一起討論該怎麼辦。有些神說：「我們一定得在她的洞外呻吟啼哭。」其他人說：「這樣永遠不會有用。」最後，有位神出聲：「誰會想要加入哀號流淚的一群神？不如我們來辦個慶典，用大家開懷的歌曲加上用腳打拍子的音樂。再拼命頓足、旋轉著跳舞。這樣一定能把偉

大的太陽引出洞外。」

　　大家都贊同，但他們決定還有一件事是必須的：一面大鏡子。「如果我們把天照大神的光反射回去給她，」他們彼此說道，「或許她會有勇氣想起我們。或許她會回到『生命的循環』。」

　　但他們一想到需要一面大鏡子，他們就氣餒了。因為他們之中沒有一個有力氣舉起這樣一面鏡子。然後有個神用微弱到大家都得拉長耳朵去聽的聲音，低聲說道，「我們每個人都帶著一小片鏡子藏在衣服裡。等天照大神一探出洞，我們全部同時高舉碎鏡片──那我們成千上萬就能成為一面鏡子了。」

　　祂們依此照辦。就在第二天，世上所有的神聚在天洞外，然後慢慢地，幾乎以聽不見的聲音，開始唱起歌來。後來他們的聲音終於變得又高又渾厚，響徹黑夜。但即使這些神的鼓擊打著無法抗拒的節奏，即使這些神的腳在壯麗的旋轉舞中踩步輕踏，也沒有人忘記盯著天洞的門看。最後，夜深了，洞門地打開，一道光流瀉出來。馬上，眾神舉起自己的鏡子，對著天照大神的光芒。

　　女神詫異地倒抽了一口氣。她受到吸引，向前跨了一步。然後再跨另一步。很快地，她完全步出洞穴。她笑著拍著手，看到自己反射在成千上萬的各種形狀的小鏡片裡，偉大的太陽女神一路舞出藏身之處，一路舞進廣大的藍天。

　　山神再度成形長而淡紫。樹神是高大而綠色。動物也再次有光滑如絲的神。石頭、河川、魚、花等神靈再一次從偉大的太陽女神湧出。因為她，種植及收成季節的模式又編排出來了。直到現在都是如此[1]。

　　有時候像這篇日本太陽女神神話的原始故事，能喚起如此直接的事實，觸動我們靈魂渴望的核心。這個故事的影像呼應了我們時代的真相。天照大神的故事是古老共鳴器之一。或許背叛讓所有植物毀損垂死，使我們想起生態被蹂躪的樣子。或許扯斷神聖的連結線，提醒了我們人們如何以進步的名義，將屬於子孫的東西漸漸消耗殆盡。或者可能因為這些神靈缺乏力量和智慧阻止地球死去，觸及我們自己對於創造能供養後代的未來的無力感。

　　但是，就像這則故事所說的，無論是這樣或那樣都沒什麼關係。每個人記得的都是解決方法：無數的生靈團結一起，創造一面集體的鏡子去拯救地球。想像他們全體，排成像某種巨大的碟型天線，對著天洞，唱著舞著，等待確切的時機，將太陽女神的創造之火聚焦後再回傳給她。這不是被動的反射。當太陽終於出來嬉戲時，她會移動得很快。這些神靈得警覺敏銳，才能精準地追上她的行動。否則，她會舞出他們的焦點之外。這裡需要每個人的精神：保持清醒，載歌載舞，幫忙創造這個燦爛、必要的探頭，能再為他們織起全部的連結線。

　　亞利桑那沙漠裡的某個地方，這個千年古老的故事在此甦醒了。那是一個以色列人搭建的太陽能集電器，以大量分開豎立的鏡子排列而成。每面鏡子將太陽光反射到單一集電塔，將水加熱超過一千度，驅動渦輪機發電。每面鏡子微微地彎曲並獨立旋轉，在靈敏的電腦控制下，追蹤太陽光，讓焦點保持在塔上。把鏡子全部合起來，等同於形成一面巨大的碟型鏡。

　　古老的故事與亞利桑那的高科技相類比，都提供了同樣有效的解決方法：集中成千上萬個別的創造之火，讓它們獨立行動，但擁有共同的目的，如此，賦予生命的能量將大得不可思議。合成鏡所聚集的力量很大，但以不協調的個別行動反射時，卻是效果不彰。一個單獨個體的成果可能是個人的滿足，重要價值的證明，但就像鏡子對著上百個不同方向，孤立的行動無法造就現在所需的改變。處於我們所在的個人主義文化中，這些暗示很清楚。

　　現今，發展迅速的世界要我們發出敏銳有活力的回應，而不是重複過去古老的故事。文化創意人確實是專注在這樣的回應上，但只有他們單獨努力是不夠的。需要的是我們大家各自不同的能力和最深刻的洞察力，我們活潑的好奇心和同情，以及全部的聰明才智。一面大鏡子辦不到這一點。我們的新故事需要上萬的講述者，而且受他們激勵的要多於十倍。我們的新臉孔需要上萬面鏡子，每一面都有獨特的視野角度，捕捉現在可利用的創造能量。當新的故事和視野協調進入行動，新的設計和新的科技則有巨大的影響力，讓永續的世界變成可能。

　　但只靠科技和機伶無法拯救我們。在今天的世界裡，我們每個人都需要探

取雙重觀點。請你從兩個角度想想天照大神的故事：地球上萬種生物神靈的觀點，及太陽女神本身的看法。如果我們只從神靈的觀點來看，我們就像處在過渡期的新人——在害怕和信任之間搖擺，不確定自己是誰或是要往哪裡去。但如果我們也從太陽女神的觀點來看，我們閃亮、賦予生命的完整性，將反映到每個生物身上。至於我們是誰，我們將能反映出個人永恆的真相。

　　每個年代的人都經歷一次重大的改變，以擁有長輩、社群及引導作用故事的智慧傳統，經精力集中在邁向生命和希望，而達到改變。〈出埃及記〉的故事，「那些風塵僕僕的人」，湯瑪斯·高希爾這麼稱呼他們，流浪「穿越景色如月的西奈，平凡的生命之網被剝奪，對的高下，無情的陽光炙烤著」[2]，靠著對流奶和蜜的土地的憧憬支撐。《新約》中，在山丘上閃爍的一座城召喚著人們。藏傳佛教裡，是香巴拉，而在日本佛教，是淨土。雅典、威尼斯及拜占庭則是地中海地區人民完美城市的化身。而在每個例子中，當生命的流動難以信任，生命的善良美好難以追憶時，可能的憧憬便是燈塔，是棲息所，是歷經時代的糧食。

　　當現代主義時代結束，我們也準備好一條新的文化之路取代它的位子，我們所能開創的世界願景，將有助於我們通過過渡期的荒蕪。我們即刻就能著手，想像一個夠明智的文化走過這一關，想像我們在當中的角色。這是使文化成真的第一步。

失落的古河

緩慢，積了爛泥，受困於淤泥的河流
古老的河流，沙河切割成灰
路易斯安那，密西西比，奧克拉荷馬
我們正在掘出失落的河流，而似乎我們已經
掘了千年。

亞伯達，蒙大拿，愛達華

山間的河流冰封乾涸
鐵灰的顏色，白骨的顏色
冰凍的河川擊敗我們。不可取代的河流，死去的河
我們無助地在這裡。

現在什麼也不留。
神經的脈衝起，落，起。
萬一……不。沒有辦法了。
緩慢的河流。失落的河川。河水冰封乾涸。

日復一日。一周又一周。
我們無疑的挫敗，
使者
抵達山頭。

我們放棄了傾聽。
我們掩耳不聽
偶爾傳來的
碎裂聲。

幾天內
無論我們傾聽與否
觀看與否
都保持我們平靜，全神貫注，渴望及守候，
或不然
有一道細微的
流洩
溢出石頭上，

在糾纏的樹葉下緩緩流動，

匯集過了──過了！──浮冰

眼睛注視與無視之處，

河川流經及不曾流過之處

曾有一處季復一季

以往未曾有過的地方

水塘水坑渦流

在我們面前展開

從隱秘的池塘溢出

匆忙 旋轉 嘆氣 歌唱 跌跌撞撞

慶祝的人們

在我們眼前奔向

叫喊著：

失去的已經尋回了，

冰凍的，融化了，

受困的，自由了。

衝突已經結束了。

斑鳩的聲音也在境內聽見了。

雪莉・茹絲・安德森

---

1. [原註] 天照大神的故事改編自嘉拉嘉・邦漢（Jalaja Bonheim）的《女神：藝術文學中的慶典》（Goddess：A Celebration in Art and Literature）（紐約：Stewart，Tabori，and Chang出版，1997年），以及凱洛琳・麥克維卡・愛德華茲（Carolyn McVickar Edwards）的《說書人的女神》（The Storyteller's Goddess）（舊金山：HarperCollins出版，1991年）。它是基於八世紀日本神道和佛教的經文。

2. [原註] 湯瑪斯・高希爾（Thomas Cahill），《猶太人的禮物》（The Gifts of the Jews）（紐約：Nan Talese/Doubleday出版，1998年），第142頁。

附錄 a
調查報告結果

本書發佈的調查資料，來自兩種「價值觀及生活方式」調查，大部分是利用郵件問卷。其中一種是「美國生活」調查機構（American LIVES，Inc.）十三年來的消費者調查報告，此乃爲私人企業或非營利事業團體的民意調查所做的。這些結果以普遍、質性的概述方式，放在第一部分生活方式的討論上。其中沒有附統計數字，因爲這些數字傾向於量小而高度

量身訂作，對特定人口族群所做的持有人調查（例如：年收入超過25,000美元的人，僅限於房屋擁有者），特定地區（如南加州），特定行爲團體（例如，所有在去年購屋的人，所有在去年及前年因環保理由捐款的人），或是這些的其中一部分結合（例如最近在南加州的購屋者，或者大底特律地區年過五十五歲，收入超過25,000美元的人）。

經過十三年，除了新英格蘭之外，這些調查涵蓋了美國各區，而且包括以下的主題，像家庭及社區偏好、家庭佈置及改建、食物及飲料、汽車、「環保或天然」產品的使用、消費性電子產品、個人電腦、購物、金融服務、成人教育、另類健康保健、媒體應用（電視、書籍、雜誌、網路）、假期旅遊、娛樂及運動行爲、公益捐贈、環境及城市成長態度、退休之家及安養院態度、種族族群間關係、健康態度及行爲。這些調查已對此間所討論的三種次文化——現代派、傳統派及文化創意人，產生豐富的認識。

書中提出的第二種調查是典型

的全國普查。所有在此提供的統計
數字，是出自兩項這樣的調查：1995
年1月整體文化調查，由費茲學會（
Fetzer Institute）及加州知性科學研
究院贊助，以及1999年1月的永續性
調查，由環境保護署（Environmental
Protection Agency）及總統永續發展委
員會（President's Council on Sustainable
Development）贊助。兩者皆為人口採
樣平衡，代表性的全國樣本，使用郵
件群組調查——也就是，經某些人事
先同意，以為期一年的時間回答調查
問題。兩者皆包括了「美國生活」調
查機構的持有者一系列價值觀項目，
用於鑑別三種次文化。

　　整體文化調查是利用保羅·H·
睿所設計的郵件問卷，由俄亥俄州托
萊多的全國家庭意見（National Family
Opinion）執行調查。有61%的樣本回
覆，1,036位回應者。永續性調查由伊
利諾州芝加哥市場真相（Market Facts
of Chicago）執行，使用由保羅·H·
睿、馬克·愛普斯坦（Mark Epstein）、
艾瑞克·祖克（Eric Zook）及波特諾維
利公關公司（Porter Novelli, Inc.）的
普妮瑪·夏拉（Purnima Chawla）所

設計的郵件問卷。有51%樣本回覆，
2,181位回應者。

次文化的確認

　　三種次文化的確認，是利用屬
於美國生活調查機構公司的一組七十
個問題及統計方法論。這些問題是價
值觀的陳述，設計誘發人們按重要程
度排列或按同意及不同意的程度，回
答生活中何者為最重要。利用結合這
些答案進入十五種價值觀度量，加上
社會經濟地位的衡量，將人們劃分到
次文化中。利用因素分析及多元度量
法，進一步分析這些數值到正交維
度。一種K-means分群法的特別版本
衍生出次文化，這些次文化以人們價
值觀概況的類似性來分組。精確的次
文化準確方能有效利用統計模式。

　　十三年間，這個方法已產生了
高度可信賴的次文化編組，調查再調
查，一年又一年，結果是非常穩定而
緩慢改變的。欲了解更多詳細的調查
結果數據，有興趣的讀者可以上我
們的網站查看www.culturalcreatives.
org，也能利用該網站聯絡到我們。

文化創意人 5000萬人如何改變世界

選 書 人／李 茶
副總編輯／徐僑珮
執行編輯／廖薇真、李茶
翻　　譯／陳敬旻（前言、第一部、第二部）趙亭姝（第三部、後記）
審　　稿／吳繼文、李茶、須文蔚
行銷業務／王上青
內頁排版／周惠敏
內頁版型暨封面設計／鄭宇斌

發 行 人／涂玉雲
出　　版／相映文化
　　　　　台北市信義路二段213號11樓　電話：（02）2356-0933　傳真：（02）2351-9179
發　　行／英屬蓋曼群島商家庭傳媒股份有限公司城邦分公司
　　　　　104台北市中山區民生東路2段141號2樓

客服專線／02-25007718；25007719　24小時傳真專線／02-25001990；25001991
服務時間／週一至週五上午09:30-12:00；下午13:30-17:00
劃撥帳號／19863813　戶名／書虫股份有限公司
讀者服務信箱／service@readingclub.com.tw

香港發行所／城邦（香港）出版集團有限公司　香港灣仔駱克道193號東超商業中心1樓
　　　　　　電話：（852）2508-6231　傳真：（852）2578-9337
馬新發行所／城邦（馬新）出版集團　Cite (M) Sdn. Bhd. (458372U)
　　　　　　11, Jalan 30D / 146, Desa Tasik, Sungai Besi, 57000 Kuala Lumpur, Malaysia.
　　　　　　電話：(603) 9056-3833 傳真：(603) 9056-2833
印刷／成陽印刷股份有限公司　初版／2008年12月　售價／380元
ISBN：978-986-7461-61-2（平裝）　All Rights Reserved版權所有翻印必究

城邦讀書花園
www.cite.com.tw

國家圖書館出版品預行編目資料

文化創意人：5000萬人如何改變世界／保羅‧H‧睿（Paul H‧Ray），
雪莉‧露絲‧安德森（Sherry Ruth Anderson）著；章敏等翻譯.--初版.
臺北市：相映文化出版：家庭傳媒城邦分公司發行　2008.12
384面；17×21公分　譯自：The cultural creatives：How 50 million
people are changing the world
ISBN 978-986-7461-61-2（平裝）

1.文化　2.創意　3.社會變遷　4.次文化　5.社會價值　6.美國
541.2　　　　　　　　　　　　　　　　96017004